"十二五"职业教育国家规划教材

经全国职业教育教材审定委员会审定

市场营销实务

第4版

主　编　闫志俊

副主编　陈小荣　杨卫燕　张晓冬

南京大学出版社

图书在版编目(CIP)数据

市场营销实务 / 间志俊主编. — 4 版. — 南京：
南京大学出版社，2018.8(2020.3 重印)
ISBN 978 - 7 - 305 - 20681 - 8

Ⅰ. ①市… Ⅱ. ①间… Ⅲ. ①市场营销—高等职业教
育—教材 Ⅳ. ①F713.50

中国版本图书馆 CIP 数据核字(2018)第 172576 号

出版发行　南京大学出版社
社　　址　南京市汉口路 22 号　　　　邮　编　210093
出 版 人　金鑫荣

书　　名　**市场营销实务(第 4 版)**
主　　编　间志俊
责任编辑　王大学　王向民　　　　　编辑热线　025 - 83594275

照　　排　南京南琳图文制作有限公司
印　　刷　南京人民印刷厂有限责任公司
开　　本　787×1092　1/16　印张 18.25　字数 422 千
版　　次　2018 年 8 月第 4 版　2020 年 3 月第 3 次印刷
ISBN 978 - 7 - 305 - 20681 - 8
定　　价　48.00 元

网址：http://www.njupco.com
官方微博：http://weibo.com/njupco
官方微信号：njupress
销售咨询热线：(025) 83594756

第4版前言

市场营销的理论和方法不仅仅应用于企业、非营利组织,而且还涉及社会生活的方方面面。所以,市场营销不仅是企业竞争和发展的利器,更是组织和个人生存与发展的理念和方式。市场营销作为职业院校工商管理专业的专业核心课程和非经贸专业的必修课程,在整个课程体系中占有重要的地位。

编者从多年的高职专业教学实践中发现,学生学习市场营销课程时比较喜欢阅读一些国内企业的营销案例,同时更加注重课程与未来岗位的对接。教师在讲课的过程中往往以某本教材为主导讲授理论知识,同时找寻大量的辅助教材(如案例、练习题、实训)作为参考,需要投入大量的时间和精力。

目前,市场营销教材的版本繁多,已有的教材主要有三种形式:理论性较强的市场营销学教材、非系统性的案例分析教材和针对考核的应对性、非全面性的教材。如何从众多的教材中选择一种适合职业技术院校学生和教师使用的教材,显得尤其重要。

本教材遵照《教育部关于加强高职高专教育人才培养工作的意见》的精神,紧紧围绕高端技能型人才培养目标,以营销岗位工作任务为主线,将市场营销内容体系分解为9大项目任务。教材以就业为导向,既能满足学生就业(首岗就业、多岗迁移)的基本需求,又能奠定学生可持续发展的基础。教材吸收和借鉴了精品课程《市场营销实务》教学改革与实践的最新成果,凸显"能力要素"与"职业素养"并重的原则,满足高职院校"自主学习、合作学习和个性化教学"的需要。

教材承载高职市场营销专业的教学目标,按照市场营销领域工作过程确定教学单元,以企业真实的营销项目为载体,按照"情境—任务—活动—总结"的思路组织教学单元,采用项目化教学模式促进教学效果。教材内容遵循市场营销管理的逻辑结构,符合学生的认知规律。

教材的教学内容以实践问题解决为纽带,实现"理论、实践,知识、技能,以及职业素养"的有机整合。教材同时融入营销职业标准,将核心要素通过"知识讲解"、"实训项目"、"任务测试"、"案例分析"的形式融入教材中。本着"学生看得懂、愿意看、容易学、用得上"的原则,本书将市场营销理论、实践、案例与营销岗位有关要求结合起来,形成了比较新的市场营销内容体系。本书的主要特色为:

1. 实务性强。本教材以市场营销实践工作过程为依据,以9个任务和子任务构建了"任务驱动、项目化"的内容体系。通过每个任务的实施,学员可以掌握必需的知识,具备营销各个环节的技能。

2. 通俗易懂。本教材设置了"学习目标"、"任务分解"、"案例"、"阅读资料"、"知识检测"、"技能训练"等内容,图文并茂,易于理解和操作。

3. 接轨职业要求。结合市场营销工作岗位相关要求以及中国市场学会"市场营销经理助理"、"市场营销策划师"认证考试标准,本书将考试要点融入各任务之中,学生在学完之后可参加相关职业资格认证。

4. 创新特色强。本教材为国家职业教育"十二五"规划教材,编写组汲取了当前最新的市场营销理论与案例,结合案例阐述了当前行业营销热点问题。教材的编写体系突破了传统的理论学科导向,将营销内容设计成任务架构,教材所有案例均为最新行业资讯,可读性与欣赏性极强。

本教材由国家示范高职院院校江苏工程职业技术学院工商管理教研室主任、工商管理专业负责人间志俊老师牵头,联合兄弟院校(南通职业大学、南通科技职业学院、江苏商贸职业学院、江苏城市职业技术学院)一线骨干教师、行业企业专家共同编写。编写组教师团队具有丰富的市场营销教学功底和企业实践经验,企业行业专家对本教材给予全方位的支持和辅导,提供丰富的案例和企业真实营销项目。相对于第三版,第四版教材更具有实战性,更利于培养学生的营销职业能力和素质。参加编写人员如下:陈小荣、杨卫燕、张晓冬、陈建明、裴昌永、刘慧丽、张翊。全书由间志俊统稿。本书在编写的过程中参考了大量的著作,同时得到了各级领导与同事的支持和帮助,在此表示最真挚的感谢!由于编者水平有限,编写时间较为仓促,书中疏漏难免,敬请同行专家和广大读者匡正。

本书可作为高等职业院校、中等职业院校、成人教育院校的市场营销课程及市场营销实训专用教材,也可作为营销师资格考试的复习与培训教材以及企业营销管理人员和推销人员的业余读本。

编　者

2017 年 10 月

目 录

任务 1 树立现代营销理念 ……………………………………………… 1

  1.1 认知市场营销 …………………………………………………… 1

    1.1.1 市场营销的定义 ……………………………………… 1

    1.1.2 市场营销的特点 ……………………………………… 2

    1.1.3 市场营销学科 ………………………………………… 3

    1.1.4 市场营销管理者的任务 ……………………………… 4

    1.1.5 市场营销岗位 ………………………………………… 5

  1.2 理解市场营销管理的核心概念 ……………………………… 5

    1.2.1 需要、欲望、需求 …………………………………… 5

    1.2.2 产品与价值 …………………………………………… 6

    1.2.3 交换、交易与关系 …………………………………… 6

    1.2.4 市场及市场占有率 …………………………………… 6

    1.2.5 市场的类型 …………………………………………… 8

  1.3 树立现代市场营销理念 ……………………………………… 9

    1.3.1 生产观念 ……………………………………………… 10

    1.3.2 产品观念 ……………………………………………… 11

    1.3.3 推销观念 ……………………………………………… 11

    1.3.4 市场营销观念 ………………………………………… 11

    1.3.5 社会营销观念 ………………………………………… 12

    1.3.6 市场营销观念的深化和发展 ………………………… 13

任务 2 分析营销环境,制定营销战略 …………………………… 17

  2.1 认知市场营销环境…………………………………………… 17

  2.2 营销环境分析 ………………………………………………… 19

    2.2.1 宏观环境分析 ………………………………………… 19

    2.2.2 行业竞争环境分析 …………………………………… 25

2.2.3 微观环境分析 …………………………………………………… 27

2.3 机会与威胁分析 ……………………………………………………… 30

2.3.1 机会分析 ……………………………………………………… 30

2.3.2 威胁分析 ……………………………………………………… 31

2.3.3 综合环境分析 ………………………………………………… 32

2.4 营销战略规划 ………………………………………………………… 34

2.4.1 认知企业战略 ………………………………………………… 34

2.4.2 认知营销战略 ………………………………………………… 37

2.4.3 规划竞争战略 ………………………………………………… 38

2.4.4 市场发展战略规划 …………………………………………… 45

任务3 目标市场选择、调查与分析 …………………………………… 51

3.1 目标市场选择 ………………………………………………………… 51

3.1.1 市场细分 ……………………………………………………… 52

3.1.2 目标市场选择 ………………………………………………… 55

3.1.3 市场定位策略 ………………………………………………… 58

3.2 目标市场调查与分析 ………………………………………………… 62

3.2.1 认知市场调研 ………………………………………………… 63

3.2.2 拟订调研计划 ………………………………………………… 65

3.2.3 实施市场调查 ………………………………………………… 65

3.2.4 市场分析 ……………………………………………………… 68

3.2.5 市场预测 ……………………………………………………… 71

3.3 目标市场购买行为分析 ……………………………………………… 72

3.3.1 消费者市场购买行为分析 …………………………………… 72

3.3.2 生产者市场购买行为分析 …………………………………… 84

3.3.3 中间商市场购买行为分析 …………………………………… 88

3.3.4 政府市场购买行为分析 ……………………………………… 90

任务4 制定产品与品牌策略 …………………………………………… 96

4.1 制订产品组合计划 …………………………………………………… 96

4.1.1 认知产品 ……………………………………………………… 96

4.1.2 制订产品组合计划 …………………………………………… 99

4.2 分析产品市场生命周期 ……………………………………………… 103

4.2.1 认知产品市场生命周期 ……………………………………… 103

4.2.2 制定产品生命周期的阶段策略 ……………………………… 104

4.3 制订新产品开发与推广计划 ……………………………………… 108
  4.3.1 认识新产品开发的必要性 ……………………………… 108
  4.3.2 选择新产品开发类别 …………………………………… 109
  4.3.3 征集并筛选新产品创意 ………………………………… 110
  4.3.4 新产品概念的形成 ……………………………………… 110
  4.3.5 新产品商业分析 ………………………………………… 111
  4.3.6 新产品设计与试制 ……………………………………… 111
  4.3.7 新产品市场试销 ………………………………………… 111
  4.3.8 新产品正式上市 ………………………………………… 111
4.4 制订品牌与包装决策 ……………………………………………… 113
  4.4.1 制订品牌决策 …………………………………………… 113
  4.4.2 包装决策 ………………………………………………… 119

任务 5 制定价格策略 …………………………………………………… 123
5.1 确定定价目标 ……………………………………………………… 123
  5.1.1 认知营销定价 …………………………………………… 123
  5.1.2 影响定价的主要因素分析 ……………………………… 124
  5.1.3 确定定价目标 …………………………………………… 127
5.2 选择定价方法 ……………………………………………………… 131
  5.2.1 认知定价流程 …………………………………………… 131
  5.2.2 成本导向定价 …………………………………………… 132
  5.2.3 需求导向定价 …………………………………………… 135
  5.2.4 竞争导向定价 …………………………………………… 137
5.3 制定价格策略 ……………………………………………………… 138
  5.3.1 新产品定价策略 ………………………………………… 139
  5.3.2 心理定价策略 …………………………………………… 140
  5.3.3 折扣定价策略 …………………………………………… 141
  5.3.4 差别定价策略 …………………………………………… 143
  5.3.5 组合定价策略 …………………………………………… 144
5.4 实施价格调整 ……………………………………………………… 145
  5.4.1 降价策略运用 …………………………………………… 145
  5.4.2 提价策略运用 …………………………………………… 147
  5.4.3 价格调整的市场反应分析 ……………………………… 148

任务6　建立和管理分销渠道 ································· 153

　6.1　建立分销渠道系统 ································· 153

　　6.1.1　认知分销渠道 ································· 153

　　6.1.2　选择分销渠道模式 ····························· 155

　　6.1.3　建立分销渠道系统 ····························· 158

　6.2　征询和选择中间商 ································· 165

　　6.2.1　认知中间商 ································· 165

　　6.2.2　中间商分析 ································· 167

　　6.2.3　中间商征询与选择 ····························· 169

　　6.2.4　销售代理合同签订 ····························· 169

　6.3　分销渠道管理与激励 ······························· 170

　　6.3.1　评估分销渠道方案 ····························· 170

　　6.3.2　激励与控制渠道成员 ··························· 171

　　6.3.3　分销渠道流程管理 ····························· 174

任务7　制订促销计划 ······························· 182

　7.1　选择促销工具 ································· 182

　　7.1.1　认知促销 ································· 182

　　7.1.2　选择促销工具 ································· 185

　　7.1.3　制订促销组合计划 ····························· 186

　7.2　制订人员推销计划 ································· 187

　　7.2.1　明确人员推销的任务 ··························· 187

　　7.2.2　组建销售队伍 ································· 188

　　7.2.3　划分销售区域 ································· 191

　　7.2.4　拟定销售区域作战方略 ························· 192

　　7.2.5　区域销售实战 ································· 195

　7.3　制订广告计划 ································· 200

　　7.3.1　明确广告任务 ································· 200

　　7.3.2　确定广告目标 ································· 201

　　7.3.3　编制广告预算 ································· 203

　　7.3.4　选择广告媒体 ································· 205

　　7.3.5　运用广告策略 ································· 209

　　7.3.6　测定广告效果 ································· 213

　7.4　制订营业推广计划 ································· 214

7.4.1 明确营业推广任务 ·· 214

7.4.2 确定营业推广活动目标 ·· 214

7.4.3 选择营业推广工具 ·· 214

7.4.4 制订营业推广方案 ·· 217

7.4.5 实施营业推广方案 ·· 219

7.5 制订公共关系计划 ·· 220

7.5.1 明确公共关系的任务 ·· 220

7.5.2 公众分析 ·· 222

7.5.3 选择公关工具 ·· 224

7.5.4 公关活动策划与实施 ·· 227

任务 8 营销计划执行与控制 ·· 230

8.1 建立营销组织 ··· 230

8.1.1 认知营销组织职能 ·· 230

8.1.2 明确营销组织形式 ·· 231

8.1.3 确定营销组织结构 ·· 232

8.1.4 营销组织与企业组织的配合 ··································· 237

8.2 执行营销计划 ··· 239

8.2.1 明确执行任务 ·· 239

8.2.2 制订行动方案 ·· 240

8.2.3 设计决策和报酬制度 ·· 240

8.2.4 开发人力资源 ·· 240

8.2.5 建设企业文化 ·· 240

8.3 营销计划实施与控制 ··· 241

8.3.1 明确控制原则 ·· 241

8.3.2 营销控制过程 ·· 241

8.3.3 营销控制内容 ·· 243

任务 9 营销创新与应用 ·· 247

9.1 国际市场营销 ··· 247

9.1.1 认知国际市场营销 ·· 247

9.1.2 国际市场环境分析 ·· 248

9.1.3 选择国际市场进入的方式 ······································ 250

9.1.4 设计国际市场营销组合 ··· 251

9.2 服务营销 ··· 253

9.2.1 认知服务 ·· 253

9.2.2 认知服务营销 ······································· 255

9.2.3 设计服务营销组合策略 ···················· 256

9.3 网络营销 ··· 261

9.3.1 认知网络营销 ······································· 261

9.3.2 网络营销策略运用 ······························ 262

9.3.3 网络促销策略运用 ······························ 264

9.4 绿色营销 ··· 266

9.4.1 认知绿色营销 ······································· 266

9.4.2 树立绿色营销观念 ······························ 266

9.4.3 设计绿色营销组合策略 ···················· 266

9.5 直销 ·· 268

9.5.1 直销的定义 ·· 268

9.5.2 直销的优势 ·· 268

9.6 体验营销 ··· 272

参考文献 ··· 278

任务1 树立现代营销理念

【任务目标】

知识目标：

1. 理解和掌握市场营销的基本含义与概念；
2. 明确市场营销的研究对象和研究内容；
3. 了解市场营销活动过程与发展趋势。

技能目标：

1. 初步具有市场营销专业的有关意识与职业情感；
2. 树立正确的市场营销观念；
3. 能够组建营销团队并明确营销团队的目标任务。

【任务分解】

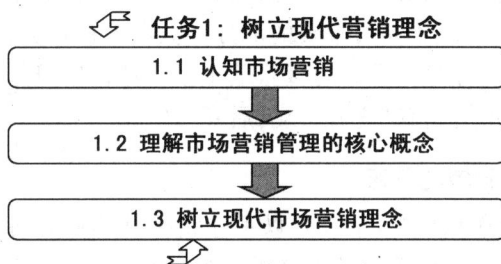

任务1：树立现代营销理念
- 1.1 认知市场营销
- 1.2 理解市场营销管理的核心概念
- 1.3 树立现代市场营销理念

1.1 认知市场营销

1.1.1 市场营销的定义

"市场营销"一词，来自于英语"Marketing"，它包含两个方面的含义：一是指市场营销，表达为一种经济活动，一种与市场有关的人类活动，即以满足人类各种需要和欲望为目的，通过市场变潜在交换为现实交换的活动；二是指市场营销学，表达为研究经济活动的学科，主要研究作为销售者的企业的市场营销活动，即研究企业如何通过整体市场营销活动，适应并满足买方的需求，以实现经营目标。随着市场经济的发展，市场营销的概念和内涵也在不断发展。

小资料:营销究竟是个什么事儿?

营销究竟是个什么事儿？老教授说："它跟需求有关。"CEO说："它需要创新。"古董店的老板说："它是一门艺术。"小贩说："它就是如何赚钱。"文员说："它跟销售没什么区别。"街边的大爷说："不就是把东西卖出去呗。"的确，给营销下一个老少咸宜的定义并不是一件容易的事儿。不过这不要紧，那些五花八门的答案已经勾勒了新营销时代的轮廓——需求、创新、回归

1

本质与关注人性。

美国著名市场营销学家菲利普·科特勒对市场营销的定义是:"市场营销是个人和群体通过创造以及同其他个人和群体交换产品和价值而满足需求和欲求的一种社会的和管理的过程。"

美国著名管理学家彼得·杜拉克认为:"市场营销不只是一个比销售更广的概念,也并不是一个完全专门化的活动,它与整个企业相关联。所谓市场营销就是从事业活动的最终结果这一观念,即顾客观念出发所看到的事业整体。因此,市场营销的领域和责任范围必须涉及企业的所有部门。"

1.1.2 市场营销的特点

综合以上对市场营销的定义,我们认为,市场营销与销售、推销、促销等概念有较大的区别,其特点如下。

1. 市场营销不同于销售或促销。现代企业市场营销活动包括市场营销研究、市场需求预测、新产品开发、定价、分销、物流、广告、人员推销、销售促进、售后服务等,而销售仅仅是现代企业市场营销活动的一部分,且不是最重要的部分。彼得·杜拉克曾指出:"市场营销的目的就是使销售成为不必要。"海尔集团公司总裁张瑞敏指出:"促销只是一种手段,但营销是一种真正的战略。"营销意味着企业应该"先开市场,后开工厂"。

阅读资料:把推销等同于营销的危害

把推销等同于营销的危害在于,本来可以用营销手段解决的问题没解决,名称、包装、价格、广告等各拉各的弦,各弹各的调,互相冲突,结果生下的孩子先天不足,有缺陷。等产品上市了才发现问题;怎么办? 这回可要看你"营销"的功夫了(其实是推销)。结果,把本来应该由营销承担的任务一股脑地压在了推销的肩上。

2. 市场营销的核心是交换。在交换双方中,如果一方比另一方更主动、更积极地寻求交换,则前者称为市场营销者,后者称为潜在顾客。所谓市场营销者,是指希望从别人那里取得资源并愿意以某种有价之物作为交换的人,既可以是买者,也可以是卖者。假如有几个人同时想买正在市场上出售的某种奇缺产品,每个准备购买的人都尽力使自己被卖主选中,这些购买者就都在进行市场营销活动。在另一种场合,买卖双方都在积极寻求交换,那么,我们就把双方都称为市场营销者,并把这种情况称为关系市场营销。

3. 推销是市场营销活动的一个组成部分,但不是最重要的组成部分。市场营销与推销的区别在于:(1) 出发点不同。市场营销的出发点是消费者的需求,而推销的出发点是企业的产品。(2) 目的不同。市场营销是通过满足消费者的需求来获取利润,而推销则仅仅是通过产品的售出获取利润。(3) 过程不同。市场营销包括从市场的调研、开发、生产等直至售后的服务、信息的反馈,而推销则只是市场营销中的一个部分、一个手段。(4) 归宿点不同。市场营销是最终满足消费者的需求,而推销则是减少库存产品。

案例:营销重在赢得市场

1. 经营化妆品,卖的是感觉

爱美之心人皆有之,卖化妆品,并不只是卖化妆品本身。化妆品的原料和配方从技术角度讲,已毫无秘密可言。卖化妆品,卖的是一种希望,一种感觉,一种氛围:希望——更漂亮、更年轻、更美丽、更有自信;感觉——风姿绰约、风情万种;气氛——温馨、和谐、幸福、令人沉醉的激情的享受,这是人人都懂的道理,也是促销费用一般占营业额的 30% 左右的原因。

2. 经营房地产,卖的是梦想

看看我们周围的房地产广告,同样的地皮,差不多的规划、户型,经过不同广告公司不同的包装,就有了天壤之别。有位房地产经销商一语道破天机:"很简单,我卖的不只是房子,更重要的是理念,我的买主也不只是买房子,而是买环境,更买梦想,并实现梦想(圆梦)。"卖房子,同时也在卖创造出来的附加价值。

3. 营销,要的是气氛

高明的商人都会卖关子,善于营造气氛。他们编制的美丽的关子就像一张网,投出去就把人罩住了。某电视台为了赚大钱,召开黄金时段广告招标会。每年招标会,全国商界各路大腕汇聚一堂。老板一聚头,个个豪气冲天,难免一比高低,加上招待会中,主持人煽风点火,往往不由自主,一争高下。招标会还没开,老板们就较上劲了。在竞争的氛围中,招标会的效果会特别好。

4. 营销,要的是创新

日本有家咖喱粉公司,由于企业知名度太低,产品滞销,公司入不敷出,濒临破产。新上任的总裁出人意料地利用日本人对富士山的特殊感情,制造了一场耸人听闻的新闻。他为滞销的咖喱粉推出广告:"富士山将旧貌换新颜啦,本公司将雇佣数架飞机,把满载的金黄色咖喱粉撒在雪白的富士山山顶上,届时人们将会看到一座金顶的富士山。"这则广告犹如火烧城门,全日本舆论哗然,斥责纷起:富士山是日本的象征,不是某家企业的私有财产,岂容随意改头换面。民众强烈抗议,要对这种非法行为提出诉讼。各种斥责、抗议,正中这位聪明总裁的下怀。几天后,总裁在报纸上公开表态:"本公司原意在于美化富士山,如今考虑到社会的强烈反对,决定撤销在富士山山顶撒咖喱粉的计划。"

通过这几句话语,此君大出风头,精彩扬名。公众不仅知道了该咖喱粉公司,对其公司的咖喱粉也产生了"不打不相识"的微妙心理,从而争相购买该公司的产品。

1.1.3　市场营销学科

市场营销是专门研究市场营销活动及其发展变化规律的学科。它是市场营销实践的科学总结与概括,是有关市场营销活动的指导思想、基本理论、策略、方法技巧等有机结合而成的科学体系。作为一门完整的学科,市场营销是人类社会工业化和市场化的成熟产物。

1. 市场营销的研究对象

市场营销学以消费者为中心展开对整个市场营销活动的研究,主要包括四个方面的内容,即产品(Product)、定价(Price)、渠道(Place)、促销(Promotion),简称"4P"。这四个方面的营销活动,都是在一定的外部环境下进行的,都是为了企业进入目标市场服务作准备的。因此,市场营销学必须以市场调查和预测为手段,进行市场环境和目标市场的分析研究。它是企业制定正确的营销策略的前提条件。此外,还必须重视对市场营销组合和市场营销管理的研究。

2. 市场营销在中国

我国是在 20 世纪 70 年代以后才逐步学习并引进市场营销有关理论的,直到 20 世纪 80 年代后期才作为一门大学的专门学科与课程而被推广并运用于企业的实践中。经过几十年的发展,我国市场趋于成熟,企业之间的竞争越来越激烈,消费者的需求越来越个性化。在这种背景下,市场营销日显重要。企业只有进行充分的市场调研,认真研究顾客的需求,并以整体的营销手段去满足消费者不断增长的需求,才能在竞争中立于不败之地。

1.1.4　市场营销管理者的任务

市场营销管理过程包括如下步骤:分析市场机会、选择目标市场、设计市场营销组合、管理市场营销活动(如图1-1所示)。

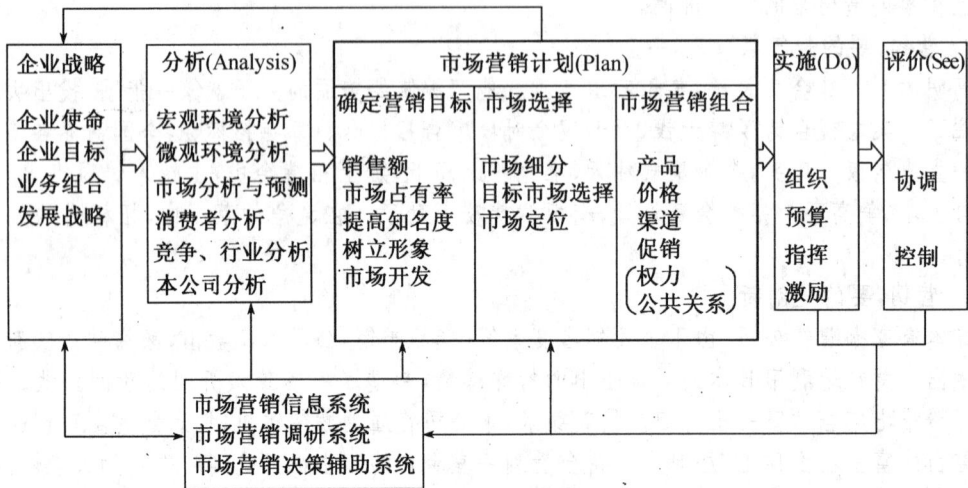

图 1-1　市场营销管理过程

管理是为了实现企业目标,创造、建立和保持与目标市场之间的互利交换的关系,而对设计方案进行分析、计划、执行和控制。市场营销管理者的任务,就是为促进企业目标的实现而调节需求的水平、时机和性质。所以,市场营销管理的实质是需求管理(见表1-1)。

表 1-1　市场营销管理者任务

需求的特点	市场营销管理者任务	目标
无需求	刺激市场购买	产生需求
否定需求	转变消费者的态度与观念	由否定到肯定
潜在需求	引导和诱发消费者	变潜在需求为显性需求
不规则需求	协调营销	均衡消费者需求
充分需求	保持顾客忠诚	维持现有水平
下降需求	发现原因,采取措施	设法扭转退步态势
超饱和需求	加大生产力度;必要时抑制需求	尽力满足市场需求
有害需求	劝告消费者放弃需求	抛弃有害的负面需求

1.1.5　市场营销岗位

市场营销岗位是综合性的、多元化的,既包括宏观的市场营销策划,也包括微观的市场销售与客户服务。所有的岗位都有一个共同的特点,即:以消费者(客户)需求为出发点,以满足消费者(客户)需求为目标的企业经营活动。具体的营销岗位分析如表1-2所示。

表1-2　市场营销相关岗位分析

行业\n职务	快消品行业、零售业	批发贸易行业	房地产汽车等行业	产业市场	服务行业
初级	促销员\n营业员\n导购员\n理货员\n收银员	业务代表(经销商开发、维护)\n内勤员	销售代表\n销售助理\n销售内勤\n推销员\n产品助理\n采购员\n促销员	市场专员\n客户服务员\n公关员、业务代表、理货员\n市场助理\n市场管理员\n渠道管理员	广告业务员、业务代表、商务助理\n企划文案、营销策划\n客户代表、市场信息专员、市场调查员、服务员、银行卡市场营销管理员
中级	促销、营业、导购、理货主管/主任\n部门主管/经理	经理助理\n业务主管	销售主管\n销售经理区域经理促销主管\n采购主管采购经理	市场调查主管\n市场经理\n客户经理\n公关经理\n渠道经理\n营销主管/经理	广告业务主管\n商务经理\n客户经理\n银行卡市场营销主管
高级	商店经理	公司营销经理	营销副总\n市场总监	营销总监	营销副总

● 分项任务测试:

1. 你是否能够真正理解市场营销的概念?
2. 列举一些身边与市场营销有关的事实。
3. 如果把你自己比作是企业的产品,如何营销自己?
4. 一个企业的营销者需要做哪些工作?

1.2　理解市场营销管理的核心概念

1.2.1　需要、欲望、需求

需要就是身心没有得到基本满足的一种感受状态。对于消费者而言,需要是客观存在的,且是多方面、多重的,但又是有限的。欲望是人们欲获取某种能满足自己需要的东西的心愿。需求是人们有支付能力作保证的欲望。

1.2.2　产品与价值

产品是满足人们各种欲望与需要的任何方法或载体。它分为有形产品与无形产品、物质产品与精神产品。价值是产品或服务所具有的、带给消费者并使消费者在消费过程中所感受到的满足程度,价值是人们满足欲望时的主观感受和评价。

1.2.3　交换、交易与关系

交换(Exchange)是某些个人或组织通过提供某种物品或服务行为作为回报从其他人或另一组织那儿取得所要的东西的行为。交换是一个过程,而交易是交换的结果。一般而言,发生交易的双方有一方比另一方更为主动和积极,我们把这一方称为"市场营销者"。

交换不仅仅是一种交易,而且是建立关系的过程。精明的市场推销人员总是试图与顾客、批发商、零售商以及供应商建立起长期互利、相互信任的关系。这就要求企业保证提供优质产品、良好服务以及公平价格。

1.2.4　市场及市场占有率

在现代企业市场营销者看来,市场是指具有特定需要和欲望,而且愿意并能够通过交换来满足这种需要和欲望的全部顾客,包括现实购买者与潜在购买者。因此,市场的大小,取决于那些有某种需要并拥有使别人感兴趣的资源,同时愿意以这种资源来换取其需要的东西的人数。

由此看来,市场应包括三个主要因素:有某种需要的人、为满足这种需要的购买能力和购买欲望。用公式来表示就是:市场＝人口＋购买力＋购买欲望。市场的这三个因素是相互制约、缺一不可的,只有三者结合起来才能构成现实的市场,才能决定市场的规模和容量。

案例:乐视系手机下滑为市场空出"蛋糕",小米也分得"一杯羹"

2017 年,乐视系手机出问题了,无论是乐视品牌手机,还是酷派手机都遭遇了销量大幅下滑。这种状况,对于乐视而言不是好消息,但是对于竞争对手而言,却是好消息。市场此消彼长,乐视手机市场下滑,意味对手市场增长。

图 1-2　小米创始人雷军(左)和乐视创始人贾跃亭(右)

　　2016 年乐视系手机(乐视＋酷派)达到 3 000 万台左右,2017 年乐视系手机下滑至少一半,意味着市场空出超过 1 500 万台销量。这至少 1 500 万台销量将被对手填补,给对手一些机会,这其中就包括小米。

　　乐视系手机出现问题,所创造的市场机会,如同当年中国奶粉巨头三鹿倒下,一下子空出了 100 亿的盘子,一些此前规模上不去的奶粉企业,短时间内都获得了极大的成长,例如飞鹤奶粉,此前一直在 10 亿左右徘徊,在三鹿倒下之后一下子冲到了 30 亿左右。乐视手机出问题,虽然达不到三鹿这么大的市场规模,空不出三鹿 100 亿这么大的"蛋糕",但毕竟也是 1 500万台～2 000 万台的空间。

　　一般而言,在某一行业,市场被若干个甚至无数个企业共同瓜分。那么,某一企业在市场中占据什么样的位置呢?我们通常用市场占有率(市场份额)来表示其市场的地位。市场占有率是指某一企业产品或服务的销售量(或销售额)在市场同类产品(或服务)中所占的比重,表明企业的商品在市场上所处的竞争地位。市场份额越高,表明企业经营、竞争能力越强。

阅读资料:2017 年 1 月中国智能手机市场销量排名

　　市调机构赛诺给出的数据显示,2017 年 1 月份,OPPO、vivo 牢牢把持了国内手机市场的前两名,月销量分别为 835 万部、728 万部,市场份额占据 17.1％、14.9％,同比增幅都在 13％左右,引领整个行业(如图 1－3 所示)。

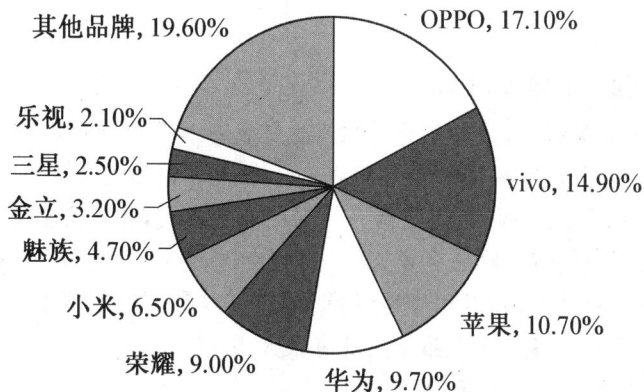

图 1－3　中国智能手机市场占有率(2017 年 1 月)

　　苹果以 521 万部、10.7％的份额位列第三,仅增长 1.8％,华为则在微跌 0.4％后以 472 万部、9.7％位列第四。但这份报告将华为子品牌荣耀单独统计,如果算上它的 441 万部、9.0％,则华为总体拥有 913 万部、18.7％的份额,还是国内第一。

　　小米、魅族、金立、三星、乐视也都进入了 TOP10。按照销售额计算,苹果无疑是最大赢家,269 亿元拿下了国内 29.4％的市场。OPPO、vivo 同样不弱,162.4 亿元、131.6 亿元也分别有 17.7％、15.6％的份额。华为及其荣耀紧随其后,合并则有 165.4 亿元,勉强领先OPPO。

1.2.5 市场的类型

在市场体系中,个人、组织和企业都可能是商品的购买者,他们购买商品的目的不外乎是为了满足个人或家庭生活的需要,或者作为生产工具或生产资料或转卖。因此,可以将市场分为消费者市场和组织市场两种基本类型。

1. 消费者市场

消费者市场是个人或家庭为了满足生活需要而购买商品所形成的市场。消费者市场是产业乃至整个经济活动为之服务的最终市场。消费者市场是其他市场存在的基础,在整个市场结构中占有十分重要的地位。

2. 组织市场

组织市场也称组织机构市场,其中包括生产者市场、中间商市场和非营利组织市场。生产者市场又称产业用品市场或工业品市场,它是指个人或企业团体为满足生产需要而购买商品所形成的市场。中间商市场是指把货物转卖给别人以取得利润的商品销售者,是由各种批发商和零售商所组成的。非营利组织市场是指各级政府和事业团体的各级职能单位和公共事业单位为执行其职能、体现其组织形象而采购或租赁货物形成的市场。

除了分为消费者市场和组织市场外,还可以从以下不同的角度进行划分:按照地域划分为国内市场、国际市场;农村市场、城市市场;南方市场、北方市场等。按经营范围划分为综合性市场、专业性市场等。按购买方式划分为自选市场、邮购市场、现货交易市场、期货交易市场等。

案例:华为转型面对的客户差异

华为公司崛起于通信行业,最初华为是靠卖通信设备和解决方案获得成功,并在国际上打开市场,成为全球通信行业有影响力的巨头之一。华为之前所针对的客户通信运营商属于B2B领域,而做手机属于B2C领域,这是两种不同的业务模式,相对应需要两种不同的能力。

华为以前是卖通信设备的,和服务商、运营商打交道,针对企业客户,属于B端客户;而华为手机,是直接卖给消费者的,直接和终端消费者打交道,属于C端客户。运营商和消费者是两种不同的客户,销售方式、路径、产品特点都有很大不同。

1. 运营商注重耐用性——质量、稳定性

运营商客户,特别是针对通信设备,最注重的是耐用性、质量,毕竟通信设备一旦投放出现问题,那就不是小事情,涉及一个区域大面积的通信安全、故障率。

对产品更注重质量、稳定性,同时服务要好,一旦出现问题,就要快速响应、进行处理。

在行销模式上,工业品与大众品有一个典型区别,就是广告投放相对少,华为在做通信设备时,很低调,基本上很少投放广告,因为它需要直接面对通信运营商客户的模式。

2. 消费者注重产品设计、功能

消费者客户,对产品的关注点特别是时尚属性产品的关注点,与工业品完全不同,工业品看重耐用性,而消费者大众消费品特别是时尚类产业,外观设计很重要。

今天,手机行业逐渐成为具有时尚属性的快消品(更换频率变快),具有很强的时尚消费属性,注重颜值、功能。特别是颜值高、外观炫酷的产品更受消费者青睐,相对产品的溢价能力也高。

针对消费者客户,往往采用大众消费品的行销方式——媒体广告、渠道覆盖、终端拦截等形式。

● 分项任务测试:

小王就职于一家商场,从事化妆品销售;小李就职于一家大型机械厂,从事挖掘机销售;小张就职于一家食品企业,从事客户开发。他们的工作都是销售,试分析:他们所面对的市场各属于什么类型? 他们的销售特点有何差异?

1.3 树立现代市场营销理念

企业存在的最终目的是取得利润。但在取得利润的过程中,企业提供什么样的产品? 满足顾客怎样的需要? 是企业适应顾客或社会还是顾客或社会适应企业? 进行何种营销活动? 如何处理各种关系? 这些问题都是企业决策者和营销人员开展营销活动之前必须明确的基本指导思想,即营销观念。所以说,企业的市场营销活动是在特定的市场营销哲学或经营观念指导下进行的,也就是企业在开展营销活动的过程中处理企业、顾客和社会三者利益方面所持的态度、思想和观念。

案例:看日本人的营销理念

日本本田汽车公司要在美国推出一种雅阁牌新车。在设计新车前,他们派出工程技术人员专程到洛杉矶地区考察高速公路的情况,实地丈量路长、路宽,采集高速公路的柏油,拍摄进出口道路的设计。回到日本后,他们专门修了一条9英里长的高速公路,就连路标和告示牌都与美国公路上的一模一样。在设计行李箱时,设计人员意见有分歧,他们就到停车场看了一个下午,看人们如何放取行李。这样一来,意见马上统一起来。结果,本田公司的雅阁牌汽车一到美国就倍受欢迎,被称为是全世界都能接受的好车。

日本有一家中等规模的电子公司,总部设在东京,而分部和生产区却设在距离东京515公里的大阪。为此,按照惯例,公司每天都安排公关人员负责购买专线车票,为与该公司有业务往来的客人提供交通上的便利。德国人汉森是每天享受这种方便的外商之一。有一天,在多次坐过从东京到大阪的专线列车以后,汉森忽然发现,自己每一次去大阪,公关人员给他安排的座位都是靠右边窗户的,而返回东京的时候,则都是靠左边窗户的。起初,他并没有在意,还以为这是偶然的巧合,后来经公关人员证实不是巧合之后,他心里似乎有点想不明白了。这时候,公关人员则微笑着告诉他:"这是公司特意为您安排的,因为在这边的座位上,您作为客人来回都能够看到咱们这儿最为美丽的风景——富士山。当然,每天让您多看一遍富士山,是为了让您能够深深地记住这个地方,记住咱们的电子公司。"

每天多看一遍富士山,成了汉森在日本生活、工作期间最为感动,也是他印象最深刻的一件事。这种感动也使得这家日本公司得到了丰厚的回报——后来,汉森把他原计划在日本的投资追加了整整一倍。

让顾客每天多看一遍富士山,看起来是一件微不足道的小事,对于公关人员来说做到也并不难,关键是他们一心为顾客着想,心里有顾客,为顾客想得那么周到,顾客们想到的他们做到了,顾客们没有想到的,他们也做到了。这个案例说明,在营销的过程中,理念是何等重要!

市场营销观念是随着市场环境的变迁而不断演变的。市场环境不同,企业感受到的竞争压力也就不同,在市场竞争压力的客观作用下,企业为生存与发展必须对所持的市场营销观念进行适应性转换。企业的营销观念经历了五个时期的发展与演变,即生产观念、产品观念、推销观念、市场营销观念和社会营销观念(如图1-4所示)。其中前三者称为传统观念,后两者称为现代观念。进入21世纪后,又有学者提出了"大市场营销观念"、"4Cs观念"、"4Rs观念"、"关系营销"等新理念,进一步深化了营销的内涵。

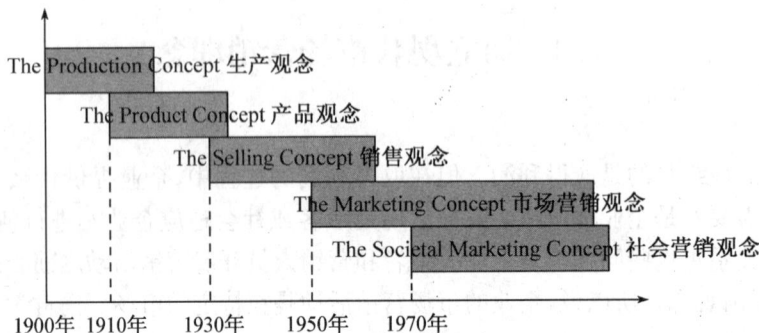

图1-4 营销观念的变迁与发展

1.3.1 生产观念

生产观念是指导销售者行为的最古老的观念之一。生产观念认为,消费者喜欢那些可以随处买得到而且价格低廉的产品,企业应致力于提高生产效率和分销效率,扩大生产,降低成本和价格,以此作为一切活动的中心来扩展市场。显然,生产观念是一种重生产、轻市场营销的商业哲学。具体表现为企业能生产什么就卖什么,是一种典型的以产定销的做法。我国在计划经济体制下,由于产品短缺,企业不愁其产品没有销路,信奉"皇帝女儿不愁嫁",工商企业在其经营管理中多奉行生产观念。

案例:"王麻子"剪刀申请破产

"北有王麻子,南有张小泉。"在中国刀剪行业中,王麻子剪刀厂声名远播。历史悠久的王麻子剪刀,是著名的中华老字号。在生意最好的20世纪80年代末,曾创造过一个月卖7万把菜刀、40万把剪子的纪录。但从1995年开始,好日子一去不返,王麻子剪刀陷入连年亏损的地步,甚至落魄到借钱发工资的境地。到了2002年,资产负债率高达216.6%,积重难返,只有向法院申请破产。

曾经是领导品牌的王麻子剪刀为什么会走到破产的境地呢?长期以来,王麻子剪刀厂的主要产品一直延续传统的铁夹钢工艺,尽管它比不锈钢要耐磨好用,但因为工艺复杂,容易生锈且外观档次低,产品渐渐失去了竞争优势。而王麻子剪刀却没能拿出措施,及时引进新设备、新工艺;数十年来王麻子剪刀的外形没有任何变化。故步自封、安于现状,王麻子剪刀终于被消费者抛弃。

1.3.2　产品观念

产品观念认为,消费者最喜欢高质量、多功能和具有某种特色的产品,企业应致力于生产高质产品,并不断加以改进。这种观念也产生于市场产品供不应求的"卖方市场"形势下。它与生产观念的不同之处在于,不仅注重数量而且注重产品质量。最容易滋生产品观念的场合,莫过于当企业发明一项新产品时。此时,企业最容易导致"市场营销近视",即不适当地把注意力放在产品上,相信所谓"好酒不怕巷子深",看不到市场需求在变化,致使企业经营陷入困境。

案例:"燕舞"音响,今非昔比

20世纪80年代中后期,燕舞音响曾以较高的质量畅销全国。"燕舞,燕舞,一片歌来一片情"的广告词响彻大江南北。当时燕舞的负责人没有把力量放在新产品开发和技术革新上,没有把力量放在开拓市场上。不久,企业产品出现积压,销路不畅,很快被后起的音响制造厂家挤出了市场,燕舞音响从此销声匿迹了。

当影碟机迅速淘汰录音机时,燕舞这才明白:产品创新是如此厉害,但此时再上影碟机项目已是为时已晚。今天的年轻人很难想象,当年来自江苏盐城的"燕舞"曾是怎样的风光无限。可惜,它已经被迅猛的电子浪潮淘汰,因为音响早就经历了"WALKMAN""MP3""MP4""Ipod"先后一统天下的历程了。

1.3.3　推销观念

推销观念认为,消费者通常表现出一种购买惰性或抗衡心理,如果听其自然的话,消费者一般不会足量购买某一企业的产品。因此,企业必须积极推销和大力促销,以刺激消费者大量购买本企业产品。推销观念产生于西方国家由"卖方市场"向"买方市场"的过渡阶段。在这个时期,供求状况发生了变化,卖主之间竞争日趋激烈,销售问题暴露出来。企业感到仅有物美价廉的商品是不够的,要在竞争中获取更多利润,还必须重视和加强产品的推销工作。于是,逐渐重视广告术、推销术和市场调查,逐渐关心产品销售状况,而不像过去那样仅仅关心产品的产量。

推销观念的出发点仍然是企业的生产与技术优势:其观念前提是"只要有足够的销售(推销或促销)力度,就没有卖不出去的东西";其指导思想是"我能生产什么,就销售什么,我销售什么,顾客就购买什么,货物出门概不负责";遵循这种营销观念的企业,其主要任务是"加大销售力度,想方设法(不择手段)将产品销售出去"。目前在我国,许多企业在产品过剩时,常常奉行推销观念。

1.3.4　市场营销观念

市场营销观念认为,实现企业各项目标的关键在于,正确确定目标市场的需要和欲望,并且比竞争者更有效地传送目标市场所期望的物品或服务,进而比竞争者更有效地满足目标市场的需要和欲望。

市场营销观念的指导思想是"顾客需要什么,企业就销售什么,市场能销售什么,企业就生产什么"或"生产消费者需求的"。简言之,市场营销观念是"发现需要并设法满足它们",而不是"制造产品并设法推销出去";是"制造能够销售出去的产品",而不是"推销已经生产出来的产品"。因此,"顾客至上""顾客就是上帝""顾客永远是正确的""爱你的顾客而非产品""顾客才是企业的真正主人"等口号,成为现代企业家的座右铭。

案例:个性化冰箱

消费者宋明伟别出心裁地在互联网上向海尔冰箱公司订购了一台纯属特殊需求的左开门冰箱,并要求7天交货。之后,这台国内绝无仅有的海尔 BCD-130E 左开门冰箱如期送到了购买者家中。这是海尔通过电子商务售出的第一台个性化冰箱,也是国内第一台通过网上定制的冰箱。

海尔集团 CEO 张瑞敏认为,个性化需求正成为新经济时代的消费趋势,对于家电企业来说,谁能洞悉更多的个性化市场需求,制造出更多的个性化产品,谁就拥有更多的市场先机和市场份额。他断言,只要用户需要,也许明天海尔能给你一台三角形冰箱。

1.3.5 社会营销观念

社会营销观念是对市场营销观念的修改和补充。它产生于20世纪70年代西方资本主义国家出现能源短缺、通货膨胀、失业增加、环境污染严重、消费者保护运动盛行的新形势下。如果企业只片面注重顾客的短期需求和眼前利益,忽视社会其他利益的存在,将使这些问题进一步恶化。

现实生活中,有的企业只考虑自己赢利的目的,丝毫不考虑社会利益、消费者需求满足与长远利益。如一次性筷子及饭盒的大量生产与使用、塑料包装袋的泛滥成灾、野生动物的捕捉与食用等行为,无不以国家、社会、环保、生态利益的损害为代价。

鉴于市场营销观念回避了消费者需要、生产者利益和长期社会福利之间隐含着冲突的现实,社会市场营销观念要求市场营销者在制定市场营销政策时,要统筹兼顾三方面的利益,即企业利润、消费者需要的满足和社会利益。社会营销观念为指导思想的营销活动的特点是:消费者利益和社会利益并重,成为企业经营活动的双层中心;重视追求企业的长远利益和社会的全面进步。

案例:广州本田,"清洁"生产者

把所有的污水回收再利用,最终实现"零排放"。这对一家以生产汽车为主营业务的工厂来说,多少有点"超前"。但是广州本田的增城工厂,偏要做行业里第一个的试验者。

本田增城工厂动工时,周围并没有污水处理市政工程,广州本田本可以要求政府建一个污水处理厂,将生产污水处理后再排放。但权衡利弊后,广州本田还是决定自行建设污水处理系统。"相比固定投资,污水处理站的运营成本更高,"公司副总经理郁俊说:"这体现了一个企业的社会责任感,广州本田会自行消化这部分成本。"广州本田之所以愿意投巨资建设这个"废水零排放"的工厂,原因不仅是其能将生产对环境的影响降到最低,其本质上还是一座"节能的工厂"。

除了厂房设计有节能理念的渗入,在汽车制造的过程中,也推行循环经济的管理模式。通过对生产过程、产品和服务采用污染预防的战略,减少污染物的产生,以及通过采用先进的设备、工艺和管理方法,节约原材料和能源使用量,提高利用率和生产效率。

1.3.6　市场营销观念的深化和发展

20世纪80年代,美国市场学专家罗德明提出了"4Cs"理论,向传统的"4Ps"理论发起了挑战。这一理论认为,营销应重视消费者导向,精髓是由消费者定位产品,即重视顾客要甚于重视产品,追求成本要优于追求价格,提供消费者便利比营销渠道更为重要,强调沟通而不仅仅是促销。菲利普·科特勒认为,4Ps和4Cs有着一一对应的关系,即:顾客需要(Customer need)、成本(Cost)、便利(Convenience)、沟通(Communication)(见表1-3)。

表1-3　"4Ps"与"4Cs"营销观念比较

4Ps营销概念	4Cs营销概念
4Ps营销组合	4Cs营销传播
产品策略	消费者的需要与欲求、品牌协调性和个性
价格策略	满足需要与欲求的成本
通路策略	能提供消费者方便之处
促销策略	整合性的全方位沟通
消费者请注意	请注意消费者

随着80~90年代关系营销研究的迅速兴起,舒尔茨(Schultz)提出了关系营销的4Rs组合理论,即:关联(Relevance)、反应(Response)、关系(Relationships)、回报(Returns)。4Rs理论描述了全新的营销要素,涵括了与顾客建立关联、提高市场反应速度、重视关系营销和营销回报。这一理论强调以竞争为向导,注重关系营销,通过了解最佳顾客,并与他们建立并维持一种长期合作的关系,从而来提升品牌价值。

案例:千千氏,从体验营销到关系营销

十余平方米的小店,摆放着琳琅满目的发夹,散落在大街小巷的旮旯犄角,星罗棋布……从派头来看,千千氏只属于小商小贩那类,与"大家闺秀"沾不上边。我们想象不到,几块钱的发夹,能玩出什么花样,掀出什么波澜。

可就是这家依托小小发夹而生存的企业——千千氏,却用短短7年时间,将店面数量从1家开到数千家,并以每月近百家店的数量迅猛增长。以小小发夹拨动亿元市场的"神迹",它的经营模式值得玩味。千千氏的成功对于很多中小企业来说,简直是一部草根逆袭的励志传奇。千千氏创始人曾昭霞把它的成功归结于:培育顾客忠诚,重视顾客承诺,与所有顾客及利益相关者发生关系。

这个"免费给顾客梳头的店"的制胜秘诀是"一次消费,终生免费服务"。顾客只要在千千氏的销售连锁店中购买一次发饰品、化妆品等产品,即可终身在千千氏全国各地的连锁店中免费享受发型设计、盘发、化妆以及学习如何设计自身形象等服务,并且顾客还可以先体验后购买。这就是新兴发饰行业的噱头,它有一个通俗的名字——体验式营销。

体验式营销的模仿者、跟风者,比比皆是。千千氏创造了这一免费的体验营销模式,旋即被复制得惟妙惟肖。这已经不能成为竞争的利器,只能成为服务顾客的一项终身承诺。于是,就在大多数的快造型企业还在为如何普及"体验式营销"的概念而孜孜矻矻时,千千氏开始转

13

变方向,一个新的理念又在不期然中进入了人们的视线——关系营销。

"关系营销关注的是如何保持与顾客的亲密关系。"千千氏创始人曾昭霞说:"千千氏所有加盟商都会对顾客信息分类归档,不仅对全部老顾客、大顾客的生日、年龄、职业、爱好、生活习惯、联系方式等信息了若指掌,就是对新客户也有着一套独特的沟通方式。"

她们会在节假日等特殊时刻给客户发送一些温馨的慰问短信,亦会做出在客户生日时送蛋糕等举动,与顾客建立长期良好的互动沟通,培养了一批忠实的铁杆"粉丝"。

就像海底捞卖的不是火锅,而是舒适的等待过程;星巴克卖的不是咖啡,而是闲适的生活方式。千千氏,从销售产品进化到销售生活方式,做的是一种把饰品行业变成一门艺术,通过改变女人的外表,让女人获得自信美丽的生活方式!

● 分项任务测试:

有些企业经营者认为:"赚钱才是王道,理念是空虚飘渺的。"你认为这种观点会导致什么样的后果?上网查找"快播"的案例进行分析。

知识检测

一、选择题

1. ( )是指导企业经营活动的最古老的观念之一。

   A. 产品观念　　　　B. 生产观念　　　　C. 市场营销观念　　D. 推销观念

2. 企业营销观念演变的根本原因是( )。

   A. 商品供求变化　　　　　　　B. 产品成本提高

   C. 竞争的加剧　　　　　　　　D. 社会两个文明水平的提高

3. 下列哪种观念最容易产生市场营销近视症( )。

   A. 产品观念　　　　　　　　　B. 推销观念

   C. 市场营销观念　　　　　　　D. 社会营销观念

4. 企业经营者在制定营销政策时,应统筹兼顾企业利润、顾客需要和社会可持续发展等三个方面的利益。这种市场营销管理哲学属于( )。

   A. 产品观念　　　　　　　　　B. 推销观念

   C. 市场营销观念　　　　　　　D. 社会营销观念

5. 从市场理论的角度而言,企业市场营销的最终目的是( )。

   A. 满足消费者的需求和欲望　　B. 求得生存和发展

   C. 推销商品　　　　　　　　　D. 获取利润

6. 与顾客建立长期合作关系是( )的核心内容。

   A. 绿色营销　　　B. 公关关系　　　C. 关系营销　　　　D. 整合营销

7. 市场营销管理的实质是( )。

   A. 刺激需求　　B. 生产管理　　　C. 销售管理　　　D. 需求管理

8. 顾客总价值与顾客总成本之间的差额就是( )。

   A. 顾客让渡价值　　B. 企业利润　　　C. 企业让渡价值　　D. 顾客利益

9. 以"顾客需要什么,我们就生产供应什么"作为其座右铭的企业是( )。

   A. 生产导向型　　　　　　　　B. 市场营销导向型

  C. 推销导向型   D. 社会营销导向型

二、名词解释

市场营销;顾客让渡价值;交换;交易;市场份额;社会营销观念;市场营销观念;关系营销

三、简答题

1. 如何准确理解市场营销的含义?

2. 市场形成的条件有哪些?

3. 论述市场营销原理对企业成长的重要意义。

案例分析与运用

百威携手微博春节整合营销强势出击,大获成功

  中国的酒文化,源远流长。与中国人打交道,无论在怎样的场合都离不开酒,真正的饮酒,需要表达的也多是精神层面的内容,良辰佳节,无酒不足以显示欢快惬意。春节是中国最重要的节日,阖家团圆,举国同庆。1995 年进入中国市场的百威,作为世界最畅销的啤酒,百威是长久以来被誉为"啤酒之王"的百年品牌,它深谙中国人的酒文化,了解国人在春节期间表达最多的就是感谢,对亲人支持的感谢,对同僚帮助的感谢,对父母关心的感谢。它携手微博发起"谢谢两字,碰杯两次"的主题活动,为国人更好地在年终岁尾向亲人朋友表达真挚的谢意添上一份来自百威的谢意。

  2017 年 1 月 1 日,@百威啤酒首发暖心短视频,讲述女儿毕业旅行,千里骑行,父亲放心不下一路默默陪伴支持他的故事。视频短短四分钟,承载了父亲对于女儿的深爱,也感动了无数网友,激发粉丝互动传播的热情,形成巨大转发,最终视频播放量超过 154 万次,为活动聚集了大量人气,成功预热。与此同时,此条视频也拉开了"百威啤酒"春节系列活动的序幕。

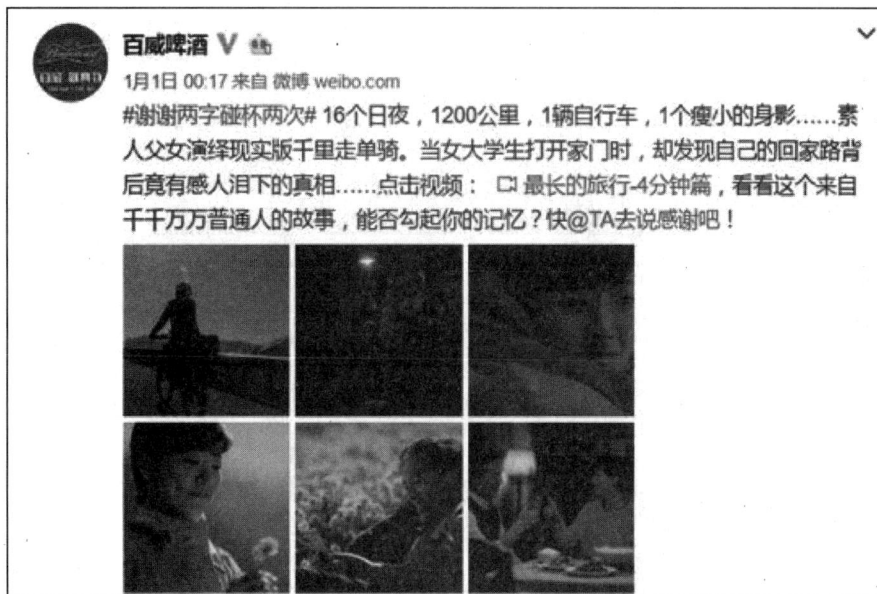

图 1-5 百威啤酒 2017 春节微博短视频

由《最长的旅行》作为触点,使得品牌形象精确触达目标用户,达到情感共鸣,形成良好用户反馈。1月27日,除夕夜微博搜索彩蛋＋微博开机页双管齐下,强势吸引用户流量导向"谢谢两字,碰杯两次"话题页,成功引爆。

百威充分利用自己本身国际大品牌的优势,配合微博的强大线上整合能力 & 社会化媒体营销经验,精确定位目标用户。利用微博 KOL 矩阵的粉丝效应在社交媒体上迅速发酵,获得巨大声量。在品牌宣传和塑造之后,能够为品牌吸引更多的潜在用户,同时也增加用户的品牌了解,提高品牌忠诚度,促成品牌宣传效果和粉丝数的同步成功。

思考题:

1. 结合案例谈谈百威的营销理念?

2. 张瑞敏说:"只有淡季的思想,没有淡季的市场。"请谈谈你对这句话的理解。

技能训练

1. 分组调查,分析当地某企业的营销理念并提出自己的建议。

2. 走访当地玩具市场,分析不同的玩具品牌的市场地位。

3. 用演讲的方式,阐述当前形势下,如何做一名合格的营销者?

任务2 分析营销环境,制定营销战略

【任务目标】

知识目标:

1. 掌握影响企业市场营销的主要因素;
2. 明确企业宏观环境与微观环境的构成要素;
3. 正确理解企业的营销战略及其构成内容;
4. 了解企业业务发展规划、竞争战略和市场发展战略。

技能目标:

1. 能够运用 SWOT 分析法分析企业的营销环境;
2. 能够根据环境分析结果来判断市场机会和市场威胁;
3. 能够针对环境机会和威胁制定相应的战略和策略。

【任务分解】

```
⌦任务2: 分析营销环境,制定营销战略
   ┌────────────────────────────┐
   │   2.1 认知企业营销环境        │
   └────────────────────────────┘
                 ↓
   ┌────────────────────────────┐
   │   2.2 市场营销环境分析        │
   └────────────────────────────┘
                 ↓
   ┌────────────────────────────┐
   │   2.3 机会与威胁分析          │
   └────────────────────────────┘
                 ↓
   ┌────────────────────────────┐
   │   2.4 营销战略规划            │
   └────────────────────────────┘
                 ⌦
```

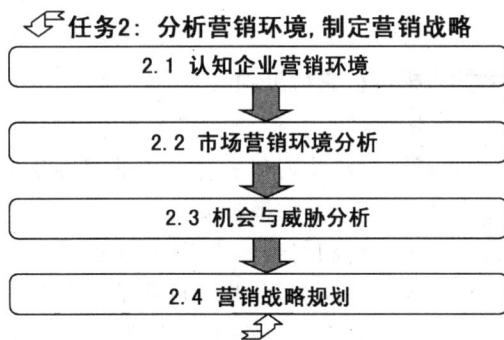

2.1 认知市场营销环境

　　企业的经营活动是在一定的环境中进行的,其营销成败的关键在于能否适应不断变化的市场营销环境。对于企业的营销人员而言,他们的主要任务就是注意观察企业所处的环境,并且从中发现机会。因此,现代市场营销观念认为,企业的决策者必须经常注意和监控企业周围的环境,善于分析环境变化带来的机会与威胁并采取适当的策略和措施来适应营销环境的变化与发展。

　　市场营销环境泛指一切影响和制约企业市场营销决策和实施的内部条件和外部环境的总和,指企业在其中开展营销活动并受之影响和冲击的不可控行动者与社会力量,如供应商、顾客、文化与法律环境等。

　　根据营销环境对企业营销活动的影响程度与影响方式,可以把营销环境分为两大类:直接营销环境(也叫微观环境)和间接营销环境(也叫宏观环境)(如图2-1所示)。

17

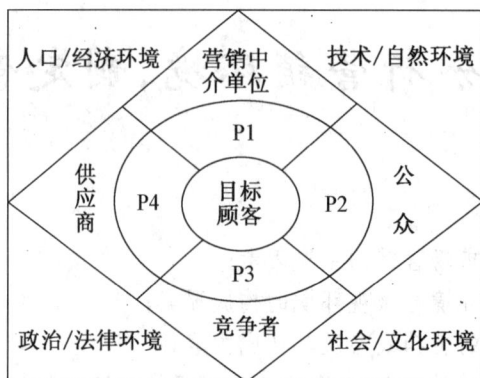

图 2-1 影响企业营销活动的环境因素

微观环境是直接与企业紧密相连,直接影响企业为目标市场顾客服务能力和效率的各种参与者,包括企业内部营销部门以外的企业因素、供应商、营销渠道企业、目标顾客、竞争者和公众。宏观环境是那些作用于直接环境,并因此造成各种市场机会和环境威胁的各种力量,包括人口环境、自然环境、经济环境、科学技术环境、政治法律环境和社会文化环境等企业不可控制的因素。

案例:阿里支付宝、腾讯财付通,相继被央行处罚

2017年5月,中国人民银行分别发出公示,阿里巴巴旗下支付宝、腾讯旗下财付通支付科技有限公司因未严格落实《非银行支付机构网络支付业务管理办法》相关规定,被中国人民银行深圳市中心支行处以罚款人民币3万元,并限期整改。

财付通就人民银行行政处罚公示的相关说明表示,已就相关情形按照人民银行要求进行了落实。支付宝也回应表示已落实相关规定,并从中透露了处罚原因。

艾瑞咨询公布的数据显示,综合2016年四个季度数据,阿里支付宝和腾讯财付通一直占据移动支付的绝对地位,两大巨头的市场份额已超九成,达91.12%。此次处罚是希望督促其更快落实实名制。

企业市场营销环境不是以营销者意志为转移的,有着自己的运行规律和发展趋势。企业的营销活动能够主动适应和利用客观环境,但不能改变或违背客观的环境。主观臆断营销环境的发展趋势,必然会导致营销决策的盲目与失误,最终造成营销活动的失败。

企业可以运用各种有效的方式或手段,影响利益相关方,争取多方面的支持,使之改变做法,从而改变营销环境。这种能动的思想不仅对国内跨地区市场营销活动有重要指导作用,对开展国际市场营销活动也有重要意义。因此,营销管理者的任务不但在于适当安排营销组合,使之与外部不断变化的营销环境相适应,而且要积极创造性地适应和改变环境,创造或改变目标顾客的需要。只有这样,企业才能发现和抓住市场机会,因势利导,在激烈的市场竞争中立于不败之地。

● 分项任务测试:

1. 去年某公司的市场份额下降了,为了查知原因,可用的方法之一就是通过环境分析来发现问题。你知道有哪些可能的因素影响了企业的市场?

2. 李经理所在企业欲在某一地区开展一项新业务，李经理负责撰写可行性报告，他首先对新业务所在地区的环境进行了系统的分析，你认为他要分析哪些方面？

2.2　营销环境分析

2.2.1　宏观环境分析

一般说来，营销宏观环境因素可以概括为四类，即政治与法律环境（Political）、经济环境（Economic）、社会文化环境（Social）、科技环境（technological），通常我们所说的 PEST 分析就是宏观环境分析（如图 2-2 所示）。下面我们就逐一对它们进行分析。

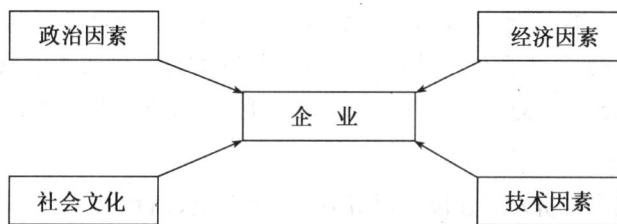

图 2-2　营销宏观环境四大要素 PEST

1. 政治与法律环境分析

政治与法律环境的变化显著地影响着企业的经营行为和利益。一个国家或地区政治与社会稳定是大多数企业顺利进行营销活动的基本前提，而内战、频繁的罢工或与外部的武装冲突往往使企业经受萧条和倒闭的痛苦。

（1）从整体上看，我国企业面临的政治环境稳定，机遇与挑战并存。我国既面临着赶上新科技革命、实现生产力跨越式发展的历史性机遇，也面临着前所未有的激烈的国际竞争。

（2）我国企业面临的法律环境也不断完善，近年来一批和营销相关的法律法规得到修订，例如《中华人民共和国产品质量法》、《企业法》、《合同法》、《商标法》、《专利法》、《广告法》、《食品卫生法》、《环境保护法》、《反不正当竞争法》、《消费者权益保护法》等。企业的营销管理者必须熟知有关的法律条文，才能保证企业经营的合法性，并运用法律武器来保护企业及消费者的合法权益。

（3）我国的社会团体不断发展壮大。社会团体是为了维护某一部分社会成员的利益而成立的旨在影响立法、政策和舆论的各种公众组织。影响企业市场营销决策的社会团体主要是保护消费者利益以及保护环境的公众组织。保护消费者权益运动的不断发展，既对违法及违反道德标准、损害消费者利益的企业形成了巨大压力，有力地保护了消费者权益，又保护了优秀企业的经营活动。目前，我国的消费者协会正发挥着日益重要的作用，企业制定市场营销战略时必须认真考虑这种动向。

案例：消费者保护协会，解密奶茶真相

2017 年 7 月，上海市消保委选择了在上海的 27 家奶茶铺、51 件样品的现制饮料（奶茶）做比较试验。喜茶、皇茶、一点点、COCO 都可奶茶……在比较试验中,奶茶样品涵盖上述"网红"奶茶受热捧品牌的最畅销产品。试验人员委托上海市营养食品质检站,对奶茶中的咖啡因、糖分、脂肪、反式脂肪酸等进行了检测。

揭秘一:喝奶茶睡不着是因为咖啡因。

检测发现,51 件样品的咖啡因含量平均高达 270 mg/L,最高的更是达到了 828 mg/L。这其中,有 4 杯奶茶的咖啡因含量高于 300 mg,最高的一杯含量高达 428 mg。428 mg 是什么概念? 一杯美式咖啡(中杯)的咖啡因含量约为 108 mg,一罐红牛饮料中的咖啡因含量为 50 mg。也就是说,咖啡因含量最高的一杯奶茶=4 杯咖啡=8 罐红牛。

揭秘二:奶茶店雇佣人"大排长龙",全都是套路。

不知何时起,"喝奶茶"有时变成了一种仪式,排了好久的队,就好像共同参与了一项仪式,终于买到一杯奶盖茶,一定要和奶茶合个影发个朋友圈作为仪式。动辄一两个小时的线下排队,只为了喝一杯"网红奶茶"……这一听上去疯狂的行为,近年来却在大街小巷上演。与此同时,关于雇人排队、奶盖茶、新式茶饮店走向的话题争议不断。就在 7 月初,有记者卧底奶茶店发现,位于广州石牌桥的三大网红快饮店之一— MOLE CHHA 奶茶店涉嫌雇人排队,营造"虚假繁荣"场面。这无疑打开冰山一角:平时在奶茶店前、在你身边排队的人,可能只是个"托"。

2. 经济环境分析

经济环境主要是指经济发展速度、人均国内生产总值、消费水平和趋势、金融状况以及经济运行的平稳性和周期性波动等。与其他环境力量相比,经济环境对企业的经营活动有更广泛而直接的影响。经济因素对企业营销的影响主要表现在以下几个方面:

(1) 收入与购买力

消费者的购买力水平取决于收入水平。随着我国社会经济的持续发展以及社会保障制度的日益改善,人们收入不断增长,使得消费者的需求呈现多样化、个性化和高级化的发展趋势。

(2) 消费状况

主要分析居民的消费结构和消费水平,常用恩格尔系数进行分析。

$$恩格尔系数=食品支出金额÷家庭消费支出总金额×100\%$$

恩格尔定律指出,系数越大,生活水平越低系数越小,生活水平越高。消费者支出模式除了主要受消费者收入影响外,还会受家庭生命周期的不同阶段、家庭所在地以及价值观念等多种因素的影响。人们的生活水平、消费质量的提高还表现在必需品、享乐品、奢侈品内涵的变化上。

阅读资料:不同家庭的消费差异

一个家庭的新婚阶段是家用电器、家具等耐用品的需求旺盛期;家庭中有了孩子,消费支出的重心便转移到孩子的需求上,家庭收入的很大比重都用于孩子的食品、服装、教育和文娱等方面;待到孩子长大成人、独立生活后,父母的消费多用于医疗、保健、旅游或储蓄。家庭所在地点不同开支也不一样,比较居住在城市中心和郊区的家庭,会发现在交通、住房和食品等方面有不同的支出比例。

(3) 经济的周期性波动

经济的周期性波动不仅影响整个国家的经济发展和生产消费走势,而且在很大程度上决定了企业的投资行为,因此,经济的周期性波动一直是经济理论界和企业界关注的焦点。

阅读资料：全球经济不稳定导致 IT 巨头业绩滑坡

2013 年 7 月 20 日，微软、IBM、英特尔等 IT 知名企业纷纷发布了最新一个季度的业绩，但数据都很"难看"。业内表示，全球经济的不稳定是科技企业业绩遭遇滑坡的主要原因之一。

微软：市值一天跌去一个雅虎。由于市场对最新 Windows 操作系统需求疲软，加上平板电脑销售业绩令人失望，微软发布了黯淡的季度财报。

英特尔：净利润下滑近三成。报告显示，英特尔净利润同比下降了近 29％。从部门划分来看，PC 业务成为拖累英特尔业绩的主要原因。为了扭转业绩下滑的趋势，英特尔将目光转移至移动芯片业务上。如今，英特尔希望能够率先攻占可穿戴智能设备的市场，抓住机遇，扭转在移动芯片业务上的被动局面。

IBM：净利下滑超出市场预期。IBM 上调了全年业绩预期，主要受益于成本削减和强劲的软件产品线。得益于大型主机和软件业务的增长，该公司第二季度净利润超过市场预期，但营收不及预期。

业内认为，为了应对当前的市场疲软，目前科技巨头们已经通过裁员、出售资产等方式进行"减负"，但如果整体市场不复苏，科技企业的日子或更难过。

3. 社会文化环境分析

社会文化环境是指一个国家、地区或民族的传统文化，通常由价值观念、信仰、风俗习惯、行为方式、社会群体及相互关系等内容所构成。人们在不同的文化背景下生活，就会形成不同的观念和信仰，并有不同的行为规范。一个社会的核心文化具有高度的持续性，并在世代沿袭中不断得到丰富和发展，影响并制约着人们的行为。

（1）人口因素。人口是企业营销活动直接和最终的对象。市场是由消费者构成的，所以在其他条件固定或相同的情况下，人口规模决定着市场的容量和潜力，人口结构影响着消费结构和产品构成，家庭的人口规模、家庭类型及其变化对消费品市场也有明显的影响。因此，人口因素是分析市场规模的重要因素。我国作为一个人口大国，是国际上最具吸引力和发展潜力的大市场之一。

案例：杜蕾斯东家收购美赞臣，因看好全面二孩及城市化

近日，英国快消巨头利洁时宣布与美国婴幼儿营养品公司美赞臣达成协议，以总价约 179 亿美元收购美赞臣。一时间，杜蕾斯与美赞臣、安全套与奶粉商"牵手"的消息让舆论热度不断攀升。

对于收购原因，美赞臣首席执行官特别提及中国的城市化及二胎政策，加码中国市场。从购买杜蕾斯到美赞臣，利洁时贯穿了 18～30 岁以上年轻人的消费过程。

庞大的人口基数叠加全面二孩政策和城市化进程加速，中国已成为全球最重要的婴幼儿快消品市场之一。从尼尔森监测的数据看，2014 年中国婴幼儿快消品市场达到 1 009 亿元的规模，销售额增幅为 17％，远高于整体快速消费品销售额增幅（＋5％），其中婴幼儿食品类增幅为 15％。

此次收购被业界认为是利洁时大举拓展中国市场的举措，首席执行官 Rakesh Kapoor 坦承："五六年前，中国对利洁时而言只不过是排名第 25 的市场。在过去五年，我们意识到中国市场的重要性，并开始大力投资。"

收购确实为利洁时在家庭消费、成长消费方面提供了新的增长。通过资源共享、平台互

补,从购买杜蕾斯到美赞臣,贯穿了 18～30 岁以上年轻人的成长消费过程,形成了一条具有延续性的产业链条。

(2) 文化因素。文化是知识、信念、艺术、法律、伦理、风俗和其他由一个社会的大多数成员所共有的习惯、能力等构成的复合体。文化对消费者行为的影响是多方面的、非强制性的。

案例:亚马逊进军东南亚,和阿里的战争一触即发

2017 年 5 月,亚马逊宣布首次进军东南亚,在新加坡开启 Prime Now 服务。

东南亚总共有 6 亿人口,亚马逊显然是有备而来,和阿里巴巴在亚洲展开首次正面交锋。亚马逊在当地的最大竞争对手会是 Lazada 旗下的 Redmart,正是由阿里巴巴控股。Amazon Prime 针对支付年会员费的用户,自 2014 年末推出以来已进入了 9 个国家逾 50 个城市。亚马逊已经在印度和日本有了相当规模,不过分析师表示东南亚将是电子商务公司最大战场之一。东南亚市场十分割裂,包含相当多不同的文化、语言和法规。新加坡被视为该地区的理想试验田,该国的基建发达且人口相对富裕。

价值观念。价值观念是人们对社会生活中各种事物的态度和看法。不同的文化背景下,人们的价值观念相差很大。

风俗习惯。风俗习惯是在一定的社会物质生产条件下长期形成并世代相传的,成为约束人们思想、行为的规范,影响消费者的购买行为。

审美观。不同的消费者往往有不同的审美观。审美观不是一成不变的,往往受到社会舆论、社会观念等多种因素的影响,并制约着消费者的欲望和需求的取向。

案例:中国手机 App 在新兴国家俘获人气

中国企业开发的智能手机应用程序(App)正在新兴市场国家受到广泛使用。美图公司的修图 App 在印度等中国以外国家已拥有 5 亿用户。猎豹移动公司凭借在低价智能手机上也能实现顺畅操作的 App 进军东南亚和南美市场。中国企业在国内面向喜欢自拍的用户和低价智能手机提升了 App 的各类功能,如今还俘获了文化和环境相似的其他新兴市场国家的用户的需求。

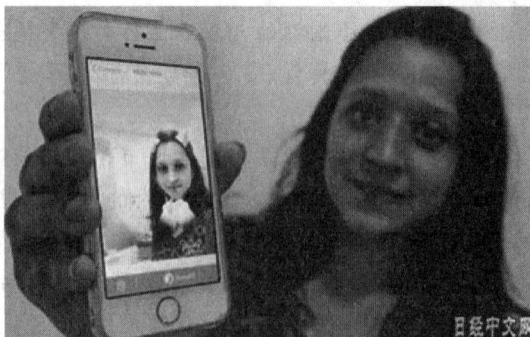

图 2-3 德里的大学生 Shreya Goyal 展示美图 App 编辑出来的照片

中国年轻人非常流行用手机自拍。同样,在印度也有很多人喜欢自拍。街上经常能看到旁若无人地自拍的年轻人,智能手机广告也会强调前置摄像头性能好。美国卡内基梅隆大学等的调查显示,因自拍时不专心看路而从高处跌落等造成的死亡事故数量在印度尤其多。

在新兴市场国家，存储容量和处理速度有限的低价智能手机正在普及。中国金山软件旗下猎豹移动公司的App"清理大师"能够删除这类智能手机中的多余文件，从而实现顺畅的操作。截至目前，清理大师的下载量已达 7 亿次。随着低价智能手机的普及，在中国积累的经验还将广泛应用到其他新兴市场国家。

据荷兰调查公司 Newzoo 统计，中国智能手机用户达到 6.6 亿人，占到全球的三成。中国各应用程序企业在巨大的国内市场磨炼了抓住需求的能力，与追求创新技术的美国硅谷企业相比，中国企业似乎具备了截然不同的竞争力。

（3）亚文化因素。亚文化是不占主流的或某种局部的文化现象。一种亚文化可以代表一种生活方式。它不仅包括与主流文化共通的价值观，还包括自己独特的价值观念。如中国人用筷子吃饭是主流，而一部分人用刀和叉吃饭则是亚文化现象。亚文化包括种族亚文化、民族亚文化、宗教亚文化、地理亚文化、职业亚文化、年龄亚文化等。

① 民族亚文化。同一个民族一般具有相同的语言、类似的生活方式等，这就是民族亚文化。不同民族的人分属不同的民族亚文化，宗教信仰、节口、崇尚爱好、图腾禁忌和生活习惯方面都有其独特之处，因而在消费心理、习惯等方面有着天壤之别。

案例：卖杯茶有多难？星巴克卖茶终失败

"茶还是咖啡(Tea or Coffee)？"这是西方人招待客人时最常问的一句话。当咖啡大规模进入中国市场后，中国很多饮品店也开始向消费者提供茶和咖啡两种选择。作为全球最大的咖啡连锁企业，星巴克自然也不愿放过茶生意。

可是，就在最近，星巴克终于认识到，卖茶和卖咖啡是两码事。为了认清这个事实，星巴克花了大约 4 年的时间和至少 6.2 亿美元。美国当地时间 2017 年 7 月 27 日，星巴克在其第三财季报告中宣布，将关闭旗下全部 379 家 Teavana 茶店，这意味着该公司进军茶饮业的计划以失败告终。有中国网友戏称，星巴克茶馆关门，可能是因为少了一副"扑克牌"。

2011 年，星巴克做了一项重大决定，将"coffee"从其 logo 中摘除，此举意味着尽管咖啡依然是星巴克的核心业务与象征，但这家公司正试图让这股咖啡味且淡上一些。2012 年，星巴克打出了口号，要像"经营咖啡那样去经营茶"，然而事情却并未能如愿。星巴克的茶饮生意一直算不得红火，尤其是跟卖咖啡的主业相较之下。2016 年 1 月，星巴克便宣布将 5 家茶吧中的 4 家关了门，其中 3 家位于纽约的茶吧将于 4 月底改造为星巴克的咖啡店，而位于洛杉矶比弗利山庄附近的那家则是彻底关店。5 家茶饮店仅留西雅图的一家"试验点"。然而几乎是在同时，星巴克将对于茶饮市场的希望放在了中国。

最终，他们将 Teavana 的糟糕表现归结于实体零售的衰颓。每经小编在 Teavana 官网上发现，其茶店大部分位于美国和加拿大各地的购物中心内，而近年来由于电商竞争，大型商场经营陷入困境，客流量日渐减少，各种实体门店纷纷关门。

② 宗教亚文化。世界上有许多种宗教，如基督教、佛教、伊斯兰教、天主教等，不同的宗教有不同的文化倾向和戒律，深刻影响着人们认识事物的方式，对待客观世界的态度、行为准和价值观念，影响着消费行为。

③ 地域亚文化。这是以人口的行政区域分布为特色的亚文化群体。如生活在城镇、市郊、农村的消费者在生活方式和消费习惯上存在着较大的差异，"都市文化"、"乡村文化"等名词反映了这种差异；我国饮食文化中的南甜北咸、东酸西辣，节日文化中北方的逛庙会、南方的

逛花会。

杭州"狗不理"包子店是天津狗不理集团在杭州开设的分店,地处商业黄金地段。正宗的"狗不理"以其鲜明的特色(薄皮、水馅、味鲜美、咬一口汁水横流)而享誉神州。但正当杭州南方大酒店创下日销包子万余只的纪录时,杭州的"狗不理"包子店却将楼下三分之一的营业面积租让给服装企业,依然"门前冷落车马稀"。其实当"狗不理"一再强调其鲜明的产品特色时,却忽视了消费者是否接受这一"特色",那么受挫于杭州也是势在必然了。

首先,"狗不理"包子馅比较油腻,不合喜爱清淡食物的杭州市民的口味。

其次,"狗不理"包子不符合杭州人的生活习惯。杭州市民将包子作为便捷快餐对待,往往边走边吃,而"狗不理"包子由于薄皮、水馅、容易流汁,不能拿在手里吃,只有坐下用筷子慢慢享用。

再次,"狗不理"包子馅多半是蒜一类的辛辣刺激物,这与杭州这个南方城市的传统口味也相悖。

4. 科技环境分析

科学技术是社会生产力中最活跃的因素,技术的进步可以改变人类的生活,推动世界经济的高速发展,同时也决定着企业的生存和发展。技术带给企业的影响是多方面的,主要表现如下:

(1)新技术给企业机会与威胁

新技术革命,给企业市场营销既造就了机会,又带来了威胁。企业的机会在于寻找或利用新的技术,满足新的需求,而它面临的威胁则可能有两个方面:一方面新技术的突然出现,使企业现有产品变得陈旧;另一方面新技术改革了企业人员原有的价值观。

2017 年 6 月 6 日,WPP 和凯度华通明略发布了"2017 年 BrandZ 最具价值全球品牌 100 强"排名,结果显示,品牌价值位居前五的均为科技巨头,分别为谷歌、苹果、微软、亚马逊和 Facebook。

其中,亚马逊在所有 100 强品牌中实现了最高的价值增长,品牌价值增长了 403 亿美元。谷歌、苹果和微软仍稳居排行榜前三位,品牌价值在过去一年间分别增长了 7%、3% 和 18%。而排名第五的 Facebook 则实现了 27% 的增长,品牌价值达到 1 298 亿美元。

今年在排行榜上颇为瞩目的还有中国腾讯(排名第八),品牌价值增长了 27%,达到 1 083 亿美元。

2017 年的排名显示,市场的天平已经真正倾向于以消费者为中心的科技品牌,它们开发了可满足多种需求的技术生态系统,简化了日渐复杂的世界。2017 年,科技类品牌(包括电信和在线零售商)对 100 强品牌总价值的贡献率达到一半以上(2006 年该数值为三分之一)。一年以来,这些科技类品牌的总价值增长了 16%,非科技类品牌仅增长了 4%。

今年,BrandZ 全球百强品牌研究带来的重要趋势包括:

① 以消费者为中心的技术生态系统成为品牌不可或缺的要素。从在线购物到看电视,如今的消费者可以使用多种设备在同一品牌的不同平台上从事各种各样的活动。这种便利使得

强势品牌能够最大限度地降低消费者改用其他品牌的风险。

②越来越多的新品牌天生就有着全球化的基因，这使得它们能够快速成长。技术进步使得企业自创立之日起就能在全球范围提供其产品和服务。这催生了一批新型创业公司，它们打破了长期以来对其发展速度和规模造成限制的地域或行业界限。传统非科技品牌纷纷采用技术手段进行创新，增强对消费者的吸引力。例如，价值上涨最快的阿迪达斯(Adidas)引进了3D打印技术来生产鞋类产品，快餐品牌达美乐披萨则为顾客户提供了订单实时跟踪器。

(2) 新技术改变了企业的市场营销策略

由于科技迅速发展，新产品开发周期大大缩短，产品更新换代加速。因此，开发新产品是企业开拓市场和赖以生存发展的根本条件。

科技进步引起人们生活方式、兴趣、思想等差异性日益扩大，自我意识的观念日益加强。在分销渠道的选择上，大量特色商店和自我服务的商店不断涌现(个性空间)；从传统人员推销方式演变为自我服务方式(超市、自助餐)；现代企业的实体分配已不是以工厂为出发点，而是以市场为出发点(消费者需求)。

新科技的发展，一方面降低了产品生产成本，从而使产品价格下降；另一方面通过信息技术，运用价值规律、供求规律、竞争规律来制定和修改价格策略。

科技发展引起促销方式多样化，尤其是广告媒体的多样化、广告宣传方式的复杂化。人造卫星成为全球范围内的信息沟通手段；传真电视电话成为企业与顾客接触的有效广告媒体；电视购物与网上购物正在发展与普及。

案例："撕"了近半年，苹果与诺基亚专利纠纷达成和解

北京时间2017年5月23日，苹果公司在其官网宣布：与诺基亚的专利纠纷达成和解，从本季度开始，苹果公司将向诺基亚支付一笔预付现金和额外费用。

诺基亚和苹果之间的恩怨由来已久，也是两家巨头之间的斗争，甚至很多人都认为苹果一手造成了诺基亚今天的惨剧。其实，诺基亚的实力不能小视，其在智能终端、网络基础设备上拥有大量专利储备，很多都是核心专利。

早在2009年10月，诺基亚曾在美国法院指控苹果称，其使用了诺基亚GSM、WLAN等10项基础技术专利，却并没有支付相关授权费用。而在2个月后，苹果反击称，诺基亚的E71、N900等机型侵犯了苹果共计13项专利。2014年8月，诺基亚向德国和美国3家法院提起诉讼，指控苹果公司旗下iPhone、iPad等产品侵犯公司32项技术专利权，涉及显示屏、用户界面、软件、天线、芯片组及视频编码等各种专利。

事实上，苹果和高通、华为等公司也存在知识产权纠纷。苹果公司和华为、诺基亚均达成了和解协议，此举应该是为5G市场做铺垫。苹果和诺基亚不光是和解，还要进行深度合作，可以看作是苹果在为5G时代做准备。

2.2.2　行业竞争环境分析

所谓行业，是指按企业生产的产品(劳务)性质、特点，以及它们在国民经济中的不同作用而形成的工业类别。企业的行业环境是联系宏观环境与微观环境的媒介，它包括企业所在行业竞争环境和行业生命周期，本书着重介绍行业竞争环境的分析方法。

按照波特(M. E. Porter)的观点，一个行业的激烈竞争，其根源在于其内在的经济结构，在一个行业中存在有五种基本竞争力量,即新进入者的威胁、行业中现有企业间的竞争、替代品或服务的威胁、供应者讨价还价的能力、用户讨价还价的能力(如图2-4所示)。这五种基本竞争力量的现状、消长趋势及其综合强度,决定了行业竞争的激烈程度和行业的获利能力。

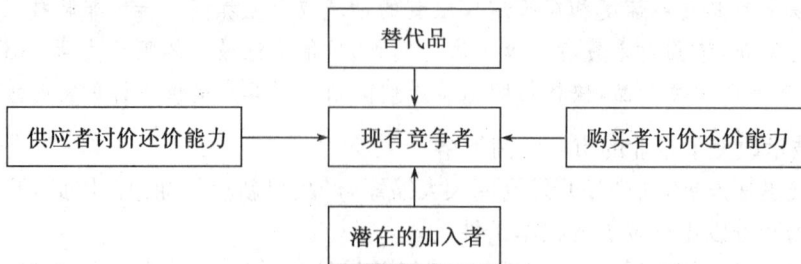

图2-4 波特的"五力竞争模型"

1. 现有竞争者分析

同行业中现有企业间的竞争。行业内各企业都要为增强各自的经营能力而展开竞争,竞争的激烈程度取决于竞争者的多少及力量的对比、市场增长率、固定费用和存储费用、产品特色与用户的转变费用、退出壁垒等方面。

2. 潜在的加入者分析

新进入者,可以是一个新办的企业或是一个采用多元化经营战略的原从事其他行业的企业,新进入者给这个行业带来了新的生产能力,并要求取得一定的市场份额。新进入者进入壁垒的高低主要取决于规模经济、经营特色、投资、资源供应、销售渠道、成本、政府政策、原有企业的反应等方面综合影响。

3. 替代品企业分析

替代品是指那些与本行业产品具有相同或相似功能的产品,如洗衣粉可部分代替肥皂、圆珠笔可部分代替钢笔。来自替代品的压力有替代品的盈利能力、生产替代品的企业所采取的经营战略、用户的转变费用。

4. 购买者讨价还价能力分析

购买者对本行业的竞争压力表现为要求产品价格更低廉、质量更好、提供更多的售后服务,他们会利用各企业间的竞争来施加压力。总之,用户压力趋向于降低本行业盈利能力。来自用户的压力主要取决于用户的集中程度、用户从本行业购买产品的标准化程度、用户从本行业购买的产品在其成本中所占的比重、用户的盈利能力、用户掌握的信息等方面。

5. 供应者的讨价还价能力分析

供应者对本行业的竞争压力表现在要求提高原材料或其他供应品的价格、减少紧俏资源的供应或降低供应品的质量等。总之,供应者希望提高其讨价还价的能力,从行业中牟取更多的利润。供应者的压力主要取决于供应者的集中程度和本行业的集中程度、供应品的可替代程度、本行业对于供应者的重要性、供应品对本行业生产的重要性、供应品的特色和转变费用等方面。

通过以上五种基本竞争力量的分析,可以了解本行业的基本状况,从中辨认本企业在行业中的竞争地位、优势和劣势,从而确定本企业在各种竞争力量中的基本态度及基本对策。

阅读资料:国内体育用品市场分析

经过 2012～2013 年的"关店潮"后,国内体育用品市场正出现复苏。国内市场的巨大"蛋糕",吸引的不仅是国货,各大国际品牌也早就瞄准了目标,而且拥有了更多筹码。

国产品牌与耐克、阿迪达斯的竞争劣势主要在于品牌影响力和局限性。部分国产品牌在和国际品牌的竞争中,定位不明确,缺乏品牌核心价值观,难以在消费者心中树立一个良好的品牌形象。国产品牌虽然也通过赞助国外一些大型赛事、签约体育明星来提升在世界上的影响力,但其销售主要还是在国内,营销手段也不够新;在工业设计上也有差距。因此,目前高端体育产品市场被耐克、阿迪甚至安德玛等国外品牌占据。

对于国内运动厂商来说,守住现有阵地可能是首先要关注的艰巨任务,并且在强调专业化、创新化做大做强的过程中,也要避免落入同质化误区。国产品牌应当在创新上要更大胆一些,例如提前布局冰雪运动、山地户外、水上运动、功能健身等一些新的运动领域,在产品开发上真正做到差异化。

体育用品产业在目前的市场中正不断细分。消费者已经不满足于一套装备做完所有运动,针对不同运动类型发展出不同的专业运动装备、提供特殊的使用性能,是未来体育用品市场持续发展的动力和方向。

2.2.3　微观环境分析

企业的微观环境是指对企业生产经营活动产生直接影响的要素。这些要素构成企业的微观环境,包括企业内部环境、供应商、营销中介机构、顾客、竞争者和社会公众等,它们与企业形成了协作、服务、竞争与监督的关系,直接制约着企业为目标市场服务的能力。

1. 内部环境分析

在制定营销计划时,营销部门要考虑企业的其他部门,如高层管理部门、财务研究与发展部门、采购和会计部门等。所有这些相互联系的部门构成了企业的内部环境(如图 2-5 所示)。各个部门的分工是否科学、协作是否和谐、目标是否一致,都会影响企业的营销管理决策和营销方案的实施。

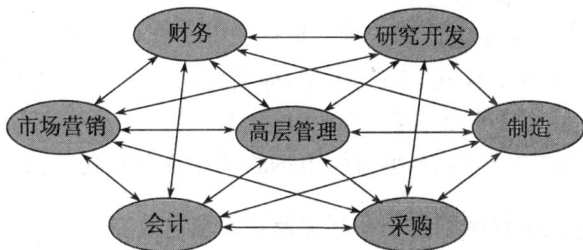

图 2-5　企业内部环境结构图

企业高层管理部门制定企业的目标、战略和政策,营销部门根据高层管理部门的政策来制定营销方案,在经最高管理层同意后实施方案。在方案实施过程中,营销部门必须与企业的其他部门密切合作。如研发部设计、开发符合方案要求的产品,采购部门负责供给生产所需的原材料,生产部门生产合格优质的产品,财务部门负责资金的筹集,会计部门对收入和成本进行核算等。这些部门对营销方案能否顺利实施都能产生影响,只有各个部门精诚合作,以顾客需求为中心,才能给顾客提供满意的产品和服务。

2. 供应商分析

供应商是指为企业及其竞争者提供生产经营所需资源的企业或个人,包括提供原材料、设备、能源、劳务和其他用品等。由于供应状况对营销活动具有重大影响,所以供应商的选择尤为重要。

企业在选择供应商时,应选择质量、价格以及运输、承担风险等方面条件最好的供应商,因为供应商所提供资源的价格和质量,直接影响企业生产的最终产品的价格、销售利润,若供应短缺,将影响企业不能按期完成生产和销售任务。因此,与供应商建立长期、稳定的关系是必要的。另一方面,企业也应注意与多个原材料的供应商保持联系,而不要过分依赖于任何单一供应者,以免受其控制。

3. 营销渠道分析

企业在营销过程中需要借助各种社会中介机构的力量,帮助企业分配、销售、推广企业的产品。这些中介机构包括中间商、实体分配机构、营销服务机构、金融中间机构等。

(1) 中间商。中间商是帮助企业销售产品的商人,主要包括代理中间商和买卖中间商。代理中间商专门介绍客户或协助签订合同但不拥有商品所有权,主要职能是促成商品的交易,以此取得佣金收入。买卖中间商从事商品购销活动,并对所经营的商品拥有所有权,如批发商、零售商等,他们通过购销差价获取利润,如某企业将自己的产品卖给大卖场,再由卖场销售给消费者,卖场的角色就是买卖中间商。

(2) 物流公司。这类公司协助生产企业储存并把货物运送至目的地。实体分配包括包装、运输、仓储、装卸、搬运、库存控制和订单处理等方面的职能。

(3) 营销服务机构。这类机构包括营销研究公司、广告代理商、传播媒介公司、金融机构等,他们帮助企业推出和促销其产品。如果企业决定接受这类机构的服务,必须认真选择,因为每个机构的服务质量、价格等方面的差别较大。金融中间机构帮助企业进行金融交易,降低商品买卖中的风险,如银行、保险公司、咨询公司等。

4. 目标顾客分析

顾客是指企业最终为其提供产品和服务的目标市场。每一个企业都为目标市场上的顾客提供产品和服务,顾客的需求是企业制定营销策略的出发点和归宿。

企业面对的目标市场主要有五种市场类型,即消费者市场、生产者市场、中间商市场、政府市场和国际市场。每个市场都各有特点,企业应根据自己的产品类别和实际资源情况划分市场,选择适合自己的目标市场,然后根据目标市场的顾客特点来制定相应的营销策略。

阅读资料:传统零售行业正发生剧变——顾客消费习惯已改变

从工业社会、信息社会到互联网社会,从亚当·斯密到哈耶克,消费者一直是所有经济活动的原点,他们才是真正的主角。任何企业都必须倾听顾客的声音。我们从零售商霸权的时代已经进入到了一个新时代,这就是消费者主权时代。这是一个消费者正在觉醒的时代,今天,我的消费,我做主。今天的消费者被称为 SoLoMo 消费群。"SoLoMo"是社交消费群(Social consumers)、本地消费群(Local consumers)和移动消费群(Mobile consumers)的组合。今天的 SoLoMo 消费者从无知到见多识广,我们看到消费者在消费过程中发生了三大变化——全天候、全渠道和个性化。

从时间来看,我们今天的消费者希望无时无刻都能买到他想买的东西。从空间来看,我们今天的消费者无处不在,他们希望不管在哪里,都可以买到自己想买的东西。从需求来看,消费者的需求发生了重大的改变,他们越来越追求个性化,越来越追求自己的消费、自己做主,这是一个新的改变。

5. 竞争对手分析

企业往往是在许多竞争者的包围和制约下从事营销活动的。一个企业要想成功,必须为顾客提供比其他竞争者更大的价值和更高的美誉度。因此,识别竞争者、了解竞争者对企业非常重要。

竞争者是一个非常宽泛的概念,它不仅指产品本身的竞争,还包括顾客的争夺、渠道的竞争、满足需求的竞争等。因此,从市场的角度分析,企业在其经营活动中都将面临四种类型的竞争者。

(1)愿望竞争者。愿望竞争者即提供不同产品以满足不同需求的竞争者。如家电、家具、电脑成其他日常用品的生产企业是服装生产企业的愿望竞争者。

(2)一般竞争者。一般竞争者即提供不同产品以满足相同需求的竞争者。如电扇、空调都能满足人们度夏的需要,各种制冷产品之间相互为对方的一般竞争者。

(3)产品形式竞争者。产品形式竞争者即生产同类产品但产品的规格、型号、款式都不同的竞争者。如生产不同款式、质地、档次、规格、型号空调的不同企业就互为产品形式竞争者。

(4)品牌竞争者。品牌竞争者即生产相同规格、型号的同种产品,但品牌不同的竞争者。如男士西服有"顺美""华伦·天奴""皮尔·卡丹""胜龙"等品牌,这些品牌的生产者之间就互为品牌竞争者。

6. 社会公众分析

公众(Public)是指对企业实现其市场营销目标构成实际或潜在影响的任何团体和个人。分析公众环境的目的是为了处理好与公众的关系,树立良好的形象。这种活动也被称为公共关系活动(Public Relation)。

(1)政府公众。政府公众指有关的政府部门。营销管理者在制订营销计划时必须充分考虑政府的发展政策、本行业的发展规划、企业权力的规定等。同时,也要与政府有关部门搞好关系。

(2)金融公众。金融公众指影响企业获得资金能力的机构,如银行、投资公司、保险公司和证券交易所等。

(3)媒介公众。媒介公众主要指报社、杂志社、广播电台和电视台等大众传播媒介。这些团体对企业的声誉有举足轻重的作用。

(4)群众团体。群众团体指消费者组织、环境保护组织及其他群众团体,如我国的消费者协会等。

(5)地方公众。地方公众指企业所在地附近的居民和社区组织。企业在营销活动中,要避免与地方公众利益发生冲突,必要时应指派专人负责处理这方面的问题,并对公益事业做出贡献,以树立良好的企业形象。

(6)企业内部公众。内部公众指企业内部人员,包括企业各层次、各部门的领导和员工,内部公众的态度也会影响到社会上的公众。

以上这些公众,都与企业的营销活动有着直接或间接的关系。现代企业是一个开放的系统,它在经营活动中必然与各方面发生联系,企业应正确认识各类公众,积极开展公益活动,处理好与公众的关系,努力塑造并保持企业良好的信誉和公众形象。

2012年,江苏南通启东发生了抵制"王子造纸"排污的集体游行事件。此次事件的原因是日本造纸企业王子集团长期排污入海,严重影响当地居民的生活,故而他们奋起行动,寻求政府的帮助。此次事件反映了造纸企业在环境保护方面的欠缺。

首先,造纸厂所需要的资源大部分是森林木材,现在沿海很多林地,比如广东、云南、广西、四川、江西、福建、江苏等省,都在大兴种植速生林——巨桉,巨桉生长迅速,但对土壤、植被、气候破坏严重,在日本和很多欧美国家禁止成片种植速生桉,而国内很多政府没有经过科学认证就大量种植这种树林,造成很大的环境污染,广东和云南出现大旱与大量种植速生桉有关。

第二,造纸厂大量在华投资,与当地政府官员急功近利的追求政绩有关,大型造纸厂投资规模较大,但对环境污染严重,大量排放有毒气体到空气里,目前我国制浆造纸工业污水排放量约占全国污水排放总量的10%～12%。造纸工业已成为我国污染环境的主要行业之一。

2012年8月,江苏省南通市人民政府决定,永远取消有关王子造纸排海工程项目。

● 分项任务测试:

假如你想在学校附近开一家网吧(网咖),请你分析开网吧所面临的宏观环境、行业环境和微观环境。

2.3 机会与威胁分析

市场营销环境的动态性,使企业在不同的时期面临着不同的市场营销环境。而不同的市场营销环境,既可能给企业带来机会,也可能给企业带来威胁。对企业营销环境的分析与评价,始终是营销者制订营销战略、策略和计划的依据。高明的营销者总是严密地监视营销环境的发展和变化,善于分析、评价、鉴别由于环境变化带来的机会与威胁,以便采取相应的态度和行为。

2.3.1 机会分析

机会的实质是指市场上存在着"未满足的需求"。它既可能来源于宏观环境,也可能来源于微观环境。随着消费者需求的不断变化和产品寿命周期的缩短,旧产品不断被淘汰,要求开发新产品来满足消费者的需求,从而市场上出现了许多新的机会。

环境机会对不同企业是不相等的,同一个环境机会对一些企业可能成为有利的机会,而对另一些企业可能就造成威胁。环境机会能否成为企业的机会,要看此环境机会是否与企业目标、资源及任务相一致,企业利用此环境机会能否比其竞争者带来更大的利益。

环境机会的分析要考虑两个方面的因素,即机会可能带来的利益大小和机会出现的概率。用矩阵图分析威胁对企业带来的影响,如图2-6所示。

成功概率

		高	低
吸 引 力	大	1	2
	小	3	4

机会

1——吸引力大,成功率很高

2——吸引力虽大,但成功的可能性低

3——吸引力不大,但成功率高

4——吸引力低,成功的可能性也低

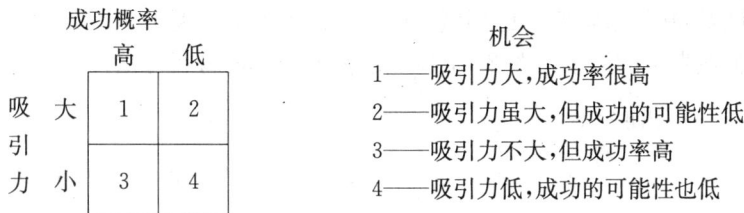

图 2-6　环境机会矩阵

一个公司应该努力捕获的最佳机会是图左上角的那些机会,即吸引力大、成功的概率高的机会,而对右下角的机会可以不必考虑。最后,对右上角和左下角的机会,企业应该密切加以关注,因为其中任何一个机会的吸引力和成功概率都可能因环境的变化而变化。

案例:快火锅之王"甲哺甲哺"抓住市场机会

在中国火锅行业,它可能正成为一个知名度仅次于海底捞的品牌,它就是被称为"小火锅之王""快火锅"之王的呷哺呷哺。

呷哺呷哺的创始人来自中国宝岛台湾。1993 年,台湾桃园县人贺光启与妻子踏上了北京的土地,开始了他们"北漂"的创业生活。贺光启当时做的是首饰,通过成本优势,加上内地市场商业刚刚兴起,市场需求火热,迅速赚到了内地的第一桶金。1996 年,北京珠宝市场开始逐步萧条,行业不景气,贺光启准备寻找另一个行业机会。此时,麦当劳、肯德基这两家快餐巨头正在内地开始蓬勃发展,他注意到了餐饮行业中快餐的机会。

一次,贺光启应朋友之邀吃火锅,他发现北京的火锅还是以木炭为燃料的铜火锅或者煤气火锅为主,几个人围坐在一起吃。而台湾已经流行用电磁炉加热的吧台式分餐火锅,这种分锅式的火锅与传统的几人共吃一锅有所区别,有各自的特点。1998 年,他在北京的西单开起了第一家"呷哺呷哺"的店面。

令贺光启没想到的是,他在餐饮业的跨界开始就陷入了困局:一方面,当时的消费者习惯了共围一锅的消费形式,觉得这种消费才是感情深的体现,对于分餐、一人一锅的形式,并不接受;另一方面,呷哺呷哺最初的调料来自于台湾,很多口味并不适合大陆消费者。

2003 年,"非典"爆发,全民健康意识大幅提高,人们注重分餐消费,一人一锅的就餐形式竟获得了意想不到的接受和认同。突然之间,呷哺呷哺这种过去不被接受的餐饮消费形式一下子获得了机会。而此时,此前经过改良的调料也发挥了作用,人们发现呷哺呷哺这种小火锅的口味也不错,于是呷哺呷哺的口碑也逐渐树立起来。此时,无论是呷哺呷哺的业态形式,还是餐饮口味,它的差异性逐渐显现出来。

2.3.2　威胁分析

环境威胁是指对企业营销活动不利或限制企业营销活动发展的因素。这种环境威胁主要来自两方面:一方面,是环境因素直接威胁着企业的营销活动;另一方面,企业的目标、任务及资源同环境机会相矛盾。

环境威胁是指环境中一种不利的发展趋势所形成的挑战。如果不采取果断的战略行为,这种不利趋势将导致公司的竞争地位被削弱。营销者要善于分析环境发展趋势,识别环境威胁或潜在的威胁,并正确认识和评估环境威胁的可能性与严重性,以采取相应的措施。

在分析环境威胁时,通常要考虑环境威胁出现的概率和威胁的严重程度两个方面,用矩阵图分析威胁对企业带来的后果。图2-7反映了环境威胁的分析方法。

出现概率

	高	低
大	1	2
小	3	4

严重程度

威胁

1——威胁严重程度高,出现概率大

2——威胁严重程度高,出现概率小

3——威胁严重程度低,出现概率大

4——威胁严重程度低,出现概率小

图2-7 环境威胁矩阵

由图2-7可知,左上角,威胁是关键性的,它将严重危及厂家的利益,并且出现的可能性很大。该厂的营销者必须对这一威胁有清醒的认识,并制订相应的计划。右下角,威胁比较微弱,可以不必太重视。右上角,威胁虽然对企业的影响很大,但出现的可能性较小,企业逐一观察其变即可。左下角,尽管威胁不会严重削弱企业的优势,但其出现的可能性却非常大,企业必须要重视。企业对环境威胁一般可以采取三种基本策略:

(1)反抗策略,即企业利用各种不同的手段限制不利环境对企业的威胁作用,或者促使不利环境朝有利的方向转化。

(2)减轻策略,即调整市场策略来适应或改善环境,以减轻环境威胁的影响程度。

(3)转移策略,即对于长远的、无法对抗或减轻的威胁采取转移到其他的可以占领并且效益较高的经营领域或干脆停止目前的经营。这是万不得已采取的策略。企业在采取转移策略时需要果断。

案例:ZARA 等快时尚巨头面临市场威胁,频繁关店

快时尚在跑马圈地的迅速扩张之后开始显现疲态。伴随领跑快时尚品牌的ZARA在中国开设第一家位于成都的全新店铺形象打造门店正式关闭,快时尚的"速度后遗症"开始暴露。包括ZARA、H&M等国际快时尚巨头在内,近年来接连出现频繁关店、门店拓展速度放缓、业绩增速持续走低的疲态症状。

快时尚自2002年进入中国市场以来,从最初很吸引人到现在已经形如家常便饭,呈现出疲态在预料之中。这种疲态的现象也可以看出目前国内消费者逐步趋向理性,与国内部分性价比高的品牌相比,国外快时尚品牌价格依旧不菲,同时,快时尚与高端品牌的合作是营销行为,这样的款式能否像快时尚品牌宣传的那样"活泼",还有待时间检验。

2.3.3 综合环境分析

在企业实际面临的客观环境中,单纯的威胁环境和社会环境是少有的。一般情况下,企业的营销环境都是机会与威胁并存、利益与风险结合在一起的综合环境。可以根据综合环境中的威胁水平和机会水平的程度,将环境分成四种类型,如图2-8所示的矩阵。

图中第一象限,机会与威胁水平都高,属于冒险型环境。第二象限,机会水平高,威胁水平低,处于一种理想的环境。第三象限,机会水平低,威胁水平高,企业经营困难,是不理想的环境。第四象限,机会水平和威胁水平都比较低,企业所处的环境属于成熟型。

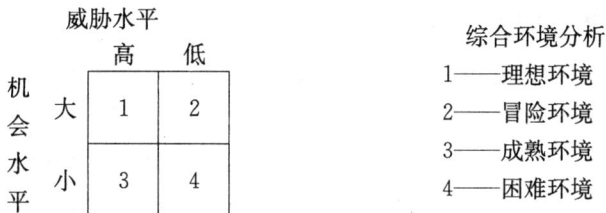

图 2-8　综合环境矩阵

（1）面临理想环境应采取的对策:理想环境是机会水平高、威胁水平低、利益大于风险,是企业难得遇到的好环境,企业要抓住机遇,开拓经营,创造营销佳绩。

（2）面临冒险环境应采取的对策:冒险环境是机会与威胁水平都比较高,在存在很高利益的同时也存在巨大的风险。面临这样的环境,企业必须加强调查研究,进行全面分析,发挥专家优势审慎决策,以降低风险、争取利益。

（3）面对成熟环境应采取的对策:成熟环境是机会与威胁水平都比较低,是一种比较平稳的环境。面对这样的环境,企业一方面要按常规经营,规范管理,以维持正常运转,取得平均利润;另一方面,要继续力量,为进入理想和冒险环境作准备。

（4）面对困难环境应采取的策略:困难环境是机会小于威胁,企业处境十分困难。面对困难环境,必须想方设法扭转局面。如果大势已去,无法扭转,则必须果断采取决策,撤出在该环境中的经营,另谋发展。

案例:美特斯邦威,"繁华"落幕

2017 年 6 月,位于北京西单国际大厦的美特斯邦威(以下简称"美邦")旗舰店,在经营八年多后悄然关闭。美邦回应称,店铺经营不佳,最终选择撤店。在北商研究院特邀专家、北京商业经济学会常务副会长赖阳看来,在消费升级的背景下,美邦在国内一线城市的竞争优势不再。

赖阳认为,国际时尚品牌以亲民的价格、新颖的款式进军中国市场,加剧国内时尚产业竞争。而国内品牌经过十几年的发展,创新不足、款式老旧,已难以吸引消费者。另外,国内互联网不断进步,不少服装品牌起家于电商渠道,运营成本降低,而美邦以实体经营为主,在价格竞争中处于劣势。

美邦出现业绩问题,原因在于品牌印象性不断老化,美邦发展高峰期的主要客群是"70后""80后",在发展中,原有客群不再为美邦买单。与此同时,美邦没有抓住消费群体"印象"转化的时机,导致美邦失去了"忠粉"。另外,快时尚品牌进入中国,国内地产商对快时尚的拉拢、支持,加大了本土服装品牌的竞争压力。租金攀升、劳动力成本增长,让以实体渠道为主的美邦无处释放压力。

对于美邦如何培养新一代消费群体,美邦相关负责人表示,目前通过品牌重新定位,推出五大"格子风"系列,正是希望重新走进当代年轻人心里,为年轻人各个生活场景提供解决方案,这也是市场倒推品牌升级的必然之路。

从城市消费来看,国内的一线、二线、三线城市都在实现消费升级,消费者接触到的商品越来越多,美邦在国内面临生存压力。美邦需要重新梳理品牌商业模式,否则品牌的生存难度会更大。

阅读资料:SWOT 环境分析法

SWOT 分析法又称为态势分析法,它是由旧金山大学的管理学教授于 20 世纪 80 年代初提出来的,是一种能够较客观而准确地分析和研究一个单位现实情况的方法。SWOT 四个英文字母分别代表:优势(Strength)、劣势(Weakness)、机会(Opportunity)、威胁(Threat)。从整体上看,SWOT 可以分为两部分:第一部分为 SW,主要用来分析内部条件;第二部分为 OT,主要用来分析外部条件。利用这种方法可以从中找出对自己有利的、值得发扬的因素,以及对自己不利的、要避开的东西,发现存在的问题,找出解决办法,并明确以后的发展方向。

表 2-1 SWOT 分析

内部条件 外部环境	优势(S) (具体列出)	劣势(W) (具体列出)
机会(O) (具体列出)	SO 战略 依靠内部优势,利用外部机会	OW 战略 利用外部机会,克服内部劣势
威胁(T) (具体列出)	ST 战略 利用内部优势,克服外部威胁	WT 战略 减少内部劣势,克服外部威胁

SWOT 分析法常常被用于制定集团发展战略和分析竞争对手情况,在战略分析中,它是最常用的方法之一。在完成环境因素分析和 SWOT 矩阵的构造后,便可以制订出相应的行动计划(见表 2-1)。制订计划的基本思路是:发挥优势因素,克服弱点因素,利用机会因素,化解威胁因素;考虑过去,立足当前,着眼未来。运用系统分析的综合分析方法,将排列与考虑的各种环境因素相互匹配起来加以组合,得出一系列公司未来发展的可选择对策。

● 分项任务测试:

仍以你毕业后创业开网吧(网咖)为例,请你分析开网吧所面临的环境机会与威胁,综合分析你的创业项目的可行性。请运用 SWOT 分析法制订你的行动计划。

2.4 营销战略规划

2.4.1 认知企业战略

1. 企业战略的含义

"战略"一词来源于希腊字"Strategy",其含义是"将军指挥军队的艺术"。1965 年美国经济学家安索夫(H. I. Ansoff)所著《企业战略论》一书问世后,企业经营学中开始使用"企业战略"一词。

结合我国企业的具体情况,我们把企业战略定义为:企业战略是企业在社会主义市场经济条件下,根据企业内外环境及可取得资源的情况,为求得生存和长期稳定地发展,对企业发展目标、达成目标的途径和手段的总体谋划。

2. 企业战略的特征

(1) 全局性。企业经营战略,简单地说就是"做什么才能指导企业经营全局,使企业得以生存和发展"。因此,企业经营战略是以企业全局的发展规律为研究对象,是指导整个企业一切活动的总谋划。

(2) 未来性。俗话说:"人无远虑,必有近忧。"从企业发展的角度来看,企业今天的行动是为了执行昨天的战略,企业今天制定的战略正是为了明天更好地行动,因此企业战略的拟定要着眼于企业未来的生存和发展。

(3) 系统性。大型企业经营战略是一个庞大复杂的系统,可以分解为不同层次的子系统。一般来讲,对于大型企业,企业经营战略包括三个层次:第一层次是公司级战略;第二层次是事业部级战略;第三层次是职能级战略,又叫职能级策略。

公司级战略又叫企业总体战略,是决定和揭示企业目的和目标、确定企业重大方针与计划、企业经营业务类型和人文组织类型及企业应对职工、顾客、社会做出的贡献等的总体谋划。它是战略体系的主体和基础,起着统帅全局的作用。

事业部级战略是企业某一独立核算单位或具有相对独立的经济利益的经营单位,对自己的生存和发展做出的谋划。它要把公司经营战略中规定的方向和意图具体化,成为更加明确的针对各项经营事业的目标和战略,事业部级战略中最根本的是产品—市场战略,即要具体确定占领哪些市场层面,在该层面如何开展竞争取得优势。

职能级策略则是在事业部级战略指导下,按专门职能进行落实和具体化,一般包括研究与开发策略、生产策略、营销策略、财务策略与人力资源开发策略等,主要是确定在各自职能领域内如何形成特定的竞争优势,以支持和实施公司及事业部的战略。

3. 企业战略的内容

企业战略包括企业使命(任务)、企业目标、事业组合、发展战略等主要内容。

(1) 规定企业使命或任务。即要明确企业的事业性质,明确企业的活动领域,决定企业的发展总方向。

(2) 确定企业目标。指未来一定时期内企业所要达到的一系列具体目标的总和。企业常用目标有:投资收益率;销售增长率;市场占有率;提高知名度;树立企业及其产品的良好形象(即提高美誉度);产品创新和开发新市场等。

(3) 事业或业务组合。其实质是一个事业单位资源配置问题。事业或业务组合的分析评估方法有波士顿咨询集团法、多因素矩阵法(GE法)等。

阅读资料:企业业务组合分析法

1. 波士顿矩阵分析法

波士顿矩阵分析法是由美国波士顿咨询公司(Boston Consulting Group)发明的一种被广泛运用的业务组合分析方法,即用"市场增长率—相对市场占有率矩阵"对企业的战略事业单位或产品进行分类和评估的一种分析方法(如图2-9所示)。波士顿矩阵分析法把企业的业务类型分为四种情况。

(1) 明星类:高销售增长率与高相对市场占有率。具有良好的发展前景,企业必须投入大量投资,以支持其快速发展,成长为未来的金牛业务。

(2) 金牛类:低销售增长率与高相对市场占有率。企业的主要利润来源,不需大量资源投入,为其他业务单位的发展提供财力支持,企业应大量培植金牛类业务,尽量延长其生命期。

(3)问题类:高销售增长率与低相对市场占有率。现金需求量大,市场占有率低,存在各种问题,前景未卜,需慎重考虑、认真筛选,一部分进行必要的投资促使其成为"明星"产品,对于没有前景或无法解决问题的应坚决淘汰。

(4)瘦狗类:低市场增长率与低相对市场占有率。该类业务多处于成熟后期或衰退期,通常为微利、保本甚至亏损,一般应放弃,但在少数情况下,经过努力可发展成为金牛业务。

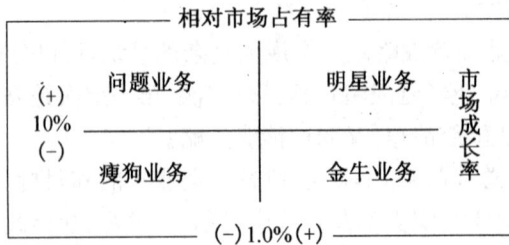

图 2-9　波士顿矩阵

针对四种业务类型制订业务组合或产品计划,确定各业务单位或产品的投资策略:

——发展策略:大力投资,适于明星类和有发展前途的问题类产品。

——维持策略:维持现状,适于金牛类产品。

——缩减策略:缩减投资,主要适用于问题类和瘦狗类产品。

——放弃策略:清理处理,主要适用于没有前途和亏损的问题类和瘦狗类产品。

2. 多因素矩阵评价法

多因素矩阵评价法(GE法)是由通用电气公司发明的一种业务评估方法。如图 2-10 所示,纵轴为行业吸引力(具体包括市场规模、市场增长率、竞争程度、规模经济效益等);横轴为业务力量(具体包括相对市场占有率、价格竞争力愈强、产品质量、顾客了解度、地理优势等指标)。对两大类因素的各具体项目进行分析——评估打分,再按各因素重要性加权合计,将行业吸引力和业务力量分为三等进行组合。

第一区(1、2、4),绿灯区:行业吸引力大,业务力量强,最佳区域。采用发展策略。

第二区(3、5、7),黄灯区:行业吸引力和业务力量中等,中等区域。采用维持策略。

第三区(6、8、9),红灯区:行业吸引力低,业务力量低。采用收缩或放弃策略。

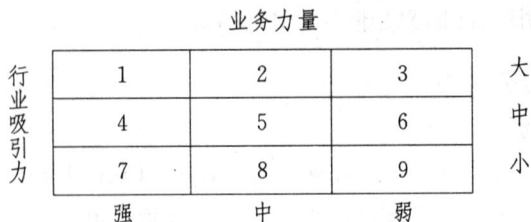

图 2-10　GE 业务组合矩阵

2.4.2　认知营销战略

市场营销战略是企业战略的重要组成部分。市场营销战略是指企业为适应环境、市场变化而站在战略的高度，以长远的观点，从全局出发来研究市场营销问题，策划整体市场营销活动。市场营销战略具有以下特点：

（1）市场营销战略的第一目的是创造顾客，获取和维持顾客；

（2）要从长远的观点来考虑如何有效地战胜竞争，使其立于不败之地；

（3）注重市场调研，收集并分析大量的信息，只有这样才能在环境和市场的变化有很大不确定性的情况下做出正确的决策；

（4）积极推行革新，其程度与效果成正比；

（5）在变化中进行决策，要求其决策者具有很强的能力，要有像企业家一样的洞察力、识别力和决策力。其首要目标是创造、获取、维持顾客。

对企业而言，市场营销战略包括以下基本内容：

（1）目标市场战略。包括选定目标市场、描述目标市场的规模、结构和行为，计划中的产品定位、销售量、市场份额、开始几年的利润目标。

（2）市场竞争战略。市场竞争是市场经济的基本特征之一。正确的市场竞争战略，是企业成功地实现其市场营销目标的关键。市场竞争战略主要涉及一般竞争战略、竞争手段与策略、竞争地位对应的战略等方面的内容。

（3）市场发展战略。针对市场形势的变化，采取合适的战略发展企业的市场占有率，提高企业的市场销量，最终形成规模经济效应。常用的发展战略包括密集发展战略、一体化发展战略、多元化发展战略等。

现代市场营销具备一种统括职能，即起一种导向作用，企业要根据市场营销的需要来确定其职能部门和分配经营资源，要求其他职能部门服从并服务于市场营销，并在此基础上决定企业总体发展方向和制定企业战略。

案例：婚恋网站的 O2O 发展战略

对国内传统的几家婚恋网站来说，不得不面对正逐渐消失于行业主流视线之中的事实，在发展多年之后，依然要深耕于整体规模还不到 15 亿的小众市场，PC 端业务的衰退、移动互联网的崛起让世纪佳缘、百合网、珍爱网等婚恋行业领先者集体遭遇成长危机。

而在扩张产业链、涉足婚庆市场等诸多努力都未能见效之后，各大婚恋网站正把战略重心偏向移动和线下市场，但目前来看，形势依然不容乐观，未来的下滑趋势短期或将难以逆转，面临着像招聘网站一样沦为互联网黄昏产业的危险。

移动互联网化的速度关系婚恋网站生死，各大婚恋网站也已纷纷把 O2O 模式（线上对线下）作为未来的战略出口。百合网是首先用 O2O 方式提供专业婚恋咨询的现代服务企业，目前正着力在开拓线下的 VIP 服务中心，采用合作加盟的形式在各大城市建立实体店。百合网向线下疏导网上注册的用户群，由线下加盟实体店提供红娘咨询服务，并从最终服务费中抽取 30% 以上的分成。

2.4.3 规划竞争战略

市场竞争是市场经济的基本特征之一。正确的市场竞争战略,是企业成功地实现其市场营销目标的关键。企业要想在激烈的市场竞争中立于不败之地,就必须树立竞争观念,制定正确的市场竞争战略,努力取得竞争的主动权。

一般而言,企业的市场竞争战略的步骤如下:竞争者分析;竞争定位;制定竞争战略。下面就这三个方面的内容进行简要的阐述。

1. 竞争者分析

企业要进行竞争者的分析,首先要清楚地知道自己面临哪些竞争对手;其次,要分析竞争者的市场营销战略与优劣势;再次,善于判断竞争者的市场反应;最后,要确定企业的竞争对策。

(1) 竞争者识别

竞争者一般是指那些与本企业提供的产品或服务相类似,并且所服务的目标顾客也相似的其他企业。例如,美国可口可乐公司把百事可乐公司作为主要竞争者;通用汽车公司把福特汽车公司而不是其他小公司作为主要竞争者。以市场观点分析竞争者,可使企业拓宽眼界,更广泛地看清自己的现实竞争者和潜在竞争者,从而有利于企业制定长期的发展规划。

(2) 竞争者分析

每个竞争者都有侧重点不同的目标组合,如获利能力、市场占有率、现金流量、技术领先和服务领先等。企业要了解每个竞争者的重点目标是什么,才能对不同的竞争行为做出不同正确的反应。此外,各企业采取的战略越相似,它们之间的竞争就越激烈。在多数行业中,根据所采取的主要战略的不同,可将竞争者划分为不同的战略群体。

企业需要估计竞争者的优势及劣势,了解竞争者执行各种既定战略的情报,以及是否达到了预期目标。发现竞争对手弱点,专攻薄弱环节,此为求胜一法。在市场营销实践中,企业会经常面对一个(或一群)强大的竞争者,它们拥有雄厚的资本、绝对领先的技术、完善的管理体系、强大的品牌影响、良好的社会关系,以及一流的人才队伍。在这种情况下,更需要研究竞争者的优势和劣势,并有效地将其优势转化为劣势。

阅读资料:中国水市场六大巨头——农夫山泉、华润怡宝、康师傅、百岁山、娃哈哈、冰露

尼尔森最新数据显示,2017年,中国瓶装水六巨头依次为农夫山泉、华润怡宝、康师傅、百岁山、娃哈哈、冰露。农夫山泉、华润怡宝分别位居第一、第二,康师傅、百岁山紧随其后,上述六大瓶装水巨头已经占有瓶装水市场的80.7%份额。

曾有专家在接受南方都市报记者采访时表示,在消费升级的背景下,品牌、水源、颜值和落地能力等因素将加速推动瓶装水市场格局变化。中国品牌研究院食品饮料行业研究员朱丹蓬对此认为,上述格局生变是多因素共同作用的结果。首先,从市场的层面看,目前瓶装水在一二线市场的量在显著增长,而娃哈哈更多专注于三四线市场,在一二线市场,其产品与消费者连接一直有待加强。其次,从消费升级的层面看,水源也在左右瓶装水的市场格局。相对于纯净水而言,矿泉水更具水种优势。另外,娃哈哈虽然也曾推出矿泉水,在落地活动上,或者说精准对接消费者的功能需求和情感需求方面,没有完全发力去做粉丝营销。相比之下,百岁山近年来在体育营销、娱乐营销和会议营销上频频露脸。

(3) 判断竞争者的市场反应

竞争者的目标、战略、优势和劣势决定了其对降价、促销、推出新产品等市场竞争战略的反应。为了估计竞争者的反应及可能采取的行动,企业的市场营销管理者要深入了解竞争者的思想和信念。当企业采取某些措施和行动之后,竞争者会有不同的反应:一些竞争者反应不强烈,行动迟缓,我们称之为从容不迫型竞争者;一些竞争者可能会在某些方面反应强烈,如对降价竞销总是强烈反击,但对其他方面(如增加广告预算、加强促销活动等)却不予理会,我们称之为选择型竞争者;一些竞争者对任何方面的进攻都迅速强烈地做出反应,如美国宝洁公司就是一个强劲的竞争者,一旦受到挑战就会立即发起猛烈的全面反击,我们称之为凶猛型竞争者;还有些企业的反应模式难以捉摸,它们在特定场合可能采取也可能不采取行动,并且无法预料它们将会采取什么行动,我们称之为随机型竞争者。

(4) 选择企业的竞争对策

在明确了谁是主要竞争者并分析了竞争者的优势、劣势和反应模式之后,企业就要决定自己的对策——进攻谁、回避谁,可根据以下几种情况做出决定:

① 竞争者的强弱。多数企业认为应以较弱的竞争者为进攻目标,因为这样可以节省时间和资源,事半功倍,但是获利较少。反之,有些企业认为应以较强的竞争者为进攻目标,因为这样可以提高自己的竞争能力并且获利较大,而且即使强者也总会有劣势。

② 竞争者与本企业的相似程度。多数企业主张与相近似的竞争者展开竞争,但同时又认为应避免摧毁相近似的竞争者,因为其结果很可能对自己反而不利。

③ 竞争者表现的好坏。有时竞争者的存在对企业是必要的和有益的,每个行业中的竞争者都可分为表现良好和具有破坏性的两种类型。表现良好的竞争者按行业规则行动,按合理的成本定价,有利于行业的稳定和健康发展;具有破坏性的竞争者则不遵守行业规则,它们常常不顾一切地冒险,或用不正当手段(如收买贿赂买方采购人员等)扩大市场占有率等,从而扰乱了行业的均衡。

2. 确定企业的竞争定位

企业在进行市场分析之后,还必须明确自己在同行业竞争中所处的位置,进而结合自己的目标、资源和环境以及在目标市场上的地位等来制定市场竞争战略。现代市场营销理论根据企业在市场上的竞争地位,把企业分为四种类型:市场主导者、市场挑战者、市场跟随者和市场补缺者。

(1) 市场主导者

市场主导者是指在相关产品的市场上占有率最高的企业。一般来说,大多数行业都有一家企业被认为是市场主导者,它在价格变动、新产品开发、分销渠道的宽度和促销力量等方面处于主宰地位,为同业者所公认。它是市场竞争的先导者,也是其他企业挑战、效仿或回避的对象。

市场主导者如果没有获得法定的垄断地位,必然会面临竞争者的无情挑战。因此,必须保持高度的警惕并采取适当的战略,否则就很可能丧失领先地位而降到第二或第三位。市场主导者为了维护自己的优势,保住自己的领先地位,通常可采取三种战略:扩大市场需求总量;保护市场占有率;提高市场占有率。

一般来说,市场主导者扩大市场需求量的方法包括:发现新用户;开辟新用途;增加使用量。市场主导者保护市场占有率的方法是防御，主要包括阵地防御、侧翼防御、以攻为守、反击防御、运动防御和收缩防御。

案例：九阳——豆浆机领域的冠军

山东九阳小家电有限公司是一家新兴的小家电专业企业，其拳头产品九阳牌系列家用豆浆机拥有 23 项国家专利，为豆浆机行业第一品牌，九阳公司目前已成为全球最大的豆浆机制造商。

作为豆浆机行业的主导品牌，九阳面对纷至沓来的激烈竞争，并未显得手忙脚乱。他们在 2001 年度投入大量科研经费，研发了全新的专利"浓香技术"；推出九阳小海豚浓香豆浆机，迅速畅销全国。在品质管理方面，除进行常规的各项生产检验外，还单独成立了多个实验室，如电机实验室、成品实验室等，对关键配件和整机进行全面实验检测。九阳通过在技术方面不断推陈出新，远远甩开了竞争对手，这是九阳在豆浆机行业市场上市场占有率始终维持在 80% 以上、销量年年第一的"法宝"。

豆浆机毕竟是小家电的边缘产品，即使占有 80% 的市场，也觉得自己的那一块蛋糕太小，全国大约只有 3 个亿的市场。固守着豆浆机这一单一产品，很难让企业实现持续的快速增长。九阳人想做的是"小家电第一品牌"，于是继豆浆机之后，九阳 2001 年进入电磁炉行业，九阳人想通过电磁炉再现成功的一跃。九阳电磁炉自上市以来，也取得了不凡业绩，成为电磁炉行业主导品牌。

（2）市场挑战者

市场挑战者和市场跟随者是指那些在市场上处于次要地位（第二、第三甚至更低地位）的企业。这些处于次要地位的企业可采取两种战略：一是争取市场领先地位，向竞争者挑战，即市场挑战者；二是安于次要地位，在"共处"的状态下求得尽可能多的收益，即市场跟随者。每个处于市场次要地位的企业，都要根据自己的实力和环境提供的机会与风险，决定自己的竞争战略是"挑战"还是"跟随"。

市场挑战者如果要向市场主导者和其他竞争者挑战，首先必须确定自己的战略目标和挑战对象，然后还要选择适当的进攻战略。一般来说，挑战者可从以下三种情况中进行选择：攻击市场主导者；攻击与自己实力相当者；攻击地方性小企业。在确定了战略目标和进攻对象之后，挑战者还需要考虑采取什么进攻战略。这里，有五种战略可供选择：正面进攻、侧翼进攻、包围进攻、迂回进攻和游击进攻。

正面进攻是集中全力向对手的长处发动进攻。这一策略打击的不是竞争者的弱点，而是其最强的地方，胜负则决定于双方的优势大小及耐力。但如果市场挑战者的资源比竞争对手少，正面攻击无异是自杀的做法。

侧翼攻击是集中优势力量攻击对手的弱点。一般来说，市场领先者往往是最强大的，但最强大的也难免有不安全的地带，因此其弱点往往是敌方进攻的当然目标。侧翼进攻一般可以设几个战略角度进行，核心是"细分市场转移"，如地理细分，即进攻领先者往往忽略的区域。IBM 公司的进攻者往往选择较小规模的城市建立分销机构，因为 IBM 公司对这些地方不太重视。

包围进攻是针对几个方面同时进攻，让竞争者必须同时保卫它的前方、边线和后方。当挑战者具有较优越的资源，而且相信包围进攻策略能迅速和完全突破竞争者所占有的市场时，该策略就更有用了。

迁回攻击是一种避免直接和竞争者冲突的竞争策略。挑战者尽量避开对手,而是瞄准竞争程度较小的市场。迁回攻击有三种方法:发展多样化的不相关产品;开拓新的地理市场;开发新技术以取代现有产品。

游击战适用于那些规模较小的挑战者,它们发动小型而间歇性的攻击,去骚扰竞争者,并希望建立永久的据点。

案例:"红牛"的市场挑战者进攻战略

红牛是"提神醒脑、补充体力"功能型饮料的当然代表。从欧洲到中国,红牛一直都处于"独步江湖、莫与争锋"的独孤求败的至尊江湖地位。近年来,在中国本土市场,挑战者络绎不绝,莫不企图干掉老大红牛进而取而代之。遗憾的是,无论正面交锋还是侧翼偷袭,挑战者均难以称心如愿,甚而进退维谷。

(1)进攻战:进攻战重在在原有市场抢夺更大的市场份额。

案例:百事可乐以年轻人的选择进攻可口可乐;果粒橙以果肉特征进攻鲜橙多果味饮料;炫迈以口味持久进攻益达。启力与乐虎采取的进攻战,针对红牛的第一特征直接抢夺。

(2)侧翼战:侧翼战重在开辟新品类。

案例:五谷道场以非油炸侧翼进攻方便面品类;农夫山泉以天然水侧翼进攻纯净水品类;普旺以茄汁面料理酱侧翼进攻番茄酱品类。

(3)游击战:不同等量级的企业避开主流市场,寻找生存与发展机会。

东鹏特饮就是典型的游击战,避开红牛主流人群,满足目标顾客需求,谋求阶段性目标。

"进攻战、侧翼战、游击战",群英斗"牛"从来没有真正停止过。同样的,红牛防御战也是一直在进行,其中如东鹏者不乏小成者。但20年就这样过去了,功能饮料格局仍未改观。红牛一如既往牛气哄哄,"斗牛大赛"仍在继续,行业呼唤颠覆者,英雄也在期待英雄!

(3)市场跟随者

市场跟随者与挑战者不同,它不是向市场主导者发动进攻并图谋取而代之,而是跟随在主导者之后自觉地维持共处局面。这种"自觉共处"状态在资本密集且产品同质的行业(钢铁、化工等)中是很普遍的现象。

市场跟随者不是被动地单纯追随主导者,它必须找到一条不致引起竞争性报复的发展道路。以下是三种可供选择的跟随战略:紧密跟随(在各个方面都追随主导者);距离跟随(在主要方面追随主导者,但仍保持若干差异);选择跟随(在某些方面跟随主导者,另一些方面又各行其是)。

案例:"红米"手机,让山寨无路可走

"红米"创始人雷军因为名言"走别人的路,让别人无路可走"被国内消费者称为雷布斯。雷布斯能把一个低端的没有任何特点的手机整出这么大阵势,是战略需要,也是情势必然。雷布斯"走别人的路,让别人无路可走",而这个别人正是广泛存在的中国低端山寨手机市场。

在乐视手机出现之前,小米国内最大的对手先是华为。2013年6月发布的P6,2014年9月发布的Mate7,标志着华为进军中端市场、中高端市场的成功,与小米迅速拉开了距离。紧接着,2015~2016年,步步高派系厚积薄发,短短两年时间,OPPO、vivo从之前销量各自不到

小米一半,相继超越小米,2016 年 OPPO 甚至达到小米 1.5 倍。

小米从之前的巅峰坠落,而在此时,打法与小米相似的乐视手机以黑马姿态出现。短短一年半时间,年销量就做到了超过 1 500 万台,这个速度比当年的小米还快 1 年,小米手机在创立第三年年销量才超过 1 500 万台。

相同的打法、相近的人群定位、相同的凶猛,上有领先的华为、OPPO、vivo,下有追赶的金立、魅族,现在再增加一个乐视,对小米的作战压力不言而喻。

(4) 市场补缺者

市场补缺者是指精心服务于市场的某些细小部分,而不与主要的企业竞争,只是通过专业化经营来占据有利的市场位置的企业。这种市场位置(补缺基点)不仅对于小企业有意义,而且对某些大企业中的较小部门也有意义,它们也常设法寻找一个或几个这种既安全又有利的补缺基点。

选择市场补缺基点时,多重补缺基点比单一补缺基点更能减少风险,增加保险系数。因此,企业通常选择两个或两个以上的补缺基点,以确保企业的生存和发展。取得补缺基点的主要战略是专业化市场营销。具体来讲,就是在市场、顾客、产品或渠道等方面实行专业化。市场补缺者要完成三个任务:创造补缺市场;扩大补缺市场;保护补缺市场。

案例:维珍——永远的"补缺者"

从 1970 年到现在,维珍集团成为英国最大的私人企业,旗下拥有 200 多家大小公司,涉及航空、金融、铁路、唱片、婚纱直至避孕套,俨然半个国民生产部门。布兰森曾经说过,如果有谁愿意的话,他可以这样度过一生:喝着维珍可乐长大,到维珍唱片大卖场买维珍电台上放过的唱片,去维珍院线看电影,通过 virgin. net 交上一个女朋友,和她坐维珍航空去度假,享受维珍假日无微不至的服务,然后由维珍新娘安排一场盛大的婚礼,幸福地消费大量 virgin 避孕套,直到最后拿着维珍养老保险进坟墓。当然,如果不幸福的话,维珍还提供了大量的伏特加以供选择。

红白相间的维珍品牌在英国的认知度达到了 96%,在"英国男人最知名品牌评选"中排名第一,在"英国女人最知名品牌评选"中位列第三。但是,维珍产品在所处的每一个行业里都不是名列前茅的老大或老二,而是一只"跟在大企业屁股后面抢东西吃的小狗"。这正是维珍的老板布兰森本人所期望的。维珍总是选择进入那些已经相对成熟的行业,给消费者提供创新的产品和服务。可以说,在它进入的每一个行业里,维珍都成功地扮演了"市场补缺者"和"品牌领先者"的角色。

在传统公司看来,布兰森的种种举动和创意会损害品牌形象。他们的创意和公关原则是品牌决不能和不健康的东西联系在一起,如性、战争等。包括可口可乐在内的大公司都设有专门的品牌监测人员时时关注自己的品牌在互联网上的表现,一旦自己的品牌和一些性及不健康的网站发生联系,这些跨国公司便会采取相应措施消除这种联想。

维珍的做法恰恰相反。在波斯湾战争期间它斡旋于英国和伊拉克之间,布兰森亲自带领他的飞机直接进入巴格达接回人质;布兰森为了宣传维珍集团,在英吉利海峡浅滩裸跑;维珍还开了全球第一家同性恋用品专卖店。这些看似疯狂的举动其实都是为了更好地诠释维珍的品牌形象。经过多年的努力,它们使维珍品牌对于年轻消费者来说,有了一个很重要的附加值——维珍同时还意味着一种生活态度:自由自在的生活方式、叛逆、开放、崇尚自由以及极度珍贵的浪漫。

3. 企业竞争战略选择

企业之间争夺顾客的竞争,出于不同的立场会有各种各样的情况,有新产品竞争、价格竞争、售后服务的竞争等,企业的竞争战略主要有成本领先战略、产品差异化战略、集中战略。

（1）成本领先战略

这种战略的指导思想是要在较长时期内保持企业产品成本处于同行业中的领先水平,并按照这一目标采取一系列措施,使企业获得同行业平均水平以上的利润。

成本领先战略的优点是:在与竞争对手的斗争中,企业具有进行价格战的良好条件,即企业可用低价格从竞争对手中夺取市场占有率、扩大销售量,因而低成本企业在同行业中享有最高的利润。

> **案例:春秋航空,省钱省到骨头里**
>
> 春秋航空(Spring Airlines)股份有限公司,是首个中国民营资本独资经营的低成本航空公司专线,也是当前国内最成功的低成本航空公司。
>
> 春秋航空创始人王正华当时的设想是,通过降低运营成本,让利于消费者,使乘飞机就像坐火车卧铺一样便宜。春秋航空能够提供比全服务航空平均便宜30%的机票,这与春秋航空实行单一机型全经济舱座位、提高飞行日利用率,以及自建离港和销售系统不无关系。
>
> 在春秋航空的飞机上没有头等舱,每架飞机就可以比一般公司多出20多个座位,这样算到每个人的头上成本就少了差不多14%～15%。春秋的飞机日利用率超过11小时,比行业平均高两小时,有效地摊薄了飞机发动机折旧及员工薪酬等固定成本。
>
> 通过建立自己的售票系统和离港系统,与国内航空公司普遍在用的中航信系统完全脱离,每年又可以省下上亿元的费用,而通过网络订购电子客票,省去开票送票的人工费,也使公司的销售成本比一般航空公司要低。
>
> 当然,王正华在公司一直倡导的"抠门"文化,也起着重要的作用。他常说的一句话就是"钱一半是赚的,一半是省的。"王正华的办公室面积不到10平方米,还跟公司的CEO共用一间,他的衣服一穿就是八到十年,出差从不坐头等舱,住宿一般也只住三星级以下的酒店。秉承了老板的"省钱"哲学,春秋航空在成本节约方面也是下足了功夫。
>
> 比如,春秋的飞机是由空姐自己来打扫的,而公司的复印纸也都要严格执行正反两面用。2008年王正华带队到伦敦考察时,他足足带了三大旅行袋食品,包括速泡面60袋、拌面40袋、榨菜、辣酱、煮鸡蛋等。公司的一位IT总工程师开玩笑说:"跟着王总出差,吃的是'猪狗食',住的是地下室,誓把低成本航空进行到底。"

成本领先战略的缺点是:企业必须具备先进的生产设备,才能高效率地进行生产,以保持较高的劳动生产率;企业把过多的注意力集中于低成本战略,可能导致企业忽视顾客需求特性和需求趋势的变化,就很有可能被采用产品差异化战略的竞争对手所击败。

> **案例:H&M、ZARA,"快时尚"与"低成本"**
>
> 经济低迷时期的"口红效应"正在推动着H&M、ZARA等"快时尚"品牌迅速兴起。在"快时尚"这一场风潮里,ZARA、C&A、UNIQLO皆属同类,它们与H&M一样,出身于不同的文化背景却成长为相似的面孔。在此背后是大量设计师与时尚买手借助高效整合的供应链条快

速模仿和改造时尚,并在世界范围内对此进行大规模快速扩散。"快时尚"品牌的快速奔跑打乱了时尚的固有格局,顶级奢侈品牌与平价时装的界限日渐模糊。ZARA 可以和 Hermes 相提并论,混搭的风潮可以用 Gap 上装来配 Dior 的华丽长裙,甚至顶级设计师 Karl Lagerfeld 也同样乐于为 H&M 打工。不管怎样,"快时尚"风潮正在将"奢侈"拉下高傲的展台,使普罗大众都可享奢侈盛宴。

"做潮流的跟随者而非创造者"是 ZARA 和 H&M 等快时尚品牌一直坚守的定位。事实上,时装品牌的灵魂从来都没有离开过独到的设计,极低的设计门槛甚至模仿抄袭对品牌附加值是最致命的损害。与款式相比,"快时尚"品牌的服装质量同样广受诟病。质量问题一直是"快时尚"模式基因中的固有缺陷,基于对成本控制的考虑,这些"快时尚"品牌早在设计阶段就已将高质量、使用期长的面料排除在外。特别是随着中国代工厂的劳动力成本不断增加,为了持续低价,"快时尚"品牌不得不进一步压缩质量成本。对于很多"快时尚"品牌来说,为了追求低成本而频繁更换成本更低的原材料和代工厂,已经成为常态。

ZARA 和 H&M 在国内时装业仍尚未棋逢对手,而中国消费者的持续追捧也让他们对此听之任之。然而"品牌塑造无论在什么时候都是品牌发展的核心所在",倘若 ZARA 们在某一天意味着撞衫和粗制滥造,他们的时代又能持续多久?

(2)差异化战略

这种战略的指导思想是企业提供的产品与服务在产业中具有独特性,即具有与众不同的特色,这些特色可以表现在产品设计、技术特性、产品名牌、产品形象、服务方式、销售方式、促销手段等某一方面,也可以同时表现在几个方面。

产品差异化战略的优点是:实行产品差异化战略是利用了顾客对其特色的注意和信任,由此对产品价格的敏感程度下降,可以使企业避开竞争,在特定领域形成独家经营的市场,其他企业一时追不上来,此时可保持优越的地位。

产品差异化战略的缺点是:要保持产品的差异化,往往要以成本的提高为代价;由于特色产品价格较高,很难拥有很大的销售量,因此该战略不可能迅速提高市场占有率。

案例:国产机曲面屏爆发,小米、华为、魅族齐曝光

在手机外观同质化的今天,如何实现差异化成了品牌价值体现。三星就凭借着独有双曲面屏幕一直占据着安卓手机市场第一的位置,好在国产厂商现在都在向着曲面屏幕手机迈进,继 vivo XPlay5 之后,小米、魅族、华为都在 2016 年推出双曲面屏。

2016 年下半年,国产手机也要一窝蜂地用上双曲面屏。魅族、小米、华为、金立、OPPO 陆续地一个个都有采用双曲面屏幕的机子上市,这个屏幕最大的特点是和平面的显示屏不一样,第二个特点就是贵,第三是使得采用了它的手机能卖更贵点。接下来用户需要做的就是等待各大品牌的新品齐齐亮相了。

（3）集中战略

集中战略通过满足特定消费者群体的特殊需要，或者集中服务于某一有限的区域市场，来建立企业的竞争优势及其市场地位。集中战略的最突出特征是企业专门服务于总体市场的一部分，即对某一类型的顾客或某一地区性市场作密集型的经营。

集中战略的优点是：经营目标集中，管理简单方便，可以集中使用企业的人、财、物等资源；由于生产高度专业化，可以达到规模经济效益，降低成本，增加收益。这种战略适用于中小企业。

集中战略的缺点是：当市场发生变化、技术创新或新的替代品出现时，该产品需求量下降，企业就要受到严重的冲击。

案例：奇瑞战略转型——聚焦走精品路线

"多生孩子好打架"是奇瑞早期提出的思路，即不管市场需不需要，先通过对标合资品牌"在国内现有的产品线"，以"逆向开发"方式快速推出新产品，然后再回过头来找消费者，这是奇瑞早期奉行的产品策略。要想从根本上解决自主品牌发展乏力的问题，还得从企业最核心的内功入手。这是奇瑞汽车公司董事长兼总经理尹同跃用 15 年的时间才逐渐坚定起来的信念。

当奇瑞实现 60 万辆规模，整体车市进入微增期，其"天花板"压力变大了。捷径不通，奇瑞被迫要回归本原，即打造真正具有国际水平的体系能力。尹同跃认为，要在本土真正打造一个国际化的汽车品牌，奇瑞不应该再走老路，即不能通过逆向开发在短期内形成看似丰富的产品线，以粗放经营的模式一味做大规模，但在品质经营和品牌提升上却没有根本性突破。

在品牌战略方面，奇瑞收回此前力推的"多品牌战略"，回归到"一个奇瑞品牌"，商用车品牌"开瑞"彻底剥离奇瑞，高端乘用车品牌"瑞麒"则雪藏；在产品策略上，主打两个系列——E 系列和 A 系列，二者分别针对不同的目标群体，一个是入门级，主打经济和家用，另外一个是比入门级别要高一点，主打时尚和运动。

历经两年战略转型和品牌调整，奇瑞在研发上已经初步形成全面正向产品开发体系的国际标准化流程。

2.4.4　市场发展战略规划

市场发展战略又称增长型战略，是一种使企业在现有的战略水平上向更高一级目标发展的战略。它以发展作为自己的核心导向，引导企业不断开发新产品、开拓新市场，采用新的管理方式和生产方式，扩大企业的产销规模，增强其竞争实力。常见的市场发展战略主要有：密集增长战略、一体化增长战略、多元化增长战略。

1. 密集增长战略

密集增长战略是指企业在原有生产范围内，充分利用其在产品和市场方面的潜力来求得成长的战略，其实质是充分开发特定市场上存在尚未被充分满足的需求，利用现有的生产，在现有的经营范围内谋求发展。密集增长战略主要有三种形式：市场渗透、市场开发、产品开发（见表 2-2）。市场渗透战略是在现有的市场上，企业采取积极有效的市场营销措施，扩大现有产品的销售规模。市场开发战略是利用现有的产品，积极开拓新市场。产品开发是抓住现有的市场,不断开发新产品,满足市场的不同需求。

表2-2 密集发展战略

市场 \ 产品	现有产品	新产品
现有市场(客户)	市场渗透	产品开发
新市场(客户)	市场开发	多元化

2. 一体化增长战略

一体化增长战略是研究企业如何确定其经营范围,主要解决与企业当前活动有关的竞争性、上下游生产活动的问题。一体化扩张又可分为横向一体化(水平一体化)和纵向一体化(垂直一体化)。实现这些扩张的方法包括内部发展和外部发展(合并和合资等)。

(1) 横向一体化

横向一体化指企业现有生产活动的扩展并由此导致现有产品市场份额的扩大。该类增长可以从三个方向进行:扩大原有产品的生产和销售;向与原产品有关的功能或技术方向扩展;与上述两个方向有关的向国际市场扩展或向新的客户类别扩展。通过横向一体化,可以带来企业同类生产规模的扩大,实现规模经济。

(2) 纵向一体化

企业在经营中除产品开发与市场开发等战略外,有时需加强对行业上游或行业下游资源的控制,如对供应商的控制或经销商的控制。以面向用户为前向,获得对经销商的所有权或对其加强控制,称为前向一体化。获得对供应商的所有权或对其加强控制,称为后向一体化。前向一体化和后向一体化总称为纵向一体化。纵向一体化是公司增长到一定阶段的主要扩张战略。据班诺克观点,公司通过横向一体化打败竞争对手,达到市场多头垄断地位后,便会进入纵向一体化扩张,以占领其供给市场领域。

案例:友商打架背后是套路——一体化经营

"没有永远的敌人,只有永恒的利益。"前有优酷、土豆大战,后有滴滴、优步,中间还有58同城与赶集、美团与大众点评、携程与去哪儿等合并案"接力",现在,互联网界已经可以淡定地面对任何一场看似不可能的合并。

友商打架,背后都是套路。不信你看,多少友商都是在资本激战、市场竞争胜负难分时背地里谈判、博弈,最后从殊途走到合并。这简直就是专车大战的翻版。

在滴滴合并优步中国之前,它最大的竞争对手还是快的打车,当时的滴滴还叫"嘀嘀",两家补贴激战正酣时,快的称永远高对手1块,嘀嘀随即把补贴升至最高20块。但最终,恶性的大规模烧钱的竞争不可持续,加上双方所有投资人都强烈地期望合并,从而避免更大的时间成本和机会成本,嘀嘀和快的在一起了。

可以说,在经历了越来越多的巨头合并和资本寒冬之后,共享单车几乎成了去年唯一的"风口"。但当支撑中国互联网走到今天的资本越来越演变成一场烧钱游戏,当创业时的理想、情怀和靠资本堆起的数字一起裹挟前行,"巨婴"互联网正在让这个本来充满不确定性也充满无限可能的行业变得越来越有些乏味。

3. 多元化增长战略

一体化战略均是同一行业链条内部的相关行动。跳出同一行业圈子,进入其他行业,就有了多元化战略。在原有行业基础上,进入新的但与原业务相关的行业,称作相关多元化;进入新的与原业务不相关的行业,称作非相关多元化,也称作混合多元化。

多元化发展是基于对市场风险和环境的不确定因素的防范意识,具有多元化经营的公司,可以减少某种不可预测因素的冲击。此外,一些原生产产品市场需求的下降,也会促使公司寻求多样化机会,以充分利用其生产能力。

阅读材料:互联网领域的多元化失败案例

中外企业大量实践证明,企业应慎重采取多元化战略。在采取多元化战略时,切忌盲目跟风,切忌以撞大运的心理对待企业战略。

2017 年乐视危机中,多元化业务错误,让乐视帝国面临崩溃。企业追求多元化没问题,多元化是企业走向规模化、做大发展的必然之路,但是乐视帝国的多元业务扩张,超出了自身的实力。作为一个年净利润从没有超过 10 亿的企业,想做的多个业务资金缺口达到 600 亿～700 亿,远远超越自身实力。

大公司推出子项目不成功的,乐视网并非第一个,也不会是最后一个。2007 年,百度宣布进军电子商务,拥有巨大流量的百度希望自己能在电商市场分得一杯羹,2011 年百度有啊宣布 C2C 业务关闭。腾讯先后尝试了 QQ 团购、QQ 网上商城多个项目,但是在电商领域依然未能杀出一条血路。谷歌作为世界上顶级的互联网公司,它曾经推出的基于主业务的延伸业务也依然难言成功。最著名的产品当然是"谷歌＋"了,这个谷歌野心勃勃的产品,已经事实上被认为失败了,同社交巨头 facebook 相比,影响力可以忽略。

对于上述情况一种观点是基因论,比如认为百度只有搜索和技术基因,腾讯只有社交基因,所以所有产品只能做社交,而阿里也只有电商基因论。

另一种观点是心智定律。心智定律认为,某一个公司在用户心中永远只会有一个形象,百度不管在品牌建设上做多少努力,依然不会改变自己是中文搜索应用第一选择的局面。阿里再怎么努力,在品牌特性上还是依然会被认定为电商服务商,依然会是购物的第一选择,而腾讯等于 QQ,用户去买书就会想到去亚马逊,这就是用户习惯的养成,而这种用户习惯养成了之后,就不可能轻易地扭转。

另外一种观点认为是专业性决定项目成败。每个成功的大公司都会有自己最擅长的地方,比如三巨头各有所擅长的,但是并不代表这些巨头就能擅长所有东西。他们对其他领域的理解的确就会差一点。如果让这几个巨头躬身去做 O2O(线上对线下)这样的苦项目,巨头们根本没有办法去做这样的线下项目,最终失败也就并不令人奇怪了。

● 分项任务测试:

小丁是某职业技术学院市场营销专业的学生,具有很强的创业意识和创业潜能。从大一开始就从事高校学生数码产品的销售,获得了一定的收入。随着毕业的临近,小丁考虑要注册一家服务型的公司,从事数码产品服务这项业务。请你站在小丁的角度进行竞争者分析并规划其发展战略。

知识检测

一、选择题

1. 能满足购买者某种愿望的同种产品的各种品牌是（　　）。
　　A. 愿望竞争者　　　　　　　　　　B. 一般竞争者
　　C. 产品形式竞争者　　　　　　　　D. 品牌竞争者

2. 代理中间商是属于市场营销环境的（　　）因素。
　　A. 内部环境　　　　　　　　　　　B. 竞争者
　　C. 市场营销渠道企业　　　　　　　D. 公众环境

3. 下列属于市场营销微观环境的是（　　）。
　　A. 辅助商　　　　B. 政府公众　　　　C. 人口环境　　　　D. 消费者收入

4. 市场营销环境中的（　　）被称为一种创造性的毁灭力量。
　　A. 新技术　　　　B. 自然资源　　　　C. 社会文化　　　　D. 政治法律

5. 目前许多国家企业的人口环境方面的主要动向有（　　）。
　　A. 数量迅速增长　　　　　　　　　B. 出生率下降
　　C. 老龄化　　　　　　　　　　　　D. 人口流动性加大

6. 理想业务的特点是（　　）。
　　A. 高机会、高威胁　　　　　　　　B. 高机会、低威胁
　　C. 低机会、低威胁　　　　　　　　D. 低机会、高威胁

7. （　　）是向企业及其竞争者提供生产经营所需资源的企业或个人。
　　A. 供应商　　　　B. 中间商　　　　C. 广告商　　　　D. 经销商

8. 影响消费需求变化的最活跃的因素是（　　）。
　　A. 个人可支配收入　　　　　　　　B. 可任意支配收入
　　C. 个人收入　　　　　　　　　　　D. 人均国内生产总值

9. 市场营销环境（　　）。
　　A. 是企业能够控制的因素　　　　　B. 是企业不可控制的因素
　　C. 可能形成机会也可能造成威胁　　D. 是可以了解和预测的
　　E. 通过企业的营销努力是可以在一定程度上去影响的

10. 对环境威胁的分析，一般着眼于（　　）。
　　A. 威胁是否存在　　　　　　　　　B. 威胁的潜在严重性
　　C. 威胁的征兆　　　　　　　　　　D. 预测威胁到来的时间
　　E. 威胁出现的可能性

11. 问号类的战略业务单位如果经营成功，就会转变为（　　）。
　　A. 明星类　　　　B. 金牛类　　　　C. 问题类　　　　D. 狗类

12. 企业通过收购或兼并若干商业企业，或拥有和控制其分销系统的战略的是（　　）。
　　A. 后向一体化　　B. 同心多元化　　C. 前向一体化　　D. 水平一体化

13. 如果企业尚未完全开发潜伏在其现有产品和市场的机会，则可采用（　　）战略。
　　A. 密集增长　　　B. 一体化　　　　C. 多元化　　　　D. 广告

14. 下列哪种情况是最好的业务（　　）。

A. 行业吸引力大、业务力量弱　　　　B. 行业吸引力大、业务力量强

C. 行业吸引力小、业务力量弱　　　　D. 行业吸引力小、业务力量强

15. 市场补缺战略的主要特点是(　　)。

A. 游击进攻　　　B. 紧密跟随　　　C. 专门化　　　D. 回避竞争

16. 美国学者波特提出的市场竞争性战略包括(　　)。

A. 成本领先战略　　B. 差别化战略　　C. 品牌战略　　D. 聚焦战略

二、名词解释

市场营销环境;市场机会;环境威胁;公众;市场营销组合;波士顿咨询集团法(BCG);多因素矩阵法(GE 模型);集中战略;规模经济;市场领先者;市场补缺者战略;前向一体化

三、简答题

1. 企业在进行经济环境分析时,主要考虑哪些经济因素?

2. 企业对其所面临的环境威胁可能采取的对策有哪些?

3. 试述社会文化环境对市场营销的影响。

4. 人口老龄化问题在大中城市日益突出,请列举出这变化所带来的三个方面的市场机会。

5. 试述科学技术的发展(特别是知识经济)对市场营销组合的影响。

6. 什么是市场营销战略? 它与企业战略是什么关系?

7. 波特提出的五种竞争因素包括哪些内容?

8. 市场主导者为了维护自己的优势,保住自己的领先地位,通常可以采取哪些战略?

9. 简述市场竞争者分析的步骤与内容。

案例分析与运用

曾经的中国"快消"三巨头,为什么卖不动了?

目前 20 岁以上的中国人,绝大部分应该是吃过旺旺雪饼,统一或者康师傅的方便面。不过,可以肯定的一点是,他们现在都不怎么吃了。

统一这几年在推升级新品是不遗余力的。在饮品上,统一推出了"海之言""小茗同学",在方便面上,推出了"都会小馆""汤达人"。这几个产品,无论是颜值上,还是逼格上,相对之前统一的产品都提升了不少。颜值与逼格是当前消费升级的趋势,所以我们看到,统一抗跌,关键一点是它创新能力不错。

不过,即使有了颜值和逼格,统一并不握有另一个杀伤武器——健康理念。如今消费者更加注重健康和食品安全,在健康类的食品上消费者需求上升到有机、新鲜、营养等层面,方便面、茶饮、饼干等或因油炸,或因糖分,或因能量就被打上了不健康的标签。

当然,在上面几个新品里,统一无不强调低能量、低糖,不过行业长期的形象摆在那里,这不是短期内能通过升级配方、更换包装来改变的。

颇具创新力的统一都如此,康师傅与旺旺就更加如此了。概括来说,它们卖不动了的原因,是随着中国人均收入的提高,它们的品牌自动下沉,沦为低端。又加之行业长期给人不健康的形象,即使产品结构在升级调整,仍然摆脱不了不健康的标签。

可以说,中国旺旺、康师傅、统一这三家快消巨头的业绩及股价表现生动形象地描述了中

国当下发生的事情——消费升级。

问题:

1. 中国零食市场的营销环境发生了什么变化?

2. 曾经的三巨头的营销环境中存在的机会和威胁有哪些?

3. 你认为三巨头今后的发展战略如何制定?

技能训练

1. 就当前的教育培训市场进行环境分析,撰写分析报告。

2. 选择一个创业项目,进行项目的可行性分析,撰写 SWOT 分析报告。

3. 上网查询世界 500 强中的 10 个企业的经营战略,在班级交流战略规划的特点与步骤。

任务3 目标市场选择、调查与分析

【任务目标】

知识目标：

1. 掌握市场细分的原理、方法和标准；

2. 明确市场调研的作用；

3. 理解市场购买行为分析的方法、依据和重要性；

4. 了解市场预测的主要方法。

技能目标：

1. 能够针对市场需求进行市场细分；

2. 能够结合企业的目标进行目标市场选择；

3. 能编制调研计划并进行市场信息的收集、分析和整理，完成市场调研报告；

4. 能够分析目标市场购买行为并提出相应的营销策略。

【任务分解】

> **任务3：目标市场选择、调查与分析**
>
> **3.1 目标市场选择**
>
> ↓
>
> **3.2 目标市场调查与分析**
>
> ↓
>
> **3.3 目标市场购买行为分析**

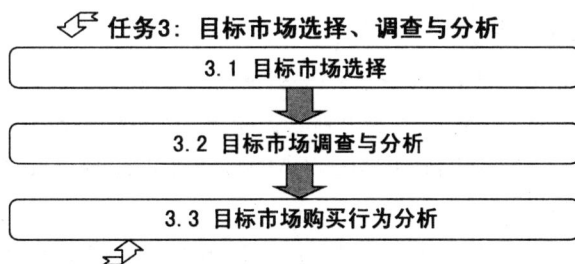

3.1 目标市场选择

企业面对的是一个十分复杂的市场，存在着各种不同的需求与爱好，任何一个企业即使是大企业，也不可能为所有购买者提供有效的服务。因此，企业在市场营销环境分析的基础上，实行市场细分化、目标化和定位，是决定营销成败的关键。

目标市场营销由四个步骤组成：一是市场细分(SEGMENTATION)；二是选择目标市场(TARGET MARKET)；三是市场定位(POSITIONING)；四是制定目标市场营销策略(如图3-1所示)。

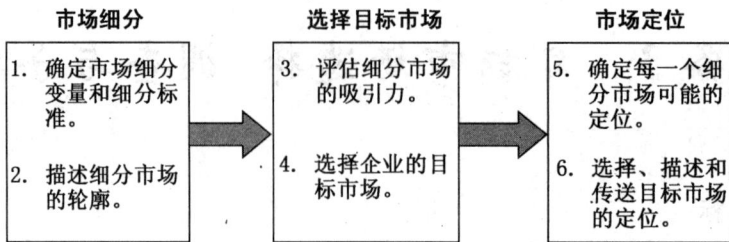

图 3-1 目标市场战略步骤

3.1.1 市场细分

1. 市场细分的概念

市场细分是指企业按照消费者的一定特性，把原有市场划分为两个或两个以上各有相似欲望和需求的分市场或子市场，用以确定目标市场的过程。

市场细分实际上是一种以"求大同存小异"为原则，对消费者需求与爱好进行分类的方法。这种做法，就大市场而言，要看到同中有异，不同细分市场的需求存在比较显著的区别；就子市场而言，是异中求同，同一细分市场消费者群有十分相似的消费特点。

案例：ZARA，对不同人群细分

从一间开在西班牙拉科鲁尼亚的街边小店到遍布全球 6 000 多家服装店，阿曼西奥向世人讲述了一个关于 Inditex 集团的时尚帝国神话。不过，这个神话可不仅仅有 Zara，它还包括 Inditex 集团旗下的另外 7 个品牌：Pull&Bear、Massimo Dutti、Bershka、Stradivarius、Oysho、Zara Home 和 Uterqüe。

这些品牌成立的初衷大概都是基于这样的原因：深入不同的细分市场，覆盖那些 Zara 触及不到的消费群体。Pull&Bear 最初锁定的目标群体是 12 至 28 岁的男性消费群，因此服装设计风格较之 Zara 更为年轻。与 Pull&Bear 定位趋同的还有另外两个品牌——Bershka 与 Stradivarius。三个品牌无论是价格，还是目标消费群体都很接近，虽然主打系列的设计风格略有偏差，但依旧有可能出现"撞衫"。在西班牙，人们往往也认为 Stradivarius 是比 Zara 更加"潮"的一个品牌。如今，它的设计风格也逐渐与 Bershka 区分开来，以田园风的小碎花居多。

如果说这三个品牌无法摆脱与 Zara 雷同的平价时尚的印象，那么 Massimo Dutti 则成为集团中一个另类的存在。Massimo Dutti 主要销售男式衬衫，通常开在一座城市的标志性大街上，比如它已进驻了纽约的第五大道和上海的南京西路。这与其传统正装的高端定位有着密切联系。无论是做工还是面料，Massimo Dutti 都比 Zara 要考究许多，价格自然也更高。

2. 市场细分的意义

市场细分能够帮助企业认识市场、研究市场，为选择合适的目标市场、制定正确的营销策略提供依据。

（1）有利于企业发现新的市场机会，开拓新市场。在了解不同细分市场需求特征及市场已有的商品的基础之上，很容易发现消费者尚未得到满足的需求，根据竞争对手市场占有情况，巩固现有市场，充分利用市场机会，开拓新市场。

案例:宜家家具与日本手表市场细分

　　传统的家具商场试图将家具卖给所有的人,而瑞典的宜家家居,却把目标定位于那些追求风格又图便宜的年轻人身上,从而赢得了自己的市场。如果宜家趋于传统的消费者家居需求的全面满足,就很容易陷入恶性竞争的泥潭。

　　日本某手表厂商分析美国手表市场后发现,美国手表市场大体有三类不同的消费者群:第一类约有23％的消费者对手表的要求是能计时、价格低廉;第二类约有46％的消费者对手表的要求是计时基本准确、耐用、价格适中;第三种消费者追求高价值,要求手表名贵、计时准确,此类约占总数的31％。瑞士、美国钟表商一向注重与第三类市场的消费者,前两类约占69％的消费者的需求未得到充分的满足,日本钟表商选定前两类细分市场,开拓电子表新市场,取得了良好效益。

　　(2) 有利于企业发挥竞争优势。由于资源有限,每一个企业的生产能力对于整体市场来说都是微小的。尤其是对于中小型企业,通过市场细分,把企业的优势力量集中在企业选定的细分市场之上,变整体市场的相对劣势为局部市场的相对优势,从而提高企业竞争能力。

　　(3) 有利于企业集中使用力量。一个企业不可能满足所有市场需求,因而必须在细分市场中做出取舍。在一个细分的市场中占据较大的市场份额,往往比在整体市场中获取较小的市场份额更为有利。企业应该将其人力、财力、物力准确地投放到所选定的目标市场上去,才能取得稳固的市场地位。

案例:江崎泡泡糖的市场细分

　　日本泡泡糖市场由劳特公司垄断,江崎糖业公司希望进入,将日本泡泡糖市场细分为:儿童市场(劳特公司重点)和成人市场。由于劳特公司重点目标市场存在着产品形象单一、缺乏新意的特点,江崎公司选择成人市场为目标市场,在此基础上将成人市场细分为司机市场(添加高浓度薄荷、天然牛黄)、体育市场(添加多种维生素)、交际市场(祛除口臭,清洁口腔)、个性化市场(加入叶绿素,产生轻松情绪)。结果,江崎糖业公司成功挤入日本泡泡糖市场并占有25％的市场份额。

　　(4) 有利于企业根据市场变化,调整营销策略。消费者的需求是企业制定正确营销策略的出发点,由于各细分市场具有明显的需求特征,企业易于掌握,并以此做出反应,准确地调节营销策略的各个方面,使细分市场中的消费者需求得到充分的满足,企业也因此获得更高的盈利。

案例:"两面针"们的没落与突围

　　曾经风光无限的两面针、蓝天六必治等牙膏品牌,如今已经沦为二线产品。与两面针一样走下坡路的还有曾经热闹非凡的田七、黑妹、小白兔、圣蜂、牙博士、草珊瑚等一大批国产牙膏品牌,在一线城市的大卖场里已难觅它们的踪影。

　　品牌专家尹杰介绍称,1949 年到 1996 年间,中华、两面针和黑妹三大国产品牌在中国牙膏市场占垄断地位。但是,随着以高露洁为主的外资牙膏品牌在中国市场攻城略地,民族品牌逐渐没落,外资品牌已经占据国内牙膏市场近七成份额。

　　近几年,随着以云南白药为代表的高端功效型牙膏的推出,本土品牌在产品的质量、功效等细分市场上不断地进行着自我提升,在中高端市场的反攻已经初显成效,行业洗牌或将加速。国产牙膏品牌通过抓住细分市场,应用新营销手法,以消费者沟通为核心,不断刷新消费者对品牌及产品的认知,或将使我国本土品牌逆势突围。

本土品牌都开始重视与消费者的营销互动,诸多牙膏品牌都找明星进行代言,如汪涵为六必治代言;吴秀波则代言冷酸灵;继签约贝克汉姆、李冰冰代言之后,舒客又成功签约超人气偶像吴亦凡;两面针则由张嘉译代言,为拉近与年轻消费者距离,2016年两面针还赞助了深圳卫视一档明星竞速类真人秀节目。

除了在营销上调整方向、做品牌传播外,很多国产牙膏品牌目前也在致力开发细分功能产品,向高端市场布局。如纳爱斯一款外包装为卡通人物形象的"健爽白"系列牙膏,分为亮白男生、清新女生、亮白女生三种类型,在天猫上每110克售价分别为27.6元、25.8元、49元。

3. 市场细分的要求

市场细分是企业选择目标市场进行的战略步骤,因而对不同行业、不同类型的企业来说,实行市场细分必须满足一些基本要求或具备一定的条件,否则,细分难以达到效果,不能有效地细分市场。

(1)可衡量性。企业选定细分市场的依据应该是可以定量化的,如市场的需求规模、购买力等。有时一些心理、行为等因素很难用数字衡量,这要求企业细分依据的选择上要有创造性,并且掌握一些定量化的技巧。

(2)可盈利性。市场在很多情况下不能无限制地细分下去,从而造成规模上的不经济。但对很多工业市场和某些特殊消费品,这种彻底的细分也是可行的。掌握的标准应该是:细分的最终程度应保证各细分市场有足够的需求水平,保证企业有利可图。

(3)可进入性。企业本身的人力、物力和财力可以通过不同的渠道进入细分市场,市场营销因素也能通过各种途径进入该市场。具体地说,企业能够将产品和信息送达市场,而消费者也能在市场中买到企业的产品,了解相关的信息。

4. 市场细分的依据

市场是由购买者组成的,而每个购买者在收入水平、居住地区、购买目的、购买习惯等方面均有不同,这些因素都可用来对市场实行细分。因此,市场细分是以顾客为基础的,其出发点就是消费者对产品的不同需求和欲望。

(1)消费品市场细分的依据。细分消费品市场所依据的变量较多,一般概括为四大类,即:地理变量、人口变量、心理变量和行为变量。地理变量包括周界、国界、地区、政区、城镇规模、地形、气候、交通运输、人口分布等;人口变量主要包括年龄、性别、收入、职业、教育水平、家庭大小、宗教信仰、种族、国籍和社会阶层和风俗习惯等;心理变量包括社会阶层、相关群体、生活方式、个性等;行为变量是企业根据消费者对产品属性所具有的知识、态度、使用和反映状况来细分市场。

案例:服装品牌"哥弟"女装营销之道

哥弟是近年来应用市场细分化策略比较成功的服装品牌之一。30岁以上这一年龄段的女性消费者生活讲究,需要得体而漂亮的衣着,但传统着衣观念和身材的限制,将她们阻隔在流行与时尚品牌之外,而她们恰恰就是扎扎实实的实力消费群。哥弟女装成功的秘密就在于解决了上述这些人的穿衣问题。

在中国的服装市场上,哥弟女装以"儒文化"为品牌内涵,以其准确的目标市场定位而在国内女装界占据一席之地。哥弟品牌绝不二价,颜色花而不哨,价格高而不贵,剪裁贴而不紧,完完全全对准了这群消费中坚的"胃口"。执着的坚持获得了执着的支持,哥弟女装将一大批忠实的顾客招揽在其周围,固定的客源消费支撑起其市场位置,不管市场环境多恶劣,都有顾客不变的支持为其遮风挡雨。

哥弟品牌成功的一个重要原因就是,市场细分化策略的选择得当。在其他品牌把产品大都定位在年轻人身上时,哥弟瞄准中年白领这一中坚市场,从服装设计、营销网络到形象设计都做足文章,从而也获得了这一年龄段消费者的青睐,并在国内女装的销售市场一直名列前茅。

(2)工业品市场细分的依据。上述消费品市场细分的依据同样也可应用于工业品市场细分。如根据地理变量可将其分为国内外各地区的市场;根据职工人数、营业额、利润额和产品类型等社会经济变量可把工业品市场用户进行细分;而工业品市场用户在行业中对领导地位的追求,可视为一种心理变量;最后,工业用户的很多行为变量如追求利益、用户状况、使用频率和对市场营销因素的敏感程度等,都是细分工业品用户的良好依据。因此,工业品市场细分主要依据为购买组织的特点和规模、地理因素、产品最终用途、用户购买状况、用户购买行为等。

3.1.2　目标市场选择

就企业来说,并非所有的环境机会都具有同等的吸引力,或者说,并不是每一个子市场都是企业所愿意进入和能够进入的。同时,对于一个企业来说,总是无法提供市场内所有买主所需要的产品和劳务。由于资源的限制,企业在制定营销战略时,必须在纷繁复杂的市场中,发现何处最适于销售它的产品,购买者都是哪些人,购买者的地域分布、需要、爱好以及其他购买行为的特征是什么等。这就是说,现代企业在营销决策前,必须确定具体的服务对象,即选定目标市场。

1. 目标市场的概念

所谓目标市场,就是企业在市场细分的基础上,从满足现实或潜在目标顾客的需求出发,依据企业自身经营条件而选定的一个或为数不多的特定市场。简单地说,目标市场就是企业产品或劳务的消费对象。

案例:罗莱家纺的目标市场策略

罗莱是家纺行业最为典型的多品牌营销的代表。多品牌营销是指企业根据各目标市场的不同利益分别使用不同品牌的品牌决策策略。多个品牌能较好地定位不同利益的细分市场,强调各品牌的特点,吸引不同的消费者群体,从而占有较多的细分市场。

罗莱一直在积极、持续、专注地为产品打造品牌群形象。其主导品牌罗莱始终定位于家纺用品的中高端市场,产品价格定位为中等偏高,产品零售价位集中于1 000元至2 000元(指四件套价格)。产品风格以欧洲风格为主,体现欧洲家纺市场的最新潮流,力求使产品能够表现出优雅、精致、舒适的生活情趣,以满足中高收入群体对高品质生活的追求。

罗莱的品牌策略是将罗莱推广为中高端市场的优质典雅品牌,将Saint Marc(尚玛可)推广为以中端市场为目标、面向年轻消费者的年轻时尚品牌,将Disney(迪士尼)推广为以中高端市场为目标、面向有着童真梦想消费者的快乐纯真品牌,将Sheridan(喜来登)推广为以高端市场为目标、面向奢侈品消费者的高端奢华品牌。

2. 目标市场选择的条件

企业选择目标市场,是在细分市场的基础上进行的。因此,企业必须对其所选择的细分市场价值做出正确的评估,从中找出具有经营价值的目标市场。所谓目标市场价值,是指某个目标市场所能提供给企业的市场机会以及由此而使企业获益的多少。对一个企业来讲,究竟应选择那些细分市场为目标,其关键就在于各细分市场是否具备目标市场所应有的价值,而不在于市场的大小。因为大的市场并不意味着获利的机会越多,一个大需求量的市场会吸引众多的企业涉足该市场,一旦竞争对手多,每个企业获利的机会就相对减少。

企业目标市场的选择是否适当,直接关系到企业的市场占有率和盈利。一般来说,从细分市场中选择目标市场至少应把握以下标准:该市场具有足够的发展潜力,有较大的获利可能;有利于发挥企业的内在优势,企业的营销手段有较大的竞争能力;有可靠的资源作后盾,保证对市场的充分供应。

案例:屈臣氏的目标消费群选择

在日益同质化竞争的零售行业,只有为消费者提供合适的产品选择和优质的购物体验才能赢得市场。而实现这一切的首要基础就是正确锁定目标消费群。屈臣氏将中国大陆的目标消费群锁定在 18 岁到 35 岁、月收入在 2 500 元人民币以上的时尚女性。

它为何偏爱的是这一人群呢?原来年龄更长一些的女性大多早已有了自己固定的品牌和生活方式,很难做出改变。而 40 岁以下的这个人群则富有挑战精神,比较注重个性,喜欢体验优质新奇的产品。同时,又是女性中收入增长最快的一个群体,有较强的消费能力,但通常又时间紧张,不太喜欢去大卖场或大超市购物,追求的是舒适的购物环境。这些消费者特征都与屈臣氏的商品定位非常吻合。

阅读资料:未来的消费者

中国传统产业所面对的消费者可以分为三大类:新常青(60 后、70 后)、新中产(75 后、80 后)、新世代(90 后、00 后)。新常青看重的是家人、健康和品质。新中产爱美,怕死,怕老,又缺爱。新世代是最主要的未来消费者,这代人的内心深处有三个最重要的特色。

深度自我:这一代年轻人寻找自我比上代人更早。他们向往去符号化,不标新立异,围绕天赋兴趣表达自己,喜欢做一个不普通的普通人。

品质生活:过好当下的生活,不愿意为了将来而牺牲当下,而当下好生活的标准是有品味、有精细度、围绕个人选择。

独而不孤:既需要保护个人独立小空间,又向往存在感,能够被包容、信任,有志同道合者。

新世代的人际关系分化为四层。

第一层:亲密核心关系。这层关系里的成员不超过 10 个人,而且跟父母亲有关。他们渴望与父母亲有亲密关系,家庭价值观比 80 后还要强烈。

第二层:多元化陌生人关系。他们是移动互联时代出生的孩子,在网络上遇到陌生人是家常便饭,态度很开放,不会畏惧陌生人社交。

第三层:职场关系。

第四层:兴趣爱好关系。他们通常在二十几岁时就很清楚自己的兴趣爱好,基于兴趣爱好组成的群体属于强关系,相对紧密,拥有共同话题。

如何吸引新世代? 只有颜值经济最有效,其他的走不通,跟他们谈健康是对牛弹琴。

3. 目标市场的涵盖策略

企业确定细分市场作为经营和服务目标的决策,称为目标市场策略,目标市场策略是市场定位策略和营销组合策略的有机结合。企业确定目标市场的方式不同,采取的营销策略也就不一样。一般来说,可供企业有效的选择目标市场的策略有三种,即:无差异营销策略、差异营销策略和集中营销策略(如图 3-2 所示)。

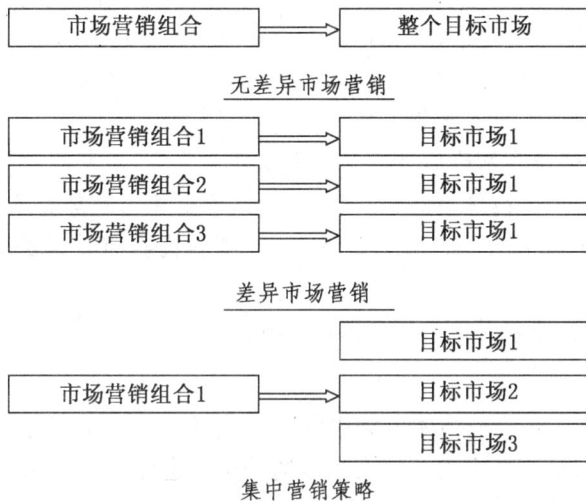

| 市场营销组合 | → | 整个目标市场 |

无差异市场营销

市场营销组合1	→	目标市场1
市场营销组合2	→	目标市场1
市场营销组合3	→	目标市场1

差异市场营销

		目标市场1
市场营销组合1	→	目标市场2
		目标市场3

集中营销策略

图 3-2 目标市场涵盖战略

(1) 无差异营销策略。企业把整个市场作为自己的目标市场,是一种整体化进入的市场定位策略。这种策略忽视需求的差异性,使用大规模的生产方式生产同种单一的产品,采用广泛的销售渠道、单一的广告宣传等促销方式。优点在于树立企业形象,通过大规模经营取得盈利,而成本支出较低。缺点在于适用范围不广,经营风险很大。因为追求整体市场的企业很多,所以竞争也非常激烈。消费者有差别的需求得不到满足,市场营销的理念在这里未得到彻底的贯彻。

(2) 差异营销策略。企业把整体市场中的部分甚至所有细分市场作为目标市场。企业为不同的目标市场生产不同的产品,运用不同的定价方式和促销方法,力求满足所有目标顾客。它的优点是充分地满足了所有消费者,使他们对企业更为偏爱;多样化经营减少了市场风险,增强了竞争能力。缺点是生产与经营管理成本相对增大,对企业的管理能力和资源提出了更高的要求。当企业资源雄厚、产品与市场的同质性较大、产品处于生命周期的成熟阶段、竞争对手采取差异营销策略时,企业使用这一策略是极为有效的。

案例:上海通用汽车的目标市场差异化营销

在上海通用汽车进入市场的时候,中国汽车市场正处于一个大变革的前夕。从长远来看,中国汽车市场潜力巨大。随着中国汽车市场的快速发展,中国已经成为全球第三大汽车消费市场,中国的消费者对于汽车产品的需求与日俱增。世界汽车诸强逐步进入中国,国际竞争国内化的格局全面呈现。

上海通用汽车的品牌系列包括:凯迪拉克——群星超豪华、支柱品牌别克——活力激情、大众化雪佛兰——亲和友善,每一款车都有不同的市场定位。

凯迪拉克——"敢为天下先",品牌定位:"美国派"的豪华车;消费群体:具有胆识、远见、开拓领先的高收入阶层。

萨博——强调个性且崇尚内敛,品牌定位:个性化产品;消费群体:低调的成功人士,为高档进口车消费群中强调个性且崇尚内敛生活方式的消费者提供另一种选择。

欧宝——锁定年轻新贵,品牌定位:"欧洲精品车";消费群体:事业比较成功,追求生活品质的年轻新贵并且偏好精湛工艺且口味时髦、乐于张扬个性的消费群体。

别克——大气沉稳,激情进取,品牌定位:大气沉稳,激情进取。

雪佛兰——打造大众化的国际品牌,品牌定位:适合中国普通老百姓的、值得信赖的大众化的国际品牌,消费群体:买得起车的人群。

别克品牌的定位,凯越和君威的目标客户是以事业为重,新赛欧和景程以家庭为重、希望稳中求进的消费者。雪佛兰品牌面对的是热爱生活,希望能通过努力不断提高生活质量的普通消费者和追求个性的年轻人。别克荣御现身,为国内高档行政级公商务车市场带来全新选择。

六大品牌个性鲜明,并分别针对需求区别明晰的不同消费对象群,从基础品牌到高档豪华品牌形成了金字塔型品牌构架。

(3) 集中营销策略。企业把整体市场中的一个或几个细分市场作为目标市场,集中企业的资源在有限的几个目标市场中占有较大的市场份额。这种策略可以使企业很好地满足消费者需求,成本较低,但风险比较大,适合于中小企业。当企业资源和实力不足、产品和市场同质性较低、产品处于生命周期的投入阶段时,这种策略可以变通使用。

案例:心雨——野外婚礼专家

时下,多数商家为新人们策划在大酒店举行婚礼,而上海女孩心雨却推出野外婚礼,且在不到一年的时间里便获得了非同小可的成功。如今,心雨已成为上海小有名气的"野外婚礼"专家。

鲜花和绿叶做成的拱门衬托着热闹的婚礼现场,洁白的婚纱把新娘装扮得无比娇媚,孩子们在草地上尽情嬉闹,亲朋好友在蓝天下享受着大自然的气息,五彩缤纷的气球在这热闹的氛围中放飞。够浪漫吧! 这就是她给新人们策划的野外婚礼的一幕。

心雨陆续推出了十多种独具匠心的野外婚礼主题方案,其中水上婚礼、竹海婚礼、雨中婚礼等主题方案备受青睐,成了心雨手里的几道"招牌菜"。她认为,年轻人喜欢野外婚礼的原因主要是野外风景优美,利于游玩和摄影留念,更容易营造浪漫氛围。心雨还认为,自己的这一婚庆方式,充分迎合了当下年轻人追求个性化的心理需求,跟上了时代潮流,而做到这一点,赚钱便成了水到渠成的事了。

3.1.3 市场定位策略

1. 市场定位的含义

随着市场经济的发展,在同一市场上有许多同一品种的产品出现。为了使自己生产或销售的产品获得稳定的销路,企业要从各方面为产品培养一定的特色,树立一定的市场形象,以求在顾客心目中形成一种特殊的偏爱,这就是市场定位。

市场定位的实质是取得目标市场的竞争优势,确定产品在顾客心目中的适当位置并留下深刻的印象,以便吸引更多的顾客。

案例:大宝,工薪阶层的选择

大宝是北京三露厂生产的护肤品,在日益增长的国内化妆品市场上,大宝选择了普通工薪阶层作为销售对象。既然是面向工薪阶层,销售的产品就一定要与他们的消费习惯相吻合。一般来说,工薪阶层的收入不高,很少选择价格较高的化妆品,而他们对产品的质量也很看重,并喜欢固定使用一种品牌的产品。因此,大宝在注重质量的同时,坚持按普通工薪阶层能接受的价格定价。其主要产品"大宝 SOD 蜜"市场零售价不超过 10 元,日霜和晚霜也不过是 20元。价格同市场上的同类化妆品相比占据了很大的优势,本身的质量也不错,再加上人们对国内品牌的信任,大宝很快争得了顾客。许多顾客不但自己使用,也带动家庭其他成员使用大宝产品。大宝还了解到,使用大宝护肤品的消费者年龄在 35 岁以上者居多,这一类消费者群体性格成熟,接受一种产品后一般很少更换。这种群体向别人推荐时,又具有可信度,而化妆品的口碑好坏对销售起着重要作用。大宝正是靠着群众路线获得了市场。

大宝广告的成功还在于广告定位与目标市场吻合。大宝曾经选用体育明星、影视明星做广告,但效果不是很好。后来,大宝一改化妆品广告的美女与明星形象,选用了戏剧演员、教师、工人、摄影师等实实在在的普通工薪阶层,在日常生活的场景中,向人们讲述了生活和工作中所遇到的烦恼以及用了大宝护肤品后的感受。广告的诉求点是工薪阶层所期望解决的问题,于是,"大宝挺好的""想要皮肤好,早晚用大宝""大宝明天见,大宝天天见"等广告词深深植入老百姓的心中。

2. 市场定位的步骤

市场定位的关键是企业要设法在自己的产品上寻求出比竞争者更具有竞争优势的特性。竞争优势一般有两种基本类型:一是价格竞争优势,即在同样的条件下比竞争者定出更低的价格。这就要求企业采取一切努力降低单位成本。二是偏好竞争优势,即能提供确定的特色来满足顾客的特定偏好。这就要求企业采取一切努力在产品特色上下工夫。因此,企业市场定位的全过程可以通过以下三大步骤来完成,即:确认本企业潜在的竞争优势;准确地选择相对竞争优势;明确显示其独特的竞争优势。

(1) 确认本企业的竞争优势。这一步骤的中心任务是要回答以下三大问题:一是竞争对手的产品定位如何? 二是目标市场上足够数量的顾客欲望满足程度如何以及确实还需要什么? 三是针对竞争者的市场定位和潜在顾客的真正需要的利益要求企业应该和能够做什么? 要回答这三个问题,企业市场营销人员必须通过一切调研手段,系统地设计、搜索、分析并报告有关上述问题的资料和研究结果。通过回答上述三个问题,企业就可从中把握和确定自己的潜在竞争优势在何处。

案例:熊猫快餐,美国人的中式快餐

熊猫快餐是由程正昌在美国创办的一家经营美国化中式快餐的连锁餐厅。熊猫快餐的崛起,无论是对于中国餐饮业而言,还是对于中国商界而言,都上了生动一课。

创始人程正昌 1973 年开始在美国做餐厅,与中国城和华人区内的中餐厅不同,他一开始就把目标对准了美国人,因为在美国的中国人毕竟是少数,做美国人的生意才能把事业做大。围绕目标客户及消费特点定位,熊猫快餐进行了有针对性的策略改造。为了覆盖更广的目标人群,在产品从外到内,从装修风格到产品设计上,都进行了融合。

第一,装修风格的中西合璧,东西方文化风格的结合。为了让吃惯西餐的洋人转而喜欢上中国风味菜肴,程正昌从开始就确定了"中西合璧"的烹饪法则,精心创造出一种既有别于中国传统又体现西洋习性的"二合一"就餐环境。在熊猫快餐连锁扩张之后,在装修风格上借鉴了美国流行的快餐连锁巨头的设计风格,充分吸取了麦当劳、肯德基这些著名餐饮连锁巨头便宜、干净、美味又便捷的特点,同时融合进自己的特色,这一点也与诸多中餐留给美国人的印象大为不同。

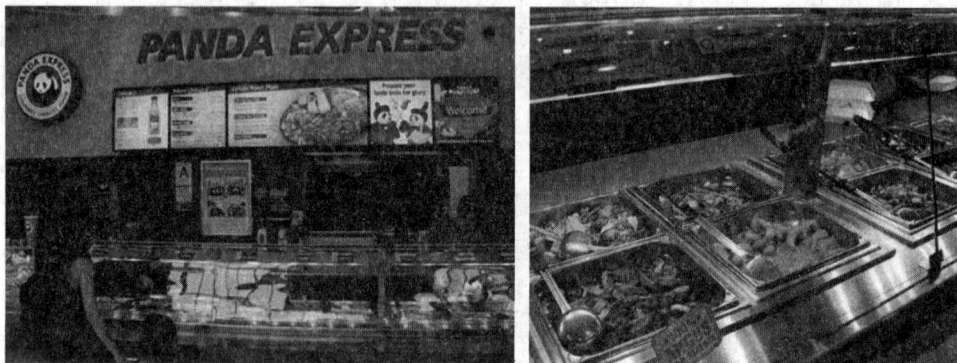

图 3-3　熊猫快餐店

第二,产品风格的改良。熊猫快餐经营的是四川口味的中国菜,但有所改良。有陈皮鸡、蘑菇炒鸡、花生辣鸡丁、酸甜排骨。熊猫快餐开始尝试规避一些中餐的短板,比如过度调味,因此不再使用味精作为调味料。而面对越来越被重视的健康话题,熊猫快餐相继推出儿童套餐(更多蔬菜,更小份量),低卡套餐(卡路里低于 300 大卡,蛋白质＞8 克)等顺应时代的配菜形式。

(2) 准确地选择相对竞争优势。相对竞争优势表明企业能够胜过竞争者的能力。这种能力既可以是现有的,也可以是潜在的。准确地选择相对竞争优势就是一个企业各方面实力与竞争者的实力相比较的过程。比较的指标应是一个完整的体系,只有这样,才能准确地选择相对竞争优势。通常的方法是分析、比较企业与竞争者在经营管理、技术开发、采购、生产、市场营销、财务、产品等方面究竟哪些是强项,哪些是弱项。

案例:创意潮品店泡泡玛特,卖场式的"无印良品"

一本 A6 尺寸的星钻笔记本价格是 185 元,一个创意钥匙扣 300 元⋯⋯对于多数人来说,定位卖场式"无印良品"的泡泡玛特(Pop Mart)的产品价格有点虚高,但这似乎并没有阻止它扩张的步伐,截至今年 8 月底,泡泡玛特已经在北京拥有 6 家店面。

泡泡玛特有点类似日本杂货品牌无印良品,后者不仅卖衣服,也卖文具、食品和家居产品。不同的是,无印良品销售的产品都是自有品牌,而泡泡玛特则是卖场形式,除了自有品牌产品,也卖 ZUNY、Hello Kitty、NICI 等近 200 个其他品牌的产品。泡泡玛特把无数小而美的公司的产品集合在一起,在一个大型的 Shopping Mall 里,买衣服除了优衣库还有 ZARA,但是以后要买创意潮品只能去 Pop Mart。不同于传统的百货商店，Shopping Mall 将吃喝玩乐集合在一起，通过集聚效应吸引更多顾客，向 Shopping Mall 转变正成为中国零售业的大趋势。泡泡玛特正是通过独特的定位赢得了市场。

（3）显示独特的竞争优势。这一步骤的主要任务是企业要通过一系列的宣传促销活动，使其独特的竞争优势准确传播给潜在顾客，并在顾客心目中留下深刻印象。为此，企业首先应使目标顾客了解、知道、熟悉、认同、喜欢和偏爱本企业的市场定位，在顾客心目中建立与该定位相一致的形象。其次，通过一切努力强化目标顾客形象，保持目标顾客的了解，稳定目标顾客的态度和加深目标顾客的感情来巩固与市场相一致的形象。最后，应注意目标顾客对其市场定位理解出现的偏差或由于企业市场定位宣传上失误而造成目标顾客模糊、混乱和误会，及时纠正与市场定位不一致的形象。

案例：服装品牌"上海滩"受困水土不服

提起中式服装奢侈品的代表品牌，很多人会想到"上海滩"。这个主打 20 世纪二三十年代的老上海风情的服装品牌，系邓永锵于 1994 年创办于上海。尽管风格上主打老上海风情，但品牌创办之初邓永锵就着眼于全球，努力打造高端时尚中国风服装品牌。

近日，历峰集团宣布，已将全资拥有的中国著名服装品牌"上海滩"出售给了意大利企业家 Alessandro Bastagli。历峰集团一直以国际先进运营方式改造"上海滩"，以期将其打造成一个中国风典型的中国高端服装品牌。然而现实情况是，"上海滩"一直没能找到其合适的定位，中国消费者对这种风格不接受，西方只有小众消费者喜欢，而以硬奢为主的历峰集团，似乎在时装领域的运营"欠把火"。

"上海滩"在本土遇到"水土不服"之症。毕竟在中国本土服装品牌多如牛毛，就算是主打中国风，也不止"上海滩"一家，竞争的同类品牌太多。"中国风"式的设计，尽管奢侈品大牌这两年一直在"刮"，但真正"穿"到生活中，中国消费者认同度亦平平，使得上海滩"困局难解"。

3. 市场定位的方法

（1）初次定位。初次定位是指新成立的企业初入市场，企业新产品投入市场，或产品进入新市场时，企业必须从零开始，运用所有的市场营销组合，使产品特色确定符合所选择的目标市场。但是，企业要进入目标市场时，往往是竞争者的产品已在市场露面或形成了一定的市场格局。这时，企业就应认真研究同一产品在目标市场竞争对手的位置，从而确定本企业产品的有利位置。

（2）重新定位。重新定位是指企业变动产品特色，改变目标顾客对其原有的印象，使目标顾客对其产品新形象有一个重新的认识过程。在出现下列情况时也需考虑重新定位：一是竞争者推出的市场定位在本企业产品的附近，侵占了本企业品牌的部分市场，使本企业品牌的市场占有率有所下降；二是消费者偏好发生变化，从喜爱本企业某品牌转移到喜爱竞争对手的某品牌。

案例：万宝路香烟的重新定位

20 世纪 20 年代的美国，被称为"迷惘的时代"。万宝路香烟就是针对当时的社会风气而定的，其广告口号是"像五月的天气一样温和"。菲利普·莫里斯公司把"Marlboro"香烟的烟嘴染成红色，用意在于争当女性烟民的红颜知己。然而几年过去了，热烈的期待不得不面对现实中尴尬的冷场。

在 20 世纪 30 年代,公司开始考虑重塑形象。广告的重大变化是:万宝路的广告不再以妇女为主要对象,而是改用硬铮铮的男子汉气概来代表企业形象。在广告中强调万宝路的男子气概,以吸引所有爱好和追求这种气概的顾客。万宝路公司开始用马车夫、潜水员、农夫等形象作为广告男主角,但这个理想中的男子汉最后还是集中到美国牛仔这个形象上:一个目光深沉、皮肤粗糙和浑身散发着粗犷和豪气的英雄男子汉,在广告中袖管高高卷起,露出多毛的手臂,手指总是夹着一支冉冉冒烟的万宝路香烟。这种洗尽女人脂粉味的广告于 1954 年问世,便给万宝路带来了巨大的财富。仅 1954~1955 年间,万宝路销售量就提高了 3 倍,一跃成为全美第十大香烟品牌,1968 年其市场占有率上升到全美同行第二位。

(3)迎头定位。迎头定位是指企业选择靠近于现有竞争者或与现有竞争者重合的市场位置,争夺同样的顾客,在产品、价格、分销及促销等各个方面彼此差别不大。

(4)回避定位。回避定位是指企业回避与目标市场上的竞争者直接对抗,将其位置定在市场"空白点",开发并销售目前市场上还没有某种特色的产品,开拓新的市场领域。

案例:宝马的回避定位

与奔驰悠久的历史不同,宝马原来只是为德国空军提供航空发动机的公司,到 20 世纪 60 年代还是德国最小的汽车公司,宝马在全球真正的崛起始于 80 年代。如果当时宝马采取追随模式的品牌战略,诉求"我也是尊贵、豪华"的市场定位策略,将难以抢占已经固化的消费者心智资源。宝马以品牌战略先行,将自己定位于"驾驶的乐趣——最老实的驾驶工具"的品牌诉求,这一品牌定位,巧妙地绕过了奔驰这一强劲敌手,通过区别旧与新,宝马将自己与其他豪华车品牌区别开来,全力吸引新一代,定位于那些拥有经济和社会地位的专业成功人士,明确表述宝马能够满足那些在乎形象、追求极致表现的车主的所有要求。

除此之外,市场定位的方法还有:根据属性和利益定位;根据价格和质量定位;根据用途定位;根据使用者定位;根据产品档次定位;根据竞争局势定位;以及各种方法组合定位等。

● **分项任务测试:**

1. 试针对高校校园内大学生的用餐特点进行需求调查,对食堂的窗口设置提出个人的看法与改进的建议。

2. 假如你要开一家服装店,试选择你的目标市场并进行市场定位。

3.2　目标市场调查与分析

企业在选择了目标市场之后,就需要运用相应的方法进行市场调查并进行分析。市场调查的目标是取得营销所需的各种信息资料,为详细分析目标市场的购买行为特点并制订营销计划奠定基础。

3.2.1　认知市场调研

1. 市场调研的概念

市场调研是运用科学的方法,有目的、有计划、系统地收集、整理和分析研究有关市场方面的信息,提出解决问题的建议,供营销管理人员了解营销环境,发现机会与问题,作为市场预测和营销决策的依据。

2. 市场调研的作用

市场调研的主要作用是通过信息把营销者和消费者、顾客及公众联系起来,这些信息用来辨别和界定营销机会和问题,制定、改善和评价市场营销方案,监控市场营销行为,改进对市场营销过程的认识,帮助企业营销管理者制定有效的市场营销决策。

案例:营销调查带来甜头

日本电气公司(NEC)重新设计它的个人笔记本电脑时,它首先找的是用户,而不是自己的工程师。公司调查发现:① 通过观察人们使用笔记本电脑的方法,发现人们开机时需执行很多任务,使用双手的开关不方便,后公司设计出了只需一只手就可操作的开关系统。② 通过群体调查和计算机辅助的个人调查,研究表明,多功能和标准化时大多数用户最关心的特征,后设计了可旋转让他人看到的屏幕、更长寿命的电池盒、线条更圆滑的外观等。

结果,4 个月内 NEC 笔记本电脑的市场占有率上升了 25%,1 年内抢占了 10% 的市场份额。相反,Zenith 找了一位工业设计顾问帮助设计,未考虑顾客需求,改进电脑的销售下降到市场的 1%。

福特汽车公司开办了一个市场调研诊所,对新车型设计进行检验。该所邀请客户驾驶新车原型并派调查人员记录驾驶人员的全部反应,驾驶完毕,进行长达 6 页的问卷调查,了解消费者对新车型的反应和对每一部分的评价,然后作适当改进,使之更适合目标消费者需求,如改进尾灯以增强安全性的方案。

3. 市场调研的内容

市场调研内容从识别市场机会和问题、制定营销决策到评估营销活动的效果,涉及企业市场营销活动的各个方面。主要包括:市场需求和变化趋势的调研;购买动机的调研;产品调研;价格调研;分销调研;广告调研;市场竞争调研和宏观环境调研。

(1) 宏观环境调研。主要包括国家、地方的有关方针政策法规、经济状况、社会文化、地理自然状况、科技情况等内容。

(2) 市场状况调研。主要包括市场特性、市场规模、可能销量的预测、市场动向和发展、市场对产品销售的态度、市场增长率、本公司及其他产品的市场占有率、最大竞争对手的市场占有率等。

(3) 竞争者调研。主要包括竞争者属性、竞争企业各类产品销售额、竞争者优劣情况、竞争者的市场策略及市场效果等方面。

(4) 目标市场调研。主要包括顾客结构、需求特点、购买动机和习惯、购买能力、购买行为等。

案例：谁在玩王者荣耀？54%是萌妹子

当别人在玩"王者荣耀"的时候，你在玩什么？作为史上最火爆的手机游戏，王者荣耀不仅带领手游冲向收益的历史高峰，并且更引人关注的是它正成为一个国民级现象：从6岁的小学生到60岁的退休大叔，在地铁里、候机室、公交车……随时可见它的身影。

极光大数据显示，截至2017年5月，王者荣耀渗透率达到22.3%，用户规模达到2.01亿人。日活跃用户达到5412.8万人，月活跃用户为1.63亿人。

是女生还是男生更喜欢玩王者荣耀？答案是女生。极光大数据显示，54%用户是萌妹子。其中，15～29岁是主力军，占据约3/4市场。并且有不少少年少女也加入阵营，数据显示，小于14岁的用户约有3.5%。

而另外一家研究公司TalkingData发布的《王者荣耀热点报告》显示，上班族比重近7成，大学生约占1/4，而中小学生占比还不足3%。

极光大数据报告显示，王者荣耀的用户最关注的话题分别为二次元、校园社区和同城交友。其中，超过七成的用户使用的设备主屏幕为5～5.9英寸。而很多手机厂商也纷纷搭车王者荣耀等热门手游。

这款中国史上最赚钱的手游靠什么大红大紫？在极光大数据研究总监唐欣看来，中国手游一直缺乏持久性的爆品，王者荣耀的爆发有其必然性。首先，它脱胎于网游"英雄联盟"，有深厚的粉丝积累；其次，腾讯强大的包装和推广；第三，它本身具备很强的社交属性，容易引发"病毒式传播"。

随着智能手机的普及，经过了2009～2011年的探索期、2012～2013年的启动期，2014年至今手游行业驶入快车道。在"王者荣耀"的带领下，手游行业还有至少十年的黄金期。

(5) 市场营销策略调研。主要包括：产品调研、分销渠道调研、物流调研、价格调研、促销调研等。

以上市场调研的内容，在进行环境分析时涉及环境调研，在制订竞争战略时涉及竞争者调研，在制定营销组合策略时涉及市场营销策略调研。因此，本任务将重点阐述目标市场调研。

阅读资料：市场调研的误区

经常看到一些媒体发出这样的评论，即国外成功的企业都有固定的决策程序，每一项决策都是靠数据说话，而国内企业领导人的决策都是凭感觉，所以导致了失败，等等。看得人诚惶诚恐，一下子对我们的决策程序自卑了起来，并且纷纷仿效，这个分析数据，那个分析模型，一本市场调查报告厚达千页，看得人头昏脑涨，越发不明白，而越不明白就越觉得自己水平低，也就越发对这些高深莫测的分析模型、分析数据崇拜起来。

前段时间，一个美容保健品的市场调研报告厚达800多页，报告最后得出了结论，影响消费者购买决定的重要因素排序是功效、价格、广告；在消费者心目中知名度最高的美容保健品是太太口服液、朵而胶囊。其实，这个调查的委托客户花了大把的钱得出了"通过严谨的数据分析，我们可以认定，老虎喜欢吃肉，不喜欢吃草，羊喜欢吃草，不喜欢吃肉"的结论，消费者买保健品功效肯定是排在首位的，太太口服液、朵而胶囊的知名度也是众所周知，但老虎不吃草的结论又有什么用呢？

在市场调查过程中，只有抓住了关键性的问题，并将关键性问题进行充分的研究与探讨，才能对市场推广起到关键性的作用。否则，大量的无关紧要的装饰性数据与分析充斥其间,既扰乱决策者的思路,又浪费决策者的时间。就如上述保健品的市场调研,如果真正将"消费者购买该产品的原始诱因""影响消费者达成尝试性购买的主要因素排序""影响消费者达成重复性购买的主要因素排序"三项内容研究透彻,市场决策就会百战不殆,因为上述三个问题就是消费者对保健品的决策程序与购买程序,至于其他无关紧要的问题,作个泛泛的了解即可。

3.2.2　拟订调研计划

市场调研是一项十分复杂的工作,要顺利地完成调研任务,必须有计划、有组织、有步骤地进行。但是,市场营销调研并没有一个固定的程序可循。一般而言,根据调研活动中各项工作的自然顺序和逻辑关系,市场调研可分为以下三个阶段:

1. 准备阶段

准备阶段的主要任务是界定研究主题、选择研究目标、形成研究假设并确定需要获得的信息。要制定调查工作日程表,说明各阶段工作安排。应考虑的主要问题:这项调查需要搜集些什么资料? 从哪里可以搜集到这些资料? 通过什么方法可以得到这些资料? 最迟什么时候可以或必须得到这些资料?

2. 设计阶段

研究设计是指导调研工作顺利执行的详细蓝图,主要包括确定资料的来源和收集方法、设计收集资料的工具、决定样本计划以及调研经费预算和时间进度安排等。

3. 执行阶段

在研究设计完成之后,执行阶段就是把调研计划付诸实施,这是调研工作的一个非常重要的阶段。需列明的主要工作阶段包括:文案调查;实地调查;核对资料、分析资料和起草市场调查报告;第一次市场调查报告会、市场调查报告的修改和定稿;呈交市场调查报告。

4. 市场调查资料的整理、分析

此阶段主要包括实地调查即收集资料,然后对资料进行处理、分析和解释,最后提交调研报告。具体包括:编辑——选取有用资料并查对资料的准确性和连贯性;分类汇总——按问题将资料分类集中,以便有针对性地提供情况;制表——将统计汇总后的统计结果用图表形式说明;递交调查报告。

3.2.3　实施市场调查

1. 选择调查工具

调查问卷是市场营销调研的重要工具之一。在大多数市场调查中,研究者都要依据研究的目的设计某种形式的问卷。问卷设计没有统一的固定的格式和程序,一般来说有以下几个步骤:

(1) 确定需要的信息。在问卷设计之初,研究者首先要考虑的就是要达到研究目的、检验研究假设所需要的信息,从而在问卷中提出一些必要的问题以获取这些信息。

(2) 确定问题的内容。确定了需要的信息之后,就要确定在问卷中要提出哪些问题或包含哪些调查项目。在保证能够获取所需信息的前提下,要尽量减少问题的数量,降低回答问题的难度。

(3) 确定问题的类型。问题的类型一般分为以下三类:

① 自由问题:这种回答问题的方式可以获得较多的较真实的信息,但是被调查人因受不同因素的影响,各抒己见,使资料难以整理。

② 多项选择题:这种问题应答者回答简单,资料和结果也便于整理,需要注意的问题是选择题要包含所有可能的答案,又要避免过多和重复。

③ 二分问题:二分问题回答简单也易于整理,但有时可能不能完全表达出应答者的意见。

(4) 确定问题的词句。问题的词句或字眼对应答者的影响很大,有些表面上看差异不大的问题,由于字眼不同应答者就会做出不同的反应。因此,问题的字眼或词句必须斟酌使用,以免引起不正确的回答。

(5) 确定问题的顺序。问题的顺序会对应答者产生影响,因此在问卷设计时问题的顺序也必须加以考虑。原则上开始的问题应该容易回答并具有趣味性,以提高应答者的兴趣。涉及应答者个人的资料应则最后提出。

(6) 问卷的试答。一般在正式调查之前,设计好的问卷应该选择小样本进行预试,其目的是发现问卷的缺点,提高问卷的质量。

2. 确定调查样本

大多数的市场调查是抽样调查,即从调查对象总体中选取具有代表性的部分个体或样本进行调查,并根据样本的调查结果去推断总体。抽样方法按照是否遵循随机原则分为随机抽样和非随机抽样。

(1) 随机抽样方法。是按照随机原则进行抽样,即调查总体中每一个个体被抽到的可能性都是一样的,是一种客观的抽样方法。随机抽样方法主要有简单随机抽样、等距抽样、分层抽样和分群抽样。

案例:分层随机抽样的运用

调查某地商业企业销售情况。该地区有商店 10 000 个,即要调查的母体总数,其中分层母体为:大型百货商店 1 000 个,中型百货商店 2 000 个,小型百货商店 7 000 个。如果确定样本数为 200 个,采取分层比例抽样法,则各层应抽取的样本数目是:

大型百货商店应选取样本数:

$$S_大 = \frac{1\ 000}{10\ 000} \times 200 = 20(个)$$

中型百货商店应选取样本数:

$$S_中 = \frac{2\ 000}{10\ 000} \times 200 = 40(个)$$

小型百货商店应选取样本数:

$$S_小 = \frac{7\ 000}{10\ 000} \times 200 = 140(个)$$

(2) 非随机抽样方法。主要有任意抽样、判断抽样、配额抽样等方法。

任意抽样也称便利抽样,是纯粹以便利为基础的一种抽样方法。街头访问是这种抽样最普遍的应用。这种方法抽样偏差很大,结果极不可靠。一般用于准备性调查,在正式调查阶段很少采用。

判断抽样是根据要求样本设计者的判断进行抽样的一种方法,它要求设计者对母体有关特征有相当的了解。在利用判断抽样选取样本时,应避免抽取"极端"类型,而应选择"普通型"

或"平均型"的个体作为样本,以增加样本的代表性。

配额抽样:与分层抽样法类似,要先把总体按特征分类,根据每一类的大小规定样本的配额,然后由调查人员在每一类中进行非随机的抽样。这种方法比较简单,又可以保证各类样本的比例,比任意抽样和判断抽样样本的代表性都强,因此实际中应用较多。

3. 选择相应的调查方法

市场调查方法是指收集市场信息的方法,总体上而言可以分为一手资料收集法和二手资料收集法。一手资料收集法也称为直接调查法,二手资料收集法也称为间接调查法。直接调查和间接调查又可以分为若干种具体的形式(如图3-4所示)。

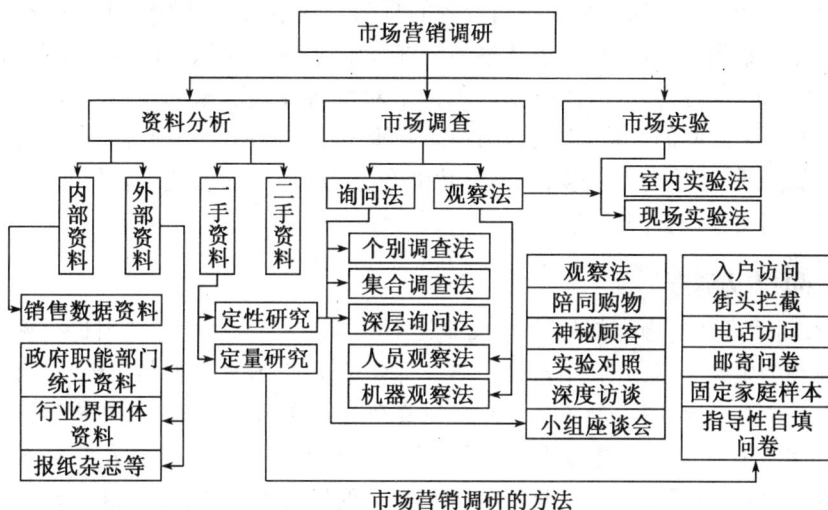

图3-4　市场营销调研方法汇总

直接调查又被称为实地调查,是市场调查中运用较多的调查方法。直接调查一般分为访问法、观察法和实验法三种形式。直接调查具有时效性强、结果准确的优点,但也存在着费时费力、受时间和空间限制等缺点。

间接调查是通过各种途径获得市场营销的相关资料。间接调查具有省时省力、不受时间和空间约束的优点,但也存在着时效性差、相关性弱、分析困难等缺陷。

案例:公开的信息带来的效益

人们总以为商业情报是锁在竞争对手的保险柜里的,其实有关竞争对手的大部分资料都是可以从公开的媒体和各种资料上获得的。因为任何企业都不可能完全地封锁自己,除非他不销售产品、不对外宣传,而他的任何一个"行动",总会有一些"预兆",只要经营者掌握了这个规律,便能够洞悉市场变化,决胜于千里之外了。

南方某藤器制品厂厂长朱某无意中从一本外国杂志上看到一幅广告照片,画面是四方形的编制篮里铺着垫单和被子,一只狗在里面睡觉。在一般人看来,这只是"趣闻"而已,而朱厂长却用"市场眼光"阅读信息,并结合自己的厂情作了深入调查。之后,他组织人员设计和编制了狗床猫窝。一个外商看了该厂生产的狗床猫窝,赞不绝口。终于,他将20多万美元的狗床猫窝出口到美国。出口狗床猫窝赚大钱,得益于朱厂长在处理信息上的高人之处:透过表面挖掘内涵,想人所未想,见人所未见,从看似"趣闻"的信息里开拓出一片"冷门市场"。

4. 进行实地调查

（1）访问调查。访问法是营销调研中使用最普遍的一种调查方法。它把研究人员事先拟订的调查项目或问题以某种方式向被调查者提出，要求给予答复，由此获取被调查者或消费者的动机、意向、态度等方面的信息。按照调查人员与被调查者接触方式的不同，访问法又分为个人访谈、电话访问和邮寄访问。

（2）观察调查。观察法是由调查人员直接或通过仪器在现场观察调查对象的行为动态并加以记录而获取信息的一种方法。观察法分人工观察和非人工观察，在市场调研中用途很广。比如，研究人员可以通过观察消费者的行为来测定品牌偏好和促销的效果。借助现代科学技术，人们设计了一些专门的仪器来观察消费者的行为。观察法可以观察到消费者的真实行为特征，但是只能观察到外部现象，无法观察到调查对象的一些动机、意向及态度等内在因素。

（3）实验调查。实验法是指在控制的条件下对所研究的现象的一个或多个因素进行操纵，以测定这些因素之间的关系，它是因果关系调研中经常使用的一种行之有效的方法。一般来讲，改变商品品质、变换商品包装、调整商品价格、推出新产品、改变广告形式内容、变动商品陈列，都可以采用实验调查测试其效果。

案例：咖啡杯的市场调查

美国某公司准备改进咖啡杯的设计，为此进行了市场实验。首先，他们进行咖啡杯选型调查，设计了多种咖啡杯子，让500个家庭主妇进行观摩评选，研究主妇们用干手拿杯子时，哪种形状好；用湿手拿杯子时，哪一种不易滑落。调查研究结果，选用四方长腰果型杯子。然后对产品名称、图案等也同样进行造型调查。接着，他们利用各种颜色会使人产生不同感觉的特点，通过调查实验，选择了颜色最合适的咖啡杯子。他们的方法是：首先请了30多人，让他们每人各喝4杯相同浓度的咖啡，但是咖啡杯的颜色分别为咖啡色、青色、黄色和红色4种。试饮的结果，使用咖啡色杯子的人都认为"太浓了"的占2/3，使用青色杯子的人都异口同声地说"太淡了"，使用黄色杯子的人都说"不浓，正好"。而使用红色杯子的10人中，竟有9个说"太浓了"。根据这一调查，公司决定，其咖啡店里的杯子以后一律改用红色杯子。该店借助于颜色，既可以节约咖啡原料，又能使绝大多数顾客感到满意。结果，这种咖啡杯投入市场后，与市场上的通用公司的产品展开激烈竞争，以销售量比对方多两倍的优势取得了胜利。

3.2.4　市场分析

1. 调查资料处理

调查资料的处理过程进一步细分为资料的验收、资料的编辑、资料的编码、资料的转换四个基本步骤。

（1）资料的验收

资料验收是对资料进行总体的检查，发现资料中是否出现重大问题，以决定是否采纳此份资料的过程。在资料的验收过程中验收人员应检查的主要问题包括：被调查者的资格，即被调查者是否属于规定的抽样范围；资料是否完整清楚；资料是否真实可信；资料中主要的关键的问题是否回答；资料中是否存在明显的错误或疏漏；检查调查员的工作质量；检查有效资料的份数是否达到调查设计的要求比例。

在资料验收中对不同资料的处理方法和原则是：接受基本正确的资料；将问题较多的资料

作废;对某些问题较少的资料,可责成调查人员进行补救调查。

(2) 资料的编辑

资料编辑是对资料进行细致的检查,发现资料中是否出现具体的错误或疏漏,以保证资料正确性和完整性的过程。

在资料编辑过程中资料编辑人员应解决的主要问题包括:有无错误的回答;有无疏漏的回答;有无不一致的回答;有无所答非所问的回答;有无不确切不充分的回答。对资料中出现的问题,所有资料编辑人员应使用红笔统一标记,一般为保证资料的真实性,编辑人员应尽量避免直接修改资料的内容,经过编辑的资料应妥善保管,以便对照复查。

(3) 资料的编码

资料的编码就是使用一个规定的数字或字符代表一个种类回答。对资料进行编码是为了便于进行统计分析,进一步可方便计算机存储和分析。在资料的编码分类时,编码人员应着重把握以下原则:正确掌握分类的尺度;为保证每一类回答都有类可归,又避免分类过细,可设置一个"其他"的分类;每一个问题中的分类要含义明确,避免与其他分类产生交叉;对错误或疏漏的回答可作为特殊的分类,并指定一个特殊的数字或字符代表,如用 0 或 1 等,而不应将其归入其他类中。

确立以上编码原则后,就可对全部资料逐份编码进行处理,并可获得一定格式的编码资料。为进一步清楚地了解资料的分类内容及编码的含义,可制作一份编码说明书,其格式见表3-1。

表 3-1　消费者对某种商品评价的调查编码说明

问题序号及内容	数据所在列	编码及说明
1. 性别	第 1～2 列	1. 男　2. 女
2. 职业	第 3～10 列	1. 工人　2. 农民 3. 军人　4. 机关干部 5. 学生　6. 公司职员 7. 教师　8. 其他
3. 年龄	第 11～15 列	1. 18 岁以下 2. 19 岁～30 岁 3. 31 岁～45 岁 4. 46 岁
4. 评价	第 16 列	根据评价情况给予 1～10 分

(4) 资料的转换

将经过编码的资料输入并存储在计算机中的过程称为资料的转换。使用计算机统计分析软件进行资料的处理分析可极大地提高资料分析的质量和效率。将资料输入计算机一般使用键盘直接输入或光电扫描输入。

2. 资料的简单分析

(1) 单变量统计量分析

单变量统计量分析可计算某一列数据的基本统计量,这些统计量反映了此列数据的总的特征。这些统计量主要包括此列数据的平均数、标准差等。

平均数又称平均值或均值(mean)，其计算公式为：

$$\bar{X} = (\sum X_i)/N$$

平均数是一个表示某变量所有变量值集中趋势或平均水平的统计量，其中 N 为某列变量值的个数，X_i 是各个变量值。如消费者对此商品的评价平均分为 8 分，则说明消费者对此商品的评价大多集中在 8 分左右。反映变量平均水平的统计量还有，如众数、中位数等。

标准差的计算公式为：

$$S = \sqrt{\frac{\sum (X_i - \bar{X})^2}{N-1}}$$

标准差是一个表示某变量所有变量值离散趋势的统计量，其中 N 为个案数，X_i 是各个变量值。

(2) 单变量频数分析

单变量频数分析是计算某个变量下各个变量值出现的次数分析。通过某个变量各变量值的频数分布，可以帮助我们掌握这些变量的总体分布特征。如：使用 SPSS 统计分析软件对消费者性别的频数分析，得到表 3-2 所示数据。

表 3-2 变量：消费者性别(xb)

变量值	频数	累积频数	频率	累积频率
男	900	900	60%	60%
女	600	1 500	40%	100%
合计	1 500		100%	

表 3-2 中，频数是相应变量值出现的次数；累积频数是当前以上行频数的合计；频率是相应频数所占总数的百分比；累积频率是当前以上行频率的合计。使用 SPSS 统计分析软件对消费者年龄的频数分析，得到表 3-3 所示数据。

表 3-3 变量：消费者年龄(nI)频数分析

变量值	频数	累积频数	频率	累积频率
18 岁以下	400	400	26.7%	26.7%
19～30 岁	400	800	26.7%	53.4%
31～45 岁	400	1 200	26.6%	80.0%
46 岁以上	300	1 500	20.0%	100.0%
合计	1 500		100.0%	

从表 3-3 中可以看到，31～45 岁的被调查者有 400 人，占全部被调查者的 26.6%；46 岁以下的被调查者有 1 200 人，占全部被调查者的 80%。

3.2.5　市场预测

1. 市场预测的概念和种类

市场预测即对应于预期努力的市场需求,它是应用科学的方法对市场需求及其影响因素的变化以及发展趋势进行的估计和推测。市场预测的种类如下:

按预测的范围来分,可将市场预测分为宏观预测和微观预测;

按预测的时间来分,可将市场预测分为短期预测、中期预测和长期预测;

按预测的内容来分,可将市场预测分为市场需求预测和市场供应预测;

按预测的性质来分,可将市场预测分为定性预测和定量预测。

市场需求的预测是企业营销工作的重要组成部分。选择什么样的方法进行预测,直接决定着预测工作的效率以及预测结果的准确与否。

案例:传统商业艰难转身电商,不转型没未来

触网似乎成了一种商业时尚,而电商的高速增长更让传统商业艳羡。2012 年"光棍节",淘宝和天猫一天的销售量就将近 200 亿元,而 2011 年武汉最大的零售集团一年的销售额也不到 300 亿。国际研究机构麦肯锡预测,到 2020 年,中国网络零售市场可能增长至 4.2 万亿元,大约 10%～16% 的总消费将通过网络零售实现。马云的预测更加大胆,他曾表示,10 年内中国的电商交易额将达到 10 万亿。

事实上,电商正在蚕食着传统商业的生存空间。有数据显示,阿里巴巴在武汉有 1 000 万用户,而武汉人口也才 1 200 万。每个武汉的支付宝用户每年在淘宝和天猫上要花 9214 元,这一数字还在增长。而与之相对的是,去年武汉中百集团的利润比前一年下降两成。这意味着,武汉人在商场里花钱越来越少,在网上花钱越来越多。"传统商业尽管仍在增长,但已经见顶。不转型,就没有未来。"一位不愿透露姓名的业内人士表示。

2. 选择市场预测方法

(1) 专家调查预测法:是企业根据市场预测的目的和要求,向企业内部或外部的有关专家提供一定的背景资料,请他们就市场未来的发展变化进行判断,做出估计。专家调查预测法的基本形式有两种:专家会议预测法和德尔菲法。

(2) 推销人员估计法:是一种常用的定性预测技术,主要依据企业推销人员丰富的实践经验以及他们对市场动态和顾客心理的把握,对未来市场需求做出估计。在某些情况下,推销人员的判断可以比较准确地反映需求的发展趋势。

(3) 预购调查法:是根据需求者的预购订单和预购合同来测算需求量。这种方法主要适合于制造商和中间商在进行微观的短期预测时采用,不宜用作长期的预测。对于制造商而言,可以用这种方法来测算新产品、特需商品及高值产品的需求量;对中间商尤其是零售商而言,宜用这种方法来确定新产品、高档耐用品的销售量,以便决定进货量和进货时间。

(4) 用户调查法:又叫购买者意向调查法,是预测者直接向潜在用户了解在下一个时期中需要购买本企业产品的品种数量。同时,调查用户的意见,分析用户需求的变化趋势,参照市场的变动,预测下一时期的销售量。

(5) 展销调查法:是通过实地小规模市场试验调查,根据所获得的第一手资料,对未来需求的发展趋势做出估测。通过展销这一手段,直接调查消费者的需求状况和购买能力,同时还调查消费者对产品质量、价格、花色、品种等方面的要求。展销这一形式为消费者提供了现场接触产品的机会,而产品实体展示传达的信息要比其他任何方式来得直接和具体,可以给消费者较为直观和深刻的印象。企业根据消费者的现实感觉而做出的分析判断,就可能有效地避免因某些不确定因素的影响而产生的偏差,从而提高预测结果的准确度。

● 分项任务测试:

某电子商务企业拟在当地市场推出一种中小企业管理软件,试为该企业进行市场调查。请按下列内容撰写调查报告。

① 设计调查问卷;② 选择调查对象;③ 选择调查方法;④ 进行实地调查;⑤ 调查资料的整理;⑥ 分析调查结果;⑦ 进行市场预测。

3.3 目标市场购买行为分析

在市场营销观念指导下的活动必须以顾客为中心,以市场为导向,市场是企业一切生产经营活动的出发点。企业若失去了市场、失去了顾客,就失去了生存的基础。顾客是一切市场的基础。所以,各类企业都必须深入研究顾客的特点和行为模式,以顾客的需要为依据来制定营销方案,满足顾客需求,以求得竞争中的胜利。

3.3.1 消费者市场购买行为分析

1. 消费者市场的特点

消费者市场,即最终消费者市场,也称生活资料市场,是指为满足生活需要而购买产品和服务的全部个人或家庭。消费者市场具有以下特点:

(1)多样性。消费者是个人或家庭,市场易受消费者个人因素诸如文化修养、欣赏习惯、收入水平等方面的影响;商品的花色多样、品种复杂、商品的生命周期长短不一;替代品多,价格需求弹性大。

(2)广泛性和分散性。从交易的规模和方式来看,消费者市场广阔,购买者人数众多,而且分散。同时,交易次数频繁但每次交易数量不多,绝大多数商品都是通过中间商销售产品,以方便消费者购买。

(3)可诱导性。从购买行为和动机看,消费者在决定购买行为时,具有自发性、感情冲动性;消费品市场的购买者大多属非专业性购买,他们对产品的购买容易受广告宣传、商品的包装和形象、推销方式、服务质量的影响。

(4)发展性。从市场动态看,由于消费者的需求复杂多变,并且随着我国市场的不断发展,购买力的流动也随之加强。

2. 消费者角色分析

消费者是进行生活消费的实体,泛指现实生活中的人们。由于研究的角度不同,对消费者含义的理解也有不同的表述方式。作为动态过程的消费活动,会牵涉到多种角色和不同的人。所以,从营销的角度研究消费者时,不能仅研究购买商品的人,而应包括所有与购买活动相关的人。营销中的消费者是指实际参与消费活动的任何一项或全部过程的人,包括下面五种角色。

发起者:首先提出或有意购买某一商品或劳务的人;

影响者:他们的需要、动机或看法、建议对决定购买有一定影响的人;

决策者:他们把握是否购买、为何购买、购买什么、如何购买、购买多少、何处购买等方面做出全部或部分决策的人;

购买者:实际购买商品或劳务的人;

使用者:实际使用或消费商品或劳务的人。

在一个消费活动过程,这五种角色可以是一个人,也可以是不同的人。

3. 影响消费者购买行为的主要因素分析

了解影响消费行为的因素有助于营销策略的制定,消费者行为影响因素的理论主要有二因素论、三因素论和四层面说。

二因素论将影响因素分为两大类:一类存在于消费者内部,如意识、知觉、记忆、思维和想象、需要、价值观等因素;一类存在于消费者外部,如社会阶层、家庭、参照群体、文化、经济等因素。二因素论有不同的表述,有称为外部因素/内部因素(D. Hawking)的,也有称为个人因素/环境因素(R. Blackwell)。三因素论将营销视为影响消费者的另一个重要因素;科特勒则提出了消费者行为影响因素的四个层面:文化、社会、个人和心理(如图 3-5 所示)。

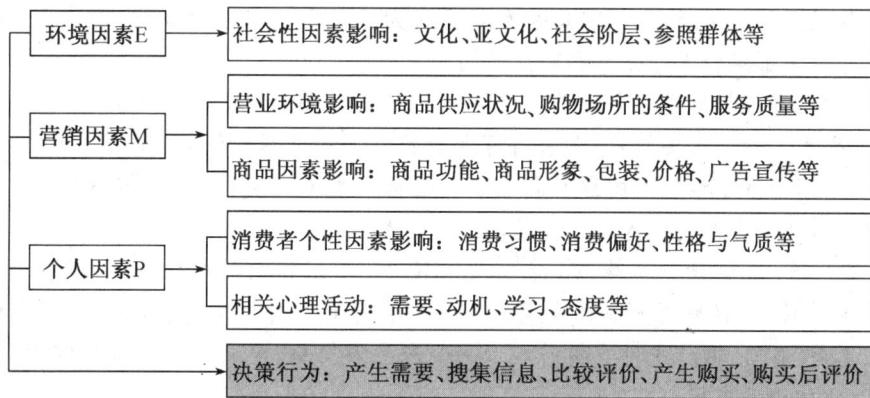

图 3-5 消费者行为影响因素

4. 消费者需要分析

消费者需要是指消费者在一定的社会经济条件下,为了自身生存与发展而对商品产生的需求和欲望。消费者需要通常以对商品的愿望、意向、兴趣、理想等形式表现出来。需要既是营销活动的出发点,又是营销活动转化为购买活动的中介。当某种主观需要形成后,在其他相关因素的刺激下,就会激起购买动机,从而产生购买行为的一种内驱力。

消费者需要具有发展性、差别性、周期性和可诱导等特征。营销人员要不断发现消费者未被满足的需要,然后想方设法、最大限度地去满足他们。在分析消费者特性后,将促销方式、广告、宣传集中于多层次消费者需要上,以获得最大效果。

消费者需要主要表现为哪些方面呢? 美国心理学家马斯洛(Maslow)提出了著名的需要层次理论(如图 3-6 所示)。他认为:"人的需要在不同的生活时期表现为不同的层次,并且向高层次发展"。生理需要是人类最基本的需要;当人们的生理需要得到基本满足后,就会产生为避免生理及心理方面受到伤害所要求的安全需要;社交需要是人类希望给予和接受别人的友谊、关怀、爱护,得到某些社会团体的重视与容纳的欲求;尊重的需要来源于外部即他人的尊重及自我尊重;自我实现的需要是个人希望自我潜能和才能得到最大限度的发挥、取得一定成就、受到社会的承认等方面的需要。

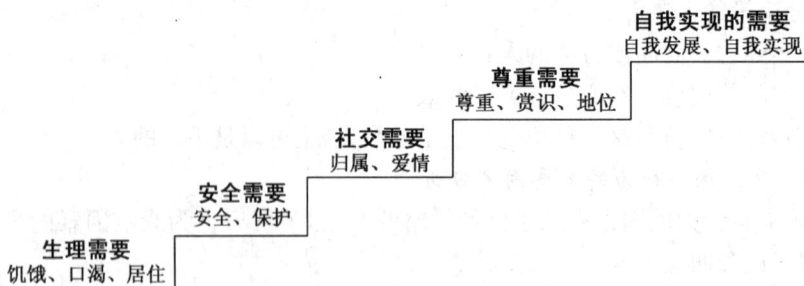

```
                                          自我实现的需要
                                          自我发展、自我实现
                                 尊重需要
                                 尊重、赏识、地位
                        社交需要
                        归属、爱情
               安全需要
               安全、保护
    生理需要
    饥饿、口渴、居住
```

图 3-6 马斯洛的需要层次理论

案例:迷你 KTV,年轻人的新宠

如果你是个热爱逛街的年轻人,在北京的商场和影院里,你有很大概率会碰到一些奇怪的玻璃房:一两个年轻人拿着话筒在门内歌喉轻抒,毫不理会外面的人流和目光。近年来,迷你 KTV 成了年轻人的都市新宠,周末总是有年轻人大排长龙。专家解释称,迷你 KTV 崛起的原因是:它能够消解年轻人的孤独和碎片时间。

北上广的年轻人都听过一个段子。孤独分十个等级,最低等级是一个人去超市,最高级别是一个人做手术。一个人去 KTV 则排在了第六级。而迷你 KTV 这种适合一两个人的产品,在某种程度上则消解了年轻人的这种孤独。一位男网友开玩笑:如果迷你 KTV 门口有姑娘可以一起陪唱,我一定夺门而入马上体验。

2015 年开始,从商场到电影院,咪哒 miniK、友唱 m-bar、聆嗒 miniK、科美唱吧、雷石 Wow 屋等迷你 KTV 品牌开始集体涌现。可以容纳两到三人的玻璃亭,与传统 KTV 相似的点唱屏幕、话筒、耳机、微信支付或投游戏币……产品很简单,但这两平方米的空间,对标的是年轻人碎片化的消费市场。

5. 消费者购买动机分析

需要一经唤醒,可以促使消费者为消除匮乏感和不平衡状态采取行动,但它并不具有对具体行为的定向作用。在需要和行为之间还存在着中间变量——动机,其基本模式如图 3-7 所示。

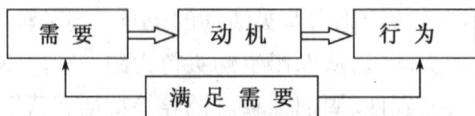

```
┌──────┐    ┌──────┐    ┌──────┐
│ 需 要 │ ⟹ │ 动 机 │ ⟹ │ 行 为 │
└──────┘    └──────┘    └──────┘
    ↑     ┌──────────┐
    └─────│ 满 足 需 要 │
          └──────────┘
```

图 3-7 消费者需要、动机与行为关系图

所谓动机,就是对特定对象将产生行为的内在动力。它在主观上是以愿望、欲望和对目的的意向等体验的间接表现形式显露出来的。动机与行为有着直接的因果关系,动机导致行为。

消费者行为的直接原因是动机。

(1) 消费者购买动机的特征

① 公开与内隐的并存性。在消费者多种多样的购买动机中,有些是公开的,有些是不告诉他人而隐藏着的。内隐性有两种现象:一种是指消费者出于某种原因而不愿让别人知道自己真正的购买动机;一种是指消费者自己也不知道究竟何种动机在发挥作用。

阅读材料:不知道自己要什么的顾客

对大多数消费者而言,能够清晰地指名购买的行为并不多见。有研究报道,70%以上的快速消费购买行为是由冲动型顾客发生的。而对于大宗耐用消费品来讲,虽然消费者的购买动机比较清晰,计划性及理性消费更明显一些,但因为他们不是产品专家,并不知道自己真正需要的产品应该是什么品牌、具备什么功能,以及材质、外观、价格等,因此,大多数情况下并不知道自己究竟想要什么。

在终端销售过程中,导购应该占据主导地位,卖自己想卖和消费者所需的产品,用思路去引导消费者,让顾客模糊的需求明晰化,而不是被动跟随消费者的思路。大多数消费者只有购买动机,不是产品专家,并不清楚自己想要什么。他对产品的特点、如何使用、有什么讲究,同类产品主要有哪些品牌以及各自特点都不清楚。各种外观精致、卖点独特、材质高档的产品堆积成了海洋,消费者如果没有销售人员有意识的引导,像游客一样走马观花,就会眼花缭乱,无法挑到真正符合需求的产品。

② 学习性。动机的指向(或欲望的对象)和强度是可以通过学习来改变的。例如,某个消费者在家庭装修和购买家具前,可能只有一些简单或普通的想法,但在看过高档家具城的家具、经过设计师的说明和推荐之后,其想法可能大为改变,对某种装饰效果、某些高档次的名牌家具形成强烈的购买欲望。在这个过程中,名牌家具本身、家具的陈列展示、产品宣传图片、设计师的意见及其提供的装修效果图等都成了消费者学习的有效工具。

③ 冲突性。在一个购买活动中,通常是多种动机并存。而且这多种动机之间,往往会是相互冲突或抵触,从而使消费者在购买商品时内心出现矛盾、左右为难。

(2) 消费者购买动机的形成

动机的产生有内外两类条件,内在条件是达到一定强度的需要,外在条件是诱因的存在。诱因是指使个体产生行为的外在刺激。通常,当个体的需要达到一定强度并有诱因存在时才会产生动机。如当消费者热到一定程度并且商店有空调卖时,才会产生购买动机。

但内外两类条件并不总是必需的,有时即使缺乏内在的需要,单凭外在的刺激,也能引起动机产生行为。如有时虽然无饥饿之感,但若遇到美味佳肴也可能会使人产生一饱口福的动机。

(3) 分析不同消费者的购买动机

顾客的购买动机受到经济的、社会的、文化的、个性心理的多方面的影响,表现极不相同,最常见的有以下几种:

① 求实购买动机。这种动机的核心是实惠、实用。在这种动机驱使下,顾客选购商品特别注重功能、质量和实际效用,不过分强调商品的式样、色调等,几乎不考虑商品的品牌、包装及装潢等非实用价值的因素。

② 求新购买动机。以追求商品的新潮入时为主要特征,这种动机的核心是时髦和奇特。

这种顾客选购商品时特别注重商品的款式、造型等是否新颖和流行,而对商品的质量、实用性和价格不十分介意。具有这种购买动机的多为经济条件比较好的青年消费者。这类顾客对社会时尚反应敏感,他们是时装、时尚商品和新产品的主要购买者。

案例:小表情包里的大生意

2017年7月28日,Emoji表情大电影《表情奇幻冒险》在北美正式上映。自2014年创立以来,这种表情符号就开始席卷全球。百事可乐、迪士尼、谷歌和星巴克等品牌都曾借Emoji大玩营销。Emoji的"盛世狂欢",折射出来的是表情包的生意经:它已经不再是一个简单的视觉情感符号,早已延伸出更多元的商业之路。

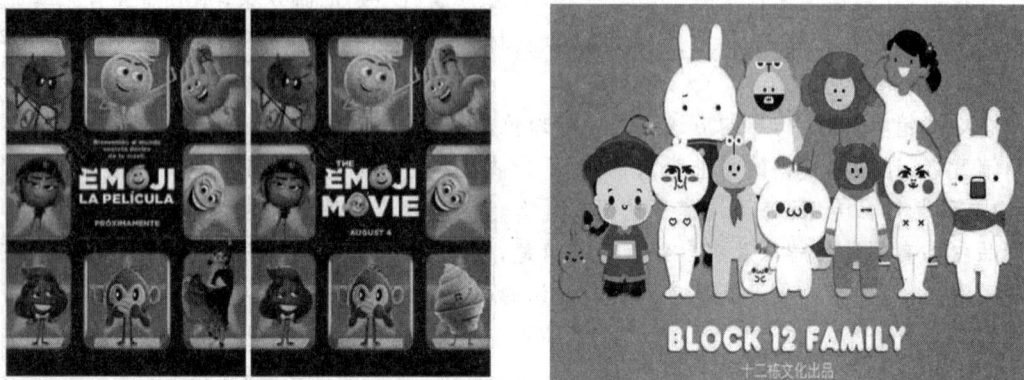

图3-8 Emoji表情包

国内也不乏表情包制作者。以微信表情包为例,聊天时人们经常会使用或见到长草颜团子、制冷少女、小僵尸和小乖乖等表情包,但却很少有人去关注其背后的团队。这背后有公司,也有工作室,甚至还有个人创作者。目前,微信头部表情包主要被一家名为"十二栋文化"的公司承包,其可以被称为"国民表情包"公司。微信表情生态也有其奥秘:它给了动漫文创产业一个走向社群化的入口。对创业者而言,当有了品牌,有了粉丝社群之后,无论是走向深度内容形态,还是做粉丝文化产品,轻IP都能释放出商业价值。

③ 求名购买动机。以追求名牌为主要特征。这种动机驱使下,顾客购买几乎不考虑商品的价格和实际使用价值,只是通过购买、使用名牌来显示自己的身份和地位,从中得到一种心理上的满足。具有这种购买动机的顾客一般都具有相当的经济实力和一定的社会地位。此外,表现欲和炫耀心理表较强的人,即使经济条件一般,也可能具有此种购买动机。他们是高档名牌商品的主要消费者。

④ 求优购买动机。以追求商品的质量优良为主要特征。这类顾客选购商品时注重内在质量,对外观式样以及价格等不过多考虑。这种购买动机多见于经济条件较好的老年顾客。

⑤ 求美购买动机。以追求商品的艺术欣赏价值为主要特征。这类顾客在购买商品时最为关注的是商品的审美价值和装饰效果,注重商品的造型、色彩、图案等,商品的实际使用价值是次要的。具有这种购买动机的多为中青年女顾客以及文化界人士,他们是妇女时装、化妆品、首饰、工艺品、家庭装饰用品的主要购买者。

⑥ 求廉购买动机。以追求商品的价格低廉为主要特征。这类顾客选购商品时最注重的

是价格,对商品的花色式样及质量等不太计较,喜欢购买削价处理品、优惠价商品。具有这种购买动机的多为经济收入较低的顾客,也有部分经济收入较高但节俭成习的顾客,他们是低档商品、残次品、积压品、削价处理品的主要推销对象。

⑦ 求便购买动机。以追求购买过程简便、省时为主要特征。这类顾客的时间、效率观念很强,希望尽可能简单、迅速地完成交易过程,不能容忍烦琐的手续和长时间的等候,但对商品本身却不大挑剔。具有这类购买动机的大多是事业型的男性顾客。

⑧ 嗜好购买动机。以满足个人兴趣爱好或兴趣为主要特征。人们由于兴趣爱好、生活习惯或职业需要等原因,往往对某些商品表现出特殊的兴趣,成为这类商品的经常行购买者。他们的购买行为取决于个人的购买嗜好,一般不受广告宣传的影响,具有集中性、稳定性和经常性的特点。

⑨ 攀比购买动机。以争强好胜、不甘人后为主要特征。这类顾客在购买商品时不是出于对商品的实际需要,而是为了与别人比较,向别人炫耀。他们的购买行为很大程度上取决于归属的社会群体,具有较大的盲目性。

阅读资料:情感营销

一个女人走进邮局,要了一张电报纸,写完后扔了,又要第二张,写完后又扔了。第三张写好后,她递给报务员,并嘱咐尽快发出。女人走后,报务员对这三份电报的内容产生了兴趣。第一份写着:一切都结束了,再也不想见到你。第二份写着:别再打电话,休想再见到我。第三份的内容是:乘最近的一班火车速来,我等你。上面这个小故事,把人决策过程的复杂性表现得淋漓尽致,其中最让人捉摸不透的变数就是人的感情。

这是一个情感经济的时代,情感正在创造财富,情感正在创造品牌,情感正在创造一切。情感营销时代,企业要摒弃饮鸩止渴式的价格战,创造"魅力产品",营造"情感品牌",进行"友好营销"。情感营销时代,企业要尽其所能打动既是"理性的卫道士"又是"情感的俘虏"的消费者,使其对品牌"一见钟情""一往情深"。

在这个情感经济的时代,真正的行业翘楚不是在资产排行榜上,而是在消费者的心中,情感营销将成为这个时代最有效和最持久的营销战略。一个好的情感营销,必须是能引起消费者共鸣的,必须是能打动消费者心灵的。比方说,这几年有人在研究回忆营销,通过对某一特定场景回忆,达到与消费者共赢的目的。营销人拿出 50 年代、60 年代、70 年代的东西来晒一晒,有时候会达到让人眼前一亮的营销效果,比方说对 70 后的英语课本的"Liping"和 80 后英语课本上的"Hanmeimei"等的回忆营销,就能触发消费者心灵。

"人非草木,孰能无情?"人们在理性选择商品的同时,也注入了个人情感。在物质极大丰富的今天,消费者选择商品不仅出于理性的需求,更是个人情感的表达。能够准确抓住消费者情感的品牌,将获得竞争对手难以超越的优势。

6. 消费者特征分析

(1)消费者年龄和家庭。消费者的需求和购买能力,往往会因年龄的不同而发生变化。例如 1 岁的婴儿和 3 岁的儿童,对玩具的要求会大不一样。同一个消费者年轻时与步入老年阶段,对食物的胃口、服装的爱好及社会交往的方式也会有所不同。家庭对其成员的消费有着极其重要的影响。一个人从父母亲那学习到许多日常的消费行为,即使在长大离家后,父母亲的教导仍然有明显的影响。

（2）消费者生活方式和自我形象。生活方式是一个人在生活中所表现出来的活动、兴趣和看法的整个模式。不同的人追求不同的生活方式，所以人们对产品的喜好和追求也就不同。如妇女的生活方式有"简朴的妇女"型、"时髦的妇女"型和"有男子气的妇女"型，则妇女服装制造商就要为她们分别设计不同服装。在现实社会中，每个人都在追求自我形象塑造，会驱使消费者有意、无意地寻求与其自我形象相一致的产品、品牌，采取与自我形象相一致的消费行为。

案例：酷漫居，健康快乐生活方式，打造儿童版宜家

广州酷漫居动漫科技有限公司是国内动漫家居创意设计、零售及互联网应用细分市场的首创者，也是国际动漫产业在该领域的领军企业。

酷漫居是一个利用所拥有的授权品牌、创意设计和网络应用技术等优势，整合改造提升传统企业，建立品牌地面体验店＋网络商城的店网一体化O2O渠道模式，为青少年儿童提供动漫创意家居产品及相关服务的品牌运营商。

酷漫居对动漫行业的理解有别于其他企业，他们认为，"动漫＝生活方式"，动画、漫画、游戏均是现代青少年儿童文化生活重点，同时可以扩展至青少年儿童的生活领域。酷漫居以各知名动漫品牌文化内涵及形象为基础，以动漫衍生产品的创意设计及应用技术为核心，通过使用环保安全的材质及设计制作工艺等，提供适合青少年儿童身心健康发展的居室整体解决方案。酷漫居怀着对孩子的爱，对消费者的爱，对社会的爱，对行业的爱，一直实践着一个梦想——为青少年儿童提供健康快乐的生活方式。

（3）经济条件、性别以及职业。消费者通常要量入为出，依据收入的多少、负担的大小等条件做出消费和购买决定。与此同时，不仅男女有别，一个人的职业也会影响其消费模式。工人、农民、军人、教师、学生、职员及干部、企业家等，对同一商品也会产生不同偏好。

7. 参照群体与社会阶层分析

（1）参照群体

参照群体是指任何会成为个人在形成其态度、价值或行为上的参考或比较对象的个人或群体。消费者会观察这些参照群体的消费行为，并加以学习，同时也会受到该群体的意见影响而采用相类似的标准来形成自身的消费行为决策。参考群体的存在，可以为其成员展示各种可供选择的消费方式，如引起成员的仿效欲望，形成一种无形的压力，从而促使成员的行为趋于一致。参照群体对消费者购买行为的影响主要有：

第一，认同影响。当一个人购买某种产品的主要目的，是因为此种商品可以帮助他和其他的人形成某种高度类似时，则认同的影响便产生。研究发现，消费者会倾向于接受那些与他们类似性较高的同辈群体的信息。同样，愈是和消费者类似的广告代言人对于消费者的影响也愈大。

第二，规范影响。参照群体规范消费者的行为，消费者要遵从其他人的期望或某一群体的规范而改变自己的行为。

第三，信息影响。当一个消费者认为群体是一个可信赖的信息来源或该群体所提供的信息具有专业性，则他会认为该信息能够增加他对于产品的判断和选择的知识。

第四，参照群体中的"意见领袖（或意见领导者）"，有时会起到很强的示范作用。比如"追星族"的一举一动，无不在他们身上引起巨大反响。

案例:绅士坚果借助明星如何玩转粉丝力

越来越多品牌选择用明星营销来增强曝光量,提高营销影响力。根据新浪微博的数据显示,在微博上超过 63.1% 的用户会关注明星。

近日,美国绅士坚果开启天猫欢聚日活动,全新首发张艺兴周边产品,购买"张艺兴甜蜜套装"即可获得相应的周边产品,引发一众迷弟迷妹们的疯狂追捧。粉丝愿意为偶像付出时间、精力和金钱。作为当红小鲜肉,绅士坚果代言人张艺兴的 2483 万粉丝市场给绅士坚果带来了巨大的挑战和机遇。在本次天猫欢聚日,绅士坚果就抓住了粉丝的心理需求,发布张艺兴甜蜜套装,配送精心挑选的张艺兴周边产品,从张艺兴抱枕到首发的张艺兴 3D 折纸纸偶、张艺兴漫画,这些绅士坚果独家定制周边产品引发了粉丝的疯狂追捧。

在天猫欢聚日支持和 planters 绅士活动传播推广的合力下,从 6 月 2 日预热期到 6 月 10 日活动正式结束期间,旗舰店销售额对比上月聚划算活动同比增长 1 249%。作为美国坚果行业的领导者,这次 planters 绅士坚果以天猫欢聚日为平台,多维度挖掘大 IP 的粉

图 3-9　张艺兴甜蜜套组

丝力,成功将明星的粉丝流量转化为品牌流量,开启了坚果品牌的营销新玩法。

根据与消费者的关系密切程度,可以将参考群体分为直接群体与间接群体。

① 直接群体。又称成员群体,就是参照群体和被影响的对象都是具有同样身份的人,可进一步分为初级群体与次级群体。初级群体是指和消费者互动比较密切的成员群体,包括家人、亲友、往来较为密切的邻居和同事等。次级群体是指相对互动不那么密切的成员群体,如围棋社的社员,见面次数和来往密切远不如初级群体。

② 间接群体。是指和我们不是具有同样身份,但却会影响我们行为的参照群体,包括渴望群体和厌恶群体。渴望群体是指消费者所想要加入的群体,例如公司的领导群体、明星。消费者的行为会受到渴望群体所表现出来的行为的影响,如模仿明星的穿着打扮,消费偏好也会强烈地受到所崇拜的偶像的影响。厌恶群体是试图保持距离的群体,如吸毒者、黑道等,不希望被视为其中的一员,刻意地去回避与厌恶群体相同的行为。

(2) 社会阶层

社会阶层是指某一社会中根据社会地位或受尊重程度的不同而划分的社会等级。从最低的地位到最高的地位,社会形成一个地位连续体。

划分阶层的标准主要有三类:一是经济变量,包括职业、收入和财富;二是社会变量,包括个人声望、社会联系和社会化;三是政治变量,包括权力、阶层意识和流动性。同一阶层的消费者在行为、态度、感觉和认知等方面具有同质性,不同阶层的消费者在这些方面存在较大的差异。不同社会阶层的消费行为的差异表现在四个方面:

① 信息接收和处理上的差异。如特定媒体和信息对不同阶层的消费者的吸引力和影响力不同,电视媒体对越高层的消费者影响越小,印刷媒体则正好相反;不同的社会的消费者所

使用的语言也各具特色,一般越是上层消费者,使用的语言越抽象,越是下层消费者,使用的语言越具体,而且更多地伴有俚语和街头用语。

② 购物方式的差异。研究发现,消费者所处的社会阶层与某商店的社会阶层定位相距越远,其光顾该商店的可能性越小。一般而言,上层消费者喜欢单独购物,重视购物环境和商品品质,对服务要求高,乐于接受新的购物方式;中层消费者比较谨慎,对购物环境有着较高的要求,但也经常在折扣店购物;下层消费者对价格特别敏感,多在中、低档商店购物。

③ 支出模式的差异。不同社会阶层的消费者所选择和使用的产品存在差异,尤其是在住宅、服装和家具等能显示地位与身份的产品购买上,不同阶层消费者差别非常明显。

④ 休闲活动的差异。一个人所偏爱的休闲活动通常与同一阶层或临近阶层的其他个体所从事的某类活动,其采用新的休闲活动往往也是受到同一阶层或较高阶层成员的影响。以美国为例,马球、壁球和欣赏歌剧是上层社会的活动;桥牌、网球、羽毛球在中层到上层社会中较为流行;玩老虎机、拳击、职业摔跤被认为是下层社会的活动。

阅读资料:2020 年,中国中产阶层有望达 4 亿人

经济学人智库(Economist Intelligence Unit)最新发布的报告显示,作为世界第二大经济体,中国将在 2030 年前迈入中等收入国家的行列,3/4 的中国人将成为"中产阶层"。

如果用"追求高质量的生活"去衡量,中国的"中产阶层"的确有点名不副实。我们看到美剧里中产阶层的生活是这样的:一辆高级轿车缓缓驶入一座两三层小洋楼,修葺整齐的草坪上两三个孩子打闹嬉戏……但是,当下中国的"中产阶层"离美剧里勾勒出的这种美好画面相差甚远。

根据国际上通行的对"中产阶层"的定义,结合中国自己的国情,中国中产阶层是指收入处于全国或当地社会平均水平与较高水平之间、其家庭生活水平达到全国或当地小康与比较富裕程度之间的人员。

按照十八大报告提出,到 2020 年,实现国内生产总值和城乡居民人均收入比 2010 年翻一番,全面建成小康社会。这也就意味着,我国中等收入群体规模由 2013 年底的 1.6 亿人左右,扩大到 2020 年的 2.7 亿人,中产阶层将由 2013 年的 2.4 亿增加到近 4 亿。

8. 消费者购买决策分析

研究和了解消费者的需要及其购买过程,是市场营销成功的基础。营销人员通过了解消费者如何做出购买决策的全过程,可以获得许多有助于满足消费者需要的有用信息。同时,营销人员通过了解购买过程的各种参与者及其对购买行为的影响,可以为目标市场制订有效的市场营销计划。

消费者的购买决策过程可以分成五个连续的步骤,即确认需求、寻求信息、评价比较、购买决策、购后评价。需要注意的是,并不是所有的购买决策都必须经历这五个步骤的,有些简单的购买行为会跳过一些步骤,如家里没盐了,买盐的决策过程只有"确认需求——没盐、寻求信息——楼下小店有的卖、购买决策——去买盐"这三步。

(1)认识需求

消费者进入市场后的第一步是确认自身需要解决的"问题",即存在着某种需求。消费者需求方面的问题来源很多,一般有:缺货;对正在使用的产品或现实情境态度不满意;由于生活中的变化导致新的需要和欲求;由对一种产品购买引起的相关产品;新产品;企业的营销因素引起的需求等。

（2）寻求信息

当消费者意识到一个问题或需要通过某种产品或服务的购买能得到解决,便开始寻找制定购买决策所需要的信息。最开始的搜索通常是在脑内对储存在记忆里的信息进行扫描,回忆过去有关购买选择的经验和知识,这称为内部搜寻。对于一些日常用品的重复性购买,对储存在记忆里的以前所获得的信息进行比较就可以做出决定了。

如果内部搜寻没有获得足够的信息,消费者便会通过外部搜寻搜集新的信息。信息的外部来源主要有四个方面:

① 个人来源,指通过家庭成员、朋友、同学或者同事等关系获得信息。

② 商业来源,指通过企业的广告、展览会、推销员介绍等途径获得信息。

③ 公共来源,指通过社会公众传播得到信息,如消费者协会、政府有关部门提供的信息。

④ 经验来源,指消费者通过直接使用商品得到信息。

消费者决定使用外部信息来源的数量和方式取决于购买决策的重要性、获取信息的难易度、过去相关经验的累积、同购买决策相联系的风险感知程度以及可支配的时间等。

（3）评价比较

当消费者从不同的渠道获取到有关信息后,便对可供选择的品牌及产品进行分析和比较,并对各种品牌的产品做出评价,最后决定购买。消费者对收集到的信息中的各种产品的评价主要从以下几个方面进行:分析产品属性;建立属性等级;确定品牌信念;形成"理想产品";做出最后评价。企业应不断开发满足消费者不同需求的产品,并使商品的商标、特点给消费者留下印象,以便于消费者的选择与比较。

（4）做出购买决定

消费者决定购买时,都会面临一些问题:购买某商品给自己带来了满足的同时,也会带来其不愿意、不希望的现象或潜在危害,甚至会带来一些现实的危险,这些潜在的或现实的损失和危害就是决策风险。决策风险是由于消费者不能完全预测到购买决策的结果而担心的一些问题,包括以下几种类型:

① 功能风险,即购买的物品的使用价值是否能满足消费者的需求;

② 安全风险,即购买的物品可能本身具有潜在危险,会给消费者的身体带来伤害;

③ 经济风险,一方面购买的物品的价值低于消费者付出的货币量,另一方面购买后不久就会打折或降价;

④ 社会风险,即消费者的购买决策可能会给消费者的社会关系带来损害和危险,如物品的消费会带来环境污染,或损害邻里关系;

⑤ 心理风险,即消费者的消费决策可能会给消费者本人的形象带来损害和危险,如受到周围朋友、同事的嘲笑;

⑥ 时间风险,即消费者在制定购买决策时投入了大量的时间精力,如果决策结果令消费者不满意,就会造成时间精力的浪费。而重新收集信息制定决策,又需要花费很多时间,此时消费者就会面临决策的时间风险。

阅读资料:共享充电宝,路在何方?

现如今,社会已逐渐进入共享时代,人们对共享商品的需求也日益增加,共享充电宝就是其中之一。经过共享单车大战后,共享充电宝领域成为企业瓜分的"新蛋糕"。大型购物中心、街边小店、饭店等都能看到共享充电宝的身影。

在随机采访当中,不少消费者都提到了一个共同的问题,在逛街吃饭的时候碰到共享充电宝的次数并不少,然而真正需要用到时,却未必能够很快或者比较便利地找到共享充电宝。

从目前的布局和实际调查情况看,共享充电宝拥有以下使用场景:一个是机柜场景,主要存在于大型商场、购物中心,例如来电科技;另一个是桌面场景,主要存在于餐厅、酒吧、咖啡厅等地方,例如小电充电宝。除了布局数量少,消费者还担心归还方式问题,街电、小电品类的充电宝不可能在一顿饭的时间内完成充电任务,只能作为临时补充电量的机器。

如果说布局少是软性因素,那么充电宝的安全问题就成为硬性因素。此前,有文章指出,有不法分子对共享充电宝进行改造,将内部装入芯片,可以随时盗用消费者的手机信息,包括通讯录、照片甚至是手机内部账号的密码等,可怕的是,即使拔掉充电宝也会持续控制手机。其原理是,在充电宝里植入木马病毒,当消费者的手机接入共享充电宝的时候,就已经"中毒"了。中毒后,支付宝、微信支付等相关软件的信息都有可能被盗取。

专家表示,业界普遍对共享充电宝的概念看好,但充电宝毕竟不是刚需,应该对使用人群进行详细的市场划分。目前来看。共享充电宝还未形成格局,布局较为分散。

一般来说,消费者降低决策风险的措施主要有:

① 加强信息获取。风险产生的根源是掌握信息的不充分,为此,消费者应加强信息搜寻工作,努力获取尽可能多的消费信息。随着信息量的增加,购买决策的风险会相应降低。获取的信息越多,风险也就越低。

② 保持品牌忠诚度。消费者如果坚守品牌忠诚,只购买自己以前购买过的品牌,由于对其效能质量等有深入了解和亲身体验,遭受损失的风险就会大大降低。

③ 购买知名度高的品牌。品牌知名度高的厂商为了维护自己的产品信誉、市场份额和企业形象,通常会向消费者提供质量和服务保证。万一产品出现质量问题,消费者也可得到厂商相应的赔偿,从而可以在很大程度上降低风险损失。

④ 从信誉高的零售商处购买商品。信誉高的零售商与品牌知名度高的厂商一样,为了维护自己的信誉,提供的商品一般可靠性强,风险程度较低。

⑤ 购买较贵的商品。俗话说,好货不便宜,便宜没好货。对于收入比较高、对商品价格不敏感的消费者,为了降低购买风险,可挑选价格较贵的商品。

(5)购后评价

消费者购买产品之后,就进入了购后评价阶段,此时,营销人员的工作并没有结束,因为购后沟通同样重要。

购后满意与不满意。消费者购买产品后,通过自己的使用和他人的评价,会对自己购买的产品产生某种程度的满意或不满意。满意不满意,会影响购买者及其周围人群的未来购买行为。当产品的实际表现满足或超过期望水平,满意就出现了;当实际表现低于期望时,就会产生不满意。消费者通过真实使用某种产品会得到某种感受,这种感受会涉及重复购买和对周围人群对该产品的态度。满意与否与期望水平有关,要增加满意度减少不满意,就要降低期望水平,如企业在做广告和推销产品时,要实事求是,不要过分夸夸其谈。

购后认知失调。所谓认知失调,即当消费者做出某项艰难的购买选择之后,体验到的一种心理倾向或买后的怀疑感觉。当消费者必须在相近的备选方案中选择并做出重要决策时,这种认知失调就可能出现,尤其是当未入选的方案具有被选方案所不具备的令人满意的特点时。

当消费者遇到认知失调时,可能会使用一些策略来减少失调。他们可能会从其他人那里寻找意见或观点以确认自己的购买决策是英明的,或寻找支持他们所作决策的信息。广告就是这种支持性信息的一个来源,当消费者购买某个产品(选购品)后,会更关心该产品的广告。因此,利用广告巩固消费者所做的购买该品牌决策,对于企业而言会十分重要。

坚定消费者对已做出的购买决策的信心,除了利用广告,企业还可以通过开通消费者热线、回访、寄追踪信件和小册子等方式。

9. 消费者购买行为类型分析

在错综复杂的因素影响下,消费者的购买行为会有很多类型。从不同角度研究可以将消费者购买行为划分为不同的类型。

美国心理学家阿萨尔根据参与者时间、精力等的介入程度和所购产品品牌间的差异程度,可将消费者购买行为分为四种类型:复杂的购买行为、寻求多样化购买行为、化解不协调购买行为和习惯性购买行为(见表3-4)。

表3-4 消费者购买行为类型

品牌差异/购买卷入	高度介入	低度介入
品牌差异大	复杂购买行为	寻求多样化购买行为
品牌差异小	化解不协调购买行为	习惯性购买行为

(1)习惯性购买行为

对于价格低廉、经常购买、品牌差异小的产品,消费者不需要花时间进行选择,也不需要经过收集,因而其购买行为最简单。消费者只是被动地接收信息,出于熟悉而购买,也不一定进行购后评价。最典型的就是油、盐、酱、醋等常用消费品的购买。

对于这类习惯性购买的产品,营销员可以用价格优惠、电视广告、独特包装、销售促进方式鼓励消费者试用、购买和续购其产品。由于消费者并不重视品牌,企业广告宣传上要特别重视突出本企业品牌的视觉符号和形象特征,力图能给顾客留下深刻印象,以便引导顾客对本企业产品实现习惯性购买。

营销员还可以尝试将低投入产品转换成某种中高投入的产品,如可将相关论点或观念与这类产品联系起来,引起顾客注意,也可能收到较好的效果。例如:将牙膏与保持牙齿健康联系起来;将咖啡与消除疲劳联系起来;将饮料与减肥联系起来等。或者可在普通的产品中加入一个重要的特征,如一种普通的饮料中加入维生素的成分等。

(2)寻求多样化购买行为

有些产品品牌差异明显,但消费者并不愿花长时间来选择和估价,而是不断变换所购产品的品牌。这样做并不是因为对产品不满意,而是为了寻求多样化。例如,购买饼干、点心、糖果等小食品时,人们往往为了换换口味而转变品牌。

针对这种购买行为类型,市场领导者企业可采用销售促进和占据有利货架位置的办法,保障供应,鼓励消费者购买;其他企业可利用价格优惠、免费试用和强调产品特色的广告,来吸引顾客寻求不同特点的品牌。

(3) 化解不协调购买行为

有些产品品牌差异不大,消费者不经常购买,而购买时又有一定的风险,所以消费者一般要比较、看货,只要价格公道、购买方便、机会合适,消费者就会决定购买。购买以后,消费者也许会感到有些不协调或不够满意,在使用过程中会了解更多情况,并寻求种种理由来减轻、化解这种不协调,以证明自己的购买决定是正确的。经由不协调到协调的过程,消费者会有一系列的心理变化。

针对这种购买行为类型,市场营销者应注意运用价格战略和人员推销战略,选择最佳销售地点,并向消费者提供有关产品评价的信息,营销员应该重视售后信息沟通,使消费者在购买后相信自己作了正确的决定,尽量避免或尽快消除购后失调感。

(4) 复杂购买行为

当消费者购买一件贵重的、不常买的、有风险的产品时,如购买汽车,由于产品品牌差异大,消费者对产品缺乏了解,因而需要有一个学习过程,广泛了解产品性能、特点,从而对产品产生某种看法,最后决定购买。

对于这种需要高度投入购买的营销员来说,他们必须懂得搜集信息并评估这类消费者的购买行为;他们应采取有效措施帮助消费者了解产品性能及其相对重要性,使其了解本企业品牌在重要属性上的优势及其给购买者带来的利益;他们还可以通过各种促销手段(例如印刷产品说明书)和激励商店一线销售人员的办法,来共同影响购买者的最终选择。

3.3.2 生产者市场购买行为分析

生产者市场又称产业市场,指采购产品或服务,以用于生产加工出其他产品或服务然后销售或提供给购买者的市场。换言之,这个市场购买的目的是为了通过加工来营利,而不是为了个人消费。

1. 生产者市场购买行为特点分析

生产者购买行为的模式、影响因素以及购买程序与生活资料消费者的行为既有很多相同之处,也有明显的差别。具体体现在:购买者的数目少;交易量大;区域相对集中;需求受消费品市场的影响(即所谓"派生性需求"或"引申需求");需求缺乏弹性;需求受社会影响较大;专业性采购;直接采购;品质与时间的要求高;由多数人影响购买决定等。

案例:"宜家"采购的低成本模式

宜家全球 23% 的产品采购来自中国。在中国成本飞速上涨的时代,为了实践这句宣言,宜家的团队不放过每一个可能降低成本的方法。

宜家一个产品的诞生需要经过设计、采购、制造、物流、终端零售五个过程。"具有竞争力的价格"(Price Development)是宜家提供消费者可接受的产品价格的方法之一。全产业链的掌控,使得宜家从源头就有可能对成本进行控制。宜家拥有自己的设计团队,在产品开发设计阶段就可以根据原材料的价格浮动以及代工厂的生产能力选择"正确"的技术和材料,制订不同的设计方案。

全产业链中,采购环节对于成本控制以及终端产品质量好坏来说非常重要,宜家也需要从日益上涨的中国采购成本中省下每一分钱。中国的 550 个员工负责从玻璃、蜡烛到办公椅和板式家具等 17 个品类的采购。如何和他们共同发展生意变得尤为重要。

"喜临门"曾参与宜家一款床垫的设计。这款名为"EISDAL"的床垫是为了适应中国人的需求而特意开发的。中国人相比欧洲人喜欢睡比较硬的床垫,长期在床垫行业中积累了经验的喜临门非常了解中国人的类似喜好,和宜家花了 6 个月开发了这样的床垫。宜家把这样与供应商合作生产的产品称为"free range"系列。由于这款产品在中国销售情况超过了预期,目前计划在东南亚、日本等国进行市场推广和销售。

宜家正在供应商之间推行"卖方管理的补货措施"的项目。这个项目希望达到的理想目标是:宜家向供应商开放其动态库存,每卖出一张床垫,喜临门都能获得相关的信息。这样能够使整个物流供应链的反应时间缩短,从而达到降低成本的目标。这个项目最考验的是供应商供货的保障能力。原来供应商是接到订单来做,而现在是自己要去判断,去和宜家一起分析会有什么订单,分析会有什么样的销售发展趋势。

2. 生产者市场购买行为类型分析

生产者市场购买行为的复杂程度和采购决策项目的多少,取决于采购业务的类型。采购业务一般有三种类型:直接采购、修正采购和全新采购。

(1) 直接采购。直接采购是指企业采购部门为了满足生产活动的需要,按惯例进行订货的购买行为。企业采购部门根据过去和供应商打交道的经验,从供应商名单中选择供货企业,并连续订购采购过的同类产品。这是最简单的采购。在这种情况下,原供应者应尽力提高产品质量和服务水平,为客户提供各种便利,争取稳定的供应关系;新的供应者竞争机会较少,可从零星小量交易开始,逐步扩大,以争得一席之地。

(2) 修正采购。修正采购是指企业的采购人员为了更好地完成采购任务,适当改变采购产品的规格、价格和供应商的购买行为。这类购买情况较复杂,参与购买决策过程的人数较多。原来的供应者必须做好市场调查和预测工作,积极开发新的品种规格,努力提高生产效率、降低成本,满足修正采购的需要,设法保护自己的既得市场。新的供应者则有较多的竞争机会。

(3) 全新采购。全新采购是指企业第一次采购某一产品或服务的购买行为。这是最复杂的采购业务。新购买产品的成本越高、风险越大,决策参与者的数目就越多,需收集的信息也就越多,完成决策所需时间也就越长。这种情况对供应者是最好的竞争机会,可派出专业推销人员携带样品或样本上门推销,尽量提供必要的信息,帮助用户解决疑问、减少顾虑,促成交易。

这三类采购业务决策,以直接采购最简单,全新采购最复杂,全新采购的决策必须包括以下内容:产品规格、价格幅度、交货条件和时间、服务条件、支付条件、订购数量、可考虑的供应商、选定的供应商等。

3. 生产者市场采购角色分析

在任何一个企业中,除了专职的采购人员外,还有一些其他人员也参与购买决策。所有参与购买决策的人员构成采购组织的决策机构,也称之为采购中心。企业采购中心通常包括五种成员:

(1) 使用者。实际使用欲购买的某种产品的人员。使用者往往首先提出购买某种所需产品的建议,并提出购买产品的品种、规格和数量。

（2）影响者。企业内部和外部直接或间接影响购买决策的人员。他们通常协助决策者决定购买产品的品牌、品种、规格。企业技术人员是最主要的影响者。

（3）采购者。在企业中具体执行采购任务的专业人员。在较为复杂的采购工作中，采购者还包括那些参与谈判的公司其他人员。

（4）决定者。企业中拥有购买决定权的人。在标准品的例行采购中，采购者常常是决定者；而在较复杂的采购中，企业领导人常常是决定者。

（5）信息控制者。在企业外部和内部能控制市场信息流到决定者和使用者那里的人员，如企业的采购代理商、技术人员和秘书等。

企业营销者必须注意了解生产者购买的具体参与者，尤其谁是主要的决策者，以便采取适当措施，影响最有影响力的重要人物。

案例：苹果优选供应商

中国不仅仅是苹果手表最重要的销售市场，同时也是其重要的供应链所在地。

苹果手表对中国智能穿戴设备产业链上下游的各个环节正在产生重要的影响。在智能穿戴设备供应链条里，涉及多种相关供应商和服务商，包括连接软件和硬件的方案商，芯片、传感器、电池、屏幕、外观金属壳等零部件研发制造商，组装零部件的平台设计商以及各个环节从事组装工作的代工厂等。

在上述产业链条中，苹果为他们提供高额的前期研发费用，但他们必须经过严酷的淘汰性竞争。2013年，苹果开始在中国筛选部分零部件供应商用于手表的研发生产。

苹果公司对于生产时间控制采取"一刀切"的筛选方式。比如，一个零件的供应商先同时选三四家，规定好出货时间，到时间不能交货的厂家就被淘汰。而出货时间是根据工作项目严格计算的，需要每天汇报工作进度，并且随着产品的进一步定性，产量增长进度也要不断加快。

苹果将最重要的外观设计定型之后，内部零件一定要按照外观设计需求制作，甚至有的在形状上需要颠覆以往的设计。令供应商头疼的是，这些明明看不到的地方，也需要"尺寸对齐、统一颜色"。有一次，一个产品线上有几台设备因为员工不小心造成轻微划痕，也被苹果报废。有时候，良品率好不容易达到了要求，苹果又给出了一个新方案，"要不试试这个？"

从2012年开始，国内一些大型供应商开始涉足智能穿戴领域，但对品牌商的合作方式是，"我们现有这样的设备，稍作改良，可以拿去用在手表上。"而苹果公司则是提出要求，供应商要竭力研发、满足。曾经也有一些四、五级供应商，因为不能满足苹果不断变换的方案而放弃合作。几家竞争对手需要在这些新标准中，一轮轮地完成进阶，直至成为苹果的最终供应商。

4. 影响生产者市场采购决策的主要因素分析

我们可以把影响生产者市场购买者的因素归为四类：环境因素、组织因素、人际因素和个人因素（如图3-10所示）。

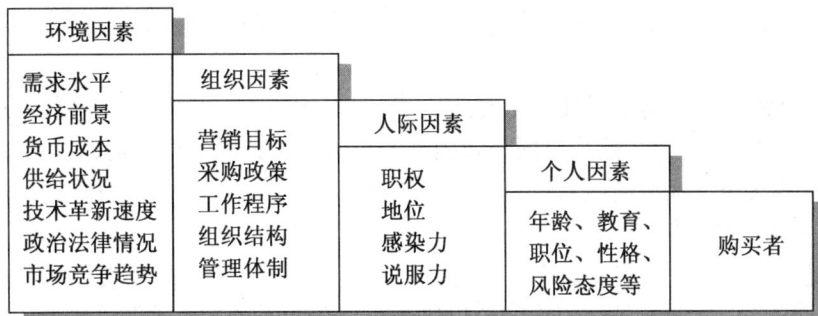

图 3-10　影响组织采购行为的主要因素

（1）环境因素。包括政治、法律、文化、技术、经济和自然环境等。

（2）组织因素。包括企业的目标、政策、业务程序、组织结构、制度等，都会影响生产者购买决策。

（3）人际因素。生产者购买决策过程比较复杂，参与决策的人员较多，这些参与者在企业中的地位、职权、说服力以及他们之间的关系都会影响到企业的购买决策。

（4）个人因素。生产者市场购买行为是组织行为，但最终还是要由若干个人做出决策并付诸实施。各个参与购买决策的人，在决策过程中难免会掺入个人感情，从而影响参与者对要采购的产品和供应商的看法，进而影响购买决策。

5. 生产者市场购买决策过程分析

各行业、各企业的采购决策过程并没有统一的固定程序。一般认为，生产者市场购买者决策过程可分为八个阶段，但并非每项采购都要经过这八个阶段，这要依据采购业务的不同类型而定。表 3-5 说明了各个阶段对各类采购业务是否有必要。可见，直接采购的决策阶段最少；修正采购的决策阶段多些；全新采购的决策阶段最长，要经过八个阶段。

表 3-5　生产者购买决策过程

购买类型 购买阶段	全新采购	修正采购	直接采购
1. 提出需要	是	可能	否
2. 确定总体需要	是	可能	否
3. 详述产品规格	是	是	是
4. 寻找供应商	是	可能	否
5. 征求供应信息	是	可能	否
6. 供应商选择	是	可能	否
7. 发出正式订单	是	可能	否
8. 履约评估	是	是	是

（1）提出需要。企业内部对某种产品或劳务提出需要，是采购决策过程的开始。提出需要一般是由于以下两方面刺激引起的：一是内部刺激。包括企业决定推出新产品，需要购置新设备或原材料来生产；企业原有的设备发生故障，需要更新零部件；或者已采购的原材料不能令人满意，企业正在物色新的供应商。二是外部刺激。如展销会、广告或供应者推销人员的访

问等,促使有关人员提出采购意见。营销者应当主动推销,经常开展广告宣传,派人访问用户,发掘潜在需求。

(2) 确定总体需要。提出了某种需要之后,就要把所需产品的种类与数量从总体上确定下来。复杂的采购任务,由采购人员同企业内部的有关人员共同研究确定;简单的采购任务则由采购人员直接决定。在此阶段,营销者可通过向购买者描述产品特征的方式向他们提供帮助,协助他们确定其需求。

(3) 详述产品规格。总体需要确定后,接下来还要对所需产品的规格型号等技术指标作详细的说明。这要由专业人员运用价值分析法进行。价值分析是一种降低成本的分析方法,目的是在保证不降低产品功能(使用价值)的前提下,尽量减少成本,以取得更大的经济效益。经过价值分析后,写出详细的书面材料说明技术要求,作为采购人员进行采购的依据。供应商通过尽早地参与产品价值分析,可以影响采购者确定产品规格,以获得中选的机会。

(4) 寻找供应商。采购人员通常利用工商名录或其他资料查询供应者,有时也通过其他企业了解供应者的信誉。供货企业应想方设法提高自己的知名度,以便于买方查找。

(5) 征求供应信息。企业有了备选的供应者后,请他们尽快寄来产品说明书、价目表等有关信息资料,特别是较复杂和贵重的项目,必须要有详细的资料才能做出决策。这时,营销者要注意整理、编写好产品目录、说明书、价目表等资料,在这些资料中应对产品详细介绍,并包含促销的内容。

(6) 供应商选择。采购者在做出最后选择之前,还会与选中的供应商就价格或其他条款进行谈判。采购中心和供应商应该是双赢的合作模式,而不是一方利益的增加建立在另外一方利益的减少上。此外,采购者还必须确定供应商的数目。许多采购者喜欢多种渠道进货,这样一方面可以避免自己过分地依赖于一个供应商,另一方面也使自己可以对各供应商的价格和业绩进行比较。需要强调的是,供应商的数目未必越多越好,这主要是企业对供应商管理成本的限制决定的。

(7) 发出正式订单。采购者选定供应商之后,就会发出正式订货单,写明所需产品的规格、数目、预期交货时间、退货政策和保修条件等项目。通常情况下,如果双方都有着良好信誉,一份长期有效合同将建立一种长期的关系,而避免重复签约的麻烦。在这种合同关系下,供应商答应在一特定的时间之内根据需要按协议的价格条件持续供应产品给买方,存货由卖方保存。因此,它也被称作"零库存"。

(8) 履约评估。用户购进产品后,其采购部门就会主动与使用部门联系,了解所购产品的使用情况,询问使用者的满意程度,并查看各个供应者履约情况,以决定今后对各供应者的态度。因此,供应者应认真履行合同,尽量提高买方的满意程度。

总之,产业市场是一个富于挑战性的领域,营销者应调查研究产业用户的需要和采购决策过程,了解其不同阶段的特点,拟定出有效的营销方案,才能获得营销的成功。

3.3.3 中间商市场购买行为分析

中间商市场也称为转卖者市场,指组织或个人以赢利为目的而购买产品或服务后将之转卖所形成的市场,包括批发商、零售商、代理商。

1. 中间商市场购买行为特点分析

中间商在地理分布上比生产商分散,比消费者较为集中。产业市场的特点大部分对中间商市场也适用,二者都属于组织市场,有许多相似之处。中间商购买行为同产业购买者行为也有许多相似之处,如中间商的采购决策也有若干人参与;其决策过程也是从提出需要开始,以决定向谁进货告终;购买者行为同样受环境、组织等因素的影响。中间商市场具有如下特点:

(1)派生需求。中间商对商品的需求是由消费者对商品的需求引发而来的,所购商品的品种、花色、规格、数量、价格和交货日期等受到消费者需求的制约和影响。

(2)挑选性较强。中间商进货时讲究商品组合配置,需要品种齐全、花色丰富,以满足消费者的多样化需求,提高他们的购买效益。

(3)需求弹性较大。中间商购买商品是为了再转售,对购货成本即中间商市场的价格变化较为敏感,其需求量随价格涨落的变化而变化。

(4)批量购买,定期进货。中间商大都有固定的进货渠道,一次性购买的数量较大,且有较为规律的进货时间。

2. 中间商市场采购行为类型分析

(1)新品种的购买。这与前述生产者的新购不同,生产者出于生产需要,非买不可,只能选择供应者;而中间商对某种新产品的需求取决于市场需求,来决定是否购进。

(2)选择最佳供应者。中间商需要经营的产品确定后,经常要考虑的是选择最佳的供应者,即向谁进货。如美国大零售商西尔斯公司和A&P公司经营的商品,绝大部分是用自己的品牌,它们采购工作的主要问题就是选择合作者。

(3)寻求较好的供应条件。有些中间商不需要更换供应者,但希望从原有的供应者获得更有利的供货条件。

3. 中间商市场采购决策分析

如上所述,中间商是其顾客的采购代理。因此,他们必须按照顾客的需求来制订采购计划。中间商的采购计划包括三个主要决策。

(1)商品搭配战略。搭配战略是最主要的决策,决定中间商的市场地位。批发商和零售商可选择的搭配战略有以下四种:

① 独家产品。只经营一家厂商制造的产品,如专门经营松下电视机。

② 深度搭配。经营各厂家制造的同类产品,如经营松下、日立、长虹、厦华等许多厂商制造的各种型号的电视机。

③ 广泛搭配。经营范围十分广泛,但并没有超越企业既定的类型,如不仅经营各种牌号的电视机,而且还经营 CD、组合音响、磁带、唱片等各种音像设备。

④ 混合搭配。经营各种无连带关系的商品,如不仅经营各种音像设备,而且还经营电冰箱、洗衣机、微波炉、吸尘器等。

(2)供应者的选择。中间商在决定是否采购某种产品或选择某家供应者时,通常要考虑的主要因素是:商品价格和利润率;商品的独特性和受顾客欢迎的程度;供应者对该产品的市场定位及营销策略;供应者为该产品提供的广告和促销补贴;供应者的声誉或企业形象等。

(3)采购的价格和条件。随着市场竞争的加剧,中间商在采购时特别注重价格谈判,这也是营销者必须予以注意的。尤其是当中间商的经营成本上升或消费者需求突然下降导致边际利润减少时,更注意进货价格。

4. 中间商市场采购决策过程和影响因素分析

中间商的采购决策过程与产业用户类似,不再赘述。由于科学技术的发展,企业大量采用电子计算机和电子通信设备来处理采购业务,如控制库存量、计算合理的订购量、处理订单、要求卖方报价等。有些产品还实行无库存式的采购,即采购者利用电子计算机系统向供应者发要货通知,供应者根据要货通知随时供货,中间商特别是零售商不用建立自己的仓库即可随时得到供应,这对加速资金周转和降低经营费用有着重要意义。

中间商的采购者同产业用户一样,也要受到环境因素、组织因素、人际因素和个人因素的影响。此外,采购人员的采购组织风格,也要予以考虑。

案例:沃尔玛的"摩西十戒"

沃尔玛和供货商之间有一个不成文的规定:如果供货商提供的某商品在单店出现质量问题,供货商需赔偿 5 000 元左右,如果是很多店,或者是造成重大损失,沃尔玛可能会通过诉诸法律的途径索赔。

沃尔玛的供货商大都是经过筛选的长期合作的商业伙伴。每增加一种新产品,除了采购部把关,法律部也将参与审核,如该商品的商标注册证或者授权证书等文件,以确保商品的合法性,防止假冒产品。

为了杜绝供货商和采购员"勾结",以免采购人员对商品把关不严造成损失。沃尔玛还有几个部门专门对供货商进行长期培训:防损部给供货商上课,告知他们如何拒绝采购员的索贿和投诉等内容,同时也要求供货商不得行贿、请客吃饭或者给沃尔玛员工家属提供便利;财务部会教育沃尔玛的供货商如何快速结账;采购部的商品行政部将负责培训供货商使用沃尔玛的网络电子工具等。

沃尔玛的内部企业文化已经上升到企业宗教的高度。它也有自己的"摩西十戒",第一条就是不允许不诚实。深圳"问题童装"事件出现后,根据惯例,沃尔玛防损部会马上调查供货商,并调查采购部的采购是失误还是过失。政府事务部也会马上进入危机公关阶段。不管怎样,沃尔玛和该供货商的合作估计马上结束。采购负责人和店长可能都会受到相应处罚。

国内消费者如果在沃尔玛发现问题商品,建议到美国起诉沃尔玛。因为美国的法律对消费者保护的力度更大,而作为美国企业,即使在国外违法,美国法律依然会严格追究。

3.3.4 政府市场购买行为分析

政府市场指各级政府为执行其主要职能而采购或租用商品所形成的市场。也就是说,政府市场上的购买者是国家各级政府的采购机构。由于各级政府通过税收、财政预算等,掌握了相当大一部分国民收入,所以形成了一个很大的政府市场。

1. 政府市场购买行为特点分析

同私人或企业采购相比,政府采购具有行政性、社会性、法制性和广泛性等主要特点。

(1)行政性。政府采购决策是一种行政性的运行过程,要严格遵守行政决策的程序和过程,要代表政府的意志,遵循组织原则,并非将经济利益作为唯一的评价标准。

(2)社会性。政府要承担社会责任和公共责任,其包括采购行为在内的所有行为不能只对政府机构负责,而必须对全社会负责。所以,其采购行为必然要综合考虑对诸如环境、就业以及国家安全等各方面的影响。同时,政府采购行为的本身也要接受社会和监督。相比私人采购要接受董事会和股东的监督而言,其接受监督的范围要大得多。

(3)法制性。在法治国家中,政府行为的基本特征是必须在法律的范围内运行,所有行为必须符合法律的规范和原则。所以,政府采购的对象、程序和操作都必须用法律的形式加以规定并严格执行。

(4)广泛性。政府是对国家和社会实行管理和服务的机构,其涉及的事务范围极其广泛,政治、经济、军事、教育、医疗卫生、资源开发、环境保护等,几乎无所不包。所以,其采购的领域必然也十分广泛,涉及的货物、工程和服务会和众多的产业有关,从而也给各行各业创造了市场机会。

2.政府市场采购采购决策分析

政府采购是建立在政府机构为实现国家及公众目标所必须得到的产品和服务的基础上的。政府采购也同其他组织的采购一样,需要就购买什么、购买多少、在什么地方购买、何时购买、要支付多少款项以及需要哪些相关服务等项内容做出决策。这里需要提及的只有两点:一是政府采购会很注重那些能满足要求的最低出价者;二是企业必须了解政府究竟要采购哪些产品。以美国政府为例,他们购轰炸机、工艺品、教育设施、家具、卫生设施、衣服、材料搬运设备、灭火机、汽车以及燃料等,还要就邮政建设、太空研制、住宅及城市改造等方面形成少量支出。政府采购的基本流程如图 3-11 所示。

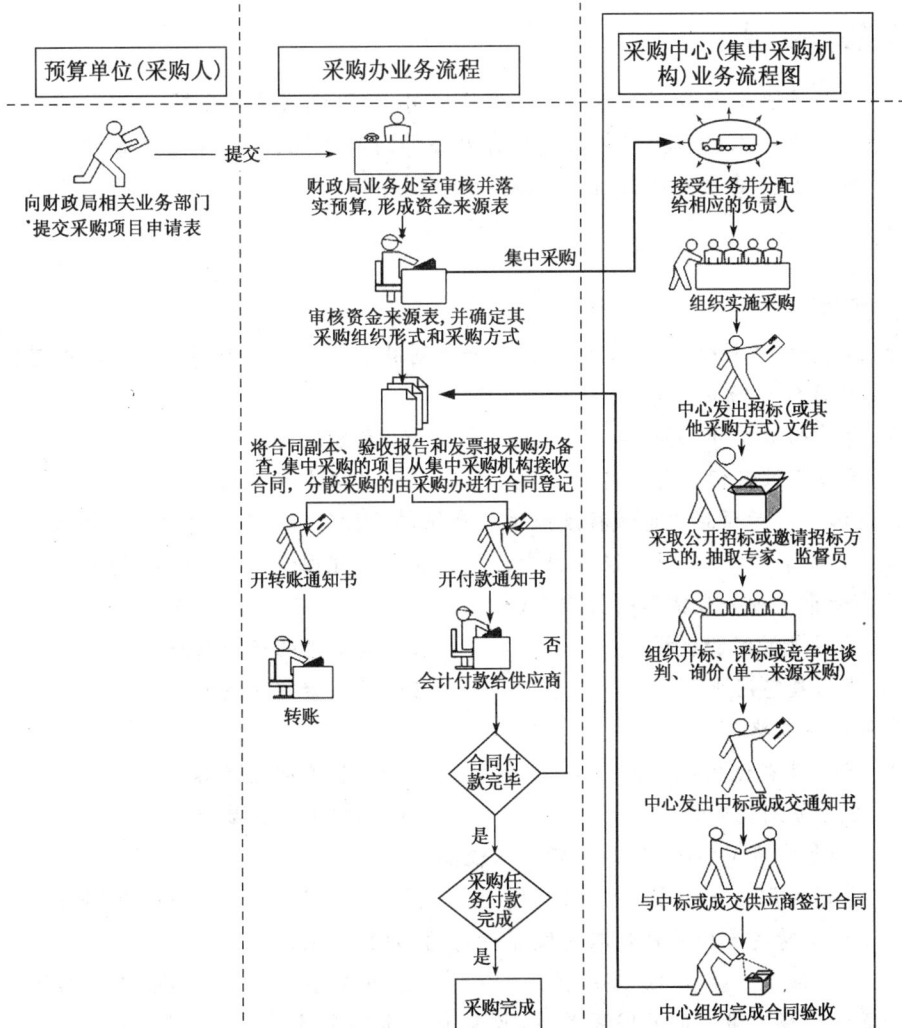

图 3-11   政府采购的一般流程

3. 政府市场采购方式分析

政府采购主要受两个方面的影响:一是财政预算,具有规定金额、指定购买方向以及检查的作用;二是由于政府采购量大,属非私人性购买,所以要受到廉政建设的监督和公众的评论。因此,政府的采购方式主要有两种类型,即公开招标和协议合同。

(1)公开招标。公开招标采购是指政府采购办事机构邀请合格的供应商对政府的购买项目进行投标。一般来说,中标者是出价最低的供应商。除了日用品和标准品之外,对非标准品来说,供应商必须考虑产品的规格要求及政府能够接受的条件。在有些情况下,如按时或提前高质量完成任务,政府部门会给予供应商一定的奖励或折扣。

(2)协议合同。采购机构同一家或多家供应商接触,并就项目和交易条件进行谈判,最后达成采购协议。这种采购方式主要用于复杂项目的交易。供应商如果能将成本降下来,就可以获得巨大利润;但供应商的利润过高时,合同就有可能受到公开复审或重新谈判。

大公司获得的政府合同能给小公司带来足够的分包机会,但是得到分包合同的小公司必须与主体大公司共担风险。可见,政府的采购活动能为生产者市场创造出很多的延伸性需求。

● 分项任务测试:

甲、乙、丙三个业务员分别就职于人寿保险公司、纺织机械设备公司、办公设备公司。他们的主要客户分别是个人(家庭)、纺织厂、政府办公部门和医院、学校等事业单位。请分析三人面向的客户购买行为的主要特点;在班级进行销售模拟。

知识检测

一、选择题

1. 企业将整体市场作为目标市场,推出一种商品,实施一种营销组合,以满足整体市场某种共同需要的目标市场策略是( )。

　　A. 集中性目标市场策略　　　　　　B. 聚焦战略

　　C. 无差异性目标市场策略　　　　　D. 总成本领先战略

2. 根据消费者对商品的忠诚程度来细分市场属于按( )的标准进行市场细分。

　　A. 人口因素　　　B. 经济因素　　　C. 心理因素　　　D. 购买行为

3. 生产者市场细分最常用的标准是( )。

　　A. 购买者的经营规模　　　　　　　B. 购买者的行业特点

　　C. 产品最终用户　　　　　　　　　D. 购买者追求的利益

4. 市场定位战略包括( )。

　　A. 产品差别化战略　　　　　　　　B. 人员差别化战略

　　C. 服务差别化战略　　　　　　　　D. 形象差别化战略

5. ( )最富有灵活性,但是花费成本较高。

　　A. 电话访问　　　B. 人员访问　　　C. 邮寄问卷　　　D. 观察法

6. 为了试验特定市场营销刺激对顾客行为的影响,可采用( )。

　　A. 观察法　　　B. 实验法　　　C. 调查法　　　D. 专家估计

7. 为弄清市场变量之间的因果关系,收集有关市场变量的数据资料,运用统计分析和逻辑推理等方法,判明变动原因和结果以及它们变动的规律,这是属于( )。

A. 探测性预测　　B. 描述性调研　　C. 因果关系调研　　D. 定期性调研

8. 市场试验法预测时,主要适用于下列哪种情况?(　　)。

A. 新产品投放市场　　　　　　　　B. 老产品开辟新市场

C. 原料　　　　　　　　　　　　　D. 机器设备

E. 启用新分销渠道

9. (　　)是影响消费需求和行为的最基本因素。

A. 个人因素　　B. 心理因素　　C. 商品因素　　D. 社会文化因素

10. 消费者购买一件贵重的、不常买的、有风险的而且又非常有意义的产品时,需要有一个学习过程,最后决定购买,这类购买行为一般属于(　　)。

A. 习惯性购买行为　　　　　　　B. 寻求多样化购买行为

C. 化解不协调购买行为　　　　　D. 复杂购买行为

11. 在(　　)情况下,产业购买者要做出的购买决策最多。

A. 重购　　B. 直接采购　　C. 修正采购　　D. 新购

12. 马斯洛认为需要按其重要程度分,最高层次需要是指(　　)。

A. 生理需要　　B. 社会需要　　C. 尊敬需要　　D. 安全需要

13. 对于减少失调感的购买行为,营销者要提供完善的(　　),通过各种途径提供有利于本企业和产品的信息,使顾客确信自己购买决定的正确性。

A. 售前服务　　B. 售后服务　　C. 售中服务　　D. 无偿服务

14. 广告中的裸体画面会令人震惊,然而瑞士航空公司的一则裸体广告则收到了意想不到的成功。但有关人士认为这则广告不适合在我国播放,其主要影响因素是(　　)。

A. 政治法律因素　　B. 经济因素　　C. 社会文化因素　　D. 自然因素

15. 一个国家的文化包括的亚文化群主要有(　　)。

A. 语言亚文化群　　　　　　　　B. 宗教亚文化群

C. 民族亚文化群　　　　　　　　D. 种族亚文化群

E. 地理亚文化群

16. 组织市场需求的波动幅度(　　)消费者市场需求的波动幅度。

A. 小于　　B. 大于　　C. 等于　　D. 都不是

二、名词解释

消费者市场;生产者市场;中间商市场;相关群体;目标市场营销;心理细分;无差异市场营销;差异市场营销;集中市场营销;市场定位;市场实验法;抽样调查

三、简答题

1. 市场营销调研通常包括哪些基本步骤?

2. 如何市场定位? 有哪些市场定位因素?

3. 如何理解心理因素对消费者购买行为的影响?

4. 在消费者购买决策过程中,企业应从哪些方面做好市场营销工作?

5. 针对不同的生产者购买行为应采取什么样的营销策略?

6. 中间商购买行为有何特点?

7. 简答相关群体对消费行为的影响。

案例分析与应用

<h3 style="text-align:center">现实与理想的差距到底在哪里?</h3>

他/她们穿着用蓝月亮洗衣液洗净的李宁运动套装,坐在海尔电视机前喝着芬达,口袋里装着小米手机和一包万宝路……这是我们看到的他/她的形象。而在他/她的脑海中,则把自己设想成另一个形象:脚踏百丽,外套 NIKE,听着 iphone 音乐,喝酒茅台,吸烟吸中华,出门开宝马……

人们常说"理想高于现实",在中国消费市场尤其如此。一份《中国消费者理想品牌大调查》的结果告诉我们,消费者的理想与现实的差距体现在衣食住行的方方面面:常用的洗衣液品牌不一定是最理想的,最理想的饮料品牌不一定是最常喝的,现用的电器品牌不一定达到了理想的标准……差距看似无处不在,但归结起来,可以从以下三个维度探寻。

(1) 消费者特征——能力 V.S. 追求

经济实力在很大程度上决定了消费者现实使用的品牌与理想期望的品牌的异同,特别是一些存在高端品牌的领域,其中汽车最具代表性,虽然品牌有着良好的口碑基础,但是对于大部分囊中羞涩的普通消费群体却是高不可攀,这导致了现实与理想的差距。

另外,消费者对于品牌的认知和追求也不尽相同。不同的消费者,对品牌的敏感度不同;不同的品类,同一消费者的品牌敏感也不同。总体看来,品牌敏感度高的品类,消费者的品牌判断倾向更强,也更容易造成理想与现实的差距。如市场化程度高、品牌竞争激烈的服装服饰、饮料等品类,消费者的品牌判断倾向更强;相反,食品类别下的米、面等品类,消费者品牌敏感度就比较低。

(2) 产品特征——实用品质 V.S. 情感标签

产品自身的属性,主要可以从实用和情感两个方面考量。对于产品品质比较重要的品类,如家用电器等,消费者更容易从理性的角度衡量产品的质量、售后服务等因素;而另一方面,产品带有的情感标签则从感性的角度鼓动着消费者的心理,也在很大程度上导致了现实与理想的差距。例如,在手机品牌的选择上,iPhone 优雅的气质和独特个性的情感标签对消费者产生了巨大的吸引力,成为理想的代表,但是实际购买中大部分消费者会根据自身能力,选择性价比较高的国产手机。可见,产品实用品质与情感标签的相互较量,促使了消费者常用品牌与理想品牌的不同。

(3) 环境特征——购买 V.S. 使用

环境因素包括了购买环境和使用环境。购买环境主要指渠道和终端的影响。特别是食品饮料等卷入度较低的品类,会较多受到购买环境的干扰。使用环境主要有私人场合使用和公共场合使用两种类型。私人场合使用的产品,是不是品牌以及品牌是什么档次,消费者对此关注度较低,而在公共场合使用的产品,如服装、烟酒、交通工具等,消费者在品牌选择上更多是为了向他人展示自我,会受到"炫耀心理"的影响,更容易追求高端化、个性化的品牌,这一点与产品特征中的情感标签的作用相照应。

问题:

1. 请利用所学消费者行为知识解释:现实与理想的差距是如何产生的?

2. 从消费者行为学的角度分析:现实与理想的差距对企业营销有何意义?

技能训练

1. 调查了解学校的食堂窗口与饭菜,提出你个人的建议。
2. 假如你要开设一家食品零售店,试选择你的目标市场并进行市场定位。
3. 调查大学生群体,分析大学生消费行为的特点和趋势。
4. 到当地一家大型超市,采用观察法,调查消费者购买洗发水的动机、品牌、影响因素等。

任务4 制定产品与品牌策略

【任务目标】

知识目标：

1. 理解产品整体概念；
2. 掌握产品组合的基本策略；
3. 掌握产品生命周期理论与营销策略；
4. 了解企业的品牌与包装决策。

技能目标：

1. 在透彻理解产品整体概念的基础上能够制订产品组合计划；
2. 在分析产品的生命周期的基础上能够制定相应的产品策略；
3. 能够根据市场环境的变化制订新产品的开发计划；
4. 能够在系统分析新产品的基础上制定出相应的品牌与包装策略。

【任务分解】

任务4：制定产品与品牌策略

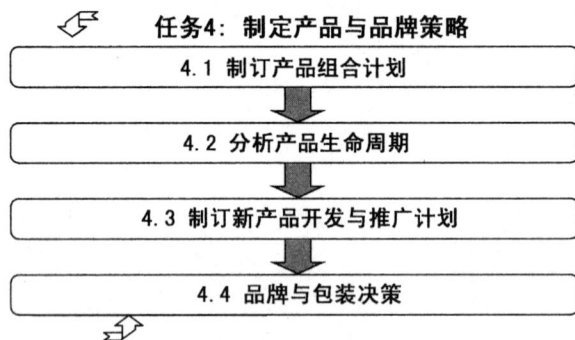

- 4.1 制订产品组合计划
- 4.2 分析产品生命周期
- 4.3 制订新产品开发与推广计划
- 4.4 品牌与包装决策

4.1 制订产品组合计划

4.1.1 认知产品

产品是企业开展营销活动的物质基础。通过它，生产者和购买者双方的交换目的得以实现。企业之所以能够生存和发展，是由于它能提供满足顾客的需要和欲望的产品或服务。在这一前提下，企业才能实现其各项营销目标——市场占有率、销售增长率、利润等等。

从市场营销角度来理解的产品概念，不仅是一种物质实体，而且是一种系统概念的体现。伴随着物质实体表述的同时，还包括了所有的能满足顾客需求和欲望的任何东西，因为顾客不是为了购买物质本身而进行购买。Philip Kotle 将产品定义为："通过交换来满足人们需要和欲望的因素和手段。"

1. 营销角度的产品分类

通常,与企业营销关联度较高的产品分类方法有三种:按照社会分工来分,可将产品分为农产品和工业品两类;按照产品的耐用程度和有形性来分类,可将产品分为耐用品、非耐用品和劳务;按照产品的用途来分,一般可将产品分为消费品和工业品两大类。

(1)消费品。消费品泛指一切可供消费用途的产品,例如可供家庭使用的电器、个人穿着的服装、佩戴的手表等。一般根据消费者特定的购买态度和购习惯将其分为便利品、选购品和特殊品三类。

① 便利品。是指一些价值较低的日常用品,即经常购买和使用的商品。消费者在购买此类商品时,并不需要做许多计划和特殊的考虑,也不愿耗费许多的时间和精力去进行比较,而是从方便购买的角度考虑选择自己比较熟悉的品牌去进行购买。

针对上述情况,销售者通常从便利的角度出发,设法使顾客在购买时比较方便。营销活动中一般采取的策略有:第一,利用广泛性的销售渠道、广设网点,使销售地点尽可能接近消费者;第二,利用广告、营业推广等非人员促销方式;第三,依赖产品精美的包装,增加对顾客的吸引力;第四,在保证产品质量的前提下,降低成本,利用成本优势,吸引对价格敏感的顾客。

② 选购品。是指选择性强,在购买时要对其质量、式样、价格等进行挑选和反复比较后才决定购买的一类商品。一般来说,消费者对此类商品了解不够,购买频率相对较低,价格相对较高,所以在购买时较为慎重。如高档服装、家具、家用大型电器等。

针对顾客购买此类商品的购买心理和习惯,营销人员通常采用以下策略:第一,利用选择性渠道策略,慎重选择若干经销商;第二,注意广告宣传,为顾客提供信息和其他服务;第三,经销网点要相对集中,利用行市效应,以便利消费者选择和购买。

③ 特殊品。是指能够提供特殊效益并相对排除竞争,为特定顾客群提供的产品和服务。这类产品的最大特色是顾客坚持选购特定品牌的产品,他们愿意不惜时间和精力去达到购买要求。与其他两类商品相比较,价格的高低相对而言不是购买时所考虑的主要因素。例如,有人习惯抽某种牌子的高档香烟,那么,这种牌子的香烟对他来说就是特殊品;此外,如较昂贵的山地车和家用电器等,对许多人来说,都可以划为特殊一类。

由于上述的购买特性,使企业的营销者一般只考虑其产品在某一地区只选择一家或极少的零售商店进行销售。此外,基于竞争的相对排除性,绝大多数经销商店也愿意配合厂家进行促销及提供相应的服务。

(2)工业品。工业品是指用于供制造、加工、转售或其他营业用途的产品,例如生产设备、材料和零件等。一般情况下,对工业品的分类主要依据其功能及用途来划分,将其分为:主要装备、附属设备、零部件和材料、原料、消耗品五类。

2. 产品的整体概念

人们经常可以看到这样一种营销现象:同一种产品,由于其包装的不一样或服务的差异等因素的变化,会使顾客产生不同产品的觉察感受。因为产品的概念并不仅仅是狭义地指实体本身,而且还包含着许多其他因素部分,这就是整体的产品概念。

整体产品概念认为,产品应包含一切能够满足买方的欲望、需求和利益的有形实体和无形部分。整体产品包括核心产品、形式产品和附加产品三个层次(如图 4-1 所示)。

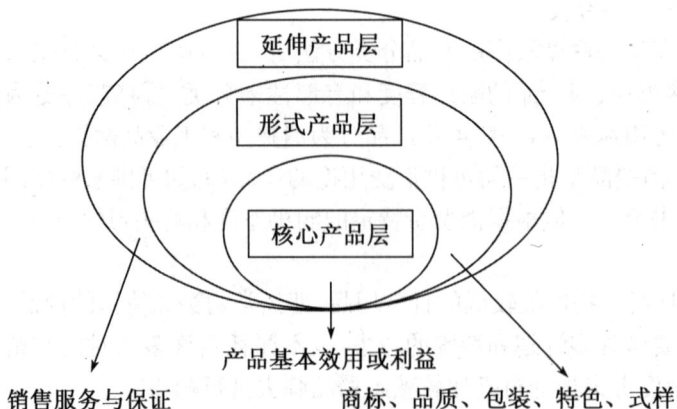

图 4-1　产品整体概念

（1）核心产品。它主要是指产品的本身效用或向购买者提供的利益。在某种意义上说，这部分应该是顾客真正需要购买的东西，因此，它是产品整体概念中最基本的组成部分。

案例：公牛插座，凭什么这么牛？

把简单的招数练到极致，就是绝招。公牛插座便是如此。它没有百年历史，却算得上是中国最具工匠精神的企业。2015 年，公牛销售总额达 56 亿元，在一个技术不高的制造领域以及一个行业体量不大的市场，它缔造了市场占有率全球第一的"公牛神话"。

质量和安全是公牛企业创业的初衷。公牛插座以结构设计为突破口，以"用不坏"为目标，专注品质，克服了插座使用过程中常见的松动、接触不良和非正常发热等难题。公牛成立了课题组，专门研究产品使用的方便性、安全性和可靠性，还建立了产品设计中心、电子设计中心和工程工艺中心。大到插头、电线、外壳和开关，小到内部铜片甚至螺丝，每一个公牛插座，都要经过 27 道全方位安全设计。公牛产品一问世，就广受欢迎，虽然价格贵了一倍多，但使用安全，质量有保证，公牛逐渐在消费者中建立了口碑。

小产品要大表现，国内企业要国际化表现。在进军海外市场的同时，公牛不断提升品牌形象。"每一个图案都是卖货的，每一个颜色都是卖货的，每一个文字都是卖货的。产品包装充分体现国际化的品牌视觉和清晰的产品卖点。"

公牛在每一家卖公牛插座的店面广告牌打上公牛的标志，而卖插座的地方大多为五金店。因此，公牛积极抢占全国各地五金店，免费安装带有公牛标志的广告牌，打造"有公牛的地方就有五金店，有五金店的地方就有公牛"的形象。

（2）形式产品。即产品实现销售的形式，包括产品的品牌、包装、质量、特点和形态等因素。产品本身的效用正是通过某些形式才得以实现。

（3）附加产品。它主要包括保证、安装、运送和维修等因素。产品在销售时，企业应对产品的买主做出必要的承诺。一些不易运输的产品应当能主动为买主送货上门，如产品在安装使用时，有特殊技术及要求，生产和销售企业应帮助其安装；同时，良好的售后服务也有助于顾客对产品信任度的提高。

案例：产品改进≠产品的质量提升

　　香皂大多数是方方正正的，洗澡的时候容易滑落，除了舒肤佳。因为，舒肤佳的设计人员将香皂变成了"腰型"，便于握捏——人性化设计或许仅仅是一个简单的动作，却会带给消费者舒服甚至是感恩的心情。

　　营销专家曾经给义乌的一个袜子厂做营销诊断，发现影响销售的一个原因就是这家企业的袜子太结实了，专家建议老板把袜子的质量下降一点。现在这个企业已成长为业内翘楚。因为袜子质量下降以后，产品走得非常快。这个道理很简单，消费者喜欢穿崭新的袜子，但丢掉没穿破的袜子又不符合中国人勤俭的习惯，这是一种两难的处境。所以，产品质量虽好，却不能代表消费者会喜欢这个品牌。

　　整体产品概念是营销领域的一个基础概念，深入分析产品整体概念以及不同层次产品概念之间的关系，在企业营销中有重要意义。

　　首先，产品整体概念中不同层次的产品，更新换代周期不同。核心产品是买方购买的真正目的所在，它对应于买方的某种需求，所以一般不容易更新换代，或者说换代周期一般很长。形式产品反映了卖方的设计思想，反映了卖方对买方需求的理解，也反映了卖方企业的技术水平和设计能力。在当代技术水平不断进步的背景下，形式产品的更新换代有不断加快的趋势。人们通常所说的现代产品的生命周期缩短、产品更新换代快更多地是指整体产品概念中的形式产品。从附加产品的目的来看，附加产品的提供是为了顾客更方便有效地使用产品，由于人们生活节奏的加快，以及很多产品技术含量不断提高，送货、培训和技术指导等附加产品的必要性不断增强，其生命周期有延长的趋势。

　　其次，提供优质的附加产品成为当今企业加强竞争能力的重要手段。由于现代社会企业的能力普遍提高，产品之间要形成明显差距越来越困难，所以提供优质的、及时的服务成为企业重要的竞争手段。如现在的电脑销售点一般要进行安装、咨询、保修；有人开美容店，提供一次性快相服务；有些企业特别是产品技术含量比较高的，往往要靠技术培训或咨询打开销路，如江苏盐城单片机公司开发市场的初期主要是靠大量派工程师为用户进行免费培训打开销路；在国际贸易的大型成套设备交易中服务的交易额往往占有相当大的比重。

4.1.2　制订产品组合计划

1. 认知产品组合

　　产品是一个复杂的多维概念，企业提供给目标市场的并不是单一的产品，而是产品组合。产品组合指企业生产销售的所有产品和产品品目的组合，包括各种产品及其品质以及数量比例等。

　　产品组合由产品线和产品项目组成。产品线是指同一产品种类中密切相关的一组产品。这种密切相关表现在它们以类似的方式发挥功能，或销售给同类顾客群体，或通过同一类型的渠道销售出去，或属于同一个价格范围。产品项目是指一个品牌或产品线内的明确单位，纺织产品项目可以依据尺寸、价格、款式、规格或其他属性加以区分。

　　企业在规划产品组合时，从其深度、广度和关联度上反映出自己的特征。产品组合的宽度是指企业有多少产品线或产品大类。产品组合的长度指组合中所含的产品项目总数。产品组合的深度是指各产品线所包含产品项目的多少。产品组合的关联度是指各产品线在最终用途、生产条件、分销渠道或其他方面相互关联的程度(见表4-1)。

表4-1 "海尔"的产品组合

产品线	产品项目
冰箱	王子、金王子、太空王、王中王、果菜王、金统帅、大统帅、小统帅、太空王子、快乐王子
空调	超人、大超人、金超人、健康超人、太空金元帅、金状元
洗衣机	太空钻、太阳钻、水晶钻、玫瑰钻、银河钻、小神童、小小神童、多变神童、小神功
电热水器	大海象、金海象、海象王、小小海象
电视	宝德龙、美高美、影丽、小雷达、青蛙王子
手机	喜多星、彩智星、天彩星、地文星、奔风

案例:养元智汇的产品组合

养元智汇在六个核桃之外,还推出过大量核桃乳新品。养元智汇的核桃乳产品包括养元精选型六个核桃核桃乳、养元精研型六个核桃核桃乳、养元无糖六个核桃核桃乳等至少14款产品。核桃杏仁露、核桃花生露、果仁露、杏仁露、核桃奶产品有8款,其中核桃奶产品是养元智汇在2015年首次推出的产品,包括养元核桃奶复合蛋白饮料、养元精选型核桃奶复合蛋白饮料两款产品。

同为植物蛋白饮料生产企业的承德露露,将核桃露、果仁核桃、花生露等新产品投放市场后,又推出小露露和露露甄选系列产品,满足了市场上不同消费者的需求。

一般情况下,企业产品组合的宽度、深度和关联度要受三个条件的制约:第一是企业所拥有的资源情况,产品选择上要扬长避短;第二是市场需要状况,应选择有市场潜力的产品;第三是竞争条件,当某些产品存在强大竞争对手时,企业应进行多方权衡。

改变产品组合的宽度、深度和关联度,会给企业经营带来不同的影响。扩大产品组合的宽度,即拓展了企业的经营领域,可以更好地挖掘企业潜在资源,提高经济效益,分散经营风险;增加产品组合的深度,可以更好地满足同类产品不同消费者的需求,满足现有市场;加强产品组合的关联度,则有利于企业在相关产品领域内赢得声誉。

2. 产品组合决策

产品组合决策是指根据企业目标和市场状况对产品组合的宽度、深度和关联度进行决策。在决策时,需要考虑企业所拥有的资源条件、市场基本情况和竞争条件方面的限制。通过产品组合策略的制定,可以帮助企业达到渗透市场、争夺市场或稳固既有市场地位的目标。常见的产品组合决策包括:

(1)扩大产品组合

增加产品组合的宽度。即增加产品线的数量,扩大企业经营范围,使企业获得新的发展机会。当企业通过市场调查和分析,预测到现有产品线的销售量和利润将有可能下降时,可考虑增加新的具有高盈利能力的产品线。

增加产品组合的长度和深度。即各产品线内拥有更多款式、色彩、规格、型号的产品,更好地满足消费者的不同需求,从而扩大市场占有率。不过这样做会增加许多相应费用,如设计开发费、订单处理费、转产费、仓储费、运输费等及新产品项目的广资源优势,提高企业在该领域的专业化声誉。

案例：企业的产品组合扩张

从服装企业来看，国际知名品牌如迪奥、皮尔·卡丹、伊夫·圣洛朗等几乎都经历了从女装到男装、香水、领带、皮鞋、皮具、化妆品等的不断扩展，最终覆盖精品世界的方方面面，而且各系列的风格、品位相互陪衬，搭配出整体的和谐。另外，随着企业规模的扩大和实力的增强，会对消费者的需求进一步细分，进而在同一产品线中增加新的产品项目或增加新的产品线。

扩大产品组合可以充分利用企业的人、财、物、信息等各项资源，利用剩余生产能力，有助于降低成本，丰富品牌形象，增加企业竞争力，同时还可以减少季节性和市场需求的波动，分散企业的经营风险，使企业在更大的市场领域中发挥作用。特别是对于名牌企业，该策略最有价值的一点就在于可以充分利用其深厚的品牌资产，利用原有产品的信誉和商标，使推出的新品迅速在市场上获得成功，这将大量节省创建新品牌所需要的营销费用。

（2）缩减产品组合

当企业面临资金短缺、经济不景气、生产能力不足等问题时，应考虑缩减产品组合，主要方式有以下两种：

① 缩减产品线。剔除获利很小甚至无利可图的产品线，使企业集中资料于优势产品线的生产经营。

② 删减产品项目。剔除盈利能力差的产品项目，集中资源提高产品质量，降低消耗，提高促销和分销效率，同时减少资金占用，加快资金周转。

应用本策略的企业将取消一些产品系列或产品项目，集中企业力量实行高度专业化，试图通过生产经营较少的纺织产品来获得更多利润。

（3）产品线延伸策略

大多数企业在开始时都是先提供少数产品线在一部分市场销售。当市场状况不错，有更多市场机会时，企业就跨越原有范围，开始追加产品线提供给其他细分市场，这就是产品线延伸策略。产品线的延伸有三种，即向下延伸、向上延伸和双向延伸。

① 向下延伸。即在一种产品线内增加廉价（次位品牌）的产品项目。企业采用向下延伸策略可能基于以下原因：高档市场容量有限，增长缓慢，甚至正在停滞或衰退，资金设备得不到充分利用，不能给企业带来满意的回报；期望利用高档品牌的声誉吸引更多购买力水平较低的消费者购买本企业较低档次的产品；企业可能注意到低档市场存在强劲的增长机会；填补企业产品线的空白，以排斥新的竞争者；企业最初进入高档市场的目的就是为了树立品牌形象；企业市场来直接打击来自低档市场的竞争者，因为这些竞争者正试图进入中高档市场。

企业采用向下延伸策略会面临一些风险，比如：可能会影响企业形象和声誉；新的低档产品可能会蚕食企业自身的高档市场；或者可能会促使竞争企业转而开发高档市场等。

案例："派克"的失误

早年，美国派克钢笔质优价贵，是身份和体面的标志，许多社会上层人物都以带一支派克笔为荣。然而，1982年新总经理詹姆斯·彼特森上任后，盲目延伸品牌，把派克笔品牌用于每支售价3美元的低档笔。结果，派克在消费者心目中的高贵形象被毁坏，竞争对手则趁机侵入高档笔市场，使派克公司几乎濒临破产。派克公司欧洲主管马克利认为，派克公司犯了致命错误,没有以己之长攻人之短。鉴于此,马克利筹集巨资买下派克公司,并立即着手重塑派克形象,从一般大众化市场抽身出来,竭力弘扬其作为高社会地位象征的特点。

② 向上延伸。即原来定位于中低档纺织品市场的企业逐渐增加一些高档的产品项目。企业采用向上延伸策略可能基于以下原因:高档市场有较高的销售增长率和利润率;企业重新进行产品定位,期望能把自己定位成完整产品线的生产商,并以高档产品来提升整条产品线的档次。

企业采用向上延伸策略会面临一些风险,比如:企业竞争压力增大;消费者比较难以相信新推出的高档产品的品质;企业的销售代表和经销商可能缺乏高档产品分销的相应能力和知识等。

③ 双向延伸。即原来定位于中档市场的公司同时朝向上和向下两个方向扩展其产品线,以赢得更多的顾客群。前文提到的向上延伸与向下延伸需要注意的问题,企业在此都必须事先考虑。

这里值得注意的是,企业做品牌延伸之前必须具备三个必要条件:首先,主业地位必须稳固,产品的市场培育过程基本结束;其次,品牌的知名度相当高,在消费者心中的地位稳定;最后,企业的实力应当具有雄厚的实力。

案例:"鄂尔多斯"的产品延伸

目前鄂尔多斯全系列服装(羊绒衫除外)的投资主体——上海鄂尔多斯服装控股有限公司旗下已拥有六家专业公司:男装、女装、羊毛衫、内衣、皮业和羽绒公司。全系列服装的终端数量已经达到1 700多个。作为副品牌走中档大众路线的"鄂尔多斯奥群"羊毛衫,运作一年后就一举进入行业前三甲,成为鄂尔多斯集团的第二个中国名牌商标。这不能不说是鄂尔多斯产品延伸的成功之作。

(4) 产品组合现代化策略

即企业不改变产品线长度,而是在现有产品组合中有选择地改进已有产品,使产品线现代化。产品线现代化由两种方式:一种是渐进式现代化;另一种是一步到位式现代化。

企业采用该策略时必须选择改进产品的最佳时机,使之不至于过早(否则会使现有产品线的销售受到不良影响),也不至于过迟(否则竞争者会以较先进的产品抢先树立了良好声誉)。

阅读资料:功能饮料的现代化决策

近年,随着全民健康热潮的兴起,健康化、个性化、功能化成为未来消费者的主流需求,功能性饮料也迎来了绝佳的发展时机,根据《2016—2020年中国功能饮料市场投资分析及前景预测报告》显示,预计到2019年,行业将达到254.57亿升的规模,对应市场销售份额可以达到692.24亿人民币。

来自中国质量协会的数据显示,功能饮料由于在提神醒脑、补充微量元素、运动后补水补盐等功能上均有比较明显的效果,已是为数不多消费者偏好上升的饮料品类。

眼看"霸主"中国红牛潜在的没落势头,群雄已经纷纷在有所行动。目前,功能饮料第二阵营的东鹏特饮、乐虎、黑卡、外来品牌"魔爪"等纷纷乘虚而入。此外,达能旗下脉动也在试图从运动饮料向红牛原本聚焦的能量补充饮料市场扩充产品线。而这还不包括饮用水企业对功能性饮料的布局。有消息称,此前做纯净水的怡宝也计划加码以氨基酸为核心的功能饮料。运作中国红牛的华彬集团也在做两手准备,据悉,该集团已经推出了新品"战马",作为中国红牛的"储备军"。

● **分项任务测试：**

1. 理解产品的整体概念对于企业营销人员而言有何意义？举例说明。
2. 以小组为单位进行辩论：企业产品组合越大越好还是越小越好？

4.2　分析产品市场生命周期

4.2.1　认知产品市场生命周期

企业经过新产品研制开发阶段，将新产品投放市场，总是希望该产品尽可能保持旺盛的生命力，从而获取最大的利润。但由于科学技术的发展、市场竞争、政府的干预以及消费者需求的变化等因素，使产品在市场上出现了一个由成长到衰退的过程。这个过程就是产品的市场生命周期（Product Life Cycle，PLC）。

产品市场生命和产品使用寿命是两个不同的概念。产品使用寿命是指某件产品能使用的时间。而产品市场生命是指某种产品从投入市场开始到退出为止所经历的全部时间。例如，火柴的使用寿命是十分短促的一刻，但其产品市场生命周期却经历了很长的时间。

产品生命周期一般表现为一条 S 形曲线，该曲线一般可分为导入期、成长期、成熟期和衰退期四个阶段（如图 4-2 所示）。

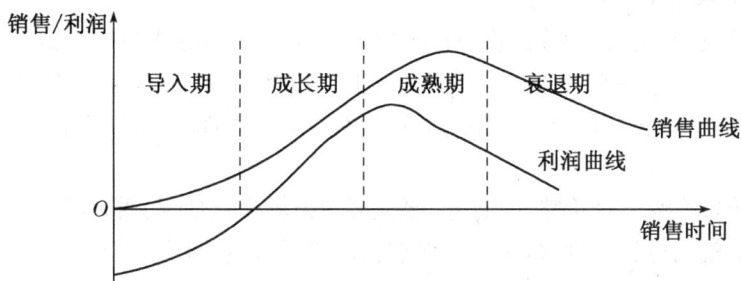

图 4-2　产品生命周期（PLC）

（1）导入期（Introduction）。也称为投入期，这一阶段，产品刚投入市场，消费者还不太了解，产品生产的工艺不成熟，质量不稳定，销售渠道和服务不适应消费者的需求，销量不大；生产批量小，成本较高；广告费用大；利润较少甚至亏损，企业承担的风险最大；没有或只有极少的竞争对手，有利于企业的产品定位和发展市场空间。

（2）成长期（Growth）。消费者对产品已相当熟悉，有的已经产生偏爱；产品生产工艺成熟且大批量生产；成本大幅度下降，销售量急剧上升，利润增长较快；大批竞争者纷纷介入，竞争开始激烈；建立了比较理想的营销渠道。

（3）成熟期（Maturity）。潜在的购买者已加入了购买的行列，市场需求渐趋饱和，产品销售量达到最高点并处于相对稳定状态；产品的生产技术成熟，生产批量大，成本低，薄利多销，利润达到最高点;很多同类产品进入市场,竞争更加激烈,具有规模和品牌实力的企业市场占有率逐渐提高,一些企业被挤出市场;更新的产品陆续出现,销售增长缓慢,成熟后期,销售增长趋于零,甚至出现负数。

(4) 衰退期(Decline)。消费者的需求已经发生转移,产品销量明显下降,甚至停滞不前;市场上产品供过于求,价格进一步下跌,企业生产量下降,获取的利润也很微薄甚至出现负利润;竞争日益淡化,一些竞争者的同类产品纷纷退出市场。

图4-2是一条典型的理论曲线,在实际运用时,并非所有产品都表现为这种描述轨迹图线。有些产品一投放市场后,由于促销活动的刺激,即跳跃地直接进入成长阶段,然后迅速地进入衰退阶段(如图4-3所示);也有的产品,如尼龙,由于人们不断发现其新用途,而使产品寿命周期不断延长,曲线呈现为"扇贝型"(如图4-4所示)。

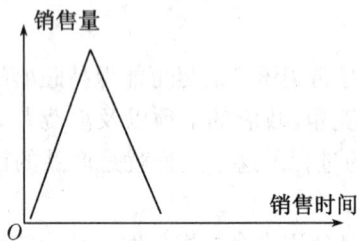

图4-3　流行型生命周期曲线

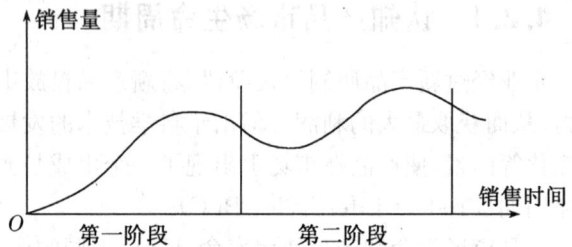

图4-4　循环型生命周期曲线

4.2.2　制定产品生命周期的阶段策略

1. 导入期产品营销策略

新产品经开发、研制、试销等过程后正式导入市场,导入期便开始了。这一时期,销售额的增长往往比较缓慢,生产能力还没有全部形成,生产的批量小、成本高、广告费用大,企业一般没有什么利润且销路还没有打开,产品的市场风险较大。因此,这一时期企业的重要任务是发展和建立市场。

在制定此阶段产品营销策略时,首先,要把握住市场变化情况,投入必要的资源,保证企业生产能力和畅通配销途径。其次,是通过向潜在消费者宣传,吸引他们试用此产品。广告宣传的重点应放在"介绍产品"上,展示其结构、性能、特点、使用方法,尤其要突出产品对用户所能带来的利益。此外,要重视产品的市场风险,由于新产品在导入期失败的比率是较高的,应迅速促使其进入成长期。该阶段企业主要运用四种策略,如图4-5所示。

图4-5　导入期产品营销策略

（1）快速撇脂策略。企业为迅速补偿产品在开发研制阶段的费用和生产初期未形成批量而引起的高成本，并为扩大生产能力筹集所需的资金，以尽快收回投资为目的，在产品导入阶段将其价格定得比成本高得多，同时配以大量的促销费用进行广告宣传等促销活动。这样，一方面利用高促销费用使消费者产生"优价优质"的感觉，迅速提高产品知名度、打开市场局面。另一方面可使企业在投放产品进入市场后迅速得到最大的利润，先定高价再逐步降低价格，也容易被消费者接受，便于竞争。

采用这种策略的条件是：产品的市场需求较大，了解此产品的消费者急于购买，而对卖方的高价更乐于接受；市场上无替代品或该产品具有明显优于同类产品的特点。只有这样，企业利用高价高促销策略才能奏效。

（2）缓慢撇脂策略。即产品以高价格并采用低促销费用进入市场。企业运用这一策略的目的是为了在节省广告宣传等企业促销费用的前提下，尽可能获得较多的利润。价格高而促销费用低，这对企业来说当然是十分理想，但它的应用条件较苛刻。

采用这种策略必须具备以下条件：消费者选择性小，市场竞争不激烈；市场上大多数的消费者已熟悉该产品；产品具有独创性和明显特点，购买者愿意付高价购买。

（3）快速渗透策略。企业为了使新开发的产品以尽快的速度进入市场，以低价格和高促销费用将该产品导入某一特定的市场，从而达到迅速占领市场，获得较高的市场占有率。

采用这种策略必须有一定的前提条件：产品的市场规模较大；消费者对该产品不熟悉，但对价格比较敏感；企业有能力降低单位产品成本；潜在的竞争对手较多。

（4）缓慢渗透策略。是指企业以低价格和低促销费用相结合的方式来推出新产品的一种策略。采用这种策略的条件是：该产品的市场容量大；消费者对这种产品熟悉但对价格反应敏感。

在导入期，企业制定相应的产品策略时，必须考虑到产品导入市场的规模，即产品是推向整体市场，还是导入区域性市场或是按照细分的市场逐步进入。此外，资金问题也是新产品能否顺利渡过导入期的重要支持因素。此阶段企业获利较少，需要筹措一定的资金给予保证。

2. 成长期产品营销策略

经过导入期的市场考验，新产品已被消费者或用户所接受，结构和工艺也已经基本定型，企业的生产能力在这段时期也逐步形成，由于导入期的企业各项促销活动的开展，促销量有了迅速增长。同时，企业从该产品中获取的利润也随之增加，并且有了较多的盈利机会，这样，就必然导致了竞争的加剧，企业必须克服盲目乐观的情绪，正视这一事实，制定相应的战略，保持这来之不易的市场地位。

在此阶段，企业可采取以下策略：

（1）增强产品的竞争能力。企业通过建立完善的产品质量保证体系，进一步提高产品质量，通过技术上的改进，增加新的性能、花色品种，改进包装，增强产品的竞争能力，以满足消费者或用户的需要，扩大市场占有率。

（2）加强产品的品牌宣传。在产品的导入期广告宣传主要是介绍产品，使消费者或用户知晓产品。成长期的广告宣传应主要侧重"建立产品形象"，从而诱导消费者对本企业的产品产生偏爱，增加其信赖程度。

（3）开辟新市场。通过前一时期的市场销售情况的反馈，结合继续进行的市场调研工作。积极探索新的细分市场，做好充分的准备工作，一旦时机成熟，迅速进入。

(4) 拓宽产品销售渠道。这一策略的主要目的是增加产品的销售机会。企业利用产品配销途径的增多,扩大销售网点,方便购买,赢得更多的顾客。

产品处于成长期的企业应注意以下两方面的问题:

第一,生产能力问题。企业在努力做销售工作、积极开拓市场的同时,还必须考虑到企业的生产能力问题。如果企业的生产能力跟不上,高度的促销工作反而引起产品不能保证充分供应,致使仿制品和替代品大量进入,给竞争对手有机可乘。

第二,短期收益问题。在成长期的后期,由于竞争的加剧,巩固市场竞争优势和近期利益的增加,企业必须放弃短期的最大收益,一方面将部分资金再投入,以确保其市场优势;另一方面,可以选择适当时机,降低售价,以吸引对价格敏感的买主,从而争取主动,促进销售。

3. 成熟期产品营销策略

随着产品各项市场指标的相对稳定,产品的销售增长速度便开始缓慢,甚至停滞不前或有所下降,出现了产品发展的相对稳定期,这标志着产品进入寿命周期的成熟期阶段。在成熟期阶段,企业的经营者更应根据外部环境和企业的内部条件,审时度势,制定和运用合适的产品战略以延长此阶段的时间,获取更多的利润。企业在这个阶段可采用以下策略:

(1) 改革市场策略。其目的是为了在稳定老顾客尽可能赢得新顾客的基础上,开拓新的市场,提高产品的销售量。实现途经不是通过改变产品的本身,而是改变产品的用途和销售方式或消费方式。这种策略的实现一般有以下三种方式:

第一,寻找新的细分市场,取得新的市场机会,使产品进入尚未使用本产品的市场。例如,1990年以盈利23.1亿美元而排名美国公司盈利第六位的杜邦公司,其产品之一"尼龙",最初用于军队制作降落伞,二次世界大战结束,销售出现困境,杜邦公司运用改革市场战略,以尼龙针织品由军需市场转入民用市场,之后又进一步进入生产尼龙轮胎等的工业品市场。通过市场的不断改革,使销售额的增长持续保持一个良好的势头。

第二,刺激现有的顾客,增加使用率。例如,原来"南京板鸭"在市场上很有名气,但由于很多人不会烧,重复购买率不高。生产厂家改进了包装并在包装上增加了烹饪说明,同时通过报纸等广告媒体进行说明、宣传,从而不仅增加了顾客对产品的重复购买,而且还吸引了潜在顾客的购买,扩大了顾客的购买量。

第三,重新树立产品形象,寻找有潜在需求的新买主。例如,运动服装原来基本上只限于运动员穿着。随着市场的重新定位,从而进入了青少年市场和中老年市场,使企业销售量大增。

(2) 改革产品策略。这是产品经过自身的适当改变,重新推向市场,使之更好地满足消费者需要的一种策略。

第一,提高产品的质量。产品的质量提高,应包括性能质量和设计质量两个方面,这两个方面都将影响到顾客的购买态度。如果市场上大多数顾客对产品质量反应敏感,企业应通过提高产品质量吸引更多的顾客,巩固已取得的市场地位。

第二,改良产品的特性。对产品原有特性的改进或在某一方面为其赋予新的特性,这也是产品在成熟期的一个重要策略。

第三,拓展产品的服务。在现代的整体产品概念中,服务是产品的主要组成部分之一。增加服务的内容,提高服务的质量,使消费者的购买欲望得到进一步的满足,也为企业在竞争中取胜提供良好的保证。

（3）改革市场营销组合策略。其主要目的是通过市场营销组合的某一要素或若干要素的改变，来延长产品成熟期的时间，从而为企业更多地创利。常用的策略方法有：

① 采用降低价格的方法，来刺激对价格敏感的消费者；

② 加强广告宣传，提高产品的市场知名度让更多的消费者了解产品，便于购买；

③ 选择适当的销售渠道，有利于企业扩大市场覆盖面，获得优势；

④ 改进产品的包装，吸引不同需求的购买者，增加产品附加价值，使企业盈利；

⑤ 加强销售服务，提高服务质量，增加售前、售中、售后服务的内容，一方面为购买者提供了方便，满足了买主的需求，另一方面也提高了产品的销售量。

以上所述的成熟期的三种产品策略，如果应用得当，则可使进入成熟期的产品出现"循环—再循环"的曲线效应，甚至"扇贝形"曲线效应。使产品所处生命周期阶段得到进一步拓展，在提高或巩固产品市场占有率的同时，延长产品的寿命周期，使企业保持一种良好竞争势头。

4. 衰退期产品营销策略

当产品处于衰退期阶段时，销售额和利润通常表现为急剧下降，企业已形成的生产能力与骤减的销售量之间的矛盾日益突出，所采用的增加促销费用，大力开展促销活动和降低产品价格等策略已基本失效。当产品处于衰退期时，企业通常可以采取下列三种策略：

（1）集中策略。产品处于衰退期时，由于企业的销售额迅速下降，如果经营规模和各项投资水平仍保持不变，势必造成企业近期利润的急剧下降。从这方面考虑，企业就可应用集中策略，缩短产品营销战线，将企业的人才、物力、财力相对集中在具有最大优势的细分市场上，经营规模的相对缩小，企业则可以从该市场上再获取较多的利润。

（2）收割策略。由于产品的市场销售率和市场占有率都很低，现金流动净值仅处于平衡或已出现小负值，企业此时应大力降低销售费用，精简销售人员。如果市场上仍有一些顾客需要购买此产品，企业则可维持此产品的一定生产能力，在不增加生产成本的基础上减少投入市场的产品数量，削减广告宣传、推销等促销费用，或降低产品销售价格、增加眼前利润。

（3）放弃策略。由于技术进步、市场竞争、政府干预、消费者需求变化等因素的影响，老产品被新产品所取代是必然的。经过准确判断，确定产品无法再为企业带来长期利益，那么就应当机立断放弃该产品。当然，为了企业的名誉和消费者的利益，放弃应是有计划和有策略的。例如，产品在退出市场后，应为原产品忠实用户在一定期限内提供足够的维修零件和售后服务。这样一方面增加一些收益，更主要是维持了企业的声誉，使顾客对企业的信任度增加，这对企业的长远发展是有利的。

案例:黑妹牙膏沦为超市"弃儿",未来发展路在何方?

对于"80后""90后"来说，黑妹牙膏曾经承载了一代人的记忆。直到1996年，黑妹和中华、两面针三大国产品牌曾分别占据着东部、南部和西部市场，形成三足鼎立格局。不过，随着1992年高露洁进入中国市场，外资品牌开始对中国市场进行洗牌，本土牙膏品牌逐渐式微。蓝天六必治、芳草、两面针、冷酸灵、黑妹等昔日国产名牌逐渐沦为二线品牌，退守三四线市场，整体陷入颓势。

随着外资品牌近年的日渐壮大，在海淘等新的消费模式催生下，日系、韩系品牌持续进入，以黑妹、两面针、田七为代表的传统牙膏品牌的生存空间受到了严重挤压。这类本土牙膏产品过于低端化造成了消费者对品牌认知上的严重低档化。当外资巨头向低端渗透，与本土品牌在同等价位上竞争时,受众自然更倾向于选择洋品牌。

与渐渐沦为快捷酒店标配的两面针一样,"嘿,黑妹"这句曾经耳熟能详的广告语背后的黑妹牙膏也在逐渐淡出人们的视野。与两面针策略类似,黑妹牙膏试图将触手伸向酒店旅游业,但3克包装的旅行牙膏市场鱼龙混杂,"山寨"严重。黑妹牙膏淡出市场,一方面折射出品牌母公司美辰集团旗下产品影响力的下滑,另一方面也是国产牙膏如今艰难求生的真实写照。

● **分项任务测试:**

1. 分析 iPhone 手机各代产品的生命周期轨迹,分析手机市场生命周期的发展趋势。

2. 5G 技术是目前手机制造商拟采用的新技术,请针对5G手机,进行新产品推广方案的设计。

4.3　制订新产品开发与推广计划

在当今激烈竞争的市场上,产品日新月异,企业要想长久地占领市场,仅靠现有产品是绝对不行的,必须不断更新换代,推陈出新,才能适应不断变化的市场需求,以及科学技术的快速发展和产品市场生命周期日益缩短的要求。因此,开发新产品越来越成为企业生存与发展的重点问题。

4.3.1　认识新产品开发的必要性

企业开发新产品具有重大意义,一方面是企业生存和发展的需要,另一方面也是社会进步和发展的需要。因此,企业的营销人员需要随时关注环境变化,树立开发新产品的意识和理念。

第一,产品生命周期理论要求企业不断开发新产品。如果企业不开发新产品,则当产品走向衰落时,企业也同样走到了生命周期的终点。相反,企业如能不断开发新产品,就可以在原有产品退出市场舞台时利用新产品占领市场。

第二,消费需求的变化需要不断开发新产品。消费结构的变化加快,消费选择更加多样化,产品生命周期日益缩短。

第三,科学技术的发展推动着企业不断开发新产品。科学技术的迅速发展导致许多高科技新型产品的出现,并加快了产品更新换代的速度。

第四,市场竞争的加剧迫使企业不断开发新产品。只有不断创新,开发新产品,才能在市场上占据领先地位,增强企业的活力。

案例:波司登主业承压转战女装

2017年6月,波司登国际控股有限公司发布公告称,将会投入更多时间发展集团女装业务,波司登同时表示对于女装业务发展感到乐观。业内专家表示,此举显示出波司登进军女装业务的决心。事实上,受困于过度扩张、品牌季节性依赖较强、产品设计差异化不足等因素,国内羽绒服大佬波司登发展面临诸多阻碍,业绩持续低迷。过去几年波司登也在不断收购并逐步扩大女装业务,实行业务多元化。

女装作为服装行业里最活跃的板块,近年来竞争愈发加剧。快时尚品牌以丰富多样的款式不断占领女装市场,中高端女装则扎堆上市,谋求更大的市场份额。仅 2017 年一季度以来,就有太平鸟、日播时尚、安正股份 3 家女装品牌上市成功。女装行业在展现出蓬勃生命力的同时也显示出市场已形成充分竞争,业内专家表示,未来女装行业的发展并非坦途。

独立服装评论员马岗认为,波司登在女装行业布局发展已久,此次加大力度发展女装对于波司登而言只是其推进品牌"四季化产品"发展战略的一种选择。未来波司登要在女装行业有所作为,首先要分析市场格局,找准细分领域,突出自己的优势。更重要的是要细化市场运营,不断延伸已有的品牌价值。

4.3.2　选择新产品开发类别

新产品是在结构、性能、材质等某一方面或几方面比老产品有显著改进和提高的产品。新产品的核心是"创新",因此,产品研发人员首先要确定新产品的创新程度。通常,企业新产品包括以下类型:

(1) 全新产品。指应用新的技术、新的材料研制出的具有全新功能的产品。如电话、汽车在刚投入市场时都属于全新产品。这类产品开发难度最大,费用高、成功率低。据调查,新产品中全新产品只占 10%。

(2) 换代产品。指在原有的基础上,采用或部分采用新技术、新材料、新工艺研制出来的新产品。如普通自行车——电动自行车、模拟电视——数字电视。

案例:快速充电手机或明年上市,5 分钟就可充满电

据外媒报道,5 分钟就可以充满电的智能手机将会在不远的将来面向消费者推出。以色列初创公司店点(StoreDot)首席执行官多隆·米尔斯多夫称,该公司有望在明年初开始生产这种电池。多隆称,任何人攻克"电池问题",都将会对消费者电子产品产生革命性的影响。

其他制造商也在研发快速充电电池。2016 年 11 月,高通就宣布了它的快速充电系统 Quick Charge 4,这种电池充电 5 分钟可以用 5 个小时。本周在柏林举行的科技展会上,店点公司还展示了一种新型汽车电池,它也可以在 5 分钟内充满电。而伊隆·马斯克的电动汽车公司特斯拉称,它的超级充电技术需要 75 分钟才能充满它的汽车的电池。

"消费者希望电池充电就像给汽车油箱加油那样快。"市场研究公司卡纳丽思(Canalys)的分析师乔-肯普顿说。但是,他补充说,这种技术是否能够得到真正的应用"取决于它能否批量生产以及生产成本是否可以接受"。

(3) 改进产品。指对老产品的性能、结构、功能加以改进,使其与老产品有较显著的差别的新产品。如普通牙膏——药物牙膏。

(4) 仿制产品。指对国际或国内市场上已经出现的产品进行引进或模仿、研制生产出的产品。如市场上出现的新牌号的电视机、手机等大都是模仿已有的产品生产的。

(5) 重新定位产品。指对现有产品开发新用途,或者为现有产品重新寻找消费群,使其畅销起来。如 20 世纪 40 年代麦氏速溶咖啡的定位由上市时的"快捷方便"改变为后来的"美味、芳香、质地醇厚",同时改变了包装,使其很快从滞销产品变为深受消费者喜爱的畅销产品。

在上述五类新产品中,全新产品不常出现,一旦发生,就意味着在一定的地域乃至整个世界都会发生产业结构的大规模调整,能够率先把握住这一时机的国家必将获取丰厚的经济果实。在现实经济生活中起重要作用的是换代产品、改进产品、仿制产品和重新定位新产品,因为这类新产品开发的难度远较全新产品低。

4.3.3　征集并筛选新产品创意

企业要得到新产品,并不意味着必须由企业独立完成新产品的创意到生产的全过程。除了自己开发外,企业还可以通过购买专利、经营特许、联合经营,甚至直接购买现成的新产品等来开发、取得新产品。

新产品创意的主要来源有:顾客、科学家、竞争对手、企业的推销人员和经销商、企业高层管理人员、市场研究公司、广告代理商等。从市场营销的观念出发,消费者需求是新产品构思的起点。企业应当有计划、有目的地通过对消费者的调查分析来了解消费者的基本要求。通过向消费者询问现行产品的缺陷是产生新产品构思的有效方法。

经销人员因经常接触消费者,比较了解消费者的需求状况和消费者对产品的不满程度。有时,他们还能提出一些有价值的建议。对竞争企业的密切注意,有利于新产品构思,对有关销售渠道人员的调查,了解掌握竞争企业产品的优缺点。对竞争企业产品的详细分析,也能帮助企业改进自己的产品。

创意产生后,需要采用适当的评价系统及科学的评价方法对各种创意进行比较分析,依据市场需求量、产品质量、性能、成本、价格、分销渠道、产品发展趋向、顾客反应、资金、技术水平、设备能力、营销能力、管理水平等因素,开展可行性研究,选出最佳创意。

在筛选阶段,应当注意避免两类错误:删减了有价值的新产品构思,保留了过多的无价值构思。要完全避免这两类错误是不可能的。只能依靠一定的措施、方法,并凭借工作人员的判断力,尽量减少这两类错误的发生。应当了解,筛选的目的是尽可能早地发现没有价值的构思,以减少新产品开发成本,缩短开发周期。

4.3.4　新产品概念的形成

产品构思是企业对新产品的设想,它是新产品开发机构等人员通过对消费者需求的调查、整理获得的。它可能是正确而集中地反映了消费者的普遍需求,也可能是错误地理解了消费者的需要。为了保证企业开发的新产品确实能满足消费者的需求,将产品构思发展成新产品概念是必不可少的重要一步。

新产品概念是消费者对产品的期望。从逻辑学角度来看,产品构思与新产品概念的关系还是一个种概念与属概念的关系。产品构思的抽象程度较高。从产品构思向新产品概念的转化是抽象概念向具体概念的转化过程。一个产品构思可以转化成几个新产品概念。新产品开发人员需要逐一研究这些新产品概念,进行选择、改良。

进行新产品构思后,就应当对产品概念进行试验。所谓产品概念试验,就是用文字、图画描述或者用实物将产品概念展示于一群目标顾客面前,观察他们的反应。例如,一台冰箱,从企业角度看,它是制冷剂、压缩机、箱体、制造过程、管理手段和成本核算,而对消费者而言,则要考虑电冰箱的外形、价格、控温性能、保修期等。

4.3.5　新产品商业分析

商业分析实际上在新产品开发过程中要多次进行。当新产品概念已经形成,产品定位工作也已完成,新产品开发部门所掌握的材料进一步完善、具体,在此基础上,新产品开发部门应对新产品的销货量进行测算。此外,还需估算成本值,确定预期的损益平衡点、投资报酬以及未来的营销成本等。商业分析实质上是确认新产品的商业价值。

在这一阶段,企业市场营销管理者要复查新产品将来的销售额、成本和利润的估计,看看它们是否符合企业的目标。如果符合,就可以进行新产品开发。

4.3.6　新产品设计与试制

完成以上程序,新产品仍然还是纸上谈兵,只有进入试制阶段,构思才开始成为实实在在的产品。经过产品开发、试制出来的产品如果符合以下要求,就可以认为是成功的:在消费者看来,产品具备了产品概念中所列举的各项主要指标;在一般用途和正常条件下,可以安全地发挥功能;能在已定的生产成本预算范围内生产成品。

在这一阶段,往往需要大量的投资,消耗大量的人力和时间。实体样品的生产必须经过设计、试验、再设计、再试验的反复过程,定型的产品样品还经过功能测试和消费者测试,了解新产品的性能、消费者的接受程度等等。最后,决定新产品的品牌、包装装潢、营销方案。

4.3.7　新产品市场试销

试销是将产品投放到具有代表性的市场进行销售,以了解消费者对新产品的反应态度,并进一步估计市场。通过试销企业可获取大量的信息,如新产品的目标市场情况、营销方案的合理性、产品设计、包装方面的缺陷、新产品销售趋势等。利用这些信息,企业可进一步完善产品选择更好的营销方案,保证大规模销售的成功。也有相当多的产品是在试销过程中才发现其具有严重缺陷而中止开发。在这种情况下,试销可使企业避免遭受更大的损失。

4.3.8　新产品正式上市

通过试销,最高管理层已掌握了足够的信息,产品也已进一步完善。企业最后决定产品的商业化问题,即确定产品的生产规模,决定产品的投放时间、投放区域、投放的目标市场、投放的方式〈营销组合方案〉。这是新产品开发的最后一个阶段。如在这一阶段新产品遭到失败,不仅前六个阶段的努力付诸东流,且使企业蒙受重大损失。新产品投放市场的时刻,常常也就是企业在市场上进行殊死决战的关键时刻。按照上述程序,主动开发全新产品的做法对我国许多企业来说还相当陌生。现代产品尤其是高技术产品,其构造严密、机理复杂,只有按照一定的工作程序和组织系统才能成功地开发。

案例:"帮宝适"尿布的诞生

宝洁(P&G)公司以其寻求和明确表达顾客潜在需求的优良传统,被誉为在面向市场方面做得最好的美国公司之一。其婴儿尿布的开发就是一个例子。1956 年,该公司开发部主任维克·米尔斯在照看其出生不久的孙子时,深切感受到一篮篮脏尿布给家庭主妇带来的烦恼。洗尿布的责任给了他灵感。于是,米尔斯就让手下几个最有才华的人研究开发一次性尿布。

　　宝洁公司产品开发人员用了一年的时间,力图研制出一种既好用又对父母有吸引力的产品。产品的最初样品是在塑料裤衩里装上一块打了褶的吸水垫子。但在1958年夏天现场试验结果,除了父母们的否定意见和婴儿身上的痱子以外,一无所获。于是又回到图纸阶段。

　　1959年3月,宝洁公司重新设计了它的一次性尿布,并在实验室生产了37 000个样子相似于现在的产品,拿到纽约州去做现场试验。这一次,有三分之二的试用者认为该产品胜过布尿布。行了!然而,接踵而来的问题是如何降低成本和提高新产品质量。为此要进行的工序革新,比产品本身的开发难度更大。一位工程师说它是"公司遇到的最复杂的工作"。生产方法和设备必须从头搞起。不过,到1961年12月,这个产品进入了能通过验收的生产工序和产品试销阶段。

　　公司选择地处美国最中部的城市皮奥里亚试销这个后来被定名为"娇娃"(Pampers)的产品。发现皮奥里亚的妈妈们喜欢用"娇娃",但不喜欢10美分一片尿布的价格。因此,价格必须降下来。降多少呢?在6个地方进行的试销进一步表明,定价为6美分一片,就能使这类新产品畅销,使其销售量达到零售商的要求。宝洁公司的几位制造工程师找到了解决办法,用来进一步降低成本,并把生产能力提高到使公司能以该价格在全国销售娇娃尿布的水平。

　　娇娃尿布终于成功推出,直至今天仍然是宝洁公司的拳头产品之一。它表明,企业对市场真正需求的把握需要通过直接的市场调研来论证。通过潜在用户的反应来指导和改进新产品开发工作。企业各职能部门必须通力合作,不断进行产品试用和调整定价。最后,公司做成了一桩全赢的生意:一种减轻了每个做父母的人最头疼的一件家务负担的产品,一个为宝洁公司带来收入和利润的重要新财源。

阅读资料:新产品采用者的类型

　　在新产品的市场扩散过程中,由于个人性格、文化背景、受教育程度和社会地位等因素的影响,不同的消费者对新产品接受的快慢程度不同。

　　1. 创新采用者

　　他们富有个性,受过高等教育,勇于革新冒险,性格活跃,消费行为很少听取他人意见,经济宽裕,社会地位较高。该类采用者占全部潜在采用者的2.5%。广告等促销手段对他们有很大的影响力。

　　2. 早期采用者

　　这类消费者一般也接受过较高的教育,年轻富于探索,对新事物比较敏感,并且有较强的适应性,经济情况良好,他们对早期采用新产品具有自豪感。该类采用者占全部潜在采用者的13.5%。他们对广告及其他渠道传播的新产品信息很少有成见,促销媒体对他们有较大的影响力。

　　3. 早期大众

　　这类人群一般较少有保守思想,接受过一定的教育,有较好的工作环境和固定的收入,对社会中有影响的人物、特别是自己所崇拜的"舆论领袖"的消费行为具有较强的模仿心理,他们不甘落后于潮流,但由于他们特定的经济地位所限,在购买高档产品时,一般持非常谨慎的态度。他们常常是在征询了早期采用者的意见后才采纳新产品。这类采用者的采用时间较平均采用时间要早,占有34%的市场份额。

　　4. 晚期大众

　　属于较晚跟上消费潮流的人,其工作岗位、受教育水平及收入状况往往比早期大众略差,他们对新事物、新环境多持怀疑态度,对周围的一切变化抱观望的态度,他们的购买行为往往发生在产品成熟阶段。这类采用者的采用时间较平均采用时间稍晚,占有 34% 的市场份额。

5. 落后采用者

这些人受传统思想束缚很深,思想非常保守,怀疑任何变化,对新事物、新变化多持反对态度,固守传统消费行为方式。这类采用者是采用创新产品的落伍者,占有 16% 的市场份额。

● **分项任务测试:**

结合个人的学习、生活、工作,观察现有产品的缺陷,产生新产品创意。在班级进行交流。运用头脑风暴法讨论开发这种新产品的程序和步骤。

4.4 制订品牌与包装决策

4.4.1 制订品牌决策

在现代市场条件下,品牌不仅仅是某个商品的标志,表明商品的出处,区别市场上同类商品不同生产者或经营者,而且是企业竞争的强有力的武器。因此,正确地制定品牌决策,对企业保持竞争优势是一个重要的决策方面。

1. 认知品牌

品牌(Brand),是一个名称、名词、符号、象征和设计,或者是以上集中的组合,它主要用于识别一个或一群卖主的产品或劳务,使之与其他竞争者的产品或劳务相区别。

案例:脑白金的品牌解密

早在 1995 年末,一种叫 melatonin(即人脑松果腺体素,也叫"褪黑素")的安眠食品在美国市场上引起了一股不小的热潮,而此时的史玉柱一方面开始陷入"巨人大厦"的困境,一方面其保健品"巨人脑黄金"仍在市场上流行。因此,对于与脑保健有关的产品的市场信息自然是史玉柱的巨人集团所密切关注和收集的商业情报。发现 melatonin 在国外市场上的热烈反响,并产生在国内市场做这个产品的念头,对史玉柱来说是顺理成章的事。

然而,不等史玉柱动手,国内就有几家公司开始引进销售 melatonin,但几年过去,这些公司有的已退出市场,没有在这个产品上赚到钱。真正大获成功的只有史玉柱在幕后操控的"健特"公司("健特"即英文 giant 的中文音译,意思仍然是巨人)及其产品脑白金。史玉柱就采取了一个组合创新策略,在 melatonin 的基础上开发拥有自有知识产权的新产品。

首先,史玉柱发现,melatonin 作为保健食品,其功能比较单一,它主要是解决了让睡眠不好的人能够睡好,且又不像其他安眠药那样存在第二天头脑昏沉、长期服用会导致药物依赖性等副作用。但是,一个健康有问题的人要迅速恢复健康,除了要能够睡好之外,还应该有一个好的胃口。能吃、能睡再加上排泄顺畅,才等于拥有健康的身体。于是,他们搞了一种由化积消食通便的山楂与利尿除湿的茯苓等天然植物药成分组成的中药口服液。由"口服液+melatonin"构成一个新的产品,并取了一个好听、好记、通俗又高贵的名字——脑白金,并加以商标注册。同时宣称:没有这种口服液的含 melatonin 的任何其他产品均非脑白金。这样,脑白金就成了史玉柱所操纵的"健特公司"的独享产品,为其后续的市场品牌开发与广告投入提供了保护性壁垒,解除了后顾之忧。

(1)品牌名称:指品牌中可以用语言称呼的部分。如苹果、三星、海尔等都是品牌名称。

人靠衣装、美靠靓装,一个好品牌除了要有一个好产品,到底还要靠什么?当然是名字。可口可乐刚到中国的时候,翻译名叫做"蝌蚪啃蜡",那个时候据说销量非常惨淡,改成现在的可口可乐之后销量暴增。加多宝以前并不叫加多宝,王老吉只靠一个名字,在没有渠道分销的情况下,硬生生在凉茶这个品类中两分天下。所以王老吉到底是靠什么跟加多宝一样在用户心中成为平行品牌的呢?还是名字。

品牌名字最重要的一个作用,就是为了做到自己在顾客心智中的独占性,只有独占性越强,品牌才有可能在消费者心智中形成一定意义上的垄断价值,从而造成自己的垄断。所有的生意都是在追求一定程度上的"垄断"。

而品牌主起名字,往往是希望这个品牌名字能蕴含他的价值观和情绪。所以品牌名字往往是品牌主的价值观、情绪在这个品牌符号的具体表现而已。

对于一个品牌名字而言,可被传播是它的基本属性。如果它的名字是不可被传播的,那么品牌本身的所有诉求、表达就是一个毫无意义的行为,毕竟猜哑谜这种行为在现代高度透明的社会,并不是大家所喜欢的。

(2)品牌标志:指品牌中可以被识别,但不能用语言称呼的部分。如海尔电器以小孩图案作为其品牌的标志。

(3)商标:商标实质是一个法律名词,一个品牌或其一部分经政府有关部门注册登记后,获得使用权、禁止权、转让权和许可使用权等权限,就成为商标。

2017年7月,中国红牛罐体主要供应商——奥瑞金包装股份有限公司收到红牛商标持有者泰国天丝医药保健有限公司起诉,或与红牛并未续约却继续销售有关。

在中国市场,红牛属当之无愧的功能饮料老大。即使天丝拥有所有的商标权,但泰国天丝起码在一年半之内不得使用铁皮金罐的包装方案,包括对蓝帽子的使用。

华彬集团是中国红牛的运作企业。在华彬集团忙着续约的同时,企业的自有品牌正在上位,身为行业龙头的红牛在集团的地位也受到威胁。营销专家李兴敏表示,红牛商标的授权尚无定论,官方也没有发声。经过红牛商标的波折,华彬集团明白单一产品存在风险,"亲生儿女"才是最值得信赖的。因此,不论此次华彬集团是否真正续约成功,未来华彬集团从单一品牌运营到多品牌运作,并向自有商标进行资源倾斜是可预见的必然策略。

(4)品牌化:菲利普·科特勒指出,企业为其产品建立品牌名称、品牌标志,并向政府有关部门注册登记而取得法律保护的一切活动称为品牌化。

2. 创建品牌的意义

品牌和商标,对消费者来说意味着一种产品"标准"。对销售者来说,品牌是企业主要的促销工具,是企业与消费者沟通的中介;是造成产品差别、产品竞争的基本手段。一个良好声誉的品牌对企业而言是一种极其有效的资源。品牌的作用表现为以下几个方面：

（1）产品或企业核心价值的体现。企业通过品牌的整体传播树立了良好的形象,赋予了品牌美好的情感,或代表了一定的文化,使品牌及品牌产品在消费者或用户心目中形成了美好的记忆。比如"麦当劳",人们对于这个品牌会感受到一种美国文化、快餐文化,会联想到一种质量、标准和卫生,也能由"麦当劳"品牌激起儿童在麦当劳餐厅里尽情欢乐的回忆。

（2）识别商品的分辨器。品牌设计具有独特性,品牌的图案、文字有别于竞争对手,能鲜明地突出本企业的特点。例如,人们购买汽车时有这样几种品牌:奔驰、沃尔沃、桑塔纳、英格尔。每种品牌的汽车代表了不同的产品特性、不同的文化背景、不同的设计理念、不同的心理目标,消费者和用户便可根据自身的需要,依据产品特性进行选择。

（3）质量和信誉的保证。品牌代表企业形象,企业从长远发展的角度必须从产品质量上下功夫,特别是知名品牌代表了一类产品的质量档次,代表了企业的信誉。比如人们提到"海尔",就会联想到海尔家电的高质量、海尔的优质售后服务及海尔人为消费者和用户着想的动人画面。

（4）企业的"摇钱树"。品牌给产品增加了附加值,企业可以为品牌制定相对较高的价格,获得较高的利润。如:耐克运动鞋比同等的李宁运动鞋高出几百元;可口可乐公司1999年的销售总额为90亿美元,其利润中27亿美元除去5％由资产投资带来的利润外,品牌为企业带来的利润高额高达22.05亿美元。表4-2显示全球最有价值500品牌的前15位。

表4-2 2017世界五百强企业名单(1～15名)

排名	公司名称	营业收入（百万美元）	利润（百万美元）	国家
1	沃尔玛(WAL-MART STORES)	485 873	13 643	美国
2	国家电网公司(STATE GRID)	315 198.6	9 571.3	中国
3	中国石油化工集团公司(SINOPEC GROUP)	267 518	1 257.9	中国
4	中国石油天然气集团公司（CHINA NATIONAL PETROLEUM）	262 572.6	1 867.5	中国
5	丰田汽车公司(TOYOTA MOTOR)	254 694	16 899.3	日本
6	大众公司(VOLKSWAGEN)	240 263.8	5 937.3	德国
7	荷兰皇家壳牌石油公司(ROYAL DUTCH SHELL)	240 033	4 575	荷兰
8	伯克希尔-哈撒韦公司(BERKSHIRE HATHAWAY)	223 604	24 074	美国
9	苹果公司(APPLE)	215 639	45 687	美国
10	埃克森美孚(EXXON MOBIL)	205 004	7 840	美国
11	麦克森公司(MCKESSON)	198 533	5 070	美国
12	英国石油公司(BP)	186 606	115	英国
13	联合健康集团(UNITEDHEALTH GROUP)	184 840	7 017	美国
14	CVS Health 公司(CVS HEALTH)	177 526	5 317	美国
15	三星电子(SAMSUNG ELECTRONICS)	173 957.3	19 316.5	韩国

3. 品牌化决策

在现代市场中,品牌决策是企业经营活动过程中相当重要的一个环节。一个企业所生产的产品是否采用品牌,这是品牌决策的第一个需要解决的问题。

并不是所有的产品都必须使用品牌,但市场上大多数产品都是使用品牌的。使用品牌,特别是运作比较成功的品牌,给企业带来的益处是不可低估的。可口可乐的老板曾宣称:"即使我的工厂在一夜间烧光,只要我的品牌还在,我就能马上恢复生产。"因为其品牌这一无形资产的价值,已超过了其有形资产的价值。

一般来说,以下几种情况可以不使用品牌:

(1) 产品技术要求简单,不会因为企业不同而形成产品的不同特点,如电力、煤炭、自来水、木材等;

(2) 顾客习惯上不是认品牌购买的产品,如打火机、白糖、面粉等;

(3) 小范围地生产、销售没有明确技术标准的产品,如土特产、手工艺品等;

(4) 企业临时性或一次性生产的产品,如接受外来的加工业务等。

4. 品牌拥有决策

在企业决定了使用品牌后,接下来面临的选择是企业利用自己的品牌还是利用经销商的品牌。采用制造商品牌,这是目前大多数企业所采用的一种决策。品牌一经注册,即拥有经济、信誉、权利和艺术四种价值,实际上是企业的一笔无形资产。仅凭商标可以转让和许可使用这两种权利,就可使企业受益。此外,企业用自己的品牌,可以建立自己的信誉,与购买者建立更为密切的联系,在企业经营方面更为主动。

但如果企业在某一市场上创品牌所花的代价较大,企业实力不足以建立良好的市场信誉时,选用销售商品牌也不失为一种良策。企业采用销售商品牌进行销售,一方面节省了品牌宣传费用,另一方面也可借助销售商的声誉将产品推入某一特定市场。这在产品出口和进入新市场时尤应引起重视。许多大型的百货公司如美国的西尔斯百货公司等,也基本上要求用自己的品牌销售。

案例:耐克—中间商品牌

耐克作为一个全球品牌,享有很高知名度,年销售额95亿美元。然而,很多人不知道它没有自己的生产基地,耐克只是一个中间商品牌。

为了显示自己在市场方面的核心优势,它没有建立自己的生产基地,自己并不生产耐克鞋,而是在全世界寻找条件最好的生产商为耐克生产。并且,它与生产商的签约期限不长,这有利于耐克掌握主动权,其选择生产商的标准是:成本低、交货及时、品质有保证。这样,耐克规避了制造业公司的风险,专心于产品的研究与开发,快速推出新款式,大大缩短了产品生命周期。

5. 系列品牌决策

企业的产品可能有多个大类,每个大类的品牌是相同的还是不同的? 这涉及企业的系列品牌决策。一般而言,企业可以选择的策略有同一品牌策略、个别品牌策略、产品线品牌策略和主辅品牌策略四种类型。

(1) 同一品牌决策。即本企业所生产的所有产品均同时使用一种统一的品牌。例如,日本的日立电器公司的所有电子产品,均采用"日立"牌。这样的好处是:建立某品牌信誉后,当新产品投入市场时,品牌宣传费用少,从而成本降低。但此策略应用是有条件的,这就是企业必须绝对保证所有产品的质量,否则,一旦个别产品在市场上出现不良状况,则会严重影响企业其他产品在市场上的信誉和销售。

(2) 个别品牌决策。即企业生产的各种产品分别采用独自的品牌。不同的产品采用不同的品牌,可以使各个产品根据各自的质量等要求独立发展,降低了因某种产品的质量高低而损坏其他产品和品牌的互感程度。同时,也便于各种产品更有针对性地开展销售工作,方便消费者购买,但企业因此要花费较高的品牌建立和宣传成本。

案例:欧莱雅的全覆盖式多品牌营销策略

欧莱雅是世界上最大的化妆品集团,已经有一百多年的历史。它在全球有 25 个国际知名品牌,在 130 多个国家和地区都有分公司和销售子公司。全球有近 7 万员工、42 家工厂,2012年的营业额超过了 175 亿欧元,欧莱雅是化妆品 500 强企业中唯一一家只做化妆品的公司,同时也是全球 50 家最受欢迎的公司,全球最受尊敬的可持续发展的企业。

欧莱雅 1996 年进入了中国,同时 1997 年决定选苏州作为工业基地,在上海设立了研发与销售总部。2004 年收购了中国本土品牌"小护士"和"羽西"。

欧莱雅是按照渠道分布品牌的。专业美发渠道,这些品牌只在发廊里面销售;大众化妆品在每一个角落都可以找到和看得到,而且它的价位也是非常合理、品质优秀的;高档化妆品部,以兰蔻为首的,碧欧泉、植村秀、圣罗兰、阿玛尼、KISS 都在高档化妆品领域占绝对领域;药房专销的薇姿、理肤泉在中国市场销售非常好。

当我们看到这些品牌的时候,会对大家形容为一个美的拼图,从中可以看到各种不同的品牌,来源于各种世界的各个角落。这种多元的品牌战略,能够充分体现多元化带来的品牌美。欧莱雅的品牌荟萃里面,就包含了法兰西的优雅,拉丁美洲的热情奔放,美国的青春、活力、潮流,日本的精细,中国式的古典,都是以各种不同的文化背景去塑造产品,以让全世界任何一个角落的消费者,无论他们的文化背景如何,都能够在产品种类中找到他们所喜爱的化妆品和他们觉得能够体现自身价值和意义的化妆品品牌。

(3) 分类品牌策略。即企业对所有产品在分类的基础上各类产品使用不同的品牌。如法国欧莱雅集团公司拥有不同价位的产品线。兰蔻等面对富有阶层,美宝莲、欧莱雅则走大众路线。这种策略实际上是前两种策略的一种折中,它既可以区分在需求上具有显著差异的产品类别,又可以反映出强强联合的产品优势,对于多元化经营企业尤其适用。

(4) 主辅品牌策略。通常以企业名称作为主品牌,同时给各产品打一个副品牌,以副品牌来突出产品的个性形象。例如,"海尔-小神童"洗衣机,副品牌小神童表达了"体积小、电脑控制、全自动、智能型"等特点和优势,但消费者对它的认可,主要是基于对海尔品牌的信赖。这种策略可以使新产品与老产品统一化,进而享受企业的整体信誉,同时,各种不同的新产品分别使用不同的品牌名称,又可以使新产品个性化。主辅品牌决策是利用企业已经在市场获得成功的产品的品牌带动改进产品或新产品迅速推向市场的一种策略。这一策略主要适用于原产品的品牌已在消费者心目中形成了较好的形象,而推出新的品牌又需很快打入市场。利用这种决策,可以节省改进型产品或新产品的促销费用,降低成本,以迅速获得市场优势。

案例：冠生园的品牌保护

民国时的旧上海有一家 ABC 糖果厂。该厂老板冯伯镛利用儿童喜爱"米老鼠"卡通片的心理，为自己的产品设计了一种米老鼠包装，并命名为"ABC 米老鼠"奶糖，结果一下子走俏国内市场。新中国成立后，ABC 糖果厂并入上海冠生园，其主要产品仍是"米老鼠奶糖"。到了 20 世纪 50 年代，考虑到老鼠是"四害"之首，冠生园又设计了一种以大白兔为形象的包装，与米老鼠包装一起使用。

但由于没有产品整体观念，没有品牌意识，"大白兔"和"米老鼠"却一直没有注册成为合法商标。1983 年，一家广州糖果厂到冠生园取经，这之后他们也开始生产"米老鼠奶糖"，而且还抢先一步把"米老鼠"给注册了。不久之后，这家广州糖果厂又以区区 4 万美元把"米老鼠"卖给了美国的迪士尼，至此，这一由中国人创造并经营达半个世纪的著名品牌就由外国人控制了。

美国迪士尼公司在买到"米老鼠"商标控制权后，又主动找到上海冠生园，表示允许冠生园继续使用该商标，但要求每年坐收利润的 8% 作为商标特许使用费，实实在在的、冷冰冰的数字化似重槌，使冠生园震惊痛心，痛定思痛他们终于从梦中觉醒了。值得庆幸的是，当年的"除四害"使冠生园诞生了一只"大白兔"而不至于倾家荡产。

冠生园吸取这次血的教训，赶紧为幸存的"大白兔"注册。为稳妥起见，冠生园不仅注册了"大白兔"，还把与"大白兔"近似的十几种兔子都进行了注册，使其组成了一个"立体防御体系"。着眼未来，冠生园还把"大白兔"的注册领域延伸到食品、钟表、玩具、服装等各个与儿童有关的行业。不仅如此，冠生园还在工业知识产权《马德里协定》的 20 多个成员国和另外 70 多个国家和地区拿到了"大白兔"的注册证。出色的商标战略，使冠生园在国内企业中脱颖而出，成为市场竞争中的佼佼者。

超前性的商标注册，只是为"大白兔"的未来发展打下了基础，而真正关键的是如何让"大白兔"在国内和国际市场活跃起来。冠生园根据时代的变化，开始重新塑造这只兔子。经过一番精心设计，一只以跳跃的兔子为主体，以大蘑菇为背景的崭新的"大白兔"商标诞生了。这个漂亮的兔子形象，不仅加深了中国人对老品牌的印象，也受到世界消费者的欢迎。美国人就把中国听装"大白兔"奶糖上那只活泼可爱的兔子当成复活节的象征。接着，冠生园又创造了 20 多种卡通大白兔的形象，有唱歌的、跳舞的、划船的、钓鱼的、开摩托车的、打球的、射箭的等等，都多姿多彩、美不胜收，"大白兔"终于"活"起来了。

6. 品牌延伸决策

品牌延伸指企业利用已经成功的品牌推出改良产品或新产品。如耐克，从运动鞋起步，后来逐步扩大到运动服和其他运动产品。这种策略的优点是可以降低广告宣传费用，有利于新产品投入市场，也有利于企业创名牌。但若推出的新产品不好，就会影响到原来产品的形象。

案例：品牌延伸导致品牌淡化

若干年前，美国美能公司推出了一种洗发精和润发乳二合一的产品，取名为"蛋白 21"，很快取得了 13% 的市场占有率，并成为知名品牌。公司又接连用这一品牌推出蛋白 21 发胶、蛋白 21 润发乳、蛋白 21 浓缩洗发精等产品。结果事与愿违，由于品牌延伸模糊了蛋白 21 作为二合一洗发护发用品的特征，从而也就淡化了消费者对它的独特偏好，结果蛋白 21 从 13% 的市场占有率降为 2%。

4.4.2　包装决策

随着现代市场经营水平的不断提高,产品的包装已经成为买方和卖方都十分重视的一项产品影响因素,是现代整体产品概念中的一个重要构成部分。

俗话说"人要衣装,佛要金装""三分人才,七分打扮""货卖一张皮"。大多数产品,在从生产领域流转到消费领域的过程中,都需要有适当的包装。包装是产品实体的一个重要组成部分,在西方,包装一向受到生产者和经营者的高度重视,有些营销学家甚至把包装称为营销因素四个 P 之外的第五个 P(Package)。

1. 认知包装

所谓包装,不仅是指保护产品质量和便于流通的容器或包扎物,而且还应具有促销的功能。包装在过去一直被认为是产品制成的最后一步而不是投入市场的第一步,这种观念一直阻碍着商品价值和使用价值的更好实现。虽然产品的核心部分是效用和内在质量,但被消费者首先感知和体会的是其包装,这也是市场竞争中的一个重要手段。

通常,包装有以下几个作用:有助于保证产品的内在质量;有助于产品的运输和消费者的购买;有助于美化产品,增加附加利益,提高产品的竞争能力。

> **案例:大白兔奶糖换法式包装,身价涨 9 倍**
>
> "大白兔奶糖新包装价格涨 9 倍,一斤 265 元你会买吗?""大白兔奶糖+法国设计……"昨天,许多市民的微信朋友圈都出现了这样的话题。作为上海人津津乐道的老字号糖果品牌,大白兔奶糖携手法国时尚品牌"agnèsb."推出限量珍藏版蓝色、粉色两款兔形铁盒装的奶糖,蓝色盒装(牛奶味)128 克,每盒售价 65 元,粉色盒装(红豆味)同量每盒售价再贵 3 元,这一身价是传统普通包装大白兔奶糖的 10 倍。
>
> 尽管身价倍增,不过依然有一部分"有钱、任性"的消费者愿意为礼盒包装的"高颜值"奶糖买单,或是作为送人的礼品,或是为了满足自己的"少女心"。对此,有专家表示,在礼品包装方面,沪上一些老字号的附加价值远不如国外产品,"大白兔"的此次尝试不失为一种创新探索。
>
> 事实上,大白兔奶糖近年来一直在尝试改变,除了传统的牛奶口味外,还新增了咖啡、鲜果、红豆等口味,不过有些消费者最钟爱的还是牛奶味。即使消费者的口味各有偏好,对大白兔奶糖换新的包装却一直乐于接受。此前,大白兔奶糖已推出过不少特殊包装,如"巨白兔"、玻璃牛奶瓶装、小方铁盒装等,也都受到好评。
>
> 对于大白兔奶糖此次换"法式外衣",有商业专家表示不失为一种创举。沪上一些老字号品牌产品品质好,但在包装上太过朴素,而人们出国旅游爱买的一些零食,薄薄十多片小饼干配上精美的包装,也能卖到几十元人民币。大白兔奶糖"珍藏版"的推出,可以说是老品牌对创新的一次探索,并不是单纯的涨价,而是在普通大白兔奶糖正常销售的情况下,为消费者多提供一种选择。

2. 包装的决定因素分析

正因为包装的如此重要,所以,企业应重视包装决策,正确地选择包装策略。包装决策主要考虑以下几个方面:

(1) 根据包装的对象,决定包装的主要功能是什么。是采用防水包装、防锈包装,还是防震包装或其他。另外,要考虑到包装能反映出产品的特色、特性,从而便于买主选择、购买,使消费者能直观地了解产品的特色。

(2) 决定包装要素。一般来说,产品包装是由包装的材料和形状、图案和色彩以及必要的标识等要素组成。决定这些要素时,还必须和市场营销因素如定价等相协调,必要的包装标识主要是指便于运输、贮运的指示性标识和警告性标识以及便于消费者购买而标明的解释性标识等。

此外,包装设计要符合国家的包装法规,如出口产品的包装还应注意消费国对包装的规定,应遵守包装道德,注意减少包装废弃物对生态环境的污染等。

3. 包装策略选择

(1) 类似包装策略。企业生产的各种产品在包装上采用相类似的包装材料、图案、色彩、外形,有利于降低包装设计费用,便于消费者识别、购买。

(2) 组合包装策略。将几种关联性较大的产品组合在一起包装,成套供应,这样不仅便于顾客的购买和使用,而且对企业的促销也带来便利。例如成套的化妆品等。

(3) 附赠品包装策略。即在包装中附有奖券、小礼品等。

(4) 增加用途包装策略。指包装物在物品使用前暂时做包装用途,以后可以被消费者作为他用。如雀巢咖啡、果珍等,采用玻璃杯包装,用完后将其作为水杯使用。

案例:香奈尔5号香水——香水瓶成为艺术品

1921年5月,当香水创作师恩尼斯·鲍将他发明的多款香水呈现在香奈尔夫人面前让她选择时,香奈尔夫人毫不犹豫地选出了第五款,即现在誉满全球的香奈尔5号香水。然而,除了那独特的香味以外,真正让香奈尔5号香水成为"香水贵族中的贵族"的,却是那个看起来不像香水瓶反而像药瓶的创意包装。

服装设计师出身的香奈尔夫人,在设计香奈尔5号香水瓶型上别出心裁。"我的美学观点跟别人不同:别人唯恐不足地往上加,而我一项项地减除。"这一设计理念,让香奈尔5号香水瓶简单的包装设计在众多繁复华美的香水瓶中脱颖而出,成为最怪异、最另类,也是最为成功的一款造型。香奈尔5号以其宝石切割般形态的瓶盖、透明水晶的方形瓶身造型、简单明了的线条,成为一股新的美学观念,并迅速俘获了消费者。从此,香奈尔5号香水在全世界畅销90多年,至今仍然长盛不衰。

1959年,香奈尔5号香水瓶以其所表现出来的独有的现代美荣获"当代杰出艺术品"称号,跻身于纽约现代艺术博物馆的展品行列。香奈尔5号香水瓶成为名副其实的艺术品。对此,中国工业设计协会副秘书长宋慰祖表示,香水作为一种奢侈品,最能体现其价值和品位的就是包装。"香水的包装本身不但是艺术品,也是其最大的价值所在。包装的成本甚至可以占到整件商品价值的80%。香奈尔5号的成功,依靠的就是它独特的、颠覆性的创意包装。"

● 分项任务测试:

1. 列举5个领域(行业)你所能记住的品牌。同学进行交流,你会发现,每个品类消费者记住的品牌不会超过7个,营销学家把这种现象称为"心智抽屉"。分析现代社会中品牌的重要性及创建品牌的关键。

2. 到商场、超市中找出你认为非常好和非常不好的产品包装,并说出你的理由。

知识检测

一、选择题

1. 产品的核心部分是指产品提供给消费者的(　　)。

　　A. 实体本身　　　　B. 基本功能　　　　C. 产品构造　　　　D. 基本效用或利益

2. 企业对产品线中的各牌号的产品所包含的花色、款式、品种的数量做出的决策,属于产品组合的(　　)。

　　A. 宽度决策　　　　B. 长度决策　　　　C. 深度决策　　　　D. 关联性决策

3. 某企业原来经营高档服装,为迅速扩大销售,应付日趋激烈的服装价格竞争,它开始向经营中、低档服装方向发展,这种决策被称之为(　　)。

　　A. 产品线换代决策　B. 产品线充实决策　C. 产品线延伸决策　D. 产品线带动决策

4. 在原有产品基础上采用或部分采用新技术、新材料研究出来的新产品,称作(　　)。

　　A. 改进产品　　　　B. 换代产品　　　　C. 全新产品　　　　D. 仿制产品

5. 把电熨斗加上蒸汽喷雾,电风扇改成遥控开关。这类新产品属于(　　)。

　　A. 改进产品　　　　B. 换代产品　　　　C. 全新产品　　　　D. 仿制产品

6. 在产品生命周期的(　　),企业应积极主动地扩大分销渠道,为日后产品的销售奠定良好的网络基础。

　　A. 投入期　　　　　B. 成熟期　　　　　C. 衰退期　　　　　D. 成长期

7. 当产品处于(　　)时,市场竞争最为激烈。

　　A. 成长期　　　　　B. 投入期　　　　　C. 成熟期　　　　　D. 衰退期

8. 取脂定价策略的主要优点是(　　)。

　　A. 有利于价格竞争　　　　　　　　　B. 有利于阻止竞争对手介入

　　C. 有利于在短期内补偿成本　　　　　D. 有利于扩大市场份额

9. 对于拥有良好声誉且生产质量水平相近产品的企业,宜采用的包装策略应是(　　)策略。

　　A. 等级包装　　　　B. 类似包装　　　　C. 分类包装　　　　D. 配套包装

10. 企业采用统一品牌策略,(　　)。

　　A. 能够降低新产品的宣传费用　　　　B. 有助于塑造企业形象

　　C. 易于区分产品质量档次　　　　　　D. 促销费用较低

　　E. 适合于企业所有产品质量水平大体相当的情况

二、名词解释

产品整体概念;产品组合;产品线;制造商品牌;产品生命周期;快速渗透策略;配套包装;品牌扩展;主辅品牌策略

三、简答题

1. 简述产品组合及其宽度、长度、深度和相关性。

2. 企业的品牌决策包括哪些内容? 各有什么特征?

3. 试述产品生命周期各阶段特点及市场营销策略。

4. 试述新产品的开发程序。

5. 简述包装策略的主要类型。

案例分析与运用

老干妈的品牌营销密码

2016年,老干妈销售额突破45亿元,20年间产值增长超过600倍。老干妈一瓶辣椒酱平均8元,每天生产230万瓶,一年用4.5万吨辣椒,菜油10多万吨;近3年来年缴税20.62亿元,20年来纳税额增长了150倍。面对这一切业绩,绝对是除了佩服,还是佩服。

(1) 产品优势:独特的产品、好吃的味道

优秀的产品力,可以说是老干妈兴起的第一要素,没有这个出色产品力,就不可能有老干妈后面的传奇。陶华碧,从小就喜欢调一些佐料调味,因为这个产品,她生意红火,并且形成了良好的口碑,从凉粉店变成了食品店、辣椒酱加工厂、食品有限责任公司、中国辣椒酱第一品牌。这一切的起点,都是源于老干妈最初自制辣椒酱出色的产品力、味道。

(2) 价格优势:大众价格、平民价格

这也是老干妈一开始的定位——平民大众入手,这是陶华碧最初早市摆地摊就形成的客户群定位。而在她开了简陋小店时,也是同一定位——为学生、为司机着想,从平民大众入手,发展到后来也没有改变定位,10元左右的辣椒酱,在今天也可以说是极为物美价廉。这种大众价格、平民价格,让老干妈辣椒酱有了广大用户群,也拥有了一个广大的市场。

(3) 渠道优势:终端深耕、渠道拓展、全国市场扩张

虽然从摆地摊、开小店做起,但是老干妈却有着天然朴实的市场感,陶华碧直接向渠道终端进行推荐、铺货、试销,亲自用提篮装起辣椒酱,走街串巷向各单位食堂和路边的商店推销,并成功打开了市场。

(4) 品牌保护意识非常强,每年打假投入三千万

随着企业的不断发展,老干妈的品牌广为人知,但是假冒的老干妈层出不穷。老干妈公司近年来每年都要安排两三千万用来"打假"的专项资金。此外,老干妈公司对商标保护也加强了措施。目前,该公司全部注册商标达114个,包括"老干爹""老干妈""妈干老"等商标,这都是为了防止一些公司打擦边球,对老干妈品牌有所影响。

问题:

1. 试分析"老干妈"品牌的内涵。

2. 结合"老干妈"品牌的成功谈谈中国本土化品牌的发展战略。

技能训练

1. 深入当地的海尔专卖店,了解海尔公司的产品组合,并分析其产品组合的特点。

2. 运用产品的整体概念分析手机产品的三个层次,分析当前中国市场上手机的竞争要素。

3. 分析比较当前电视机产品中,哪些产品处于介绍期、成长期、成熟期、衰退期?

4. 列举你最喜爱的品牌及其代言人,分析该品牌的独特性。

5. 搜集有特色的商品包装一件,带到班级与同学分享、交流。

任务5 制定价格策略

【任务目标】

知识目标：

1. 理解定价的基本原理；
2. 掌握三种定价方法；
3. 掌握并运用基本的定价策略。

技能目标：

1. 能够根据企业的定价目标选择相应的定价方法；
2. 能够针对市场需求选择相应的定价策略；
3. 能够根据环境变化对价格实施调整。

【任务分解】

任务5：制定价格策略

5.1 确定定价目标

↓

5.2 选择定价方法

↓

5.3 制定价格策略

↓

5.4 价格调整

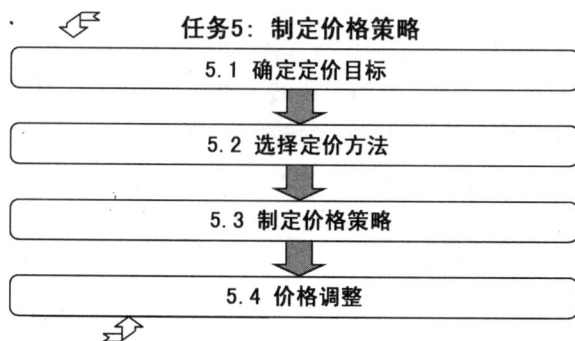

在市场营销活动中,价格直接影响着消费者的选择。尽管近年来非价格因素影响消费者选择的重要性日趋上升,但价格作为供求双方最具理智性的行为指标,仍是决定企业市场占有率与获利能力的最重要因素。同时,价格又是营销组合中唯一能创造收入的因素(其他因素皆可视为成本的发生),它直接影响和决定着企业收益水平的高低,关系到企业短期盈利目标的实现以及长期发展的兴衰存亡。因此,营销中的定价与价格竞争业已成为企业决策者考虑的首要问题,须引起企业界的充分重视。

5.1 确定定价目标

5.1.1 认知营销定价

1. 价格的含义

从最狭义的角度来说,价格是对产品或服务所收取的金钱。较广义地来说,价格是指消费者用来交换拥有或使用产品或服务利益的全部价值量。价格曾经是影响购买选择的主要因

123

素。虽然在近几十年来,非价格因素在买方购买行为中已经变得越来越重要,但在较贫穷的国家、在较贫困的群体和大宗商品的交易中,价格仍然是影响购买行为的主要因素。

2. 营销定价的基本原理

定价即价格的形成,是营销组合中唯一能产生收益的要素(其他要素均表现为成本)。合理的定价不仅可使企业顺利收回投资,达到盈利目标,而且能为企业的其他活动提供必要的资金支持。然而,企业产品定价要受到许多因素的制约,而不能随意而为。并且,随着市场环境的不断变化,企业还需要适时地调整价格,以保持竞争优势和企业拥有的市场份额。

从理论上说,价格是商品价值的货币表现,以货币来表示的商品或服务的价值就称为该商品或服务的价格。一方面,价格的高低直接影响市场需求,影响产品在市场上的竞争地位和市场占有率,进而影响企业的销售收入和利润;另一方面,价格又是企业其他营销策略的函数,也是营销组合中最灵活的因素,须与营销组合的其他策略相辅相成地发挥作用。

在企业的市场行为中,其产品价格的决定是供求双方力量共同作用的结果。从需求的角度看,企业的产品能否为消费者所承认,取决于以下三个方面:① 产品的质量、性能、包装以及服务对消费者的吸引力等;② 企业的公众形象以及中间商、零售商的声誉;③ 价格对目标市场消费者实际支付能力的适合程度。

从经济学的观点看,价格的形成受到供应和需求的相互影响:随着价格的增加,供应量会上升;随着价格的增加,需求量会上升。当企业的定价使得需求量与供应量相等时,市场会形成供求平衡,此时的价格 P_0 称为长期价格或均衡价格(如图 5-1 所示)。

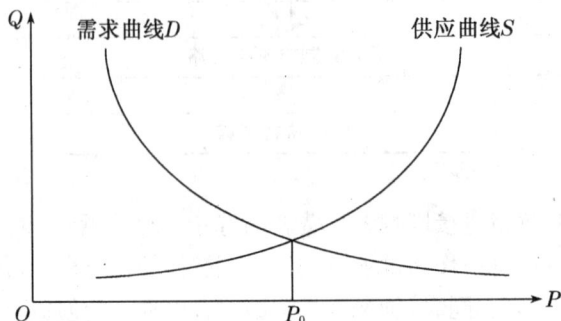

图 5-1　价格形成的基本原理图

以上供求两方面的分析构成企业定价的基本原则。即:既能保持对目标市场消费者足够的价格吸引力,以求得更大的市场占有率,又能使企业获得较高的收益水平,有利于企业的生存和发展。

5.1.2　影响定价的主要因素分析

企业最终的产品定价是众多影响因素相互作用的结果,归纳起来有企业内部因素和外部因素两个方面。

1. 成本因素分析

成本通常包括生产成本、分销成本、物流成本、融资成本等。根据成本的性质可以分为固定成本和变动成本两部分。固定成本(FC)指不因产量而变动的成本。变动成本(VC)指随着产量的变化而变化的成本。二者构成产品的总成本(TC)。它是企业在正常的市场环境下定价的最低限,从而构成企业决定产品价格的最基本因素。市场竞争中,产品成本较低的企业在价格决定方面往往具有较大的主动性,易于维持竞争优势,并能得到预期合理的利润回报。

案例:星巴克北京国贸店因房租太高关门

2013 年,星巴克在中国内地的首家店北京国贸店停业搬迁。该店店员将会被分配到国贸二期、三期或者是建外 SOHO 的星巴克咖啡馆。原店址将被某奢侈品牌箱包店取代,目前该店铺已经在装修中。市场估算,国贸星巴克人员和房租成本约在 700 万元/年。

星巴克咖啡公司成立于 1971 年,是世界上最大的咖啡连锁店之一。目前,星巴克在全球有 18 100 家连锁店。从单店收入上看,欧洲地区最强。

目前,星巴克在中国的门店数为 850 家左右,根据星巴克计划,要在 2015 年之前增加到 1 500 家,也就是说全国各地星巴克在不断开张。但另一个现象是,星巴克早先布局的北京、上海等热点区域门店都将面临租约到期、租金大幅上调的压力。面临租金上涨困境的不止有星巴克,2013 年 5 月,在长安商场经营 20 年的麦当劳店关门谢客,令很多老顾客唏嘘不已。事实上,面临房租压力的还有外资商超和百货业。统计显示,家乐福在未来两年将集中面临一批门店租约到期,能否承受业主大幅提租将是家乐福面临的一个严峻考验。

2. 产品因素分析

产品特性包括产品的包装、功能、品质、形状、颜色等。对高度流行或对品质威望具有高度祈求的商品,价格乃属次要。产品之间的差异性决定了产品价格的差异性。产品差异性不仅指实体产品本身的差异,还包括产品设计、商标、款式、售后服务以及销售渠道等诸方面的差异。企业产品的差异性越大,则其定价的灵活性就越大。这是因为:

(1)产品的差异性使竞争对手之间产生区别,且由于消费者对品牌的忠诚,使得产品价格刚性增强。

(2)产品的差异性使得消费者无法相互比较,价格的敏感性相对减弱。

(3)具有差异优势的产品,在应付替代品方面亦较其竞争者处于更有利的市场地位,但取得差异优势的产品往往须付出较高的成本代价。

3. 市场需求因素分析

消费者需求对企业定价的影响可以从以下四方面反映出来:

(1)需求能力。企业的产品定价应充分估计消费者意愿并且能够支付的价格水平。它构成企业产品在市场的价格上限。

(2)需求强度。指消费者想获取某种商品的欲望程度。消费者对某一产品的需求强度愈大,则价格的敏感愈差;反之亦然。市场需求量对价格变动的灵敏程度通常用价格需求弹性系数来表示。价格需求弹性小的产品,其供求关系对价格的影响较小;价格需求弹性大的产品,其供求关系对价格的影响较大。

(3)需求层次。不同需求层次的消费者对同产品的需求强度不一样,因而对其价格的敏感程度亦有所不同。对于高需求层次的市场定位,应采取高价格政策与之相适应。

(4)价格认知。认知价值是指消费者对产品价值的主观判断。如果消费者认为他们得到的商品价值低于价格,即"值得那么多钱吗?",就不愿意购买商品。

定价:企业应掌握的心理战

在关于商业决策的所有话题里,价格心理学似乎始终是被研究得最少、价值最被低估、最为言之过简的一门学问。制定价格是一场心理战。如何将这种定价技巧发挥得淋漓尽致,以获得最多的商业利润,值得企业经营者下工夫。需要强调的是,定价绝非"成本加利润"这么简单,成本只能告诉你最低售价,但并非合适的售价。你的价格必须根据你向消费者提供的价值,而非你付出的成本来制定。

当消费者首次遇到一种新的产品或服务时,他们通常对该产品或服务的价值并无多少概念。在少数情况下,该产品或许会产生可量化的实惠。你可以推出各具特色的商品,制定不同的价位。读懂消费者的心声,并不需要他们直接回答,而是要观察让他们做出选择的商品差异是什么。

消费者对于产品的价值认知具有主观性,并受到销售环境的重大影响。不同的顾客有不同的预算,这可以从他们愿意为产品支付的金钱上反映出来。几乎每个市场上都有这样一群顾客:一些顾客可能是因为他们更喜欢这种商品,也可能是因为口袋里的钱比较多,他们愿意支付更多的钱;而其他顾客则希望或者只能支付更少的钱。如果你所出售的是标准化商品,你就可以运用这种产品差异化的办法,从较高端的客户身上获得更多的金钱。

4. 市场竞争因素分析

企业的定价在市场竞争中无疑是一种挑战性行为。任何一次价格的设定与调整都将引起同行或替代产品竞争者的关注,并有可能导致竞争者的反击。在现有的诸多竞争方式中,价格竞争显得更为原始和残酷。而竞争的结果带来的可能是整个行业的平均利润率的降低,尽管如此,处于竞争劣势的企业则更多地采用追随性价格政策。故企业产品的定价无时不受到其竞争者定价行为的影响和约束。

在完全竞争条件下,由于买卖双方对商品的价格均无影响力,价格只能随供求关系而定,为此,企业只能接受现实的价格。在完全垄断条件下,由于某产品完全被一个垄断组织所控制,因而该组织拥有较大的定价自由。但是,垄断组织在制定价格时,也必须考虑比较高的价格可能会引起消费者的反感和政府的干预。在不完全竞争条件下,对价格的影响力是由企业对市场的控制能力的大小决定的。

5. 宏观因素分析

企业定价时还要考虑当前所处的宏观经济环境、利率、经济形势(繁荣、萧条)、通货膨胀、国家有关价格法律法规等因素。

经济发展,人们的收入增长快,易出现需求膨胀,导致物价总水平上涨;而经济处于调整,经济发展放慢,人们收入增长减缓,易出现有效需求不足,影响物价总水平基本稳定。作为国家与消费者利益的维护者和代表者,政府力量渗透到市场行为的每一个角落。在企业定价方面,政府的干预表现为一系列的经济法规,如美国的《反托拉斯法》《反倾销法》等,在不同方面和不同程度制约着企业的定价行为。这种制约具体表现在企业的定价种类、价格水平等几个方面。因此,企业的价格政策必须遵循政府的经济法规。

阅读资料:消费价格指数 CPI

CPI(居民消费价格指数,consumer price index)是指城乡居民购买支付生活消费品和服务项目的价格指数。按年度计算的 CPI 指数变动率,通常被用来反映通货膨胀或紧缩程度。

我国 CPI 的调查内容分为食品、衣着、家庭设备用品及服务、医疗保健及个人用品等 8 大类，约 700 种商品和服务项目。统计局每次计算 CPI 时，都参照抽样调查原理选中近 12 万户城乡居民家庭（城市近 5 万户、农村近 7 万户）进行调查统计。

6. 其他因素分析

企业在确定产品的价格时，除了考虑以上因素外，还要考虑流通渠道、营销组合策略、销售量、定价工作者等因素。价格是营销组合的因素之一，定价时，必须考虑到不同的产品、分销渠道、促销方式等，然后确定不同的价格水平。销售量对价格的影响，一般表现为销售量与价格成反比例关系。参与定价的人员一般有最高领导层、产品经理、营销经理、专门的定价机构等，价格的制定是否正确、合理，与定价工作者的知识经验、接受外界信息、本人的性格、态度等各方面密切相关。

案例："价格屠夫"尼采手机的没落

凭借"像卖保健品那样卖手机"的营销模式，两位四川商人创建的尼彩手机大获成功。然而，随着近年来智能手机市场竞争的加剧，尼彩模式遭遇没落。

2011 年 4 月，首家尼彩手机工厂店在江苏南京成立。凭借一款最低售价 399 元、外形几乎与苹果 iPhone4 一模一样的 i8 双卡双待手机，尼彩科技杀入中国手机市场，"手机工厂店，每台只赚 10 元"等广告语赚足了眼球。

尼彩宣称首创"手机工厂店"模式，用超低价位的"工厂价"冲击原有手机定价体系，"每台手机只赚 10 元"成为重点宣传的口号，集中力量在平面媒体、电视媒体上投放海量广告，在重点省份快速建店迅速扩张。

最初一两年，"低价屠杀＋广告轰炸＋工厂直营"的尼彩模式大获成功。但 2013 年以后，这种"像卖保健品那样卖手机"的营销模式，似乎走到了尽头。

首先，各大移动运营商杀入低价手机市场，同样价格也可以买到移动、联通、电信的定制机。此外，运营商销售的低端智能机不但售价便宜，而且可以参加各种"0 元购机"活动，缴纳话费就可以拿走手机，这种销售方式，吸引了大量的消费者。尼彩的智能机，价位和几大运营商的低端定制机形成直接的竞争态势。加之在购机政策、品牌知名度、销售渠道等方面，尼彩手机无法与运营商匹敌。

同时，尼彩还面临诸多山寨手机的冲击。2011 年大量山寨机厂商转战智能机领域，拉低了智能手机的进入门槛。如今，和尼彩手机同样价位的智能手机，在市场上比比皆是，比如成都市场热销的诺亚信、海旭、宝捷讯等，3.5 寸屏幕的 299 元就可以买到。以"价格战"成名的尼彩手机，在价格上失去了优势，盛极而衰似乎顺理成章。

5.1.3　确定定价目标

企业的定价目标规定了其定价的目的和水平。该定价目标最终取决于企业的经营目标。一般来说，企业可能同时追求多项目标，目标愈清晰，则价格愈易确定。而每一价位的设定，又都影响到利润、销售收入以及市场占有率等目标的实现。定价目标是定价决策的基本前提和首要依据。

1. 以最大利润为目标

最大利润有长期和短期之分，还有单一产品最大利润和企业全部产品综合最大利润之别。

一般而言,企业追求的应该是长期的、全部产品的综合最大利润,这样,企业就可以取得较大的市场竞争优势,占领和扩大更多的市场份额,拥有更好的发展前景。

如果企业希望以最快的速度收回初期开拓市场的投入并获取最大的利润,往往会在已知产品成本的基础上,为产品确定一个最高价格,以求在最短时间内获取最大利润。企业在较准确地掌握某种产品的需求与成本函数的情况下,可以通过建立数学模型得到最大化时的商品价格。

案例:Gucci(古驰)定价策略陷"短期逐利"困局

奢侈品牌Gucci(古驰)于2016年10月16日在华进行全面提价,提价幅度10%。据悉,月初,Gucci已经在欧洲市场对全线产品进行调价,涨幅约在10~30欧元,远低于国内的涨幅水平。值得一提的是,这是Gucci 2016年度内第二次提价,与目前奢侈品大牌降价策略大相径庭。

但在定价策略方面Gucci一直不走寻常路,2015年Gucci是奢侈品打折促销最为凶猛的品牌,在北京、上海等地进行5折促销。时过境迁,随着Gucci业绩一路凯歌,打折救市的策略摇身变成了提价树立品牌。然而,在业内人士看来,Gucci这种卖得好就涨价、卖不好就降价的定价策略,短期内或许可以收获营业额,但是对于品牌的长期价值而言百害而无一利。

采用这种定价策略,会使企业面临两种风险:第一,当前利润最大化,有可能会丧失扩大市场份额的良好时机,损害企业的长远利益;第二,对产品的需求弹性的测定和对产品生产、销售总成本的预计往往会有偏差,由此定出的价格可能不太准确,企业可能会因定价过高而达不到预期销售量,或者定价低于可达到的最高售价而蒙受损失。

2. 以合理利润为目标

它是指企业在补偿社会平均成本的基础上,适当地加上一定量的利润作为商品价格,以获取正常情况下合理利润的一种定价目标。采用适度利润目标有各种原因,以适度利润为目标使产品价格不会显得太高,从而可以阻止激烈的市场竞争,或由于某些企业为了协调投资者和消费者的关系,树立良好的企业形象,而以适度利润为其目标。需要指出的是,适度利润的实现,必须充分考虑产销量、投资成本、竞争格局和市场接受程度等因素。否则,适度利润只能是一句空话。

采用这种定价目标的企业,往往是为了减少风险,保护自己,或限于力量不足,只能在补偿正常情况下的平均成本的基础上,加上适度利润作为产品价格。条件是企业必须拥有充分的后备资源,并打算长期经营。临时性的企业一般不宜采用这种定价目标。

3. 以销售额为目标

这种定价目标是在保证一定利润水平的前提下,谋求销售额的最大化。某种产品在一定时期、一定市场状况下的销售额由该产品的销售量和价格共同决定,因此销售额的最大化既不等于销量最大,也不等于价格最高。对于需求的价格弹性较大的商品,降低价格而导致的损失可以由销量的增加而得到补偿,因此企业宜采用薄利多销策略,保证在总利润不低于企业最低利润的条件下,尽量降低价格,促进销售,扩大盈利;反之,若商品的需求的价格弹性较小时,降价会导致收入减少,而提价则使销售额增加,企业应该采用高价、厚利、限销的策略。

采用销售额目标时,确保企业的利润水平尤为重要。这是因为销售额的增加,并不必然带来利润的增加。有些企业的销售额上升到一定程度,利润就很难上升,甚至销售额越大,亏损越多。因此,销售额和利润必须同时考虑。在两者发生矛盾时,除非是特殊情况(如为了尽量地回收现金),应以保证最低利润为原则。

案例:拒绝薄利多销,百事可乐重磅推出走心的高端水产品

近日,百事可乐发布了第二季度的财报,净营收和利润都取得了显著的增长。而经济效益增长的背后,其实是产品价格获得的胜利,因其在北美市场推出了高端产品 LIFEWTR 水。

一般来说,百事可乐的利润回报都是采取薄利多销以量取胜的方式,而这次它却颠覆了大家的认知,推出了高端产品来获取营收利润。百事公司将饮料企业固有的薄利多销的商业模式做出了调整,通过努力销售单价高的产品,从而带动营收的大幅度增长。

完全不同于薄利多销的商业模式,高端产品并不需要那么大的消费量,就能取得不错的成绩。我们可以大概估算一下,以"LIFEWTR 水"为例,看看高端产品为什么会有如此丰厚的利润。先从普通矿泉水说起,一瓶售价为 2 元的 550ml 普通矿泉水,除去所有的成本,算下来每瓶大概可以获取 1.59 元人民币的利润,虽然每瓶的利润并不高,但是利润率却能达到 80%。

而一瓶售价 60 元的高端水,由于水源稀少、交通运输困难和更高级的包装等因素,使得成本有所增加。虽然高端水成本比普通水高出许多倍,但在利润率上获得的回报也要远高于比普通矿泉。这样说来,卖一瓶高端水相当于卖出 30 瓶普通矿泉水,高端产品确实不用通过巨大的销售量就能获得可观的营收和利润。

在努力卖高价产品的同时,百事还在持续降低成本。据了解,百事推出了一项"低成本计划",计划每年至少节省 10 亿美元,届时营销和研究投入都会相应地减少。如果这样来看,百事可乐与可口可乐未来的营销大战,或许将没有想象中的那么精彩了。

4. 以投资收益为目标

投资收益定价目标是指使企业实现在一定时期内能够收回投资并能获取预期的投资报酬的一种定价目标。采用这种定价目标的企业,一般是根据投资额规定的收益率,计算出单位产品的利润额,加上产品成本作为销售价格。但必须注意两个问题:第一,要确定适度的投资收益率。一般来说,投资收益率应该高于同期的银行存款利息率。但不可过高,否则消费者难以接受。第二,企业生产经营的必须是畅销产品。与竞争对手相比,产品具有明显的优势。

5. 以市场占有率为目标

也称市场份额目标。即把保持和提高企业的市场占有率(或市场份额)作为一定时期的定价目标。市场占有率是一个企业经营状况和企业产品在市场上竞争能力的直接反映,关系到企业的兴衰存亡。较高的市场占有率可以保证企业产品的销路,巩固企业的市场地位,从而使企业的利润稳步增长。以提高市场占有率为目标定价,企业的通常策略有:

(1) 定价由低到高,是在保证产品质量和降低成本的前提下,企业入市产品的定价低于市场上主要竞争者的价格,以低价争取消费者,打开产品销路,挤占市场,从而提高企业产品的市场占有率。待占领市场后,企业再通过增加产品的某些功能,或提高产品的质量等措施来逐步提高产品的价格,旨在维持一定市场占有率的同时获取更多的利润。

(2) 定价由高到低,是企业对一些竞争尚未激烈的产品,入市时定价可高于竞争者的价格,利用消费者的求新心理,在短期内获取较高利润。待竞争激烈时,企业可适当调低价格,赢得主动,扩大销量,提高市场占有率。

案例:为什么面包可以卖得很贵,而馒头却不行?

同样是面粉制作的日常干粮,为什么面包可以卖得很贵,而馒头却不行?这其中又反映了哪些规律或者说道理?馒头怎样才能卖到面包一样的价格呢?

馒头是中国人的主食之一,面包是西方人的主食。馒头与面包同属于发酵面制品,主料均为面粉和水。人们常把馒头同西方的面包相媲美,因此馒头有"东方面包"的雅称。馒头和面包的身价有明显不同。同样是面粉做的,为何一个看起来成了饮食界的阳春白雪,而另一个却是下里巴人?为什么面包比馒头贵?

(1)面包的原材料更多且价格更贵。馒头的原料比较简单,制作面包除了小麦粉、酵母和水以外,还需要加入油脂、食糖、食盐、鸡蛋、奶粉及各种辅料和添加剂。

(2)面包的制作工序更复杂,更耗费人力。制作工艺上,馒头做起来相对简单,然而对面包来说,不同的配方所要求的揉面程度和手法都不一样。面包制作是一个费时费力费心思的过程。面粉的好坏会影响风味和发酵的成败,发酵的效果又会影响烘烤的程度,烤后的成品最终会反映面粉的质量和手法的优劣,每一个环节都需要大量的经验和耐心。

(3)面包店的经营成本更高。面包房的装修一般比较精致,环境优雅,加上购买设备、人工费、房租等费用,导致其经营成本比较高。由于面包工艺复杂产量小,只能追求高成本带来的高品质才能确保销量。相比之下,包子、馒头作为中国传统早餐食品,多见于零散的路边或社区早餐店,绝大部分是个体经营,口味各异,不成规模,价格自然比较便宜。

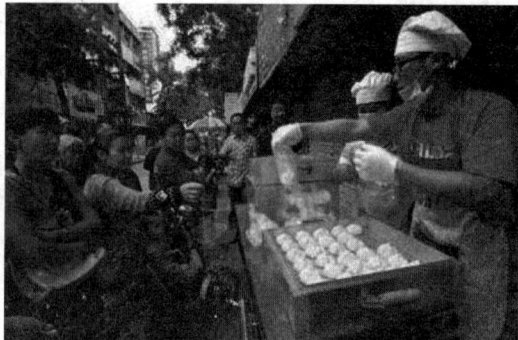

图5-2 面包和馒头销售

(4)面包产业体系更成熟。以面包为代表的大型烘焙企业规模呈扩大趋势,工业化烘焙的经营模式逐步占领市场,形成跨地区的企业和名牌产品。"点心"的定位,让面包在国内瞄准的主要消费群体是年轻一族,他们对面包口味的需求更加个性化、多元化。一些定价较高的面包,就锁定中高端消费群体。而馒头作为主食,面对的是普通大众,工序少,加工快捷,使从业者可以在相同时间制作更多产品,单价更便宜。

6. 以应对竞争为目标

很多企业以保持价格相对稳定,避免正面价格竞争为定价目标。当企业准备在一个行业中长期经营时,或某行业经常发生市场供求变化与价格波动需要有一个稳定的价格来稳定市场时,该行业中的大企业或占主导地位的企业率先制定一个较长期的稳定价格,其他企业的价格与之保持一定的比例。这样,对大企业是稳妥的,中小企业也避免遭受由于大企业的随时随意提价而带来的打击。在钢铁、采矿业、石油化工等行业内,稳定价格目标得到最广泛的应用。

案例：印度 25 元手机，原来是场骗局

过去十多年，中国制造横扫全球的重要原因就是，中国成功地扮演了"世界工厂"的角色。生产成本低、物美价廉，成为"中国制造"的优势。现在，印度也希望模仿中国，以低价格的产品来开拓市场。

2016 年 2 月，印度一家公司推出了一款号称"全球最便宜"的智能手机，售价仅 251 卢比（约合人民币 25 元）。这款手机名为"自由 251"（Freedom251），是由响铃公司（Ringing Bells）推出的。预售阶段开始时，公司网站被"挤爆"。该公司称，网站的点击量高达每秒数以十万计。然而，其无比山寨的官网和令人崩溃的抢购经历不得不让人怀疑这只是一场闹剧。如今，正是因为这款手机，响铃公司的前负责人因涉嫌欺诈、伪造罪等罪名，被印度警方逮捕了。

起初，响铃公司推出这款超低价手机是为了帮助穷人，公司负责人戈埃尔在此前接受路透社采访时表示："我们的目标是让几百万印度穷人也能用得起智能手机。"在印度，仅有 1/10 的人在使用手机，因此，市场潜力巨大。但是，在有些人眼中，它们反而损害了穷人的利益。抗议人士称，工厂为了制造低价格的手机，就必须压低生产成本，这就导致工人收入减少，很多企业依靠价格便宜的短工，而且还要求工人无偿加班。

目前，"印度制造"已经与人们生活密切相关。不过，据新华社报道，部分产品其实算不上真正的"印度制造"，而是"贴牌"产品。用印度一些专家的话说，所谓"印度制造"不过就是在印度的工厂里"拧下螺丝"而已，这显然不是莫迪政府推崇的那种印度制造。

● 分项任务测试：

将班级同学分成四组，以小组为单位，对某种产品（如帽子、矿泉水、饼干等）进行价格分析，总结影响该产品定价的主要因素。四组单位分别进行价格核算，确定定价的目标。

5.2　选择定价方法

5.2.1　认知定价流程

企业的定价活动涉及企业自身、竞争者以及消费者等多方面的利益，归纳起来有六个步骤（如图 5 - 3 所示）。

1. 定价目标的选择

价格是营销因素组合中最为活跃的因素。因此，企业的产品定价就显得至关重要。产品定价是否适当，往往决定着产品能否为市场接受，并直接影响着产品在市场中的竞争地位以及占有的份额，从而关系到企业的兴衰存亡。故企业的定价活动必须综合考虑各方面的因素，采取一系列的步骤、措施和方法。首先是如何选择定价目标。这一目标必须与企业的营销目标相一致，并作为其确定价格策略和定价方法的依据。

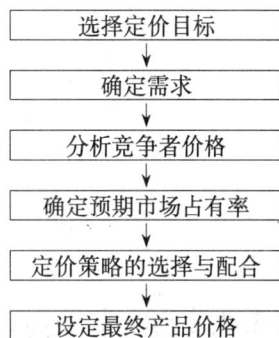

```
┌─────────────────┐
│  选择定价目标   │
└────────┬────────┘
         ↓
┌─────────────────┐
│    确定需求     │
└────────┬────────┘
         ↓
┌─────────────────┐
│  分析竞争者价格 │
└────────┬────────┘
         ↓
┌─────────────────┐
│ 确定预期市场占有率│
└────────┬────────┘
         ↓
┌─────────────────┐
│ 定价策略的选择与配合│
└────────┬────────┘
         ↓
┌─────────────────┐
│  设定最终产品价格 │
└─────────────────┘
```

图 5 - 3　营销定价的基本程序

2. 确定需求

众所周知,价格与市场需求的关系十分密切。一般情况下,价格与需求成反比例关系,即价格上扬需求减少,价格下跌则需求增加。可见,企业市场行为中的定价高低直接影响着产品的销售量。

3. 分析竞争者的价格与价格反应

企业定价是,除考虑市场需求与产品成本外,尚需顾及竞争者的价格与可能的价格反应,并对竞争者产品作深入分析,了解其价格与其品质的内在联系。

4. 确定预期的市场占有率

企业拟寻求的市场占有率不同,则其定价的策略与方法可能完全不同。企业若以销售成长为导向,以市场占有率的扩大作为营销目标,往往爱用强劲的广告攻势或其他非价格竞争手段,而不采取传统的价格竞争方式。此时企业应充分考虑:① 企业生产能力。若实施低价政策使产品市场占有率迅速上升,但因生产能力不足而无法满足市场需求,则低价不仅不能创造利润而且有损企业声誉。② 发展的生产成本。企业生产能力不足,可以采取扩充的方法解决。若扩充的成本过高,则其结果得不偿失。③ 拓展市场的难易程度。企业市场的拓展必然导致竞争的加剧。故低价渗透拓展市场必须与迂回、包抄、侧翼进攻等营销战略相配合,倘若贸然进攻发生正面冲突,则可能导致企业十分难堪的被动局面。故一般企业最初定价宁可略微偏高,而将市场占有率的拓展放在第二位。

5. 定价策略的选择

定价策略是企业为达到特定的营销目标而制定的相应定价方案的总称。企业定价策略又与营销因素组合中的其他策略存在着相互依存、相互制约关系。企业定价,既要考虑其他因素对价格的影响,亦要考虑价格对其他因素的制约。

6. 设定最终产品的价格

按上述定价程序经周密考虑后,即着手设定企业产品的最终产品的最终价格。

根据前面的分析,我们知道,营销定价的影响因素主要有需求、成本、竞争三个方面。企业定价不得高于消费者的需求,最低不得低于成本,在最高值和最低限之间则取决于市场竞争的状况。对应地,企业的定价方法可以分为三种:需求导向定价法、成本导向定价法和竞争导向定价法(如图 5-4 所示)。

图 5-4 企业营销定价的三种方法

5.2.2 成本导向定价

成本导向定价法是以产品的成本为依据,分别从不同的角度制定对企业最有利的价格的定价方法。包括总成本加成定价法、盈亏平衡定价法、边际成本定价法、目标投资收益率定价法。

1. 总成本加成定价法

成本加成定价法是一种传统的产品定价方法。成本加成就是以商品总成本为基础,再加上一个百分比作为利润来确定价格。成本包括生产成本(包括固定成本与变动成本)和经营成本(包括销售费用、管理费用、运费、关税等)。

成本加成定价是企业最基本、最普遍采用的定价方法,这种方法简便易行、计算准确,但由于缺乏竞争性,没有考虑消费者的需要,是很难制定出最适宜的价格的。若以 C 表示产品单位成本,以 S 表示百分比,P 表示价格,则有:$P = C(1 + S)$。

成本加成定价法之所以受到企业界欢迎,主要是由于这一方法有以下几个方面的优点:

(1) 相对于需求的不确定性而言,成本的不确定性一般比较少,根据成本决定价格可以大大简化企业定价的过程。即使企业对国外市场上的需求、竞争等因素了解不多,产品只要能够卖得出去,根据成本加成定出的价格就能保证企业的正常经营。

(2) 如果同行业中所有企业都采取这种定价方法,则价格在成本与加成相似的情况下也大致相似,价格竞争也会因此减至最低程度。

(3) 许多人感到成本加成法对买方和卖方讲都比较公平,当买方需求强烈时,卖方也不利用这一有利条件谋取额外利益,同时又能获得公平的投资报酬。

成本加成法的主要缺点就是忽视了市场供求关系的变化及影响产品销售的其他因素,当市场出现供大于求时,因企业定高价而未及时改变,使产品难以销售出去,当市场出现供不应求时,产品定低价,一方面未能及时提高利润率以加快收回投资,另一方面使购买者认为企业产品质量低劣,影响企业和产品形象。

我国企业在运用成本加成法制定产品价格时,还要考虑国外市场对倾销的认定。由于我国劳动力成本低,导致产品低成本和低售价,有时在国外市场上被他国政府认定为有倾销倾向。这也是我们在制定产品价格时要考虑的一个因素。

阅读资料:中国劳动力成本十年升 5 倍,制造业竞争力将被美反超

中国信息化百人会与德勤联合发布的报告显示,中国目前仍是最具竞争力的制造业国家,但美国和中国正在夺第一名,由于中国在人才、创新、能源政策、基础设施、法律环境方面表现皆不及美国,到 2020 年中国的位置或将由美国取代。

报告认为,中国在人才等方面表现皆不及美国,是排名变化的主要原因。劳动力成本提高、人口老龄化成为中国制造业面临的主要挑战。报告统计,自 2005 年以来的十年期间,中国的劳动力成本上升了 5 倍,比 1995 年涨了 15 倍,由于担心劳动力成本上升,使得中国与发达经济体之间的成本套利下降,一些发达经济体的企业已经把他们的生产转移到成本较低的国家或搬回自己国家。

而人口老龄化是计划在中国投资的制造商担心的另一个问题。报告称,在过去的二十年内,劳动力人口(15~64 岁年龄段)的年增长率第一次转为负数。到 2030 年,年轻人口(即15~39 岁的群体)所占的比例将有可能从 2013 年的 38% 下降到 28%。

案例:周大福"一口价"策略

珠宝饰品价格是消费者与商家能否达成交易的关键所在,针对这一敏感的问题,在价格策略上,周大福创出了一套有别于其他同行的新路子。周大福创新性地推出了"珠宝首饰一口

价"的销售政策,并郑重声明:产品成本加上合理的利润就是产品的售价,通过"薄利多销"的经营模式,节省了消费者讨价还价的时间,让顾客真正体验货真价实的感受。为了降低经营成本,从而更好地参与市场竞争,周大福还自己创立了首饰加工厂,生产自己所售卖的各类首饰,减少中间环节,使生产成本降至最低,并获得了全球最大钻石生产商——国际珠宝商贸公司DTC配发钻石原石坯加工琢磨和钻石坯配售权,保证了它最低的原料成本和较强的竞争实力。

2. 盈亏平衡定价法

盈亏平衡定价法,也称保本定价法、收支平衡定价法。它是按照生产某种产品的总成本和销售收入维持平衡的原则,制定产品的保本价格。其计算公式为:

$$单位产品保本价格=\frac{固定成本总额+变动成本总额}{预期销售量}$$

$$=\frac{固定成本总额}{预期销售量}+单位产品变动成本$$

盈亏平衡定价使企业无利润可言,只是在市场不景气时,企业为了维持生产不得已而采取的定价方法。采用这种方法的关键在于正确预测市场的销售量,如果销售量预测不准确,则依此计算出来的保本价格也不会准确。

3. 边际成本定价法

边际成本定价法是以变动成本为依据,结合产品的边际贡献来指定产品的价格,亦称为变动成本定价法。边际贡献是指产品销售收入与变动成本的差额。边际贡献除去补偿固定成本部分外,即为企业利润。其计算公式如下:

$$价格=(总变动成本+总边际贡献)/总销售量$$

$$或价格=单位变动成本+单位边际贡献$$

例,某企业产品单位售价为 15 元,总销售量为 10 000 单位,则其总销售收入为:15×10 000=150 000 元。若该产品变动成本 80 000 元,固定成本为 100 000 元,则边际贡献为150 000−80 000=70 000 元。显然,15 元的产品单价销售,不求考虑到弥补全部成本180 000元,而仅仅着眼于产品的变动成本,追求的是产品的边际贡献。可见该种定价有利于企业拓展与渗透市场,以价格优势占据市场的有利地位。但是边际成本定价只是一种拓展市场的临时方法,不宜长期使用。一旦企业占领市场,往往逐步提高价格,以弥补全部成本并获取预期利润。

4. 目标投资利润率定价法

目标投资收益率定价法亦称为目标利润定价法。它是根据企业的总成本和计划的总销售量,加上按投资收益率制定的目标利润作为销售价格的定价方法。

这种方法的实质是将利润看作产品成本的一部分来定价,将产品价格和企业的投资活动联系起来,一方面强化了企业经理的计划性,另一方面能较好地实现投资回收计划。国外大型的工业企业,因为投资大,业务具有垄断性,又与公众利益息息相关,政府对它的定价有一定的限制,常采用这种方法。

目标利润定价法的不足之处在于价格是根据估计的销售量计算的,而实际操作中,价格的高低反过来对销售量有很大影响。销售量的预计是否准确,对最终市场状况有很大影响。企业必须在价格与销售量之间寻求平衡,从而确保用所定价格来实现预期销售量的目标。

5.2.3　需求导向定价

需求导向定价法是以消费者对产品价值的理解和需求强度为基础来制定价格的方法。它是以目标市场的消费者所能接受的价格来定价的,因而能够适应市场需求及其变化情况。主要方法有理解价值定价法、逆向定价法、需求差异定价法等。

1. 理解价值定价法

价值定价是指尽量让产品的价格反映产品的实际价值,以合理的定价提供合适的质量和良好的服务组合。这种方法兴起于 20 世纪 90 年代,被麦卡锡称为是市场导向的战略计划中最好的定价方法。

价值定价与认知定价是有区别的,消费者对企业产品的认知价值是主观的感知并不等于企业产品的客观的真实价值,有时两者之间甚至会有较大的偏离。企业价值定价的目标就是尽量缩小这一差距,而不是通过营销手段使这一差距有利于企业的方向扩大。企业要让顾客在物有所值的感觉中购买商品,以长期保持顾客对企业产品的忠诚。

值得强调的是,所谓的低价是相对于商品的质量及服务而言的,任何以牺牲质量为代价的低价正是价值定价法所反对的。此外,价值定价不仅仅只涉及定价决策,如果企业无法让消费者在现有的价格下感觉到物有所值,那么企业就必须对产品重新设计、重新包装、重新定位以及在保证有满意利润的前提下重新定价。

案例:1 个杯子,8 种不同的营销方案,价格翻了 700 倍!

对产品使用不同的卖法、打造不同的附加值,就会形成不同的价值、价格,从而适应不同的消费人群、消费市场——"以品定价、以价定人",这个过程中的思路,对于企业打造产品的独特个性,很有启发!

一家红酒公司为了达到更高的销售额,请了产品策划公司来进行包装策划。在做定价策略策划时,该公司与策划者发生了激烈争论,原因是定价太高了,每款产品都比原来高了将近一倍,该公司感觉高得离谱,肯定没法卖了。

这时,策划者对该公司负责人说:"如果你只想卖原来的价格,那就用不着请我们来策划。策划最大的本事就是将好产品卖出好价钱。"策划者向公司负责人讲了个例子,"一个杯子到底能卖多少钱?"不仅说服了负责人,更充分证明了策划对产品价值创新的意义。

1. 卖产品本身的使用价值,只能卖 3 元/个

如果你将他仅仅当一只普通的杯子,放在普通的商店,用普通的销售方法,也许它最多只能卖 3 元钱,还可能遭遇邻家小店老板娘的降价招客暗招,这就是没有价值创新的悲惨结局。

2. 卖产品的文化价值,可以卖 5 元/个

如果你将它设计成今年最流行款式的杯子,可以卖 5 元钱。隔壁小店老板娘降价招客的暗招估计也使不上了,因为你的杯子有文化,冲着这文化,消费者是愿意多掏钱的,这就是产品的文化价值创新。

3. 卖产品的品牌价值,就能卖 7 元/个

如果你将它贴上著名品牌的标签,它就能卖六七元钱。隔壁店 3 元/个叫得再响也没用,因为你的杯子是有品牌的东西,几乎所有人都愿意为品牌付钱,这就是产品的品牌价值创新。

4. 卖产品的组合价值,卖 15 元/个没问题

如果你将三个杯子全部做成卡通造型,组合成一个套装杯用温馨、精美的家庭包装,起名叫"我爱我家",一只叫父爱杯,一只叫母爱杯,一只叫童心杯,卖50元一组没问题。隔壁店老板娘就是3元/个喊破嗓子也没用,小孩子一家会拉着妈妈去买你的"我爱我家"全家福。这就是产品组合的价值创新。

5. 卖产品的延伸功能价值,卖80元/个绝对可以

如果你猛然发现这只杯子的材料竟然是磁性材料做的,那我帮你挖掘出它的磁疗、保健功能,卖80元/个绝对可以。这个时候隔壁老板娘估计都不好意思叫3元/个了,因为谁也不信3元/个的杯子会有磁疗和保健功能,这就是产品的延伸价值创新。

6. 卖产品的细分市场价值,卖188元/对也不是不可以

如果你将你的那个具有磁疗保健功能的杯子印上十二生肖,并且准备好时尚的情侣套装礼盒,取名"成双成对"或"天长地久",针对过生日的情侣,卖个188元/对,绝对会让为给对方买何种生日礼物而伤透脑筋的小年轻们付完钱后还不忘回头说声"谢谢",这就是产品的细分市场价值创新。

7. 卖产品的包装价值,卖288元/对卖得可能更火

如果把具有保健功能的情侣生肖套装做成三种包装:一种是实惠装,188元/对;第二种是精美装,卖238元/对;第三种是豪华装,卖288元/对。可以肯定的是,最后卖得最火的肯定不是188元/对的实惠装,而是238元/对的精美装,这就是产品的包装价值创新。

8. 卖产品的纪念价值,能卖2 000元/个

如果这个杯子被特朗普等名人喝过水,后来又被杨利伟不小心带到了太空去刷牙,这样的杯子,不卖2 000元/个才怪,这就是产品的纪念价值创新。

2. 逆向定价法

这种定价方法不以实际成本为主要依据,而是以市场需求为定价的出发点。可以通过以下公式计算价格:

$$批发价=零售价格/(1＋零售商毛利率)$$
$$出厂价=批发价格＋(1＋批发商毛利率)$$

显然,这一方法仍然是建立在最终消费者对商品认知价值的基础上的。它的特点是:价格能反映市场需求情况;有利于加强与中间商的良好关系,保证中间商的正常利润,使产品迅速向市场渗透;并且根据市场供求情况及时调整,定价比较简单、灵活。这种定价方法特别适用于需求价格弹性大、花色品种多、产品更新快、市场竞争激烈的商品。

3. 需求差别定价法

企业根据消费者的购买能力,对产品的需求状况、产品的型号及式样、购买时间和地点不同,对于同一种产品按两种或两种以上的价格销售。其必须具备的条件是:企业的各个细分市场显示不同的需求强度;不存在市场的套利行为。需求差异定价若处理得好,则可以给企业创造灵活的市场受益。若处理有误,"一市二价"会影响消费者对企业产品的忠诚,甚至会产生厌恶情绪,有损于企业的现象和声誉。

从根本上说,随行就市定价法是一种防御性的定价方法,它在避免价格竞争的同时,也抛弃了价格这一竞争武器。产品差别定价法则与之形成了鲜明的对比,一些企业依据企业自身及产品的差异性,特意制定出高于或低于市场竞争者的价格,甚至直接利用低价格作为企业产品的差异特征。主动降价的企业一般处于进攻地位,这就要求它们必须具备真正的实力,不能

以牺牲顾客价值和顾客满意为降价的代价。而实施高价战略的企业则只有保证本企业的产品具备真正有价值的差异性,才能使企业在长期竞争中立于不败之地。

5.2.4　竞争导向定价

竞争导向定价是指企业通过研究竞争对手的生产条件、服务状况、价格水平等因素,依据自身的竞争实力,参考成本和供求状况来确定产品价格的一种定价方法。主要方法有:随行就市定价法、投标定价法、拍卖定价法。

1. 随行就市定价法

随行就市定价法主要根据竞争者的价格和行业平均价格水平来确定企业产品的售价,而不考虑产品的成本和市场需求。这并不意味着企业产品的定价必须与竞争价格取得一致,而是要求与产品价格保持一定的幅度。

该定价方法的特点是:产品价格与其成本和市场需求并不发生直接联系。即便产品本身成本或者市场需求发生变化,只要竞争价格没有改变,企业仍应维持产品原先的价格;反之,当产品或市场需求没有改变而竞争价格发生变化时,企业的产品价格亦应相应调整。

案例:格兰仕再度化身洗衣机"价格屠夫"

从"格兰仕洗衣机2014年度营销战略暨新品发布会"上获悉,该公司除继续以999元低轰炸滚筒洗衣机市场外,最新一代6公斤机型也以1999元"战斗机"姿态加入"滚筒革命"的行列。按照中怡康统计的变频滚筒洗衣机整体市场4600元的均价为参考,格兰仕的变频滚筒洗衣机价格创下行业新低。

一直有"价格屠夫"称号的格兰仕此前曾经在微波炉领域大打价格战,把微波炉的价格从数千元拉低到299元,同时也把外资品牌"挤出"了中国市场。此次格兰仕又在滚筒洗衣机市场燃起战火,意图蚕食海尔、美的、西门子等盘踞的洗衣机市场。

2012年年底,当市面上6公斤滚筒机型的价格普遍在1500元以上、外资品牌售价更超过3000元的时候,格兰仕新型滚筒洗衣机横空出世仅售1259元,在享受国家节能补贴260元后,实际售价只有999元,创下"史上最便宜"名号。

格兰仕这一系列动作的背后,其实就是向市场、向消费者重新定义整个产业。该公司将"滚筒革命"范围扩到变频领域,希望切割更大增量市场,也将迫使同行挤压高价泡沫。

阅读资料:电商大战在即,天猫再次逼迫商家"二选一",京东公开反对

经过一段时间的沉寂,电商业在6月再度迎来价格战。京东商城首先推出十周年店庆,苏宁易购、当当、亚马逊也先后宣布6月大促销。然而,天猫在近期发起了6月大促商家"二选一"计划,拟狙击对手们的价格战。部分电商反应,天猫多次发出要求他们"二选一"的指令,甚至威胁一些卖家:如果选择参加京东店庆月的促销,就不得参加该公司今年下半年举行的促销活动。

针对天猫的行为,京东今日发布声明,呼吁开放、公平的竞争。京东称,任何强迫"二选一"的行为,都将有损于开放和竞争;都将阻碍电商行业的发展,并将最终损害整个社会的福利;不管以任何名义,让合作伙伴、用户失去选择权,都不是市场经济的应有之义。

京东称,希望中国电子商务的发展大路,是一条开放之路,是通向价值创造的光明大路,而不是一条以开放为名却行垄断之实的邪路,因为那注定是一条通向奴役之路。

2. 投标定价法

当多家供应商竞争企业的同一个采购项目时,企业经常采用招标的方式来选择供应商。供应商对标的物的报价是决定竞标成功与否的关键。价格报得过高自然会得到更多的利润,但是却减少了中标的可能性;反之,则可能由于急于中标而失去可能得到的利润。很多企业在投标前往往会拟定几套方案,计算出各方案的利润并根据对竞争者的了解预测出各方案可能中标的概率,然后计算各方案的期望利润,选择期望值最大的投标方案。

这是一种典型的竞争导向定价法。指企业的定价是以预期竞争者的价格为基础,而不是依据企业的成本与市场需求。企业一方面必须制定比其竞争者更低的价格才有可能中标,但这一价格不能低于某一水准,即价格不能低于企业总成本;另一方面,价格愈高,则中标的概率愈小。故企业一般依据投标的期望利润,并根据其最高值报价。

3. 拍卖定价法

拍卖定价是由卖方预先发布公告,公布时间、地点、拍卖物、拍卖起步价等,经买方看货后,卖方通过拍卖市场公开叫价,买方相互竞争,将商品卖给出价最高者的一种定价销售方式。拍卖定价法主要用于品质不易标准化的商品的定价,如各类藏品、土地、房屋、企业,或不能长期保存、季节性强、淘汰周期短的各类商品。

● 分项任务测试：

1. 找出三个不同的案例,分析说明三种不同的定价方法的运用。
2. 以小组为单位,对某一种商品进行定价,比较小组定价的差异及产生原因。
3. 班级模拟招投标的过程;拍卖的流程。

5.3　制定价格策略

制定价格需要一套策略和技巧。定价方法侧重于产品的基础价格,定价技巧和策略侧重于根据市场的具体情况。定价策略是企业为达到预定的营销目标而制定的相应定价方案的总称。

阅读资料:功能型饮料的运作,拉升了饮料的价格空间

以红牛为代表的功能饮料经过长期的运作和沉淀,将饮料行业的价位上拉,形成了 3～6 元的价格空当;另外众多区域型特色功能产品的价位补充,让市场对 4～5 元价位的产品有了很好的消费基础和购买氛围;加上王老吉、加多宝等凉茶终端价格定在 5 元后,市场有了坚实的价位基础,所以传统的饮料价格有了上升的空间。

"90 后"、"00 后"消费群体的崛起,在互联网文化的教育下,小众化的产品发展迅猛。这两个群体崛起于中国富裕期,整体购买力比"70 后"、"80 后"要强。这部分消费群体家庭财富有一定的积累,他们既没有养老的压力,也没有房贷的压力,因此养成了他们个性化、兴趣化消费的特征,对于价格的敏感度比较低,3 元、4 元、5 元的产品价格对他们来说没有什么贵贱之分。他们在意的只是兴趣和爱好,一个饮料产品如果能够打动他,那么多少钱他们也不会眨眼。

如果说"70后"、"80后"是从众性消费，并且信奉权威，大众化的产品很容易吸引他们购买。那么"90后"、"00后"则是个性化消费，追求小众和兴趣，是一种个人价值导向的消费，所以小众化个性鲜明的产品更容易打动他们，让他们愿意掏钱和购买，这也是小茗同学和茶π成功的路径所在。

如果说可乐是"70后"的饮料，冰红茶是"80后"的饮料，脉动是"90后"的饮料，那么"00后"的饮料就是小茗同学这类产品。

随着4元、5元价位龙头产品及企业的基础夯实，未来3～5年内，中国饮料市场将主要围绕这个价位段展开品牌竞争，企业要想赢得市场突破机会，就必须做实该价位段产品，然后寻求8～10元价位的新产品突破，以满足市场及经济发展的需求。

5.3.1　新产品定价策略

新产品投入市场时，来自市场的直接竞争威胁不大，企业拥有较大的定价自主权。而另一方面，由于消费者对新产品不甚了解，接受他们需要一段适应过程。故企业采用何种定价策略，不仅关系到新产品的市场推进，而且影响到可能出现的竞争量。通常，有两种相互独立的基本定价策略供企业选择。

1. 撇脂定价

顾名思义，该定价策略旨在新产品刚上市时，将价格定得较高，尽可能在新产品投入期获得较高的收益。撇脂定价策略一般适用于以下情况：市场有足够的购买者且其需求缺乏弹性；高价仍有较大需求，且不致刺激竞争者蜂拥而上；市场上没有替代品，企业拥有专利和技术秘密；产品生产能力有限，且较小产量的单位成本不至抵消高价所带来的收益；高价可以造就优良的品质形象。

案例：高端牙膏单价贵过白银，75克牙膏售价500元

2015年，宝洁推出了一款新牙膏，达到了159元/支。而记者在购物平台发现，目前国内高端牙膏单价多在30～40元，但也有海外购牙膏价格远超159元/支，有75克牙膏价格竟达500元售价，卖家称其为"牙膏中的爱马仕"。

宝洁大中华区口腔护理品类总经理邓胜蓝表示，希望借此款由宝洁旗下口腔护理品牌欧乐B推出的牙膏，帮助更多追求高品质生活的中国消费者，实现专业口腔护理的国际化和日常化。新推出的专业护龈双管牙膏主要是针对中国的高端消费人群和都市精英阶层，宝洁方面宣传称："睡前刷牙后，第二天醒来感觉像刚刷完牙一样干净。"

随着牙膏从单一的清洁型产品发展成为类型多样的功能型产品，中国口腔清洁护理产品市场高端化趋势明显，高端牙膏无疑又成为各大品牌争夺市场份额的"新战场"。据了解，目前中国高档牙膏市场，以云南白药牙膏市场份额最大，其凭借高端草本路线在牙膏市场取得了不俗的业绩。2009年进入中国市场的高档牙膏品牌舒适达，目前在高端牙膏领域业绩与LG竹盐平分秋色。

2. 渗透定价

该定价策略指在产品投放市场时，将价格定得较低，以吸引消费者而渗入市场。渗透定价策略一般适用于以下情况：产品的需求弹性大；市场上存在于类似的替代品；产品的潜在市场巨大，且竞争者容易进入；存在着消费者购买力薄弱的市场；企业产品的销售成本随着产量的增加而下降;产品市场消费量大,短期可以打开销路。

案例:夏普,从"高大上品牌"到"价格屠夫"

作为百年企业,长期以来夏普电视在中高端市场有着不错的口碑。作为全球领先的技术创新企业,很多中国消费者提起夏普,会称赞其屏幕技术,愿意为它的品质买单。中国成为夏普的主战场。

富士康入主之后,夏普开始主打"高性价比"新定位,开启了家电市场久违的大力度彩电降价。2016年"双十一"开始,夏普电视"买70英寸送60英寸"等活动频频出现于电商平台。

2017年以来,夏普大打价格战。6月6日,夏普电视在天猫促销,即70英寸大屏电视,报价7499元,晒图奖励400元、同时赠送498元影视会员。70英寸大电视实际价格已经不足7000元。这个价格已经成为全球最低价格。

对比索尼、海信、TCL以及行业整体均价可看出,夏普均价表现出严重反常,在行业及主流品牌因尺寸迭代、消费升级等原因带来普遍均价上涨态势下,夏普却逆市下降,在2017年4、5月,均价已低于行业平均水平。最新的中怡康数据显示,夏普45英寸、50英寸、60英寸电视,均价分别为1933元、2652元、4671元,而彩电行业年累平均价格却是2122元、3540元、6151元。

市场人士分析,夏普曾有"液晶之父"之称,以卓越的产品及领先的科技著称于世。如今却偏离中高端定位,进入低价竞争怪圈。眼下,多数消费者购买夏普还是出于对日本老牌家电技术工艺的信任。富士康收购夏普之后,价格战带来的问题正渐渐浮出水面。京东购物评价显示,近一年来夏普电视质量投诉增加,集中在画质、屏幕质量、遥控器质量等方面。

市场分析人士称,夏普在收获销量翻番的同时,销售额占比却只有22%的提升,大大低于销售量的涨幅,低价虽然带来短期业绩增长,但长此以往,势必会消损夏普经过100多年时间沉淀才培养出的较为高端的品牌形象、品牌价值和美誉度。

3. 温和定价

温和定价策略是一种中价定价策略,是新产品刚投放市场时,企业把价格定在一个比较合理的水平,使消费者比较满意,企业又能获得适当的利润。这种策略兼顾了生产者、中间商及消费者的利益,使各方面都感到满意。即使当企业处于优势地位,本可采用高价时,但为了博得顾客的好感和长期合作,仍然选择中价,这样可赢得各方尊重。

温和定价策略的优点是:价格比较稳定,在正常情况下能实现企业盈利目标,赢得中间商和消费者的广泛合作。其缺点是:应变能力差,不适合复杂多变和竞争激烈的市场环境。运用这一策略的具体定价一般是采用反向定价法,即企业先通过调查,拟出消费者易于接受的零售价,然后反向推算出其他环节的价格。

5.3.2 心理定价策略

消费者的需要能激发购买动机,而购买动机又可引发购买行为。消费者的需要包括生理需要和心理需要。在多数情况下,消费者的心理需要是影响其购买行为的重要因素。企业定价,应针对消费者的不同心理,选择合适的心理定价策略。

1. 尾数定价

尾数定价亦称零头定价,是指制定商品售价时以零头结尾。如5元的价格,定4.99元。

该定价会给消费者一种经过精确计算的最低价格的心理感觉,从而增添对产品的亲切感和信任感。因此,企业定价时,当价格处于整数分界线上时,宁可定在线内。如 10 元的产品,可定价为 9.98 元。至于品质卓越的高档品,则不宜采用此策略。

2. 整数定价

整数定价指企业定价时只取整数而不要零头。因为市场上商品繁杂,在交易中消费者往往利用价格作为辨别商品质量"指示器",一些高档名牌商品更是如此。对于该类商品宜采用整数定价,迎合消费者较高价格意味高质量的求贵心理,既有利于消费者尽快做出购买决策,亦有利于企业的商品销售。

3. 威望定价

威望定价亦称为声誉定价。是指一些经营卓越、信誉颇佳的企业和一些著名品牌商品,利用其在消费者心目中的威望来制定价格。因为求名心理的消费者往往对名牌商品富有忠诚和信任感。

<u>案例:低价不如高价俏</u>

巴厘克是印度尼西亚久负盛名的服装,深受印尼和东南亚各国妇女的喜爱。随着社会的发展,人们对服饰的时代感也在增强,一位印尼青年企业家适应了消费者这一要求,将巴厘克集精美、新潮于一身,化娟秀与华丽为一体,备受东南亚妇女的青睐。

一位日本人见到更新后的巴厘克及其模特来到日本,举办了一场十分壮观的服装展销。许多社会名流和高级贵妇应邀光临了这场服装展销。但遗憾的是,当展销结束时并没有多少人购买巴厘克,这简直令年轻的企业家大为不解,于是他请来专家"诊断",结果是:巴厘克低廉的价格,使上层贵妇感到购此服装脸上无光,会遭人讥笑。

听罢专家的诊断,年轻的企业家恍然大悟,回到国内后,再次改进设计,使巴厘克更加光彩照人。次年,当他第二年率领时装模特来日本再度举办巴厘克时装展销时,巴厘克的定价比上次高出了 3 倍,果然这一价格使他所带去的巴厘克很快被抢购一空。

4. 特价品定价

特价品定价又称招徕定价。指商品的价格定得低于一般市价。这一策略主要是为了迎合多数消费者的求廉心理,有意把几种商品作较大幅度减价以招徕顾客,借机扩大连带销售。这样,对企业总销售额和总利润较为有利。特价品定价策略应注意以下几方面:(1) 特价品应是顾客购买频率较大的日用品或生活必需品;(2) 大规模零售商店,商品名目繁多;(3) 特价品价格必须真正接近成本甚至低于成本,才能长期取信于消费者;(4) 特价品数量有一定范围限制,数量太大或太小,要么无利可图,要么失去招徕顾客的作用。

5. 习惯定价

市场上许多产品由于销售已久,形成一种习惯价格或便利价格,消费者习惯于按此价格购买,对此类产品,任何企业要进入市场,必须依照习惯价格定价,这就是习惯定价。采用习惯定价的产品,纵使成本降低,也不要轻易降价,降价易引起消费者对产品质量的怀疑,若产品成本升高,也不要轻易升价,宁可在产品内容、包装、容量等方面进行调整,升价会导致消费者的不满。若要升价,也要尾随市场领导者之后。

5.3.3　折扣定价策略

折扣是企业对中间商或顾客提供的一种特定的激励办法。商品交易中,折扣的形式繁多,其中最主要的有数量折扣、交易折扣、现金折扣以及季节折扣四种。

1. 数量折扣

企业为了鼓励买主大量购买,或集中向一家购买,根据他购买的数量或金额给予一定的折扣。在实际运用中,数量折扣可分为累计折扣和非累计折扣两种:(1)累计折扣,即一定时期,按照买方购进的累计商品数量给予的折扣;(2)非累计折扣,即根据买方一次购进卖方商品的数量而给予的一次性折扣。数量折扣的运用能否达到预期的目标,其购买基数量与折扣率的确定是其关键。企业必须经过科学的预测分析和计算来确定,使得买卖双方互惠互利。

2. 交易折扣

交易折扣是一种最常见的折扣策略。如一个中间商,其买入产品时可享受交易折扣,但具体折扣的多少,则要根据中间商能为企业提供的职能(如运输、贮藏、管理等)多少来确定。故交易折扣又称功能折扣或业务折扣。实际上,这是企业减少功能而节省下来的成本费用以折扣形式转让给中间商,从而在中间商中造成公正的企业形象并建立融洽的社会关系。

3. 现金折扣

现金折扣策略,就是企业为了鼓励顾客在一定限期内早日偿还货款,而从售价中出让给顾客的一定数额款。折扣常在应付金额的 $1\%\sim3\%$ 之间。采用现金折扣可以:减少呆账;减轻对外部资金的依赖;对销售渠道中间环节实现有效控制,并与其保持长久的合作关系。

4. 季节性折扣

季节性折扣策略就是企业给那些购买过季商品的顾客的一种减价。目的是鼓励购买者早订货、淡季进货,从而使企业的生产与销售在一年四季都能保持相对的均衡和稳定,减少企业的资金负担与仓储费用。

5. 其他折让定价

(1)推广让价。中间商为产品提供各种推广活动,如刊登地方性广告、布置专门橱窗等,对此,生产企业乐意给予津贴或减价作为报酬。

(2)运费让价。对较远的顾客,销售企业为顾客送货困难大,便减价或补运费给顾客以弥补部分运费或全部运费,这样有利于扩大市场的范围。

(3)回扣和津贴。回扣是间接折扣的一种形式,是指购买者在按价格目录将货款全部付给销售者以后,销售者再按一定比例将货款的一部分返还给购买者。津贴是企业为特殊目的,对特殊顾客以特定形式所给予的价格补贴。如,当中间商为企业产品刊登地方性广告、设置样品陈列窗等在内的各种促销活动时,生产企业给予中间商一定数额的资助或补贴。又如,"以旧换新",将旧货折算成一定的价格,用新产品的价格减旧货价格,顾客只付余额,以刺激消费者需求,促进产品的更新换代,扩大新一代产品的销售,这也是一种津贴的形式。

阅读资料:奥特莱斯——品牌折扣店

"奥特莱斯"是英文OUTLETS的中文直译。其英文原意是"出口、出路、排出口"的意思,在零售商业中专指由销售过季、下架、断码名牌商品的商店组成的购物中心,因此也被称为"品牌直销购物中心"。

OUTLETS吸引顾客有三样法宝:驰名世界的品牌——荟萃世界著名或知名品牌,品牌纯正,质量上乘;难以想象的低价——一般以低至1~6折的价格销售,物美价廉,消费者趋之若鹜;方便舒适的氛围——远离市区,交通方便,货场简洁、舒适。

中国的奥特莱斯基本都是走厂家直销与折扣相结合的道路,特点有三:

(1) 品牌度高。奥特莱斯不同于一般商场,它卖的是库存货和折扣货,一般的国际顶级品牌是不打折的,打折影响其形象,但是好牌子一样有库存,而奥特莱斯的特性决定了奥特莱斯是国际大牌消除库存的最好场所,比如上海青浦和张家港香港城的奥特莱斯都是大牌云集。

(2) 折扣低。奥特莱斯一般都在城郊如上海青浦、张家港香港城等,离市区比较远,这样房租就比较低,而且奥特莱斯的货品都是厂家直销,可以把中间利润降低,最终降低最后售价。北京燕莎、上海青浦、张家港香港城货品的折扣都只有1~6折。

(3) 停车场大。奥特莱斯主要针对有车一族,就需要很大的停车场,比如上海青浦奥特莱斯有1 000多个免费停车位,张家港香港城奥特莱斯有2 500个免费停车位。

5.3.4　差别定价策略

差别定价策略,是指产品在不同的细分市场上,针对各个市场的特殊情况,分别制定不同的价格。因此,这种价格上的差别化程度并不总是以反映成本费用的比例差异为基础,而以各细分市场的自身特征为主要决策依据。这些特征决定了产品以不同价格销往各细分市场的现实性与可行性。通常,企业采用差别定价策略必须具备以下条件:

① 市场必须能够明显细分,且各细分市场必须存在不同的需求强度;

② 各细分市场对同一产品存在不同的需求弹性;

③ 市场细分与控制的成本,不能高于企业价格差别所带来的额外受益;

④ 各细分市场发生套利行为(顾客以较低价格买进再以较高价格售出)的可能性极小;

⑤ 竞争者不可能在企业以较高价格销售的细分市场上低价竞销;

⑥ 高价销售的细分市场顾客不会产生不满、怨恨的抵触情绪;

⑦ 不论在低价或高价细分市场,这一策略均不能扰乱销售区域的经济秩序。

差别化定价策略根据其细分标准的不同,主要有以下四种形式:

1. 需求差异定价策略

根据顾客的需求、习惯、消费模式、欲望等方面的差异性,企业按照不同的价格,将同一产品或劳务售与不同的顾客。如在同一时期,企业以1 000元的售价将某一产品卖给顾客A,而以950元的价格卖给顾客B。

2. 产品的款式差异定价策略

企业对于不同款式的相同产品分别规定不同的价格,且不同款式产品的售价之差与其成本之差并不成比例。如企业生产两种款式的服装,款式A售价95元,款式B售价80元,两者售价之差为15元,而其实际成本差额仅有5元。

3. 地理差异定价

企业对处在不同场所或位置的产品或服务分别规定不同的价格。如:飞机前舱票价高而后舱票价低;影剧院雅座票价几乎是普通座的二倍等等。

4. 时间差异定价

企业对不同季节、不同时间的产品或服务分别规定不同的价格。如:夏季空调器提价而冬季降价;长途电话费用夜晚比白天便宜等等。

案例:亚马逊公司的差别定价失误

差别定价被认为是网络营销的一种基本的定价策略,一些作者甚至提出在网络营销中要"始终坚持差别定价"。然而,没有什么经营策略在市场上可以无往不胜,差别定价虽然在理论上很好,但在实施过程中却存在着诸多困难,我们将以亚马逊的一次不成功的差别定价试验作为案例,分析企业实施差别定价策略时面临的风险以及一些可能的防范措施。

作为一个缺少行业背景的新兴的网络零售商,亚马逊不具有巴诺公司那样卓越的物流能力,也不具备像雅虎等门户网站那样大的访问流量,亚马逊最有价值的资产就是它拥有的2 300万注册用户,亚马逊必须设法从这些注册用户身上实现尽可能多的利润。为提高在主营产品上的赢利,亚马逊在 2000 年 9 月中旬开始了著名的差别定价试验。

亚马逊选择了 68 种 DVD 碟片进行动态定价试验,试验当中,亚马逊根据潜在客户的人口统计资料、在亚马逊的购物历史、上网行为以及上网使用的软件系统确定对这 68 种碟片的报价水平。例如,名为《泰特斯》(Titus)的碟片对新顾客的报价为 22.74 美元,而对那些对该碟片表现出兴趣的老顾客的报价则为 26.24 美元。通过这一定价策略,部分顾客付出了比其他顾客更高的价格,亚马逊因此提高了销售的毛利率,但是好景不长,这一差别定价策略实施不到一个月,就有细心的消费者发现了这一秘密,通过在名为 DVD-Talk 的音乐爱好者社区的交流,成百上千的 DVD 消费者知道了此事,那些付出高价的顾客当然怨声载道,纷纷在网上以激烈的言辞对亚马逊的做法进行口诛笔伐,有人甚至公开表示以后绝不会在亚马逊购买任何东西。更不巧的是,由于亚马逊前不久才公布了它对消费者在网站上的购物习惯和行为进行了跟踪和记录,因此,这次事件曝光后,消费者和媒体开始怀疑亚马逊是否利用其收集的消费者资料作为其价格调整的依据,这样的猜测让亚马逊的价格事件与敏感的网络隐私问题联系在了一起。

5.3.5　组合定价策略

产品组合是指企业生产或经营的全部产品品种的结构。企业产品组合定价策略即是对其相关产品进行综合考虑和评价,从中找出一组满意价格,从而使整个产品组合利润最大化。产品组合定价策略主要有以下四种形式:

1. 产品线定价

在企业的市场行为中,为了减少经营风险和拓展市场份额,企业通常倾向于开发产品线,而不是单一产品。企业定价时,应决定产品线中各相互关联产品之间的价格梯级。而决定价格梯级必须综合考虑以下因素:各产品间的成本差距;产品间的相互替代程度;顾客对企业产品线中各关联产品的评价;竞争者同类产品的价格状况等。只有综合上述因素,才有可能合理地确定产品线价格。

一般来说,如果产品线中两个前后连接的产品之间"价格差额"小,且两种产品之间的"成本差额"小于"价格差额",则顾客将倾向于购买其中较先进的产品,从而对企业产生利润贡献;反之,如是两个产品之间"价格差额"大,且其"成本差额"大于"价格差额",则顾客将偏向较差产品,从而有可能是企业的利润减少。实践证明,如果顾客心目中的产品品质差距与企业制定的价格差距相一致,产品线定价往往能获得较好的效果。

2. 附加产品定价

多数企业除生产和经营其主要产品外,往往同时还生产和经营与其主要产品密切相关的附加产品或辅助产品。企业除了给其主要产品定价外,还必须给其附加产品定价。此时应充分考虑附加产品与主要产品的价格配合问题,目的是取得最佳的整体效益。如某企业对其附加产品采取低价政策,以此为其主要产品招徕生意。

3. 连带产品定价

所谓连带产品,即是必须与主产品一同使用的产品。如照相机为主要产品,胶卷则为连带产品。企业通常的做法是采用高低价组合价格,对主要产品定低价而对连带产品定高价。日本柯达公司的互补产品定价便是典型的一例。柯达公司将其照相机定价较低,而对一次性使用的胶卷定价较高,并主要靠胶卷赚取厚利。这样,那些只生产照相机而不生产胶卷的企业必然将其产品定较高的价才能获得相同的收益。于是在照相机市场上柯达公司就拥有了相当大的价格竞争优势。

4. 副产品定价

在许多行业,如石油化工、肉类加工、冶金工业等,企业在生产其主要产品时往往伴随着副产品。倘若这些副产品没有市场,则企业将付出相当的代价去处理,使得其主要产品的成本费用增加,进而影响企业主要的定价。故企业往往想方设法为其副产品寻找市场。通常副产品的售价只要高于其储运成本,企业即可接受。这样可以降低其主要产品的成本与价格,同时提高其市场竞争能力。

● 分项任务测试:

到购物网站或实体店观察比较下列商品的定价策略:口香糖、钢琴、名牌服装、化妆品、洗衣粉、家居小饰品、手机、笔记本电脑、生鲜。

5.4 实施价格调整

企业为某种产品制定出价格以后,并不意味着大功告成。随着市场营销环境的变化,企业必须对现行价格予以适当的调整。

调整价格,可采用减价及提价策略。企业产品价格调整的动力既可能来自于内部,也可能来自于外部。倘若企业利用自身的产品或成本优势,主动地对价格予以调整,将价格作为竞争的利器,这称为主动调整价格。有时,价格的调整出于应付竞争的需要,即竞争对手主动调整价格,而企业也相应地被动调整价格。无论是主动调整,还是被动调整,其形式不外乎是削价和提价两种。

5.4.1 降价策略运用

1. 降价的条件

这是定价者面临的最严峻且具有持续威胁力量的问题。企业降价的原因很多,有企业外部需求及竞争等因素的变化,也有企业内部的战略转变、成本变化等,还有国家政策、法令的制约和干预等。这些原因具体表现在以下几个方面：

（1）企业急需回笼大量现金。对现金产生迫切需求的原因既可能是其他产品销售不畅，也可能是为了筹集资金进行某些新活动，而资金借贷来源中断。此时，企业可以通过对某些需求的价格弹性大的产品予以大幅度降价，从而增加销售额，获取现金。

（2）企业通过降价来开拓新市场。一种产品的潜在顾客往往由于其消费水平的限制而阻碍了其转向现实顾客的可行性。在降价不会对原顾客产生影响的前提下，企业可以通过降价方式来扩大市场份额。不过，为了保证这一策略的成功，有时需要以产品改进策略相配合。

（3）企业决策者决定排斥现有市场的边际生产者。对于某些产品来说，各个企业的生产条件、生产成本不同，最低价格也会有所差异。那些以目前价格销售产品仅能保本的企业，在别的企业主动降价以后，会因为价格的被迫降低而得不到利润，只好停止生产。这无疑有利于主降价的企业。

（4）企业生产能力过剩，产品供过于求，但是企业又无法通过产品改进和加强促销等工作来扩大销售。在这种情况下，企业必须考虑降价。

（5）企业决策者预期降价会扩大销售，由此可望获得更大的生产规模。特别是进入成熟期的产品，降价可以大幅度增进销售，从而在价格和生产规模之间形成良性循环，为企业获取更多的市场份额奠定基础。

（6）由于成本降低，费用减少，使企业降价成为可能。随着科学技术的进步和企业经营管理水平的提高，许多产品的单位产品成本和费用在不断下降，因此，企业拥有条件适当降价。

（7）企业决策者出于对中间商要求的考虑。以较低的价格购进货物不仅可以减少中间商的资金占用，而且为产品大量销售提供了一定的条件。因此，企业降价有利于同中间商建立较良好的关系。

（8）政治、法律环境及经济形势的变化，迫使企业降价。政府为了实现物价总水平的下调，保护需求，鼓励消费，遏制垄断利润，往往通过政策和法令，采用规定毛利率和最高价格、限制价格变化方式、参与市场竞争等形式，使企业的价格水平下调。在紧缩通货的经济形势下或者在市场疲软、经济萧条时期，由于币值上升，价格总水平下降，企业产品价格也应随之降低，以适应消费者的购买力水平。此外，消费者运动的兴起也往往迫使产品价格下调。

2. 降价方式

降价最直截了当的方式是将企业产品的目录价格或标价绝对下降，但企业更多的是采用各种折扣形式来降低价格。如第三节中提到的数量折扣、现金折扣、回扣和津贴等形式。此外，变相的降价形式有：赠送样品和优惠券，实行有奖销售；给中间商提取推销奖金；允许顾客分期付款；赊销；免费或优惠送货上门、技术培训、维修咨询；提高产品质量，改进产品性能，增加产品用途。由于这些方式具有较强的灵活性，在市场环境变化的时候，即使取消也不会引起消费者太大的反感，同时又是一种促销策略，因此在现代经营活动中运用越来越广泛。

3. 降价时机

确定何时降价是调价策略的一个难点，通常要综合考虑企业实力、产品在市场生命周期所处的阶段、销售季节、消费者对产品的态度等因素。比如，进入衰退期的产品，由于消费者失去了消费兴趣，需求弹性变大、产品逐渐被市场淘汰，为了吸引对价格比较敏感的购买者和低收入需求者，维持一定的销量，降价就可能是唯一的选择。由于影响降价的因素较多，企业决策者必须审慎分析和判断，并根据降价的原因选择适当的方式和时机，制定最优的降价策略。

案例:电商价格大战陷入疲惫期:商家师老兵疲,买家眼花缭乱

以京东商城十年店庆促销活动为导火索,在刚刚过去的半年里,中国电商行业经历了一场集体"价格战"狂欢。京东、苏宁、易迅、亚马逊、当当、凡客等纷纷宣布参战。

尽管在不少消费者看来,这场号称 2013 年电商价格大战的首轮战役反响平平,远没有去年的"8·15""双 11"来得让人兴奋,但在上述的当局者看来,这重复又重复的过程已经成为一场"不打也要打"的危险游戏。用户的需求并非无止境,但各种压力下的玩家们却不得不全速前进。电商靠价格吸引眼球的时代还远远没有过去。于是,一方面担忧自己变成了"卖白菜"的打折户,一方面又不敢停止脚步,怕就此止步于第一阵营的竞争。而谁将笑到最后?

对这种过于频繁的价格战,有卖家甚至会因为频繁的价格战或大促面临倒闭的危机。对很多卖家来说并不是一笔小数目,在运营或促销手法上稍有不慎就会出现资金链断裂的问题。事实上,价格战在中国电商发展中扮演的重要角色有其历史原因。一方面是因为中国电商的消费者由淘宝培养起来。淘宝是最早使用价格战的,所以最早一批中国电商培养的消费者,就是对价格非常敏感的那部分人。大家想到电商首先就想到淘宝,想到淘宝首先就想到便宜。

5.4.2　提价策略运用

1. 提价条件

提价确实能够增加企业的利润率,但却会引起竞争力下降、消费者不满、经销商抱怨,甚至还会受到政府的干预和同行的指责,从而对企业产生不利影响。虽然如此,在实际中仍然存在着较多的提价现象。其主要原因是:

(1) 应付产品成本增加,减少成本压力。这是所有产品价格上涨的主要原因。成本的增加或者是由于原材料价格上涨,或者是由于生产或管理费用提高而引起的。企业为了保证利润率不致因此而降低,便采取提价策略。

(2) 为了适应通货膨胀,减少企业损失。在通货膨胀条件下,即使企业仍能维持原价,但随着时间的推移,其利润的实际价值也呈下降趋势。为了减少损失,企业只好提价,将通货膨胀的压力转嫁给中间商和消费者。

(3) 产品供不应求,遏制过度消费。对于某些产品来说,在需求旺盛而生产规模又不能及时扩大而出现供不应求的情况下,可以通过提价来遏制需求,同时又可以取得高额利润,在缓解市场压力、使供求趋于平衡的同时,为扩大生产准备了条件。

(4) 利用顾客心理,创造优质效应。作为一种策略,企业可以利用涨价营造名牌形象,使消费者产生价高质优的心理定式,以提高企业知名度和产品声望。对于那些革新产品、贵重商品、生产规模受到限制而难以扩大的产品,这种效应表现得尤为明显。

2. 提价方式

在方式选择上,企业应尽可能多采用间接提价,把提价的不利因素减到最低程度,使提价不影响销量和利润,而且能被潜在消费者普遍接受。同时,企业提价时应采取各种渠道向顾客说明提价的原因,配之以产品策略和促销策略,并帮助顾客寻找节约途径,以减少顾客不满,维护企业形象,提高消费者信心,刺激消费者的需求和购买行为。

至于价格调整的幅度,最重要的考虑因素是消费者的反应。因为调整产品价格是为了促进销售,实质上是要促使消费者购买产品。忽视了消费者反应,销售就会受挫,只有根据消费者的反应调价,才能收到好的效果。

3. 提价时机

为了保证提价策略的顺利实现,提价时机可选择在这样几种情况下:

(1) 产品在市场上处于优势地位;

(2) 产品进入成长期;

(3) 季节性商品达到销售旺季;

(4) 竞争对手产品提价。

案例:优衣库提价策略失败,营业利润下跌超两成

优衣库母公司迅销集团日前公布的财报显示,集团综合经营溢利较去年下跌超两成。对此,迅销集团CEO柳井正承认,采取价格上调策略是错误的,同时表示会在全球范围内陆续进行价格调整以提振业绩。

2014年至2015年,由于受汇率影响,日元贬值导致了原材料成本增加以及代工厂的劳动力生产成本攀升,迅销集团进行了两次不同程度的提价。2014年7月,优衣库秋冬产品平均涨价5%,2015年优衣库产品平均涨价幅度达到10%。

优衣库涨价虽然弥补了日元贬值与原料成本增加的缺失,但客流量却明显减少。据报道,优衣库涨价导致客流量的下降,使得优衣库母公司迅销集团不得不进行重新调价,降价措施将覆盖全球范围,最大降幅达30%。

优衣库的大幅度价格调整对品牌有很强的杀伤力,这主要是受优衣库消费群体的影响。优衣库的优势是高性价比,受众群体对价格敏感性较强,产品的可替代性也较强。两次涨价后,产品价格超越了优衣库原有的受众人群消费的心理价位,因而这部分消费者逐渐转向其他品牌,这种客户的流失是优衣库再次降价不能百分之百挽回的。

5.4.3 价格调整的市场反应分析

1. 消费者反应分析

不同市场的消费者对价格变动的反应是不同的,即使处在同一市场的消费者对价格变动的反应也可能不同。从理论上来说,可以通过需求的价格弹性来分析消费者对价格变动的反应,弹性大表明反应强烈,弹性小表明反应微弱。但在实践中,价格弹性的统计和测定非常困难,其状况和准确度常常取决于消费者预期价格、价格原有水平、价格变化趋势、需求期限、竞争格局以及产品生命周期等多种复杂因素,并且会随着时间和地点的改变而处于不断地变化之中,企业难以分析、计算和把握。所以,研究消费者对调价的反应,多是注重分析消费者的价格意识,即消费者对商品价格高低强弱的敏感性。我们可以将消费者对价格变动的反应归纳为:

(1) 在一定范围内的价格变动是可以被消费者接受的;提价幅度超过可接受价格的上限,则会引起消费者不满,产生抵触情绪,而不愿购买企业产品;降价幅度低于下限,会导致消费者的种种疑虑,也对实际购买行为产生抑制作用。

(2) 在产品知名度因广告而提高、收入增加、通货膨胀等条件下,消费者可接受价格上限会提高;在消费者对产品质量有明确认识、收入减少、价格连续下跌等条件下,下限会降低。

（3）消费者对某种产品削价的可能反应是：产品将马上因式样陈旧、质量低劣而被淘汰；企业遇到财务困难，很快将会停产或转产；价格还要进一步下降；产品成本降低了。而对于某种产品的提价则可能这样理解：很多人购买这种产品，我也应赶快购买，以免价格继续上涨；提价意味着产品质量的改进；企业将高价作为一种策略，以树立名牌形象；卖主想尽量取得更多利润；各种商品价格都在上涨，提价很正常。

2. 竞争者反应分析

虽然透彻地了解竞争者对价格变动的反应几乎不可能，但为了保证调价策略的成功，主动调价的企业又必须考虑竞争者的价格反应。没有估计竞争者反应的调价，往往难以成功，至少不会取得预期效果。

如果所有的竞争者行为相似，只要对一个典型竞争者做出分析就可以了。如果竞争者在规模、市场份额或政策及经营风格方面有关键性的差异，则各个竞争者将会做出不同的反应，这时，就应该对各个竞争者分别予以分析。分析的方法是尽可能地获得竞争者的决策程序及反应形式等重要情报，模仿竞争者的立场、观点、方法思考问题。

一般说来，在同质产品市场上，如果竞争者削价，企业必须随之削价，否则大部分顾客将转向价格较低的竞争者；但是，面对竞争者的提价，本企业既可以跟进，也可以暂且观望。如果大多数企业都维持原价，最终迫使竞争者把价格降低，使竞争者涨价失败。

在异质产品市场上，由于每个企业的产品在质量、品牌、服务、包装、消费者偏好等方面有着明显的不同，所以面对竞争者的调价策略，企业有着较大的选择余地：

第一，价格不变，任其自然，任顾客随价格变化而变化，靠顾客对产品的偏爱和忠诚度来抵御竞争者的价格进攻，待市场环境发生变化或出现某种有利时机，企业再做行动。

第二，价格不变，加强非价格竞争。比如，企业加强广告攻势，增加销售网点，强化售后服务，提高产品质量，或者在包装、功能、用途等方面对产品进行改进。

第三，部分或完全跟随竞争者的价格变动，采取较稳妥的策略，维持原来的市场格局，巩固取得的市场地位，在价格上与竞争对手一较高低。

第四，以优越于竞争者的价格跟进，并结合非价格手段进行反击。比竞争者更大的幅度削价，比竞争者小的幅度提价，强化非价格竞争，形成产品差异，利用较强的经济实力或优越的市场地位，居高临下，给竞争者以毁灭性的打击。

● 分项任务测试：

1. 结合个人消费经历，收集几种产品本期和前期的价格，并作比较，分析价格升降的原因。

2. 假设你在校园附近的商业街上经营一家数码产品店。随着竞争者的不断加入，周边的商家纷纷打出降价牌，你会如何应对？

知识检测

一、选择题

1. 在完全竞争情况下，企业只能采取（　　）定价法。

 A. 成本加成　　　　B. 随行就市　　　　C. 拍卖　　　　D. 边际成本

2. 某种产品本应定价 90 元，厂商定价时实际定为 89.88 元，这种定价策略为（　　）。

    A. 声望定价　　　　B. 尾数定价　　　　C. 招徕定价　　　　D. 整数定价

3. 某商场规定,顾客一次性购买其产品满 200 元,给予 10% 的折扣,这种折扣属于( )。

    A. 数量折扣　　　　B. 现金折扣　　　　C. 季节折扣　　　　D. 以旧换新

4. 在企业定价法中,目标定价法属于( )。

    A. 成本导向定价法　　　　　　　　B. 需求导向定价法
    C. 竞争导向定价法　　　　　　　　D. 市场导向定价法

5. 准确地计算产品所提供的全部市场认知价值是( )的关键。

    A. 认知价值定价法　　　　　　　　B. 反向定价法
    C. 需求差异定价法　　　　　　　　D. 成本导向定价法

6. 企业利用消费者具有仰慕名牌商品或名店声望所产生的某种心理,对质量不易鉴别的商品的定价最适宜用( )法。

    A. 尾数定价　　　　B. 招徕定价　　　　C. 声望定价　　　　D. 反向定价

7. 当企业有意愿和同行和平共处而且自身产品成本的不确定因素又较多时,企业往往会采取( )定价方法。

    A. 反向　　　　B. 投标　　　　C. 诊断　　　　D. 随行就市

8. 企业在竞争对手价格没有变的情况下率先降价的策略称为( )策略。

    A. 被动降价　　　　B. 主动降价　　　　C. 撇脂定价　　　　D. 渗透定价

9. 非整数定价一般适用于( )的产品。

    A. 价值较高　　　　B. 高档　　　　C. 价值较低　　　　D. 奢侈

10. 企业定价目标主要有( )等。

    A. 维持生存　　　　B. 当期利润最大化　　C. 市场占有率最大化
    D. 产品质量最优化　E. 成本最小化

11. 引起企业提价主要有( )等原因。

    A. 通货膨胀,物价上涨　　　　　　B. 企业市场占有率下降
    C. 产品供不应求　　　　　　　　　D. 企业成本费用比竞争者低
    E. 产品生产能力过剩

二、名词解释

需求的价格弹性;成本加成定价法;随行就市定价法;声望定价;功能折扣;撇脂定价;渗透定价;价格调整;价格目标

三、简答题

1. 简述影响折扣策略的主要因素有哪些?
2. 简述差别定价的适用条件。
3. 简述企业在哪些情况下可能需要采取降价策略?
4. 举例说明价格决定程序。
5. 什么叫理解值定价法?如何进行理解价值定价?

四、计算题

1. 某厂生产某种商品 10 000 件,固定总成本 400 000 元,变动总成本 600 000 元,预期利润率 20%,试按成本加成定价法计算每件商品的销售价格。

2. 某烤箱厂投资 100 万美元,期望取得 20% 的投资收益率。如果生产烤箱的固定成本为 30 万美元,平均变动成本为 10 美元,建成投产后预计年销售量 50 000 台,则按目标收益定价法确定的烤箱价格是多少?

3. 某生产商通过统计分析得:需求函数 Q=1 000－4P;成本函数 C=6 000＋50Q;如果公司以利润最大化为定价目标,则其价格为多少时可取得最大利润? 最大利润是多少?

案例分析与运用

只有卖不出去的价,没有卖不出去的房

我坚信"没有卖不出去的房子,只有卖不出去的房价。""在其他行业,用成本法来定价的企业很多,但房地产与其他产品不一样。"北京理工大学博士生导师韩伯棠教授表示,"比如做鞋,定价没有定准可以再定价,房地产就不一样,从刚开始产品亮相到项目施工,再到开盘,消费者对地产项目的认知和楼盘的定价紧密相连,价格体系一旦出来,消费者对项目的认知也基本确定,定错了价钱,以后就很难通过重新定价翻身,最后也可能让一个很好的项目悄悄死掉。"正因为这样,房地产项目的定价策略,是整个房地产营销的重中之重,也是发展商不到开盘最后一刻也不肯轻易透露的"高度商业机密"。

"价格策略其实也是企业和消费者之间的一场心理战。如果消费者买楼后,感到房子的价值大于定价,他会认为得到了很大的实惠,他会积极推荐朋友和亲戚去买,那么楼盘就获得了很大的成功;反之,消费者肯定感到不满意。"一位曾在知名楼盘任职、多次成功使用价格策略的职业经理人如是说。

优惠的价格始终是最吸引买家的营销手法之一,以下是房地产定价中的几种常见现象。

现象一:大打折扣增加消费者满足感。前几年,某楼盘刚开始一期项目开盘,选择"所有房源半价销售"的策略。当时,该楼盘周边的竞争性产品很多,消息一出,马上引起市场轰动,加上该盘当时的定价确实比周边的楼盘要低一些,因此销售情况不错。

现象二:高价开盘增加市场认可度(风险最大的定价方式)。有的楼盘在开盘之初,不跟随周边市场的价格,以较高售价推出市场。如去年,珠江新城某楼盘开盘时号称要以 2 万元/m² 的定价进行销售,而当时周边楼盘的定价不到 1.5 万元/m²。

现象三:大差距定价增加控制力。"均价"的高低一向是人们判断楼盘价格的标准,但不少楼盘都采用了拉开高低价格距离的"差价"营销方式。如天河区某楼盘,同为洋房产品,价差达 3 000 元/m² 以上,价格跨越幅度大,南向和北向单位相差达数十万元。据发展商介绍,这样的定价策略,使得更多消费者都可以挑选到自己中意的单位,也使得客户层面进一步扩大。

现象四:低开高走敦促买家入市。低开高走是现在不少楼盘都采用的定价策略。发展商为了吸引顾客,以较低价格开盘,以聚集人气,形成热销局面,随后再根据施工进度和销售情况把售价提高,达到最终的销售目的。

问题:

1. 试分析房地产定价的影响因素。

2. 运用定价策略解释在本案例中的四种定价现象。

3. 房地产开盘后的调价策略如何运用?

技能训练

1. 深入当地一家高端的商场(百货公司),了解其产品的定价策略。
2. 分析某种商品降价或提价的原因。
3. 了解网络产品定价的基本原理与技巧。

任务6　建立和管理分销渠道

【任务目标】

知识目标：

1. 熟悉分销渠道的基本模式；

2. 掌握分销渠道设计的基本要素；

3. 掌握分销渠道流程管理的基本方法；

4. 了解分销渠道的发展趋势。

技能目标：

1. 能够根据企业的产品特点、市场情况、环境因素选择有效的分销渠道模式；

2. 能够分析并设计企业的分销渠道系统；

3. 能够对分销渠道成员进行选择、评价、激励，提升渠道效率。

【任务分解】

⟹ **任务6：建立和管理分销渠道**

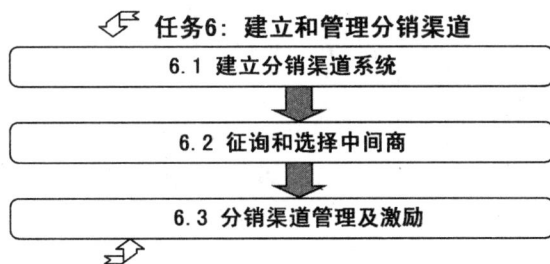

6.1 建立分销渠道系统

⬇

6.2 征询和选择中间商

⬇

6.3 分销渠道管理及激励

⟹

6.1　建立分销渠道系统

6.1.1　认知分销渠道

1. 分销渠道的概念

分销渠道，是指产品从生产领域转向消费领域所经过的通道，是连接生产和消费之间的"纽带"和"桥梁"。分销渠道解决了产品如何从生产者手中到消费者手中的问题，其起点是生产者，终点是消费者，中间环节有经销商和代理商加各类批发商、零售商、代理商、经纪人等中间商，不包括供应商、辅助商，也可以没有中间商。

不管是多么完美的产品，不管有多么合适的价格，不管多么有创意的促销方式，不管消费者是多么想要，如果没有分销渠道的话一切都是空谈。

2. 分销渠道的职能

分销渠道的基本职能是把产品从生产者手中转移到消费者的手中，其目的在于消除产品或服务与它们的消费者或客户之间存在的差距。这种差距具体表现在时间、地点和所有权等

方面,为了弥合这些缺口,需要分销渠道各成员的共同努力。具体而言,分销渠道的主要职能有以下几种:

(1) 推销。一般来说,并不是每个顾客都对产品的功效以及供给情况非常了解,这就需要承担商品所有权转移或帮助所有权转移的渠道成员,都要积极开展推销工作,以唤醒顾客需要,激发其购买兴趣和购买欲望。

(2) 支持和配合。渠道内几乎每个成员都应该相互支持和配合,积极主动地同其他成员沟通信息,从而尽可能消除渠道成员之间的信息不对称,提升渠道内的合作和运作效率。例如,零售商与最终消费者接触的概率最高,他们相对更了解消费者的需求和声音。如果他们能及时地将有关信息向生产商或批发商进行通报,这对生产商的新产品开发、市场营销策略的制定、库存的控制等都会产生积极的影响。

(3) 谈判。在整个营销渠道内部,只要存在商品所有权转移,就必然关系到有关成员的利益得失。因此,每个渠道成员都应该积极参与谈判,尽可能如实表达自己的意愿,从而缩小甚至消除彼此间的差距,消除彼此间的误会,从而促进更好的合作。

(4) 协调。使供应商所提供的产品与购买者的要求相协调,这包括生产制造、分类组合、装配、包装等一系列活动。

(5) 订货付款。只有当分销渠道下游的成员主动向上游供应商下达订单时,整个分销渠道才能充分发挥出应有的作用。渠道成员在转移商品所有权的同时,必须同时承担收取货款、向供应商转交货款的职能。

(6) 承担风险。只要存在营销活动,就一定有风险。在国内的市场上,营销风险主要是开拓市场的风险,即有可能产品销售不出去,造成部分渠道成员所付出的开拓市场、从事经营活动的费用无法得到。其他可能的风险主要有通货膨胀或滞胀风险、商业道德风险、货物损失损坏风险等。

(7) 物流配送。产品实体从原料到最终顾客的连续的储运工作。无形产品(服务、咨询、软件、音乐等)可在网上直接配送;有形产品的配送需要借助专业的物流配送体系来完成。同时,所有权从一个组织或个人转移到其他组织或个人。

阅读资料:中国快递业务市场规模世界第一

我国常态化进入单日快递亿件时代。从 2012 年的不到 57 亿件,到 2016 年的 312.8 亿件,党的十八大以来,我国快递业务量连续 5 年保持了平均 50% 以上的增速,市场规模自 2014 年开始稳居世界第一。5 年来,中国快递"火"起来,成为经济发展的一抹"亮色"。

国家邮政局市场监管司司长冯力虎介绍,在快递业务量持续高速增长的背景下,我国快递服务时限水平基本保持平稳上升趋势,全程时限处于 58~60 小时,72 小时准时率从 2012 年 72.4% 提升到 2016 年 75.53%;距离在 1 000 公里以下的快件中,有 84.62% 能够在 48 小时内送达。

(8) 融资。无论是产品制造还是商品分销都需要投资,用于渠道成员之间货款的支付、组织的运转开支和职工工资支付,以保证营销渠道不同层次有效的运转和保持有效的联系。

渠道中的每个成员都应该承担一定的渠道职能,当然不是每个渠道成员都要承担所有的渠道职能,有些渠道职能被规定为分销渠道环节上的成员的必要职能,比如占有实体的职能对生产商和店铺零售商来说是必要的,但对某些批发商来说就不是必要的。因此,在制定具体的策略时,由谁来执行分销渠道的职能,要首先考虑职能对中间商的必要程度,兼顾效率和效益原则。

3.分销渠道的作用

在商品经济发达的现代社会,生产远离消费,两者之间存在着各种各样的矛盾。分销渠道在连接生产和消费的过程中起到了巨大作用,主要表现为:

(1)疏通生产和消费之间的矛盾

这是分销渠道最基本的作用。现代化大生产使得生产和消费在时间、空间、数量、信息、品种等各方面的矛盾越来越突出,生产者总是相对稳定地、多品种、大批量地生产,消费者则经常季节性地、多样化、零星而频繁地购买。二者之间的矛盾需要通过建设合理的分销渠道来解决。

(2)降低交易成本

合理的组建分销渠道可以有效减少不必要的商品交易次数,从而带来交易成本的降低。比如,通过中间商分销服装,比起企业直接分销给顾客,可以减少交际次数,节约交易费用。图6-1和图6-2分别是不使用和使用中间商的经济效果图,通过对比可以直观地感受到合理分销渠道的重要性。

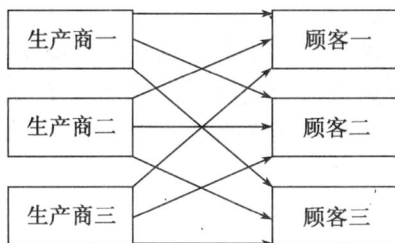

交易次数为3×3=9(次)

图6-1　不使用中间商的经济效果图

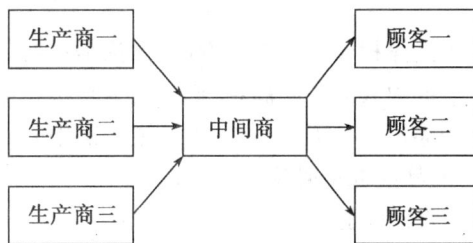

交易次数为3+3=6(次)

图6-2　使用中间商的经济效果图

(3)接近终端用户,方便顾客购买

日化巨头宝洁公司培训手册上有一句格言:“世界上最好的产品,即使有最好的广告支持,除非消费者能够在销售网点买到它们,否则,简直就销不出去。”分销渠道建设就是要求企业在正确的时间、正确的地点以正确的方式方便顾客购买,从而能够及时满足顾客需求。

(4)收集市场信息,指导企业生产,规避市场风险

现代市场营销理念强调“以顾客为中心,满足顾客需求”,要求企业按照顾客需求指导生产。分销渠道直接服务于市场,对顾客需求变化最敏感,对市场信息了解最及时。通过各种销售网络收集信息并及时反馈,企业可以正确指导生产,从而减少和规避市场风险。

6.1.2　选择分销渠道模式

由于不同行业不同企业各自的特点不同,分销渠道各不相同。归纳起来有两种基本模式:消费品营销渠道模式和生产资料营销渠道模式(如图6-3、6-4所示)。

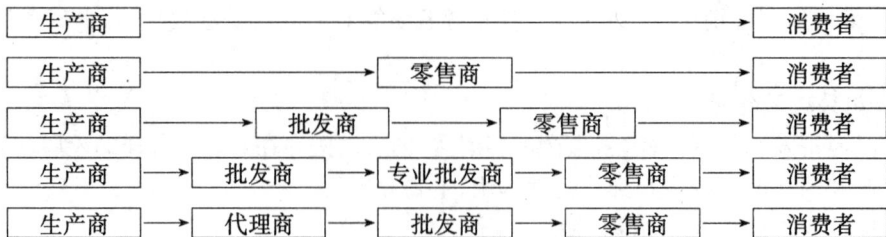

图 6-3 消费品市场的分销渠道模式

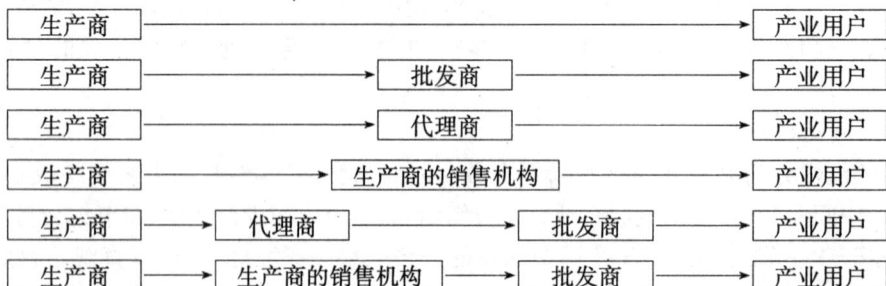

图 6-4 工业品市场的分销渠道模式

从上述流程图我们可以看出,无论是消费品还是工业品的分销渠道,在生产者和最终用户之间有中间商或无中间商,我们称之为直接渠道和间接渠道;其渠道中间环节有多有少,我们称之为短渠道和长渠道;每一个渠道层次中间商数量有多有少,我们称之为宽渠道和窄渠道。

1. 直接渠道和间接渠道

(1)直接渠道

直接渠道是指生产者将产品直接销售给消费者或者用户,没有中间商介入的分销渠道形式,也称零层渠道。这是一种最简单、最直接的渠道策略。

直接渠道由于没有中间环节,可以减少流通费用,缩短流通时间,提高产品市场竞争力;同时便于全面周到地为用户提供服务,尤其是技术复杂的产品,生产商可以给予安装、维护、人员培训等各方面的协助;直接渠道不借助于中间商分销,有助于生产商对渠道的有效控制,方便生产商营销政策的贯彻实施。

直接渠道的缺点主要表现为:一是要求企业有雄厚的资金实力和资源实力,要能够大量存货,要有比较完善的仓储及零售设施,独自承担生产和分销以及售后服务等所有职责,增加负担和费用,分散精力;二是一些优秀的中间商在当地市场上通常比生产商分销经验丰富,缺乏他们的协作,凭生产商自己的力量去销售,很难迅速和全面地占领市场;三是生产商需要独自承担产品分销中的全部风险;四是直销对于团队的管理、执行能力要求非常之高。

(2)间接渠道

间接渠道是指生产商通过中间商将产品销售给消费者或者用户的分销渠道形式。

间接渠道的优点主要有:一是借助于中间商现有的分销渠道,生产商可以迅速占领市场,有助于产品广泛和及时地分销;二是中间商承担了分销过程中的部分职责,如仓储、配送、促销、售后服务等,可以弥补生产商在人、财、物等方面分销力量的不足;三是中间商可以承担部分市场风险,如运输、库存、资金回笼等。

间接渠道主要的缺点有:一是不便于生产商掌握消费者信息,如果与中间商协作不好,会难以及时准确地得到消费者的需求信息;二是增加中间商环节,必然增加产品成本,由此会降低产品的价格竞争力;三是增加中间商会增加渠道控制难度,当中间商实力过于强大时,往往会影响甚至左右制造商的营销政策。

2. 长渠道和短渠道

分销渠道长度是指产品从生产商到最终消费者或者用户所经历的环节的多少,也就是渠道层次的多少。通常,把经过两个或两个以上层次中间环节的分销渠道称为长渠道,把只经历一个层次中间环节的渠道称为短渠道。

长渠道的优点是市场覆盖面广,借助的中间商资源多,生产商承担的分销职能少;缺点是信息传递慢,渠道控制程度低,管理难度大,终端价格高。短渠道的优缺点正好相反。

在实际营销活动中不能简单地认为长渠道策略好还是短渠道策略好。企业应该根据自身实力、产品特性、市场竞争等因素综合考虑,所选择的渠道类型应该具有较高的分销效率和较广的市场覆盖,并且能够给企业带来良好的经济效益。

3. 宽渠道和窄渠道

分销渠道宽度是指分销渠道中的不同层次使用的中间商数量的多少。在分销渠道的每个层次上,使用的中间商数量越多分销渠道就越宽,反之分销渠道就越窄。这主要取决于企业希望在目标市场上扩散范围的大小。通常企业有三种可供选择的策略,即广泛分销策略、选择性分销策略和独家分销策略。

(1) 广泛分销

广泛分销策略,也叫密集分销策略,是指在渠道的每个层级使用尽可能多的中间商。这种策略的优点是能使产品快速进入市场,能扩大市场覆盖面,使众多消费者和用户能随时随地买到产品。缺点是生产商与中间商关系松散,几乎无法控制渠道,渠道容易混乱,管理难度大。该渠道策略通常适用于消费品中的便利品(如饮料、烟酒等)和工业品中标准化、通用化程度较高的产品(如小件工具、标准件等)的分销。采用这种策略,生产商要与众多中间商发生业务,中间商也往往同时经销多家企业的产品,生产商就要设法鼓励和刺激中间商积极推销本企业的产品。

(2) 选择性分销策略

选择性分销策略,是指在一个渠道层级上不是所有的中间商都被使用,只有那些经过仔细挑选的一些条件较好的中间商被使用。选择性分销策略通常由实力较强的中间商组合,能有效地维护生产企业的品牌信誉,建立稳定的市场和竞争优势。缺点是如果销售点布置较松会给竞争对手留有市场空隙,布置过紧容易造成中间商之间的冲突。该渠道策略通常适用于消费品中的选购品(如电脑、手机等)的分销。采用这种策略,生产商应该注意销售点的设置以及对中间商政策的平衡,保证中间商之间展开良性的竞争。

案例:晨光的渠道策略

晨光在渠道运作上,符合众多快消行业大佬的风格,注重渠道网络体系的构建,充分发挥渠道为王的特点。

1. 庞大的终端网络,近7万家零售终端

晨光公司在全国拥有30家一级(省级)合作伙伴、近1 200家二、三级合作伙伴,超过7万家零售终端(50 000多家标准样板店、8 000多家高级样板店以及5 000多家加盟店)。此外,公司在泰国和越南拥有1800多家零售终端,可以说晨光在渠道上构建了一个强大的网络体系。

2. 渠道品牌化、构建品牌影响力

晨光主要通过渠道形象进行传播。与得力通过媒体的拉动不同,它所采用的方式和公牛插座的方式类似——渠道中端的 VI 形象建设,统一为经销商代理商更换门头,全国7万左右的终端,就是7万多个活的品牌广告。

3. 厂商深度协同合作

经过长达10年的耕耘,晨光和自己的渠道代理商形成了深度协同合作的关系。2004年开始,陈昇明(晨光创始人)下决心规范渠道,通过自己的运营能力改变了经销商的看法,并逐渐形成了稳固的合作关系。晨光的经销商被称为"伙伴或者叫战略伙伴关系",在陈昇明看来,厂商跟代理商是一种非常脆弱的买卖关系,但双方思想高度保持一致时,这种关系就不一样了。陈昇明说:"我们的合作伙伴可以忍受前期的亏损甚至没钱赚,他付出以后可以暂时不要回报,但是你的客户不可以。"

(3) 独家分销策略

独家分销策略,是指生产商在某一特定地区市场只选择一个中间商去销售自己的产品。这种策略的优点是专营的中间商具有较高的积极性和推销效率,能够更好地服务市场。同时厂商之间协作紧密,渠道管理难度小。缺点是特定地区只有一家中间商,可能会因为推销力量不足而失去许多潜在用户。同时容易受制于中间商,市场风险大,如果中间商选择不当或者发生意外情况,可能会完全失去市场。该渠道策略通常适用于挑选水平很高的消费者,非常注重品牌的特殊产品(如珠宝、轿车等)和面向专门用户的产品(如高楼电梯等)的分销。采用这种策略,厂商之间通常会以协议的方式来确定双方的销售权限、利润分配、费用分担等权利和义务。

6.1.3 建立分销渠道系统

1. 建立分销渠道需要考虑的因素

企业分销渠道的选择,不仅要求保证产品及时到达目标市场,而且要求选择的分销渠道销售效率高、费用少、效益佳。因此,企业进行分销渠道建设前,必须综合分析企业的战略目标、营销组合策略以及其他影响分销渠道选择的因素,然后再做出某些相关的决策。

(1) 产品因素

一般来讲,不同特性的产品适合采用不同的分销渠道,这是企业选择分销渠道时必须首先考虑的。产品特性通常包括以下几方面:

① 物化性质。有些产品易毁损、变质或腐烂,储存要求高,有效期短,如鲜活品、危险品、陶瓷等,应尽可能选择短而宽的渠道,或直接销售,尽快送到消费者手中。

② 技术服务。技术复杂、专用性强、售后服务要求高的商品,宜采用短渠道,由企业自销或由专业代理商销售,以便提供周到服务;相反,对于技术含量低、专用性不强、技术服务要求低的商品,则可选择长渠道。

③ 重量和体积。重量和体积直接影响运输费用和储存费用。因此,对于体积大、分量重、移动不方便的商品宜采用短渠道,采用直销,以减少中转的麻烦,同时也减少产品损失,节约储运费用;反之,可采用较长渠道。

④ 产品价格。一般说来,单价昂贵、又需充分演示或较多附加服务的商品,宜采用短渠道,可直销;单价低的产品,则宜采用较长和较宽的分销渠道,以方便消费者购买。

⑤ 时尚性。对于时尚性强、款式花色变化快的商品,应选用短渠道,以免商品过时;而款式花色变化较小的商品,渠道则可长一些。

⑥ 生命周期阶段。处于导入期的产品,其分销渠道是短而窄的,因为新产品初入市场,许多中间商往往不愿经销,生产企业不得不直接销售;处于成长期和成熟期的产品,消费需求迅速扩大,生产者要提高市场占有率,就要选择长而宽的渠道,扩大产品覆盖面。

⑦ 产品的标准性与专用性。如果产品具有一定的品质、规格、式样等标准化的产品,分销渠道长短灵活选择。但如果用户比较分散,如通用机械、量具刀具等,最好采用间接渠道。对于非标准化的专用品或定制品,比如说需要供需双方议价格、品质等标准的产品,应直接签订合同。

(2) 市场因素

① 目标市场。市场越分散,流通成本高、耗时长,越需要中间商;反之,用户规模大、位置集中,一次购买批量大,则可直销或采用短渠道。因此,一般说,对生产者市场的用户可采用直销,对消费者市场则大多需相对较长的渠道;当零售商规模庞大时,可采取一层渠道或至多两层渠道;当零售商十分细小时,中介环节自然要多些。

案例:索尼移动,电子商务渠道就是我们的未来

在索尼移动中国区结束奎迈格时代后,新上任的大中国区总裁黄国强如何能带给索尼新的未来呢? 在他看来,在华扩大零售销售渠道,推进与国内三大运营商的合作,进行"一个索尼"的整合是三大重点。

这种紧迫性来源于业绩的压力。"索尼在全球很多地区的市场表现越来越好,甚至坦白讲比中国市场好,我有很大的压力。"黄国强说。

黄国强表示,除了一些手机连锁和家电连锁,索尼移动希望借一点索尼的力,比如索尼中国此前已经拓展出来的零售渠道,进行产品的联合展示和售卖。他提到,电子商务渠道也将成为接下来重点拓展的渠道之一。

2013 年 8 月,微软宣布收购诺基亚手机业务,黄国强认为,这印证了行业垂直整合的趋势。"从苹果到 Google,以及最近行业的变化,证明需要一种整体的整合。"如果整合得好,"One Sony"战略将成为索尼保持与其他手机厂商差异化竞争的独门利器。

② 消费者的购买习惯。消费者的购买习惯,也会影响分销渠道的选择。一些日用生活必需品,其价格低,消费者数量大,购买频率高,顾客不必做仔细的挑选,随时随地都能买到,生产商应尽多采用中间商扩大销售网点,其分销渠道应长而宽。对于一些耐用消费品,生产商一般只通过少数几个精心挑选的零售商去推销产品,甚至在一个地区只通过一家零售商去推销其产品,其分销渠道可以短而窄。

③ 需求的季节性。由于季节性商品,要求供货快销售也快,因此应充分利用中间商进行销售,渠道相应就宽一些。

④ 竞争状况。企业出于市场竞争的需要,有时应选择与竞争对手相同的分销渠道;有时则应避免"正面交锋",选择与竞争对手不同的分销渠道。如"好记星"学习机上市时避开同类产品的商场渠道而选择书店。

⑤ 市场形势。市场繁荣、需求上升时,生产者应考虑扩大其分销渠道;而在经济萧条、需求下降时,则需减少流通环节。

（3）生产商自身因素

① 规模和声誉。企业规模大、声誉高、资金雄厚、销售力量强,具备管理销售业务的经验和能力,在渠道选择上主动权就大,既可采取直销或短渠道,也可采用间接渠道,依靠中间商进行销售。

② 营销经验及能力。一般而言,企业市场营销经验丰富,则可考虑较短的分销渠道;反之,缺乏营销管理能人及经验的企业,就只有依靠中间商来销售。

③ 服务能力。如果生产商服务能力强,则可取消一些中间环节,采用短渠道;如果服务能力有限,则应充分发挥中间商的作用。

④ 控制渠道的愿望。企业控制分销渠道的愿望各不相同。如果生产企业十分看重自己对最终市场的控制,或十分关注自己产品在最终市场上的销售情况,或认为由自己直接承担各项营销职能,将比中间商更有效,那么,可以选择直销或短渠道;否则,可采用宽而长的渠道。

此外,法律、法规等环境特性也会对市场营销渠道的选择产生影响。如由国家或主管部门实行严格控制的产品、专卖性产品,其分销渠道的选择必然要受到制约。

阅读资料:我国烘焙行业的渠道业态

第一类为以工业化中央工厂＋纵深渠道分销模式为核心。它采用中央集约化生产,以商超、大卖场二三线城市便利店、小卖部等为终端渠道进行面包烘焙食品销售的大众化面包品牌。典型代表为国内的桃李面包等企业,在国际上则是以来自墨西哥的宾堡旗下的宾堡小熊系列产品。

第二类核心模式则是中央工厂＋自建品牌连锁店模式的烘焙企业。这个领域也是目前国内烘焙细分市场中竞争最激烈的市场。好利来蛋糕、元祖食品、85 ℃、克莉丝汀、面包新语以及日本的高端烘焙品牌山崎面包,韩国综合型食品集团 SPC 旗下的巴黎贝甜,韩国 CJ 集团旗下的多乐之日都是其中佼佼者。

第三类是以线上配送为核心,结合新媒体传播纯粹在线上进行蛋糕产品的预订与售卖。典型的品牌包括香送、21CAKE、mcake、窝夫小子等线上烘焙新品牌。但是随着线上线下融合的不断加速,这些线上品牌其中一些也在开始尝试线下品牌店业态来进行经营。

第四类是以个体经营为中心广泛分布于三四线城市的个体经营的手工烘焙作坊,也是广大用户群最容易接触到的烘焙业态之一。这一类是正在收缩的市场,但是也依然不容小视,比如像北京五道口枣糕王依靠传统的手工工艺和注重品质的限量销售方式依然可以成为用户心中的网红级烘焙品牌。

2. 建立分销渠道系统

企业在建立自己的分销渠道系统时,可供其选择的类型主要有传统分销渠道模式、垂直分销渠道模式、水平分销渠道模式、多渠道分销模式等几种(如图 6-5、6-6、6-7 所示)。设计者应结合企业实际情况,选择最适合企业发展的渠道系统。

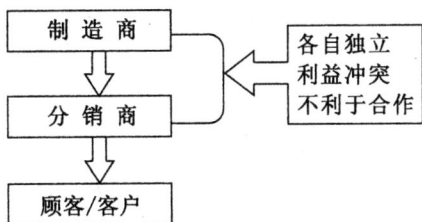

图6-5　传统(松散型)分销渠道系统

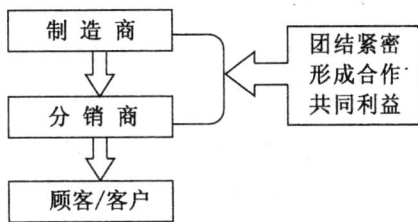

图6-6　垂直分销渠道系统

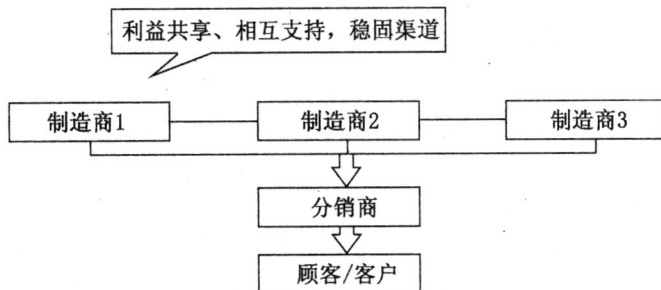

图6-7　水平分销渠道系统

（1）传统分销渠道模式——松散型渠道关系

传统分销渠道模式，是指一般的营销组织形态。渠道成员之间是一种松散的合作关系，各自追求自己的利润最大化，最终使整个渠道效率低下。

松散型渠道关系从严格意义上来讲还算不上一种较为定型的模式，但对于实力较弱的中小企业来讲，参与其中要比单枪匹马、独闯天下强得多。它会为渠道成员提供如下几方面的好处：渠道成员有较强的独立性，无太多义务需要承担；进退灵活，进入或退出完全由各个成员自主决策，根据局势需要可以自由结盟；由于缺少强有力的"外援"，促使企业不断创新，增强自身实力；中小企业由于知名度、财力和销售力的缺乏，在进入市场时可以借助这种关系迅速成长。

松散型渠道关系的主要缺点有：临时交易关系，缺乏长期合作的根基；成员之间的关系不涉及产权和契约关系，不具有长期性、战略性，无法充分利用渠道的累积资源；渠道安全系数小，缺乏有效的监控机制，渠道的安全性完全依赖于成员的自律；没有形成明确的分工协作关系，使广告、资金、经验、品牌、人员等渠道资源无法有效共享；缺少投身渠道建设的积极性，渠道成员最关心的是自身利益能否实现及商品能否卖得出去或者能否卖高价，而较少考虑渠道的长远发展问题。

案例："统一车友万里情"——统一与经销商相濡以沫

2007年4月，由"统一"润滑油全国市场协调委执委会与壳牌统一（北京）石油化工有限公司销售部共同组织的"统一车友万里情"活动拉开帷幕。参加以"快乐统一"为主题的车友自驾游活动的经销商跟随车队，一同体验大家同程畅游的欢乐。期间，除了游览名山大川、领略风土人情外，车队根据情况安排，将沿途走访部分"统一"零售店、修理厂，考察部分集散市场，协助完善店面形象，以及组织举办相关协调委与车队的欢聚活动等。此次活动一经提出就受到许多经销商的热烈响应。通过此次活动，将进一步促进各个市场协调委的横向交流，加深各地

"统一"经销商的深厚感情,提升网络竞争力,推进"感情更进一步"的主题宣传。

"统一"润滑油通过成立经销商组织,开办各种经销商会议,组织各种经销商活动,包括这次"统一车友万里情"活动,都是为了让经销商更有安全感,满足他们精神层面的需求。

(2)垂直分销渠道系统

垂直分销渠道系统,是由生产者、批发商和零售商组成的一种统一的联合体,每个成员把自己视为分销系统中的一分子,关注整个垂直系统的成功。按照垂直关系形成的方式,可以形成三种不同的渠道关系:管理型渠道关系、公司型渠道关系和契约型渠道关系。

管理型渠道关系是由一个或少数几个实力强大、具有良好品牌声望的大公司依靠自身影响,通过强有力的管理将众多分销商聚集在一起而形成渠道关系。

公司型渠道关系是指一家公司通过建立自己的销售分公司、办事处或通过实施产供销一体化及横向战略而形成的一种关系模式。公司型渠道关系是渠道关系中最紧密的一种渠道关系。企业可以通过以下两种方式来建立公司型渠道关系:一是制造商设立销售分公司、建立分支机构或兼并商业机构,采用工商一体化的战略而形成的销售网络;二是大型商业企业拥有或统一控制众多制造型企业和中小商业企业,形成工贸商一体化的销售网络。公司型渠道关系以产权为纽带凝聚而成,关系紧密,建立这种关系会使其成员获得如下好处:行动的一体化;品牌的统一化;最大限度接近消费者;节省费用。

契约型渠道关系是指厂商或分销商与各渠道之间通过法律契约来确定它们之间的分销权利与义务关系,形成一个独立的分销系统。它与产权型渠道系统的最大区别是成员之间不形成产权关系,与管理型渠道系统的最大区别是用契约来规范各方的行为,而不是用权利和实力。当前,越来越多的制造商或服务性企业通过契约这一"文明锁链"将自己的产品、服务或商号、形象快捷地扩散到世界各地。契约型渠道关系类型主要包括:以批发商为核心的自愿连锁销售网络;零售商自愿合作销售网络;特许经营销售网络。

(3)水平分销渠道系统

水平分销渠道模式会形成共生型的渠道关系。在市场上,很多企业出于种种动机,积极寻找合作伙伴,以取长补短、发挥资源的协同作用,从而形成共生型渠道关系。两家或两家以上公司通过某种形式的协作,共同开发新的市场机会而形成渠道关系,目的是通过联合发挥资源的协同作用或规避风险。

共生型渠道关系可以发挥资源的协同效应,实现优势互补;可节省成本,避免重复建设;可规避风险,把部分职能转让出去,把部分风险也进行了转让;"大树底下好乘凉",这是众多小企业依附于大企业常见的心理;分享市场。

共生型渠道关系要能得到维持,须有如下事实存在:合作双方都各自拥有对方所不具备的优势,这是吸引对方参与的关键;合作双方地位是平等的,不存在支配与被支配关系;合作双方有共同的需求,也就是说,是共同的利益使他们成了"同一战壕里的战友"。

案例:布局即饮咖啡,康师傅代工星巴克寻求增长助力

因消费不振而遭遇饮料板块业绩下滑之时,康师傅宣布以牵手星巴克的方式来寻求救赎。

康师傅发布上市公司公告宣布,与星巴克咖啡公司正式签署合作协议,此后康师傅将在内地生产星巴克即饮饮品,并帮助其拓展本地市场分销渠道。由此,康师傅将成为星巴克即饮饮品的代工企业和销售公司。

业内人士分析,依托星巴克的品牌影响力,康师傅可以在补齐产品线的同时在新兴饮料板块提前占位,却不会凭借即饮咖啡单一品类从根本上改变其饮料业务增速下滑的现实。对于康师傅而言,企业自身产品创新较为困难的时候,借助星巴克的品牌影响力和现有产品,直接迈进即饮咖啡这个新兴的饮料板块是十分聪明的做法,而在2010年与百事结束销售渠道拓展的合作之后,星巴克也需要借力康师傅的全渠道销售网络优势寻求销量的拓展,因此从这一角度而言,此次合作可以称得上是跨界资源的高效嫁接。

(4) 多渠道分销系统

多渠道分销模式一般有两种形式:一种是生产商通过两条以上的竞争性渠道销售同一种产品;另一种是生产商通过多种渠道销售不同品牌的差异性产品。另外,还有一些企业通过同一产品在销售过程中的服务内容与方式的差异,形成多条渠道以满足不同顾客的需要。多渠道分销模式的好处在于:有利于扩大产品的市场覆盖面,能有效降低成本并能更好地适应客户要求。

案例:公牛插座的多渠道系统

从企业创建之初,公牛插座就绕开了商场,建立自己的分销、批发渠道,并不断细化。在全国3000多个县级城市中,有一半的市场做到了县、镇、村三级渠道全覆盖。

而在乡镇农村市场,为了有效提高销售额,公牛匠心独运,对渠道进行现代化升级,从不同类型渠道的分销策略、经销商策略、终端展示推广,到销售团队管理几个方面全面塑造使用现代营销竞争的模式。各地经销商分别统计好区域内的零售店,把插座放在卡车里,一家一家去派送,"你要我就给你",而不是"你要就来我这里买",就像可口可乐的送货员一样。

"牛奶怎么卖,可口可乐怎么卖,插座就怎么卖",经过3年的渠道合作,公牛插座的销售渠道和网点迅速突破超市、家电卖场、电子城、五金店和小卖店等多种属性的地方,形成50多万个销售点,几千辆汽车分区域穿梭其间。

(5) 网络分销渠道系统

将网络营销与传统零售业有效地结合起来,在资产规模、物流配送方面得以全面发展,降低成本,提高效益,是网络时代分销渠道发展的又一主流。"用户或顾客"将需求信息传递给"网络中心"(经销商网络或直销系统);"生产者或供应商"从"网络中心"获取需求信息,达成交易后,通过"物流配送中心"或"传统分销渠道"将商品运送到"用户或顾客"手中的循环模式,如图6-8所示。

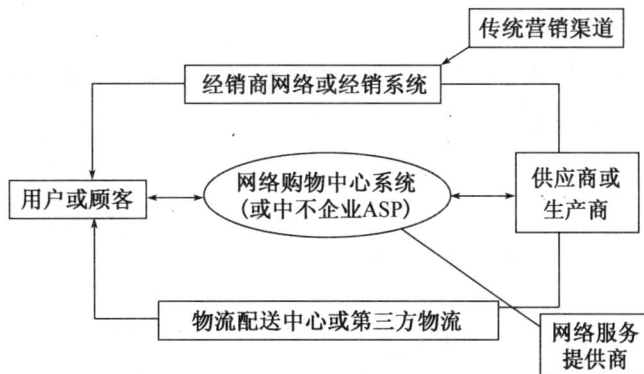

图6-8 网络分销渠道模式

新的分销渠道模式的起点和终点均是"用户或顾客",真正体现了"以顾客(市场)为中心"的现代营销理念,同时也真实地表达了网络时代企业分销渠道系统建设的目标和宗旨。具体地说,就是从客户订单生成开始,组织材料、生产、送货一系列的营销活动过程。最典型的是戴尔公司、沃尔玛等。

随着互联网的飞速发展,企业网上销售将使传统销售渠道格局产生巨大变革。由于购买者的习惯及网络的局限性,在很长时期内,企业仍将以传统分销渠道为主、网络分销渠道为辅。企业可以利用互联网,积极抢占市场,促进产品销售。

案例:手机"开房"时代,酒店玩转全场景营销

数据显示,2016年通过移动端下单酒店服务的消费者占比,从2015年的32%飙升至62%,并可能在今年继续攀升。移动互联网已成为酒店消费的核心渠道。

酒店行业如何顺应大势,向沉浸在移动互联网中的消费者进行有效的营销?腾讯针对酒店行业在移动时代的营销需求,推出全场景智慧营销解决方案。

1. 内容传播酒店品牌价值。谢锐表示,视频是激发酒店预定与分享的重要内容形式,腾讯则拥有丰富且多元化的视频内容资源,能够帮助酒店建立不同维度的品牌形象,引发消费者关注。包括可以通过在酒店取景的高端访谈节目来提升品牌形象;在明星综艺中借助明星体验来凸显酒店特色;还有在热播都市大剧中定制与酒店相关联的剧情,来提升用户对酒店的好感。

2. 大数据深度挖掘目标受众。凭借海量用户分析建立的完整标签体系,腾讯能够更精准地为品牌寻找核心用户。通过接入酒店的CRM体系,腾讯既可以为酒店实现对历史订单用户的分析和再营销,实现老客户"回流",也能够基于现有用户画像和关系链,进行Lookalike人群扩展,发掘更多潜在用户实现"拉新"。

3. 判断用户出行意向并引导预定。通过LBS服务队用户位置数据的判定,腾讯为酒店区分出常旅人群和在旅人群,并判断用户的出行和酒店预定意向。之后通过微信、新闻客户端等核心入口,引导用户的预定行为,并进行到店引导。

通过以上全场景智慧营销方案,腾讯为酒店业带来了依托移动场景与内容,以大数据应用为核心的移动时代营销解决方案,帮助酒店业快速实现适应当前用户习惯的营销布局,确保商业增长的可持续性。

● 分项任务测试:

假如你家祖传生产一种地方特色的葡萄酒(米酒、黄酒),你作为营销专业毕业生,为你的酒坊设计现代化的分销渠道系统。

6.2　征询和选择中间商

6.2.1　认知中间商

中间商是指介于生产者与消费者(用户)之间,专门从事商品流通活动的经济组织或个人,或者说,中间商是生产者向消费者(或者用户)出售产品时的中介环节。其基本职能是作为生产和消费之间的媒介,促成商品交换。中间商的主要类型有:

1. 批发商

批发是指一切将物品或服务销售给为了转卖或者商业用途而进行购买的活动。批发商主要有三种类型:商人批发商、经纪人和代理商、生产商的销售机构。

(1) 商人批发商

商人批发商是指自己进货,取得产品所有权后再批发出售的商业企业,也就是人们通常所说的独立批发。商人批发商按职能和提供的服务是否完全来分类,可分为两种类型:

一是完全服务批发商。这类批发商执行批发商业的全部职能,他们提供的服务主要有保持存货、雇佣固定的销售人员、提供信贷、送货和协助管理等。他们分为批发商人和工业分销商两种。批发商人主要是向零售商销售,并提供广泛的服务;工业分销商向制造商而不是向零售商销售产品。

二是有限服务批发商。这类批发商为了减少成本费用,降低批发价格,只执行部分服务的职能。

(2) 经纪人和代理商

经纪人和代理商是从事购买或销售或二者兼备的洽商工作,但不取得产品所有权的商业单位。与商人批发商不同的是,它们对其经营的产品没有所有权,所提供的服务比有限服务批发商还少,其主要职能在于促成产品的交易,借此赚取佣金作为报酬。与商人批发商相似的是,他们通常专注于某些顾客群。经纪人和代理商主要分为以下几种:

产品经纪人。经纪人的主要作用是为买卖双方牵线搭桥,协助他们进行谈判,买卖达成后向雇佣方收取费用。它们并不持有存货,也不参与融资或风险。

销售代理商。销售代理商是在签订合同的基础上,为委托人销售某些特定产品或全部产品的代理商,对价格、条款及其他交易条件可全权处理。这种代理商在纺织、木材、某些金属产品、某些食品、服装等行业中常见,在这些行业,竞争非常激烈,产品销路对企业的生存至关重要。某些制造商,特别是那些没有力量自己推销产品的小生产商,通常使用销售代理商。

采购代理商。采购代理商一般与顾客有长期关系,代他们采购,往往负责为其收货、验货、储运,并将物品运交买主。

(3) 生产商的销售机构

批发的第三种主要类型就是生产企业自设销售机构,将产品直接批发销售给零售商或工业用户。生产企业销售机构的形式、规模、独立程度不一,有的是销售部门,有的是办事处,有的是独立的销售公司。如大型的汽车制造商,在世界各地设置汽车销售商店和维修服务站,几乎控制了产品销售的全过程；中国目前多数大型家电企业也都组建了遍布全国的销售分公司，在许多城市都是直接向零售商推销产品。

2. 零售商

零售，是指所有向最终消费者直接销售产品和服务的活动。零售商或者零售商店是指那些销售量主要来自零售的商业企业，也称为终端。零售商种类繁多，主要包括专卖店、百货店、超市、折扣店等（如图 6-9 所示）。

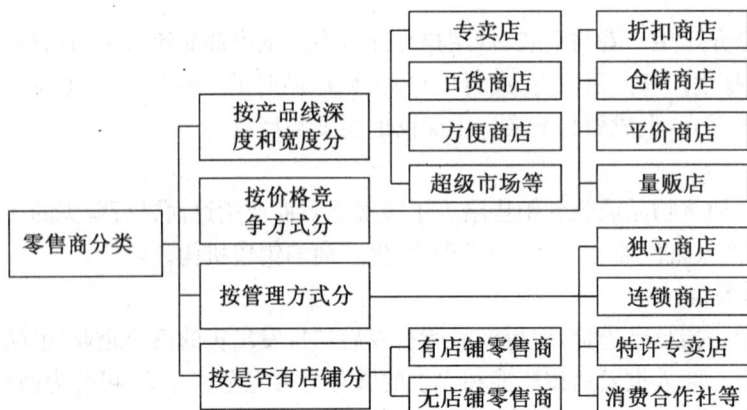

图 6-9　零售商分类

（1）专用品商店。专门经营某一类产品或具有连带性的几类产品。如服装店、体育用品商店、家具店、花店和书店均属于专用品商店。

（2）百货商店。这是一种大型零售商店，分门别类地销售品种繁多的商品，经营范围广、花色品种齐全、能满足消费者多方面的购买需要。

（3）超级市场。超级市场是指规模巨大、成本低廉、薄利多销、顾客自我服务的经营机构。

（4）便利店。设在居民区附近的小型商店，营业时间长，销售周转率高的日常用品，可满足消费者一些随用随买的需求。

（5）超级商店、联合商店和特级商场。超级商店比传统的超级市场更大，主要销售各种食品和日用品。它通常提供洗衣、干洗、修鞋、支票付现、代付账单和廉价午餐等项服务。联合商店的面积比超级市场和超级商店更大，呈现一种经营多元化的趋势，主要向医药和处方药领域发展。特级商场比联合商店还要大，综合了超级市场、折扣和仓储零售的经营方针，其花色品种超出了日常用品，包括家具、大型和小型家用器具、服装和其他许多品种。其基本方法是原装产品陈列，尽量减少商店人员搬运，同时向愿意自行搬运大型家用器具和家具的顾客提供折扣。

（6）折扣商店。一个真正的折扣商店具有下列特点：商店经常以低价销售产品；商店突出品牌，因此价格低廉并不说明产品的质量低下；商店在自助式、设备最少的基础上经营；店址趋向于在租金低的地区，要能吸引较远处的顾客。

（7）产品陈列室推销店。原则上用于品种繁多、成本高、周转快和有品牌的产品。这些产品包括珠宝首饰、动力工具、提包、照相机及照相器材。这些商店已经成为零售业最热门的形式之一，甚至对传统的折扣商店形成威胁。顾客可用电话订货，由店方送货上门，顾客支付运费。顾客也可开车来商店亲自验货提货。

阅读资料:无人便利店,概念还是黑科技?

无人便利店得到广泛关注来自于去年底亚马逊在西雅图推出的实验性质的亚马逊 Go 商店,这家商店售卖的商品与一般零售商店没太大的分别,都是一些生活用品、零食和即食快餐之类的。不过它的黑科技之处在于你选择好商品之后,完全不需要考虑结账,直接往门外走就行,彻底颠覆了"挑选商品——排队结账——确认付款"的传统购物程序。据亚马逊官网介绍,亚马逊的免结账购物体验利用了与无人驾驶汽车同样类型的技术:计算机视觉、传感器和深度学习。

在传统的零售模式中,店铺的租金、雇佣人力的成本以及需要承担的运营成本等,都是绕不过去的痛点。跟传统便利店相比,无人便利店的面积小而租金低,但单位单日租金更高,同时需要更多的物业配套,而物流成本和商品管理等后台成本并没有因此减少,同时灯光、温度、设备等都需要付出一定的成本。从管理角度看,人力成本省了后,管理成本将会大幅度增加。

无人便利店即使有黑科技的光环,也依然属于最简单的商品买卖零售业,自然也摆脱不了零售业通行的规模效应,在网点不够的情况下,付出的后台成本是一定的,那么如何尽可能快地实现复制扩张成为无人便利店能否走出试验田生存下去的关键一步。

6.2.2　中间商分析

选择正确的中间商对于构建分销渠道系统是极其重要的。对于生产商来说,中间商的选择不是为了解决某一时或某一事的问题,而是要与其长期合作的问题:选择什么样的中间商将会直接影响到产品是否能及时顺利地转移到消费者手中,影响到企业的成本和服务质量,影响到企业的营销目标的顺利实现,影响到产品及企业在消费者心目中的形象。选择中间商的时候,可以从以下几方面考虑:

1. 中间商的品德和信誉

选择中间商要事先审查中间商的信誉和品德。这不仅直接影响企业的回款,还影响到分销渠道的稳定。一旦中间商中途"移情别恋"、"三心二意",企业则欲进无力、欲退不能,如重新开发中间商,又需付出巨大的代价。中间商的声誉越大,产品越好销,也越有利于产品形象和企业形象。

2. 中间商的市场覆盖状况

市场是选择中间商最关键的因素。一方面要考虑中间商的经营地区与企业产品销售地区是否一致,另一方面要考虑中间商的服务对象是否与企业目标顾客相一致。如高档的化妆品通常应该选择有名望的商厦设立专柜销售,低档的化妆品则选择普通零售店销售。

3. 中间商的地理位置或客流量

实体中间商的地理位置尽可能接近于生产商的目标顾客,或者目标顾客容易光顾的地方。尤其是零售点,要能够方便顾客购买。如牙膏等日用品应该选择设在居民区附近的便利店销售。作为网络平台,需要了解平台的客流量、平台的口碑、平台的活动方式及效果。

4. 中间商的实力和财务状况

这一标准通常可以作为中间商支付货款能力的象征。资金雄厚、财务状况良好的中间商,不仅可以及时付款,而且有能力对困难的生产商给予帮助;反之,则容易给企业带来资金回笼风险。

5. 中间商的能力

主要表现在中间商的销售能力和管理能力。如果中间商行业经验丰富,管理能力强,员工素质高,运输存储等硬件设备好,这样的中间商就能够更好地为顾客服务,从而促进产品的销售;反之,如果中间商能力弱,不能有效的满足顾客需求,就会影响中间商的市场形象,甚至影响产品品牌的形象。

6. 中间商的产品线

生产商要考虑中间商总共经营多少产品,产品特色如何,还要分析这些产品与本企业产品的配合程度,是否对本企业产品有影响,要尽量避免选择经销与本企业竞争产品的中间商。

7. 中间商的态度与合作意向

中间商应该有良好的进取心和销售热情,有与生产商良好合作的意愿和诚意。大型的中间商通常愿意与市场地位高、受消费者欢迎的生产商合作,但是对实力小、知名度不高的生产商往往兴趣不高。如果后者勉强争取其作为渠道成员,则可能需要付出昂贵的激励成本,或者得不到应有的重视,影响分销效果。

8. 中间商与公众、政府和顾客的关系

中间商在一定的区域内,需要与公众、政府以及顾客(特别是集团客户)保持良好关系,这样有助于中间商的生存和发展。这也是生产商选择渠道成员考虑的一个重要因素。

案例:脉动被指渠道压货严重

达能集团披露 2016 年度业绩报告,功能饮料"脉动"未能跟随集团其他板块业绩增长的步伐,全年销售额出现了下滑。达能方面的解释是:"受到市场转型中库存调整的影响。"

过去几年里,脉动在中国凭借瓶装功能饮料市场占有率第一的销售数据,龙头地位相当稳固。但在业绩连续强劲增长后此次骤然下滑,业内哗然。

就在脉动有所下滑的同时,另一大功能饮料品牌中国红牛也面临着商标授权终止的风险。对于功能饮料市场,业内分析,功能饮料同类产品数量骤增,产品差异化却并不明显,由此引发了价格战、互相蚕食市场等现象,加剧了品牌竞争压力。由此造成的行业动荡,将增加这一品类市场的不确定性。

阅读材料:规避中间商选择的误区

在一个区域选择中间商时,通常先收集该区域的相关中间商的信息,如通过黄页、走访、他人介绍等,再从中选择。中间商选择常存在一定的误区:

1. 中间商越大、实力越强越好

企业在选择中间商时,应尽量避免"中间商越大、实力越强越好"想法。事实上,中间商强大,有利于推销产品和提高产品的知名度。但中间商强大,其发言权也越大,和生产商讨价还价的能力也强,经销条件苛刻,尤其在实力不对等的情况下,生产商容易受制于对方,失去渠道的控制权。所以在实践操作中选择中间商时,不是越大越好,也不是越小越好,关键在于适度和匹配。

2. 中间商的数量越多或越少越好

一般来说,中间商区域市场容量是有限的,如果中间商多了,就难以保证每个中间商的利益,中间商很容易失去积极性,甚至会放弃投向竞争对手或经营其他产品。而且,中间商数目多了,生产商很难对其进行统一的、规范化的管理,很容易发生渠道冲突造成市场混乱。

另一方面,如果市场区域大,或产品市场容量大、密度高、竞争强,此时如果中间商数目少,则生产商容易失去市场机会和竞争优势。同时,中间商数目少,中间商的讨价还价能力必然强,生产商也容易失去渠道的控制权。

所以在考虑中间商的数量时,应综合考虑目标市场的容量、中间商的市场覆盖范围、中间商对市场的控制力度、中间商的发展潜力等多种因素,不能简单得出结论。

3. 选择了好的中间商,企业就可以高枕无忧了

事实上,中间商的选择仅仅是渠道建设中的一个环节,后面的环节任重而道远。选择了好的中间商,能不能让它为你而用、成为整个分销渠道的竞争优势,能不能保证他不"背叛"等等,还需要生产商做好很多工作。所以,生产商不但要选好中间商,还要与中间商通力合作、积极配合,同时还要对中间商进行有效的监督和控制。这样才能让中间商发挥出其应有的优势,并防患于未然。

6.2.3 中间商征询与选择

一般说来,征求中间商的方式有三种:直接信函询问、公开广告征求、人员上门洽谈。

直接信函询问征求中间商的方式是厂家搜集本行业潜在中间商的名单与具体信息,然后以邮寄资料、电子邮件的形式直接联系、征询代理商。广告征询中间商是指在网站、报纸、杂志、电视、广播或街头广告栏上打出诚征代理的广告来征求代理商。人员上门洽谈即人员面对面地拜访中间商,洽谈相关事宜。

案例:耐克采用什么分销渠道?

耐克(Nike)在六种不同类型的商店中销售其生产的运动鞋和运动衣:

(1) 体育用品专卖店,如高尔夫职业选手用品商店。

(2) 大众体育用品商店,供应许多不同样式的耐克。

(3) 百货商店,集中销售最新样式的耐克产品。

(4) 大型综合商场,仅销售折扣款式。

(5) 耐克产品零售商店,设在大城市中的耐克城,供应耐克的全部产品,重点是销售最新款式。

(6) 工厂的门市零售店,销售的大部分是二手货和存货。

6.2.4 销售代理合同签订

生产商应与中间商之间的相关事宜应以合同的方式签订下来,生产商与中间商的关系是委托人和被委托人的关系,他们之间的合同是规定委托人授予代理人代表前者向第三者招揽生意或签订合同的一种授权协议。一个向客户公开其代表身份的代理商,在向客户销售产品时,只充当其委托人的发言人或分销渠道,其行为不得超出实际或书面的授权范围。

销售代理合同的主要条款包括:合同前文、代理商的选任与受任、代理商的义务、代理区域、代理商品、代理权限(独家代理时)、分代理商或辅助人的信任、最低代理销售额、订单的处理、佣金、商情报告、推销宣传与广告事宜、售后服务及零件储存、合同期限的规定、合同的终止、保密条款、仲裁条款、结尾条款等内容。

关闭在华唯一直属工厂后,服装巨头阿迪达斯在中国的去留仍是雾里看花。2012年10家原本为阿迪达斯提供服务的代工厂称接到了其将终止代工合同的通知,主要原因是阿迪达斯正在优化全球采购架构。

当中国的"世界工厂"光环逐渐因人力成本上升退却时,阿迪达斯的"代工旋涡"注定不会成为孤例。在终止与代工厂合作之前,合同被指"霸王条款",阿迪达斯需要解决的就是和他们之间的纠纷。体育行业专家张庆认为,中国本土体育企业同阿迪达斯和耐克还不太一样,它们都是全球配置资源,本土企业主要还是立足国内,代工的比值并不是特别大,在销售不好的情况下,可以压缩生产。不过,随着中国原材料的上涨,用人成本的上涨,体育企业向欠发达地区转移生产线的情况,将会逐渐加剧。

● 分项任务测试:

李经理是一家日化企业的渠道部经理,今年的主要任务是开拓A市的洗发水市场。请你为李经理设计中间商征询和选择的方案。以李经理的名义,与中间商签订经销(代理)合同。

6.3　分销渠道管理与激励

6.3.1　评估分销渠道方案

分销渠道方案确定后,必须对中间商加以选择和评估,并根据条件的变化对渠道进行调整。生产厂家要根据各种备选方案,进行评价,找出最优的渠道路线,通常渠道评估的标准有三个,即经济性、可控性和适应性,其中最重要的是经济标准。

1. 经济性评估

主要是比较每个方案可能达到的销售额及费用水平。企业对两方面情况进行权衡,从中选择最佳分销方式。

2. 可控性评估

一般来说,中间商可控性小些,企业直接销售可控性大;分销渠道长,可控性难度大,渠道短可控性较容易些。企业必须进行全面比较、权衡,选择最优方案。

3. 适应性评估

如果生产企业同所选择的中间商的合约时间长,而在此期间,如果其他销售方法(如直接邮购)更有效,生产企业也不能随便解除合同,这样企业便失去了选择分销渠道的灵活性。因此,生产企业不签订时间过长的合约,除非在经济或控制方面具有十分优越的条件。

案例:森马服饰遭遇三重门

2012年上半年,森马服饰营收和净利润双双下滑。公司实现营收25.11亿元,同比减少16.54%,这是继一季度业绩下滑后公司净利润再度下降。2011年3月上市前,轻资产和代理模式曾是这家服装企业的先天优势,也是公司得以快速成长的法宝,但目前这一模式正在显露弊端,加上成本上涨和品牌升级滞后的双重压力,上市后的森马服饰正遭遇成长路上的"滑铁卢"。

森马服饰多年来正是靠着复制能力较强的代理制快速扩张,但规模扩大后,该模式的弊端也开始显现:一方面,为抓住终端渠道,作为品牌商的森马需要给渠道商种种优惠条件,这些都会侵蚀其利润;另一方面,加盟商或代理商的加入使得中间成本过高。一个明显的对比是,国外快时尚成熟企业如西班牙的 ZARA 和日本的优衣库等都采取直营店模式,而森马和美特斯•邦威等国内快时尚服饰企业大都采取直营与加盟相结合的模式,甚至还有代理环节。

6.3.2　激励与控制渠道成员

分销渠道建成后,企业还要决策如何管理渠道。一般来说,制造企业不可能像控制产品、定价和促销那样直接控制分销渠道,因为中间商是独立的经营者,它们有自身的利益追求,有权在无利可图或不满意时撤出。客观上,制造企业和中间商之间存在诸多矛盾,这些矛盾导致制造商和中间商相互竞争,双方都希望取得更大的控制权。但从根本上来说,两者的利益又是一致的,都只有通过将商品顺畅地卖给使用者才能获得效益,因此又要加强渠道管理,使渠道内部各成员之间相互协调并合作。

1. 评估中间商

生产商需要定期对每位渠道成员的工作进行评估,具体包括以下内容:

(1) 检查每位渠道成员完成的销售量和利润额;

(2) 查明哪些经销商积极努力推销本企业的产品,哪些不积极;

(3) 检查其同时经销多少种与本企业相竞争的产品;

(4) 统计每位经销商的平均订货量;

(5) 检查每位经销商为商品定价的合理程度;

(6) 检查每位渠道成员为用户服务的态度和能力,及是否令用户满意;

(7) 计算每位渠道成员的销量在企业整个销量中所占的比重。

2. 激励渠道成员

一般来说,中间商希望从企业那里获得丰厚的利润回报、好销的产品、优惠的价格、一定数量的先期铺货、供货及时、广告支持、销售技巧培训、特殊补贴、付款优惠、有充分的施展才能空间、厂家的特别青睐、具备市场威望等。因此,企业应该通过满足中间商的这些需要来激励中间商,让他们更好地合作。企业激励中间商的方式主要有如下几种:

(1) 价格折扣:现金折扣、数量折扣、功能折扣(中间商依据自身在渠道中的等级,享受相应待遇)、季节折扣(在旺季转入淡季之际,可鼓励中间商多进货,减少厂家仓储和保管压力)。

(2) 根据提货量,给予一定的返点:在利润越来越低的今天,靠返点挣钱是经销商的一个重要手段。

(3) 提供市场基金:市场基金即市场启动基金。给经销商一个市场报销的额度,用于调动经销商在各个环节的能动性。

(4) 库存保护:使经销商保持一个适度的库存量,以消除其断货之虑。

(5) 开拓市场:使中间商获得广阔的发展空间,这是一种较为长远的激励措施,是中间商希望得到的。

(6) 设立奖项:在渠道成员间设立奖项,如合作奖、开拓奖、回款奖、专售奖、信息奖、销货奖等。

(7) 产品及技术支持：为中间商提供优质的产品和强有力的技术支持及服务，对中间商来说是最实在的，因为产品卖不出去，给的奖励再多也没有用。

(8) 补贴：一是协助力度补贴，针对中间商对本厂家产品的陈列状况，如陈列数量、场所、位置、货架大小等，一般来说，将产品大量陈列在过道两旁，或橱窗展示或专柜陈列都需要支付一定的补贴。二是库存补贴，包括点存货补贴和恢复库存补贴。占存货补贴是指促销活动开始时，中间商清点存货量，再加上进货量，减去促销活动结束时的剩余库存量，其差额即厂家给予补贴的实际销货量，再乘以一定的补贴费。恢复库存补贴是指点存货补贴结束后，如果经销商将库存再恢复到过去的最高水平，厂家会给予一定的补贴。

(9) 代理权激励：所谓代理权的激励是指厂商运用变化代理权的形式与内容来激励代理商，从而使代理商更积极地工作。代理权的激励有两种形式，一种是先采用多家代理再转为独家代理，另一种则是先采用独家代理后转为多家代理。物质激励的方式只能起到短期激励的作用，从长期来看，代理权的激励作用更大。

案例："亿佳能"的经销商管理政策

2002 年，中国太阳能行业杀出了一匹黑马——亿佳能，当年销售额即超过 1 亿元，跻身于以皇明、清华、华扬为代表的第一集团军，成为中国太阳能行业四强之一。亿佳能之所以能取得如此辉煌的业绩，是与其高妙的经销商管理政策分不开的。亿佳能是如何抓住渠道(经销商)这个核心的呢？我们不妨看看亿佳能支持经销商的八大秘籍。

一是巨额广告支持。亿佳能每年在包括中央媒体在内的媒体投入近亿元巨额广告费用，为经销商的市场开拓扫平了一切障碍。

二是方案支持。实践检验智慧，公司制定了周密的市场推广蓝本，用于指导经销商启动市场。推广蓝本包括：整合传播方案；终端建设指南；导购人员管理手册；网络建设和管理纲要；客户档案管理条例各类规范管理表格。

三是资金支持。资金是基础，支持是动力。公司充分考虑到经销商的资金难题，并为坚定经销商的信心，特别制定了一切资源倾向市场的资金援助计划：全年将在市场超前投入按地区预计销售总额一定比例的整体推广费用；启动市场初始，提供各种丰富的终端物料，包括各种宣传资料、DM、陈列架，等等。

四是样板市场支持。打造强势经销商的"黄埔军校"，公司选择出 23 个样板市场，重点支持，精心打造，给经销商提供成功的楷模。在样板市场，经销商可以在如下方面得到提升：系统思考市场运作的能力、市场信息分析能力、管理能力、解决营销难题的能力。

五是人力资源支持。公司营销人员既是导师，又是士兵，公司组建市场精英团队赴市场一线和经销商一同作战。以传、帮、带的形式，最终帮助经销商建立一支最具战斗力的市场特种兵部队：协同拜访客户、协同检查终端陈列、协同市场信息搜集；进行营销专业知识的培训；举办经销商业务经理短训班，在激励业务精英的同时，给经销商的业务队伍进行知识投资。

六是服务支持。在全国范围内建立紧密的售后服务网络，专业周到地售后服务，让经销商毫无后顾之忧。

七是提供服务援助。对样板大区，派出市场专员，协助经销商进行市场开发业务推进；对经销商人员进行专业知识和营销专业技巧培训。提供专业的服务热线，由专业人员对消费者的疑难问题进行解答。

八是经销管理支持。没有规矩，不成方圆。公司在制订各种奖励政策的同时，也明确规定了对扰乱市场行为的惩罚措施，并严格贯彻，绝不姑息。

亿佳能通过与经销商间建立"绿色战略伙伴"关系，改变了许多厂商间纯交易型的关系，并给经销商"授之以渔"，厂家为经销商着想，商家更忠于厂家，并且以市场为中心，厂商共同为消费者着想，形成了厂、商、消费者的三赢。

3. 控制渠道成员

生产商控制中间商主要通过两种途径：第一种途径是在订立合同之时，规定好中间商的权利与义务，即通过合同控制中间商的作业；第二种途径是订立合同之后，继续加强对中间商的联系与沟通，注意中间商的业务经营状况，及时修订计划。

（1）通过合同控制代理商。制造商主要可通过合同中的如下项目控制中间商的业务：划分清楚销售区域，以防止越区销售；规定最低销售额，以防中间商不积极推销产品；规定商情报告制度，以加强厂商与中间商的沟通；规定产品价格与代理佣金水平或扣点。

（2）日常业务控制。制造商不宜对中间商的业务过多地干涉，其主要通过市场计划的修改，对中间商的指导及对代理商的评估来达到控制中间商日常业务的目的。

第一，继续进行市场研究，并适时修改计划。企业选定中间商后，不可全盘依赖中间商统揽全部营销事务，其仍需进行市场研究来拓展市场。企业应当仔细观察市场需求的变化、营销渠道的变化；注意竞争对手有何新的行动，如是否推出了新产品及该新产品对本厂产品的影响；注意自己的中间商销售能力、销售业绩的变化。通过市场研究之后，企业拿出市场营销方案，具体由中间商执行。

第二，对中间商进行指导。具体内容包括：指导中间商建立进销存报表，做安全库存和先进先出库存管理；指导中间商进行零售终端管理；指导经销商管理其客户往来，从而加强经销商的销售管理工作。

第三，对中间商进行再评估。评估中间商是为了下一阶段更好地控制中间商的业务经营。对中间商进行评估主要是检查销售业绩及成长率，中间商对产品推销的努力程度及服务品质的高低等。对于业务进展不佳的中间商，要进一步评估其活动区域是否过大，其有无足够的时间及力量推销产品。此外，还得随时注意中间商在财务、库存等经营管理方面上的能力及资金周转等。

阅读资料：窜货管理

窜货，又称冲货或倒货，是中间商受利益驱动，使所经销的产品跨地区销售，造成市场价格混乱，从而使其他经销商对产品失去信心，消费者对品牌失去信任的营销现象。同样商品，只要价格存在地区差异，或者只要同种商品在不同地区的畅销程度不同，就必然产生地区间的流动。

企业销售价格体系混乱、激励措施不当、目标过高或企业存在着营销漏洞等都可以引起窜货，总之形成窜货的原因很多，有生产商的原因，也有中间商的原因，但利益是窜货的根本原因。企业可通过制定科学、规范、严谨的中间商管理制度，通过产品包装差异化、合理划分区域建立合理的价格体系、建立完善的信息管理机制强化市场监督等来控制窜货。

4. 调整渠道

在分销渠道管理中,根据每个中间商的具体表现、市场变化和企业营销目标的改变,对分销渠道进行调整。调整的方式主要有:

(1) 增减分销渠道中的中间商。经过考核,对推销不积极或经营管理不善、难于与之合作的中间商以及给企业造成困难的中间商,企业在必要时可与其中断合作关系。企业为了开拓某一新市场,需要在该地区物色某一中间商,经过调查分析和洽谈协商,在符合企业对中间商的要求和中间商愿意合作的基础上,可以选定其作为企业在该地区的经销商或代理商。

(2) 增减某一种分销渠道。当某种分销渠道出售本企业的某种产品,其销售额一直不够理想,企业可以考虑在全部目标市场或某个区域内撤销这种渠道类型,而另外增设其他的渠道类型。企业为满足消费者的需求变化而开发新产品,若利用原有渠道难于迅速打开销路和提高竞争能力,则可增加新的分销渠道,以实现企业营销目标。

(3) 调整整个分销渠道。有时由于市场情况变化太大,企业对原有渠道进行部分调整已难于实现企业的要求和适应市场情况的变化,必须对企业的分销渠道进行全面的调整。

案例:沃尔玛拟收购男装电商 Bonobos

2017 年 6 月 17 日,沃尔玛发布公告,宣布收购男装电商网站 Bonobos。

Bonobos 网站创始人兼 CEO 邓恩表示,"十年前,我们创立了 Bonobos 网站。我们的目的就是以全新的、富有想象力的方式给男性顾客提供完全不同的产品和购物体验,提供更合身、更优质的服装。在将来,这仍将是我们的使命。我们很高兴利用我们的所有经验,在下一个零售时代引领潮流。"

沃尔玛和亚马逊的竞争正在不断升级之中,沃尔玛去年以 33 亿美元收购电商初创企业 Jet.com。亚马逊也在开拓线下市场,亚马逊周五宣布拟斥资 137 亿美元收购全食超市,买下全食超市能让亚马逊一夜之间变身杂货巨头。

亚马逊本月初还宣布,将面向低收入消费者下调会员费,从而在沃尔玛的主要市场上争夺客户。因为沃尔玛销售额中有很大部分来自那些获得政府补助的低收入消费者。

6.3.3 分销渠道流程管理

1. 认知渠道流程

在现代市场经济条件下,生产者与消费者之间在时间、地点、数量、品种、信息、产品价值、所有权等多方面是存在着差异和矛盾的。而渠道就是连接二者由此及彼的"运河",往来输送的正是这些产品或服务、所有权、资金、信息等。这些就构成了整体的渠道流程。

(1) 实体流程。是指实体原料及成品从制造商转移到最终顾客的过程。例如,在汽车市场营销渠道中,原材料、零部件、发动机等从供应商运送到仓储企业,然后被运送到制造商的工厂制成汽车。制成成品后也须经过仓储,然后根据代理商订单而运交代理商,再运交顾客。如遇到大笔订单的情况,也可由仓库或工厂直接供应。在这一过程中,至少要用到一种以上的运输方式,如铁路、卡车、船舶等。

(2) 所有权流程。是指货物所有权从一个市场营销机构到另一个市场营销机构的转移过程。在前例中,原材料及零部件的所有权由供应商转移给制造商,汽车所有权则由制造商转移到代理商,而后到顾客。

（3）资金流程。又叫付款流程,是指货款在各市场营销中间机构之间的流动过程。例如,顾客通过银行或其他金融机构向代理商支付账单,代理商扣除佣金后再付给制造商,再由制造商付给各供应商,还必须付给运输企业及独立仓库。

（4）信息流程。是指在市场营销渠道中,各市场营销中间机构相互传递信息的过程。通常,渠道中每一相邻机构间会进行双向的信息交流,而互不相邻的机构间也会有各自的信息流程。

阅读资料:现代信息流及物流

很多人都在超市购买过东西,你一定记得,在付款时,收银员手上拿的那个像枪一样的东西,那个叫读码器,如果你买的是一台海尔空调,到收银员那里,他会用读码器在空调条形码上照一下,"嘀",接下来就是你付款了,交易就这样完成了。你可知道,这声"嘀"的还有其他什么作用吗?

这声"嘀"通过网络,到了超市(零售商)的管理部门,以及配送中心,货物卖掉了,得进货,他们就可以制定采购计划了。

当然,这还不算玄乎,更有趣的是,这声"嘀"还会传到海尔(生产商)配送中心,通过很多声"嘀",海尔就知道了,西北地区空调今天销了多少台,都是些什么型号,明天怎么配货也就出来了。

接下来,海尔配送中心要把这些"嘀"来的信息发送给海尔车间,海尔车间接到这些信息,就用相关软件计算:明天要生产多少产品,需要多少原料。

说话的功夫,计算机就把结果算出来了,然后,一个电子邮件,原材料供应商立马就知道:该送什么货,该送多少货,一清二楚。

（5）促销流程。是指广告、人员推销、宣传、促销等活动由一单位对另一单位施加影响的过程。供应商向制造商推销其品牌及产品,还可能向最终顾客推销自己的名称及产品,以便影响制造商购买其零部件或原材料来装配产品。促销流程也可能从制造商流向代理商或最终顾客。

流程管理,其实质是指如何使得产品、资金、所有权、信息、促销等各方面分销渠道中顺利输送,以满足构成分销渠道中的各种机构的生存发展的需求。渠道流程的畅通与否关系到整个社会的经济发展,也是各种机构组织生存发展的关键所在。在现代意义上,渠道流程管理中最核心的是物流管理(实体流程管理),而资金流和信息流的管理则是与物流管理密切相关的两个主要部分(见图6-10所示)。

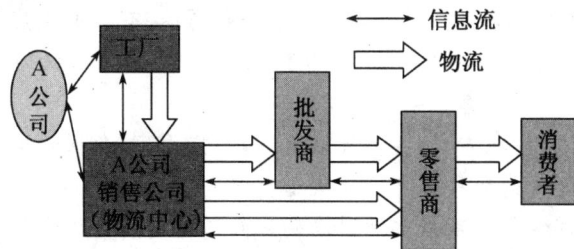

图6-10 渠道流程概念图

2. 物流管理

所谓物流,是指通过有效地安排商品的仓储、管理和转移,使商品在需要的时间到达需要的地点的经营活动。物流作为市场营销的一部分,不仅包括产品的运输、保管、装卸、包装,而且还包括在开展这活动的过程中所伴随的信息的传播。它以企业销售预测为开端,并以此为基础来规划生产水平和存货水平。企业要制定一个综合战略,其中包括仓库及工厂位置的选择、存货水平、运送方式,进而向目标顾客提供服务(如图 6-11 所示)。

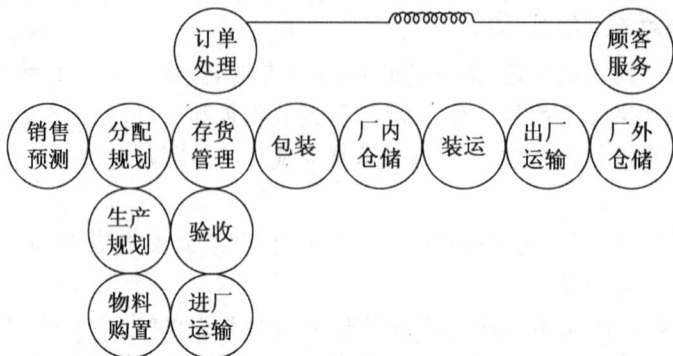

图 6-11　物流所涉及的工作

(1) 物流管理的目标

根据市场营销的观点,物流的实质是为了满足顾客的最大效用提供服务,从而产出时间效用和空间效用,是一种生产性活动。故物流的一项基本产出就是对顾客服务的水平。顾客服务水平包括:产品的可得性;订货及送货速度,包括普通订货速度和紧急订货速度;存货或缺货的比率;送货频率;送货可靠性,包括小心照护、轻拿轻放以及损坏补偿等;安装、试车及修理服务;运输工具及运输方式的选择;免费修理或分别计价。所以,物流管理的目标可以概括为:对产品进行适时适地的传送,兼顾最佳顾客服务与最低配送成本。

案例:戴尔的物流管理

随着科技的飞速发展,电脑更新换代的速度也在加速,随之而来的是全球电脑市场的激烈竞争。在这块市场中,戴尔却始终保持着较高的收益,不断增加市场份额。与其他计算机厂商不同,戴尔公司并不生产任何计算机配件,只从事个性化的整机组装。然而,它却战胜了IBM、康柏、惠普等众多技术实力雄厚的公司。

论及戴尔的成功之道,大家几乎是众口一词地归结为"直销模式"。事实上,戴尔的成功源于其效率超乎寻常的物流管理——就是建立起了一条高速、有效的供应链。"我们只保存可供5天生产的存货,而我们的竞争对手则保存 30 天、45 天,甚至 90 天的存货。这就是区别。"该公司分管物流配送的副总裁迪克·亨特一语道破天机。

分析戴尔直销模式的实现方式,我们可以看到,一方面,戴尔通过电话、网络以及面对面的接触,和顾客建立起良好的沟通和服务支持渠道。另一方面,戴尔也通过网络,利用电子数据交换连接,使得上游的零件供应商能够及时准确地知道公司所需零件的数量和时间,从而大大降低库存,这就是戴尔所称的"以信息代替存货",这样,戴尔也和供应商建立起一个"虚拟"的企业。

在库存管理上,戴尔以物料的低库存与成品的零库存而让人称道,其平均物料库存只有约

5天。仅低库存一项就使戴尔的产品比许多竞争对手拥有了8%左右的价格优势。我们在为戴尔"物料的低库存与成品的零库存"惊讶时,应该看到:事实上戴尔没有仓库,而是供应商在它周围有仓库。戴尔的工厂外边有很多配套厂家。戴尔在网上或电话里接到订单,收了钱之后会告诉你要多长时间货可以到。在这段时间里它就有时间去对订单进行整合,对既有的原材料进行分拣,需要什么原材料就下订单给供应商,下单之后,货到了生产线上才进行产权交易,之前的库存都是供应商的。这也说明戴尔把库存的压力转移给了供应商。这是加入戴尔供应链的代价,因为戴尔需要货物的量很大,加入戴尔的供应链就意味着拥有不断增长的市场和随之而来的利润。

(2) 订单处理

为了提高订货效率,缩短订货周期,许多企业已经采用计算机控制系统,从接到顾客订单开始,计算机就会依次完成如下工作:检查顾客的信用情况以及订购的产品是否有存货,若有存货,则显示货物存放地点;计算机发出送货指令、开出账单和更新库存记录;发出生产(进货)指令,以补充库存;通知销售人员货已发出。为加速订单处理的效率,目前企业界已普遍实行了计算机网络化。

(3) 仓储决策

仓储决策包括仓库数目决策、仓库选址决策及仓库类型决策。仓库数目决策必须在顾客服务水平与物流成本之间取得平衡,在既定的顾客服务水平下尽可能使物流成本最低。仓库选址可根据顾客对服务的要求、运输距离、运输费用等,运用线性规划法进行决策。仓库类型决策主要决策仓库是自建还是租赁、单层仓库还是多层仓库等,企业可结合待储存商品的规模、特点等,选择适当的仓库类型和地址。

(4) 存货决策

存货水平的权衡也是实体分销决策中的重要一项。存货水平高,能更好地满足顾客提出的订单,增加销售,但大量的存货会占用较大的仓储面积和较多的流动资金,增加储存成本,加大市场风险,最终影响企业的经济效益。因此,存货决策主要包括进货时间决策和订货量决策两个方面。企业在进行订货量决策时,必须权衡存货成本和订货成本,确定最佳订货量,使总成本达到最小(如图6-12所示)。

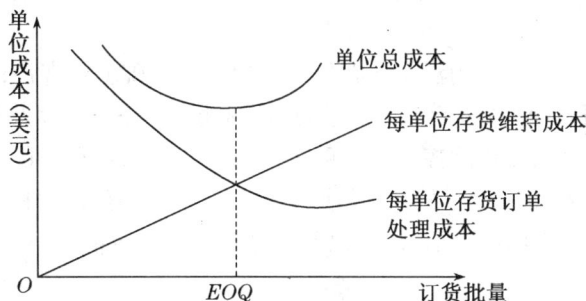

图6-12 经济订货量(EOQ)的确定

(5) 运输决策

运输是物流过程中最具潜力的成本控制领域之一,运输决策主要涉及选择合理运输路线和最佳运输方式两个方面。在组织商品运输前,必须选择合理的运输路线,就近供应,减少运输,避免对流、迂回、重复等不合理运输,努力使运费降到最低,保证重要的用户得到良好的运输服务。

3. 资金流管理

在渠道流程中,资金流管理是一个重要环节,而回款又是重中之重。更确切地说,这是绝大多数中国企业普遍面临的难题。赊账乃营销风险之源,它很可能在悄无声息地侵蚀着公司利润,最终会将公司拖垮。所以,企业必须密切关注与渠道回款相关的各个环节的不正常举动,谨防"回款陷阱",避免陷入追讨债款的困境。

阅读资料:"回款陷阱"面面观

心存侥幸,想当然地认为客户会按时付款。

对中间商不进行信用调查和评估,尤其是老客户,唯恐得罪朋友。

签合同时,客户根本不讨价还价,完全认同厂家开出的条件。对此,不要沾沾自喜,很有可能他根本无意付款,准备"捞一把就跑"。

厂家急于销货,在付款条件上作无条件的让步,致使某些动机不良之徒有机可乘。

出现欠款,业务员不但不积极追款,反而处处为其客户辩解,这时应考虑业务员是否拿了客户的回扣。

对客户延期付款过于宽容。

财务管理漏洞百出,与销售部门缺乏沟通。

对实力强大的中间商过于依赖,以为"大树底下好乘凉",殊不知大树不倒则已,一倒就成崩溃之势,到时只好自认倒霉。

"撒下香饵钓金鳌",一开始还比较守信用,回款比较及时,骗取厂家信任之后,则加大进货量。此后,便以种种伎俩拖欠货款,甚至逃掉。

漠视法律的作用。

企业进行资金流管理需要建立预警机制,做到防患于未然,将应收账款降低到最低水平。具体措施包括:

(1)积极调查,做好客户信息管理。在与客户的交往过程中,应有目的地了解有关信息,即使签约后,还应监控客户情况的变化。将收集到的信息归入客户信息档案,并相应建立客户信息管理数据系统。

(2)分析信息,确定客户信用额度。在信息管理系统基础上对客户信用做出分析,按照一定的标准(视企业自身状况而定)给予客户不同信用额度(即赊销额度及付款期限等)。

(3)谨慎行事,进行信用风险控制。一般来说,为了防止信用危机,可以采取控制发货、监督与检查客户群、信用额度审核、贸易暂停、巡访客户、置留所有权、坚持额外担保等方法。

(4)密切关注,实施应收账款监控。应当建立监控系统,定期联系客户,专人监控,及时反馈更新信息。

(5)想方设法,追回客户拖欠账款。对于拖欠账款的客户,一般可采取停止供货、取消信用额度、发出催款通知、协助客户解决其纠纷、委托第三方追账等方法,若再不行,则通过法律诉讼解决。

案例：娃哈哈公司的资金管理

创建初期，娃哈哈因实力有限，产品知名度不高，所以采取的是售后付款结账的方式进行交易，这为产品顺利进入市场奠定了基础。

但是，随着公司日益发展壮大，娃哈哈决定开始采用保证金制度。自1994年开始，公司坚持全权委托经销商的策略，基本上不从事直销业务。经销商不论大小均按公司统一发货价提货，月初提货，月末结算，公司实行保证金制度。

所谓保证金制度，就是娃哈哈公司要求批发商在开始承销其产品的同时交纳一定金额的保证金（通常大约或等于货款），娃哈哈为其支付高于银行存款的利息。在月末结算时，若经销商未能及时支付货款，公司则直接从保证金中扣除，而作为经销商可以日后及时补交保证金至原有水平。否则，对经销商来说，若保证金补交迟了，就无异于自动放弃丰厚的利息收入，同时还可能存在被中止提货的可能。

娃哈哈公司保证金制度的有效实施，使公司避免了欠款、三角债等纠纷，可以保证资金的及时回流。事实上，这一资金管理方式的变化充分说明，随着品牌的提升，娃哈哈公司已经有了一定的控制议价的能力，并且这一变化也更加密切了娃哈哈与经销商之间的关系。

4. 信息流管理

《孙子兵法》云："知彼知己，百战不殆；不知彼而知己，一胜一负；不知彼不知己，每战必殆。"来自销售渠道的信息，是企业生产的指南。没有这些信息，企业就无法制定正确的渠道战略，无法把握市场的需求热点。生产者应注意收集与销售有关的一切信息，加强与经销商、消费者及其他相关主体的信息沟通。

（1）需要沟通的信息

宏观信息：主要包括政府的经济管制、优惠政策、法律措施、经济周期性变化、消费特点及趋势、科学技术、行业现状、发展趋势、市场结构等。

竞争对手信息：主要包括渠道战略、市场开发能力、市场份额、资金、人员、优势、目标市场定位等。

客户信息：主要包括销售能力、忠诚度、信用度、渠道贡献、合作诚意、需求、主要问题等。

公司信息：主要包括渠道现状、营销政策、产品知名度、营销资源、市场份额、配送网络、市场机会、市场威胁等。

（2）信息沟通的方式

包括：通过内部报告制度和公司简报获得公司信息；通过客户数据库和销售代表的例行巡视和拜访获得客户信息；通过渠道成员会议获得渠道方面的信息；通过互联网络获得宏观信息。

● 分项任务测试：

王刚是一家日化企业的渠道经理。年底到了，王经理拟召开渠道成员会议。试为王经理拟定会议的主要内容，分析渠道会议召开的目的和意义。

知识检测

一、选择题

1. 渠道长度是指产品从生产领域流转到消费领域过程中所经过的( )的数量。
   A. 渠道类型　　　　B. 中间商类型　　　　C. 中间商　　　　D. 渠道层次

2. 老王养鸡场的鸡蛋,由某超市收购并出售给顾客,这种渠道为( )。
   A. 零级渠道　　　　B. 一级渠道　　　　C. 二级渠道　　　　D. 三级渠道

3. 消费品中的便利品和产业用品中的供应品,通常采用( )分销。
   A. 选择　　　　B. 独家　　　　C. 密集　　　　D. 方便

4. 汽车制造公司通过自己的销售网络销售本公司汽车,这种渠道关系是( )。
   A. 传统分销渠道模式　　　　　　　B. 公司型分销渠道模式
   C. 水平分销渠道模式　　　　　　　D. 管理型渠道关系

5. 制造商、批发商、零售商归属同一所有者并受其统一管理和控制的系统是( )。
   A. 管理式垂直分销系统　　　　　　B. 合同式垂直分销系统
   C. 水平分销系统　　　　　　　　　D. 公司式垂直分销系统

6. 在管理型渠道关系中,企业控制渠道最根本的力量源泉是( )
   A. 产权力　　　　B. 奖赏力　　　　C. 品牌力　　　　D. 经济力

7. 渠道流程管理的目标是企业预期达到的( )以及中间商应执行的职能。
   A. 服务水平　　　B. 顾客服务水平　　　C. 企业服务水平　　　D. 中间商服务水平

8. 物流以企业销售预测为开端,并以次为基础来规划生产水平和( )。
   A. 销售水平　　　B. 市场规模　　　C. 成本费用　　　D. 存货水平

9. 对生产商来说,激励中间商效果最长远的措施是( )。
   A. 设立奖项　　　B. 提供技术支持　　　C. 提供市场基金　　　D. 代理权激励

10. 在汽车生产过程中,原材料、零部件、发动机等从供应商运送到仓储企业,然后被运送到工厂生产成汽车。这属于汽车生产材料分销渠道流程中的( )。
    A. 实体流程　　　B. 所有权流程　　　C. 资金流程　　　D. 信息流程

二、名词解释

批发商;零售商;水平分销系统;密集分销;选择分销;独家分销;物流;订货点;批发;审货

三、简答题

1. 影响销售渠道选择的因素有哪些?

2. 企业如何进行库存管理决策?

3. 如何选择中间商?

4. 简述商店零售商的主要形式。

5. 物流的职能有哪些?

6. 企业应如何做好渠道客户的信息流管理?

案例分析与运用

案例:京东价格大战出现不和谐一幕:贱卖电脑遭华硕暂停供货

当年格力、美的与家电大卖场国美闹分手的一幕,在电商时代再次上演。2013 年 6 月 18 日是电商巨头京东商城十周年店庆大促销的日子,以京东商城为首的电商平台,再次掀起了规模巨大的促销热潮。然而,就在京东风风火火大促销的时候,却突然传出"不和谐音":知名 PC 厂商华硕因为不满京东促销价格过低,扰乱了华硕渠道定价体系,宣布暂时停止对京东的供货。3C 产品是电商促销的重头产品,华硕宣布暂停对京东供货,将供应商与电商平台的矛盾公开化,引发业界和消费者的高度关注。

几年前,因为不满国美不断要求供应商交场地费,以及国美方不断压低售价,格力宣布退出国美卖场;美的也因认为国美擅自抬高费用,结款时间滞后等,停止向国美供货;2012 年"8·15"电商大战期间,京东也曾面临供货商抵制的危机。

有媒体报道称,华硕、京东双方早在 2013 年 4 月份开始就已经出现了矛盾。当时京东调整网站上华硕商品的价格,华硕称令其渠道价格体系出现混乱。此外,京东对供应商结账期拖长,也加剧了京东与供应商之间的紧张关系。电商平台进行价格大战,却要让供应商出面买单,这是导致电商平台与供应商关系日趋紧张的主要原因。供应商当然不愿失去电商平台这个重要渠道,但如果电商平台不能够给供应商带来利润,双反的矛盾就会凸显出来。

从行业良性发展角度考虑,越多平台参与竞争就会给消费者越多的选择,价格也会越来越优惠。但类似"二选一"胁迫供应商的行为不断在行业内上演,也会影响消费者的利益。

问题:

1. 京东与华硕属于何种渠道类型?有何特点?

2. 你认为供应商和经销商之间的冲突有何表现?

3. 如果你是华硕管理者,你会和京东如何洽谈经销政策问题?

4. 华硕对渠道的管理毫不手软,就算在竞争激烈时,对不安分守己的大户也是手起刀落。你怎样看待华硕的渠道管理?

技能训练

1. 调查当地的零售业,列举所有的零售业态。

2. 调查了解奥特莱斯零售业态的特点。

3. 参观某电商企业,了解其订单处理与物流信息系统。

任务7 制订促销计划

【任务目标】

知识目标：

1. 理解促销的基本原理与促销组合工具的特点；
2. 掌握人员推销的基本流程与方法技巧；
3. 了解广告媒体、广告设计的基本策略；
4. 熟悉公共关系活动的基本流程；
5. 掌握并运用营业推广策略。

技能目标：

1. 根据企业产品和市场的特性选择合适的促销组合策略；
2. 具备制订企业的人员推销、广告、营业推广、公共关系计划的能力；
3. 能够策划并实施相应的促销方案。

【任务分解】

☞ **任务7：制订促销计划**

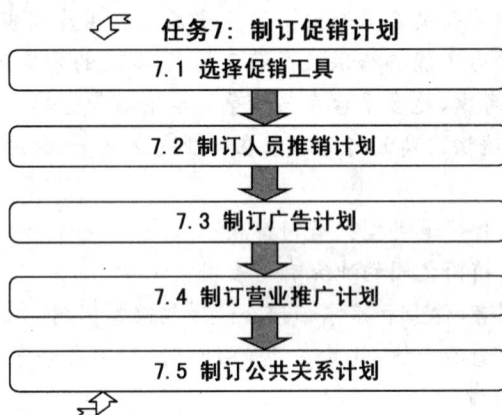

> **7.1 选择促销工具**
>
> ↓
>
> **7.2 制订人员推销计划**
>
> ↓
>
> **7.3 制订广告计划**
>
> ↓
>
> **7.4 制订营业推广计划**
>
> ↓
>
> **7.5 制订公共关系计划**
>
> ☞

7.1 选择促销工具

7.1.1 认知促销

1. 促销的概念

促销即促进销售，是指企业通过人员或非人员的方式传递企业或产品等信息，以帮助顾客认识产品特点及所带来的利益，从而达到引起顾客注意、激发兴趣、唤起需求、采取购买行为的目的。这个概念应把握以下几个具体方面：

第一，促销的实质是沟通。促销是个沟通过程，企业通过信息的沟通和传递，将产品或服务的存在、性能和特征等信息传递给消费者，激发消费者的购买欲望和购买行为，同时企业通过市场调研获得反馈信息。信息沟通过程如图 7-1 所示。

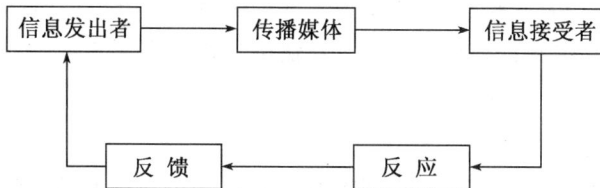

图 7-1　信息沟通过程

第二,促销的目的是吸引消费者对企业的形象或产品产生注意和兴趣,激发其购买欲望,促使其采取购买行为。在一般情况下,消费者的态度直接影响和决定着消费者的行为,所以,要促进消费者购买行为的产生,就必须充分利用各种方式,通过信息的传播和沟通,影响或转变消费者的态度,使其对本企业的产品产生兴趣和偏爱,进而做出购买决策。

第三,促销的方式分为人员促销和非人员促销。人员促销是指派出推销人员直接与消费者面对面洽谈;非人员促销是指企业借助某种媒介传递企业产品或服务的信息,包括广告、营业推广和公共关系等多种。在促销活动过程中,企业通常将人员促销和非人员促销结合运用,即促销组合。

案例:"双十一"电商业促销创意

"双十一"又称"剁手节"。作为全民狂欢节,如何才能在让人眼花缭乱的各种促销中脱颖而出? 各大商家绞尽脑汁想着创新方案。

1. 节日预售

铺天盖地的"双十一"新闻,无论看手机、走路、坐地铁,到处都在提醒着你:该买买买了! 与其在"双十一"当日与各家争抢吸引力,不如活动前置。从现在开始做预售,同时可鼓励客户带来他们的朋友,推荐好友提供额外折扣,扩大传播。以短信预告"双十一"信息,增强预售概念,配合链接二级页面或邮件形式,提前完成交易。

2. 下单即包邮

看似小优惠,实际调研中却发现,75%的女士表示包邮影响购买行为。特别是在活动期间,一些平时从不"包邮"的商家,包邮加赠送小件礼物形式,带来的销售转化率非常可观。配合短信的物流信息及时更新,从发货到确认送达,都会给予用户很好的购物体验。

3. 礼物推荐指南

圣诞及元旦将至,天气亦转凉,添置新衣及赠送礼物的需求增大。你可以将用户进行分组,发送个性化邮件、短信,如根据年龄及日常购物选择,划分会为儿童、老人购物的人,并分类进行针对性短信、邮件内容推送,同时可结合微信,增加目标客群的粉丝数。

4. 利用多渠道营销曝光

"双十一"类活动,购买人数暴增,不断收集用户信息,除了短信或邮件类直接沟通外,可在微博、微信公众号等媒体,保持与客户的长期互动,建立各类社群等。

5. 限时秒杀 & 倒计时提醒

作为不可忽略的节日邮件内容,限时、结束倒计时类,看到即将结束的字样,你会不会也有一种害怕错过的感觉?

6. 学会说"谢谢"

"双十一"过后,紧接着便是感恩节,借助节日氛围,在当日发送一条感恩的短信或邮件,感谢用户一直以来对自己的支持。此类邮件可以使得你的业务更为人性化,建立起客户对你的信任感。

2. 促销工具

一般而言,促销的工具主要为四类,即人员推销、广告、公共关系、营业推广(如表7-1所示)。

表7-1 常见的促销工具

广　告	销售促进	公　关	人员推销
印刷广告与广播广告	比赛、游戏、抽奖、奖券	记者报道参考材料演讲	销售展示
外包装	奖金与礼品	研讨会	销售会议
随包装广告	样品	年度报告	奖励
电影广告	交易会	慈善捐赠	样品试用
宣传手册	展览会	赞助	展览会
招贴和传单	演示	出版	
企业名录	赠货券	社区关系	
翻牌广告	回扣	游说	
广告牌	低息贷款	标识宣传	
招牌	招待会	公司期刊	
POP广告	以旧换新	活动	
视听材料	商店赠券		
标志图形	搭配商品		

（1）人员推销

人员推销（Personal Selling）是一种既传统又现代的促销方式。它是指企业派出人员或委托推销人员,亲自向目标顾客对商品或服务进行介绍、推广宣传和销售。人员推销由于直接沟通信息、反馈意见及时,可当场促成交易。人员推销不仅仅可以出售现有货物,还可以配合企业的整体营销活动来发现顾客需求、满足顾客需求,把市场动向和顾客需求反馈回来,并据此调整企业生产经营范围、结构,增强企业竞争能力。

（2）广告

广告（Advertising）是指企业通过一定的媒介物,公开而广泛地向目标消费者介绍企业的营销形式和产品品种、规格、质量、性能、特点、使用方法以及劳务信息的一种宣传方式。工商企业作为独立的商品生产者和商品经营者,科学地运用广告宣传,对传播信息、促进生产、引导消费、扩大销售、加速商品流通和提高经济效益都有着十分重要的作用。

（3）公共关系

公共关系（Public Relation）是指企业通过种种活动使社会各界公众了解本企业,以取得他们的信赖和好感,从而为企业创造一种良好的舆论环境和社会环境。公共关系的核心是交流信息,促进相互了解,宣传企业的经营方针、经营宗旨、经营项目、产品特点和服务内容等,提高企业的知名度和社会声誉,为企业争取一个良好的外部环境,以推动企业不断向前发展。

(4) 营业推广

营业推广,又称为销售促进(Sales Promotion),是指企业采用特殊的手段或方法对消费者或中间商进行强烈刺激,以激励他们对特定产品或服务较快或较大量地购买。营业推广多用于短时期的特别促销。可以说,广告提供了购买理由,营业推广提供的是购买刺激,推动顾客快买多买。

表 7-2 列出了四种促销工具的优点和缺点。

表 7-2 四种促销工具比较

促销方式	优　点	缺　点
人员推销	推销方式灵活; 利用深谈,容易激发兴趣; 促成及时成交。	推销费用较大;推销人才难觅。
广　告	触及面广; 易引起注意; 多次运用可将信息艺术化,加深印象。	说服力较小; 难以促成即时购买行为; 广告效果难以控制。
公共关系	影响面广; 间接宣传,容易取得消费者信任。	时间长,效果不显著; 公关活动策划要求高。
营业推广	吸引力较大,能迅速改变顾客的购买行为; 效果容易控制。	可能引起顾客的焦虑和不信任。

7.1.2 选择促销工具

企业在进行促销决策时,需要综合考虑各方面的因素,选择合适的促销组合。具体而言,需要考虑以下几个方面的因素:

(1) 促销目标

促销目标依企业试图刺激的需求类型不同而有别,如促销目标为树立企业形象,提高产品知名度,促销重点应在广告,同时辅之以公关宣传;如促销目标是让顾客充分了解某种产品的性能和使用方法,印刷广告、人员推销或现场展示是好办法;如促销目标为在近期内迅速增加销售,则营业推广最易立竿见影,并辅以人员推销和适量的广告。从整体看,广告和公关宣传在顾客购买决策过程的初级阶段成本效益最优,因其最大优点为广而告之,而人员推销和营业推广在较后阶段更具成效。

(2) 市场类型

产业市场和消费者市场在顾客数量、购买量和分布范围上相差甚远,各种促销方式的效果也不同,其最大的区别在产业市场上更多采用人员推销,而消费者市场上大量采用广告。因为产业市场上的顾客数量少,分布集中,购买批量大,以人员推销为主,既能发挥人员推销的优势,又能节约广告费用;反之,消费者市场顾客数量多而分散,通过广告可以较低的相对成本达到广而告之(如图 7-2 所示)。

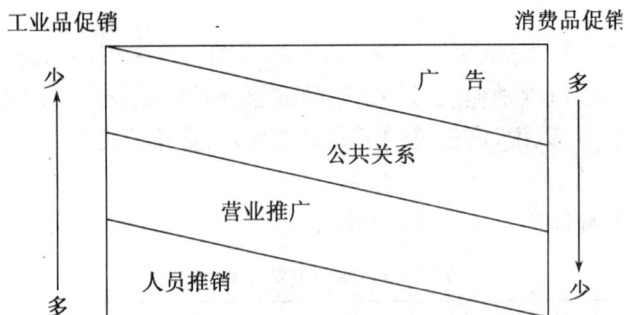

图 7-2 消费品与工业品促销工具的选择

（3）产品生命周期

在产品生命周期的各个阶段，因消费者对产品的了解和熟悉程度不同，企业的促销目标和重点也不一样。一般来说，在导入阶段，需要广泛宣传，以提高知名度，广告和公关宣传覆盖面广，成本效益最优，同时辅以营业推广和人员推销。在成长阶段，消费者相互口传信息，需求会保持自然增长的势头，促销仍可以广告为主，但内容上应突出宣传本企业产品的品牌、特色和优势。进到成熟期，促销强度要加大，营业推广的效果超过广告，因为此时大多数目标顾客已了解这一产品，只需做少量提示性广告即可。对产业用户，这一阶段则要大力进行人员推销，以与竞争者争夺客户。到衰退期，促销规模要降到最低限度，公共宣传可完全停止，只保留提示性广告和各种营业推广即可。

（4）促销预算

在促销活动中，企业决定使用哪种促销工具，还受其财力状况以及计划用于促销支出大小的影响。

（5）其他营销策略

促销是企业营销组合的一个重要组成部分，它必须服从、服务于企业的营销组合。企业在确定促销组合时，必须考虑到营销组合的总体要求，考虑到与产品策略、价格策略、分销渠道策略的有机配合。这样，不仅有利于取得良好的促销效果，也有利于提高企业的总体营销效益。因此，企业要根据促销目标的要求，结合其他有关因素综合考虑，全面衡量，从实际出发，采用经济而有效的促销组合形式。

7.1.3 制订促销组合计划

企业促销组合计划是将以上几种促销工具加以选择、运用与组合搭配，把既定的促销预算在各种促销方式之间进行合理分配。企业促销组合的制订是一项系统思考过程，可参照下列步骤进行：

1. 明确市场目标、市场策略并确定目标市场及促销对象

促销的目的是要解决特定的营销问题，可能是关于消费者，也可能是关于渠道、产品或本企业内部人员，因此首先必须明确市场目标、市场策略并确定目标市场及促销对象，在确定促销对象前必须明确回答下列问题：企业的市场目标、市场策略是什么？市场的销售对象是谁？消费者为何、如何使用我们的产品？产品的购买数量、购买频率如何及购买地点在哪里？主要的竞争对手有哪些？消费者对本企业品牌及竞争者品牌的评价如何？

2. 决定促销目标

经由步骤1的评估后,企业已能选择出促销希望解决的问题,接下来就可以决定促销目标。促销目标应当清楚界定企业要达到什么目的、目标是多少以及期望目标对象做出什么样的反应等问题。

例如,消费者对品牌印象模糊时,促销目标是加深消费者对品牌的认知;要吸引更多连锁店加入时,促销目标是吸引更多的商店加入连锁;季节性或流行性淡季时,促销目标是增加销售。所以,促销的对象可能是最终消费者或经销商,也可能是企业内部员工。当然,其最终目的是达成企业的市场目标。

3. 规划促销预算

企业的资源是有限的,因此促销预算也会受限制,企业在有限的预算内选择最大效益的促销策略及方案。

4. 选择促销组合

如前所述,为了能与消费者有效地进行信息沟通,企业应当在综合考虑各种影响因素的基础上选择适当的促销工具的组合。

5. 执行、控制及评估促销活动

促销组合实施前一定要先规划好执行计划与控制计划。执行计划包括计划及预算的核准、目标受众的选择、促销信息的传播等。评估执行效果可用两种不同的方法来检验:一是比较促销组合实施前、实施时和实施后销售量的变化情况;二是从消费者样本中了解他们对活动的反应以及追踪他们在促销后的行为。例如,了解品牌知名度提高多少、美誉度改善多少、消费者对促销组合评价如何、对以后的品牌选择是否有影响等。

● **分项任务测试:**

1. 分组讨论四种促销方式的优缺点。

2. 将班级同学分成四个小组,分别为某品牌奶茶制定春节、圣诞节、母亲节、情人节的促销计划,教师总结并点评。

7.2　制订人员推销计划

7.2.1　明确人员推销的任务

人员推销是指通过人与人的沟通来达成销售的过程。推销人员可称为推销员、业务员、销售代表、业务经理、销售工程师等。人员推销的推销对象可分为两种:一种是最终消费者,一种是中间商。产品性质、组织大小、行业类型等因素影响着人员推销在企业营销中的效用,因此各企业对人员推销的重视程度也不一。人员推销的任务如下:

(1) 挖掘潜在客户。挖掘潜在客户是指寻找客户并对其进行资格认定,判断其是否是合格的潜在顾客。

(2) 发现客户的需求和需要。推销人员搜集更多的关于潜在客户的信息,并确定接近他们的最佳方式。有时潜在客户不能或不愿确切表达他们的需求,不能提供真实的购买动机,这就要求推销人员弄清客户的所需与所想,从而解决他们的难题。推销人员还要确定潜在客户有没有购买决策的能力。

(3)向客户推荐满足需示或需要的方法。推销人员应当帮助潜在客户解决难题,向其建议一种可能解决他的问题或满足他需要的方法。推销人员还需要进一步提供一些潜在顾客以前没有考虑到的信息,或是提出一些可行的替代方式。

(4)说明公司实力并示范其产品。推销人员通过展示公司的雄厚实力,说服顾客首选本公司。

(5)成交。即得到潜在顾客的成交,这是最关键的环节,也是最困难的环节。许多推销人员擅长探测、发现客户需求、做产品说明等,但就是迟迟不能成交。此时,通常大多数经理就会参与进来,帮助推销人员成交。

(6)跟踪回访,提供服务。生意成交并不表示推销人员的任务到此结束。保留现有客户远比发展新客户容易得多。通过跟踪服务保持客户满意度有很多好处,如增加客户忠诚度、形成重复销售、获得搭售的机会等。

回顾推销人员担当的责任,如今的推销人员已远远超过了人们的理解,不仅仅是叫卖者、兜售者。推销,就是要说服顾客购买产品;让顾客在使用过程中感到中感到满意;让顾客重复购买;让顾客推荐新顾客。

阅读资料:销售人员的角色

在推销过程中,销售人员身兼数职:

(1)企业形象代表。销售人员是企业派往目标市场的形象代表,他们主动热情的工作,积极的态度乃至一言一行都代表了企业形象,是企业文化和经营理念的传播者。

(2)客户服务者。销售人员是目标顾客的服务人员,帮助顾客排忧解难,解答顾客咨询,提供产品使用指导,其服务质量和热情赢得顾客的信任和偏爱。

(3)信息情报员。销售人员是企业信息情报的重要反馈渠道。基于销售人员的工作特点,广泛接触社会各个方面。因此,他们不仅收集目标顾客的需求信息,而且还能收集竞争者信息、宏观经济方面信息和科技发展状况信息,使营销决策者能迅速把握外部环境的动态,及时做出反应。

(4)客户顾问。当销售人员面对一群顾客作营销沟通工作时,他们所担任的就是"客户经理"角色,在企业营销战略和政策指导下,行使一定的决策权,如交易条款的磋商、交货时间的确认等。

7.2.2 组建销售队伍

推销人员是企业与顾客之间的纽带。对许多顾客来说,推销人员是企业的象征,反过来推销人员又从顾客那里给企业带回许多有关顾客的有用信息。因此,建立一支高效的销售队伍对企业来说是非常重要的。

1. 设计销售队伍规模

销售队伍的规模是否适当,直接影响着企业经济效益。销售人员过少,不利于企业开拓市场和争取最大销售额;反之,销售人员过多,又会增加销售成本。所以,要做好产品销售,首先要合理确定销售人员的规模。确定销售队伍规模的方法主要有销售百分比法、销售能力法和工作量法。

（1）销售百分比法。销售百分比法是指企业根据历史资料计算出销售队伍的各种耗费占销售额的百分比以及销售人员的平均成本，然后对未来销售额进行预测，从而确定人员销售规模的方法。

（2）销售能力法。是指企业通过测量每个销售人员在范围大小不同、销售潜力不同的区域的销售能力，计算在各种可能的销售人员规模下企业的销售额和投资报酬率，以确定销售人员规模的方法。销售能力法的分析有三个步骤：

① 测定销售人员在不同的销售潜力区域内的销售能力。

② 计算在各种可能的销售人员规模下的企业销售额。计算公式为：

$$企业销售额＝每人销售额×销售人员数$$

③ 依据投资报酬率确定最佳销售人员规模。根据各种可能的销售人员规模下的企业销售额（即销售收入）以及通过调查得出各种相应情况的销售成本和投资情况，即可计算各种销售人员规模的投资。计算公式为：

$$投资报酬率＝（销售收入－销售成本）/投资额$$

其中，投资报酬率最高的即为最佳销售人员规模。

（3）工作量法。工作量法是指企业根据不同顾客的需要，确定总的工作量，从而确定人员推销规模的方法。工作量法包括五个步骤：

① 按年度销售量将顾客分为若干级别；

② 确定各级别客户每年所需的访问次数；

③ 每个级别客户的数量乘以各自所需的访问次数得出每年总的访问次数；

④ 确定一个销售代表平均每年可进行的访问次数；

⑤ 将年度总的访问次数除以每个销售代表的平均年访问次数即可得所需销售代表数。

2. 选择推销人员

企业选择推销人员时，大都是结合自身综合因素从思想政治、知识修养、个性素质和实际工作能力四个方面来考虑的，没有统一的标准，各个企业有各企业的标准。

国外某销售与营销杂志调查了 37 个行业中的 189 家公司的 209 位销售人员，认为最顶尖的销售人员所应具备的特质如下：

① 自我肯定：不卑不亢，能够从被拒绝中恢复斗志。

② 时间概念：想立刻完成交易。

③ 自我促进：竞争意识和自尊的联合。

④ 果断：坚定，控制销售过程，自信能达到某个目标。

⑤ 敢于冒险：愿意尝试创新和试图把握机遇。

⑥ 融洽的：外向，友好，能言善道，对他人感兴趣。

⑦ 抽象思维：理解概念和办法的能力。

⑧ 质疑的能力：对稍微缺乏可信的人或事都能产生怀疑。

⑨ 创新能力：非常规思考。

⑩ 换位思考：设身处地地站在别人的角度思考。

案例:乔·吉拉德,伟大的推销员

乔·吉拉德是世界上最伟大的销售员,他连续 12 年荣登世界吉斯尼记录大全世界销售第一的宝座,他所保持的世界汽车销售纪录——连续 12 年平均每天销售 6 辆车,至今无人能破。乔·吉拉德销售秘诀是什么呢?

1. 250 定律:不得罪一个顾客

在每位顾客的背后,都大约站着 250 个人,这是与他关系比较亲近的人:同事、邻居、亲戚、朋友。这就是乔·吉拉德的 250 定律。由此,乔得出结论:在任何情况下,都不要得罪哪怕是一个顾客。在乔的推销生涯中,他时刻控制着自己的情绪,不因顾客的刁难,或是不喜欢对方,或是自己情绪不佳等原因而怠慢顾客。

2. 名片满天飞:向每一个人推销

每一个人都使用名片,但乔的做法与众不同:他到处递送名片,名片漫天飞舞,就像雪花一样,飘散在运动场的每一个角落。乔认为,每一位推销员都应设法让更多的人知道他是干什么的,销售的是什么商品。这样,当他们需要他的商品时,就会想到他。乔抛散名片是一件非同寻常的事,人们不会忘记这种事。

3. 建立顾客档案:更多地了解顾客

乔认为,推销员应该像一台机器,具有录音机和电脑的功能,在和顾客交往过程中,将顾客所说的有用情况都记录下来,从中把握一些有用的材料。乔说:"在建立自己的卡片档案时,你要记下有关顾客和潜在顾客的所有资料,他们的孩子、嗜好、学历、职务、成就、旅行过的地方、年龄、文化背景及其他任何与他们有关的事情,这些都是有用的推销情报。"

4. 猎犬计划:让顾客帮助你寻找顾客

乔认为,干推销这一行,需要别人的帮助。在生意成交之后,乔总是把一叠名片和猎犬计划的说明书交给顾客。说明书告诉顾客,如果他介绍别人来买车,成交之后,每辆车他会得到 25 美元的酬劳。实施猎犬计划的关键是守信用。乔的原则是:宁可错付 50 个人,也不要漏掉一个该付的人。

5. 推销产品的味道:让产品吸引顾客

乔·吉拉德特别善于推销产品的味道。与"请勿触摸"的做法不同,乔在和顾客接触时总是想方设法让顾客先"闻一闻"新车的味道。他让顾客坐进驾驶室,握住方向盘,自己触摸操作一番。如果顾客住在附近,乔还会建议他把车开回家,让他在自己的太太、孩子和领导面前炫耀一番,顾客会很快地被新车的"味道"陶醉了。根据乔本人的经验,凡是坐进驾驶室把车开上一段距离的顾客,没有不买他的车的。即使当即不买,不久后也会来买。新车的"味道"已深深地烙印在他们的脑海中,使他们难以忘怀。

6. 每月一卡:真正的销售始于售后

乔有一句名言:"我相信推销活动真正的开始在成交之后,而不是之前。"推销员在成交之后继续关心顾客,将会既赢得老顾客,又能吸引新顾客,使生意越做越大。乔每月要给他的 1 万多名顾客寄去一张贺卡。一月份祝贺新年,二月份纪念华盛顿诞辰日,三月份祝贺圣帕特里克日……凡是在乔那里买了汽车的人,都收到了乔的贺卡,也就记住了乔。正因为乔没有忘记自己的顾客,顾客才不会忘记乔·吉拉德。

7.2.3　划分销售区域

在人员推销实践中,企业的销售部门在确定了整体的销售目标后,需要对企业所意欲达到的销售区域进行合理的划分。销售区域也称区域市场或销售辖区,指在一段给定的时间内,分配给一个推销人员、一个销售分支机构或者一个中间商(批发商和零售商)的一群现实及潜在顾客的总和。销售区域可以有地理界线,也可以没有地理界线。

1. 划分销售区域的好处

(1) 鼓舞推销人员的士气。作为所管辖区域的业务经理,推销人员会产生强烈的主人翁意识,他们会更好地设计路线,更好地安排拜访频率。同时,明确的区域划分体现了权责一致的原则。各区域推销人员感到目标明确,相互之间不会发生争夺顾客的恶性竞争。

(2) 更好地覆盖目标市场。由于目标市场的每一个销售区域都有专人负责,就不会有被忽略或遗忘的销售"死角"。如果给每位推销人员规定严格的销售区域,并严禁窜货,那么他们会更努力地开发自己的区域市场。

(3) 提高客户管理水平。销售区域的划分,使得推销人员努力地开发新客户,并对老客户进行深度营销,从而大大提高客户服务的质量。作为所辖区域的主人,推销人员可自己计划自己的活动,定期访问,与客户保持长期关系,深入了解客户的需求问题。

(4) 便于销售业绩考核。把整个市场划分成不同的销售区域后,销售数据的收集会变得比较容易。企业将不同地区的销售额与市场销售总额相对比,就可以清楚地看到每个推销人员的个人业绩。

(5) 有利于销售绩效改进。销售区域管理有利于成本分析和成本控制。企业通过对各推销人员在不同销售活动中花费的时间与成本的分析,可以设计出更好的方案,提高工作效率,降低销售成本,并为科学地规划销售队伍规模提供数据支持。因为每一个销售区域都有指定的营销员负责,可以避免不同营销员对客户的重复访问。推销人员可以细心设计访问路线,尽量减少和合理利用旅行及等待的时间,从而降低销售成本。不仅如此,一对一的访问还可以在客户心目中树立起统一的企业形象。

2. 划分销售区域的原则

为了能充分发挥销售区域划分的作用和推销人员的潜力,更好地完成销售目标,在划分区域时,须遵循下列原则:

(1) 公平性原则。销售区域划分的首要原则是公平合理、机会均等。这一原则主要体现在两个方面:所有销售区域应具有大致相同的市场潜力;所有销售区域工作量应大致相等。只有当市场潜力相等时,不同区域的推销人员业绩才有可比性;所有区域工作量大致相等则可避免苦乐不均,减少区域优劣之争,提高销售队伍士气。

(2) 可行性原则。销售区域划分要有一定的可行性,市场潜力要有可能变成现实销售,推销人员经过努力可以在一定时间内实现区域目标。

(3) 挑战性原则。销售区域的设置要具有挑战性,使推销人员有足够的工作量,同时保证每个销售区域有足够销售潜力,以使推销人员通过努力工作能取得合理的收入。

(4) 具体化原则。销售区域的目标应尽量数字化、明确,容易理解。销售区域目标一定要明确,销售经理一定要使推销人员确切地知道自己要达到的目标,并且尽量把目标数字化。

3. 划分销售区域的步骤

销售区域的划分过程一般包括以下几个环节(如图 7-3 所示)。

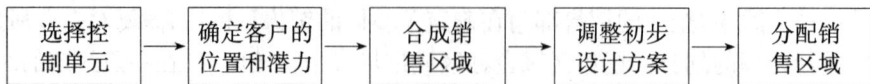

选择控制单元 → 确定客户的位置和潜力 → 合成销售区域 → 调整初步设计方案 → 分配销售区域

图 7-3 销售区域划分各环节

(1) 选择控制单元。区域设计的第一步是选择控制单元。首先将整个目标市场(如整个国内市场)划分为若干个控制单元。一般可以选择省、市、区、县等行政区域或邮政编码区域作为控制单元。划分控制单元的目的是为了按照一定标准将它们组合成销售区域。控制单元应该尽量小一点:① 有助于管理层更好地认识区域的销售潜力;② 小单元便于管理层进行区域调整。但是,控制单元也不能太小,否则会无谓地增加工作量。

划分控制单元时常用的两个标准是现有客户数和潜在客户数。此外,地理面积、工作量等也可以作为划分标准。企业还可以根据本企业实际情况设计划分控制单元的标准。

(2) 确定客户的位置和潜力。选择好控制单元后,管理层就应该在所选的控制单元中确定现有客户和潜在客户的分布和潜力。现有客户的识别可以通过以往的销售记录来获得,而潜在客户的识别可以通过外部渠道来实现,比如国家机关或有关机构,杂志、报纸、电视等媒体,分类电话簿,信用评级机构等等。识别了客户后,管理层应该评估企业从每个客户那里能获得的潜在业务量,然后按照可获得潜在利润的大小对客户进行分类。

(3) 合成销售区域。第三步是将邻近的控制单元依照划分标准组合到相应销售区域。如以客户数量为标准,则在考虑各区域之间客户数量的平衡的基础上,将邻近的控制单元组合到该区域中。

在初步设计完成后,各个销售区域依据某一划分标准已经达到平衡。但一般而言,这种基于一个标准的平衡还是不够理想的,需要在兼顾其他标准的基础上进一步调整,使之达到更高要求。

(4) 调整初步设计方案。要保证市场潜力和工作量两个指标在所有销售区域的均衡,还应对初步设计方案进行调整,使修正后的方案优于初次设计方案。

(5) 分配销售区域。销售区域划分的最后一步就是将推销人员分配到特定的销售区域中去,让他们各尽所能,创造出最好的销售业绩。

企业所生存的环境是经常变化的,因此,企业划分区域后并不是一成不变的,还必须根据环境的变化而不断地调整销售区域。

7.2.4 拟定销售区域作战方略

销售区域战略开发,就是将销售区域管理的各个环节作为一个整体来考虑,制定出完整的战略计划以指导销售实践。在某个销售区域内,制定其作战方略,主要包括图 7-4 所示的一些环节。

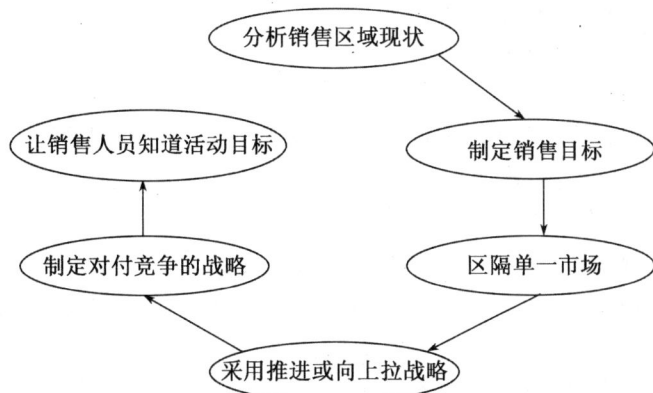

图 7 - 4　销售区域战略开发流程

1. 分析销售区域现状

在做决策之前,都必须准确地把握销售区域的现状。首先了解的是在区域内本企业的优势和劣势,以及所面临的机会和挑战。同时,与竞争对手的关系,也必须切实地把握。其次,本企业到底是强者还是弱者,也必须先加以确定,因为强者与弱者的作战方法截然不同。再次,还要根据本企业的资料做销售分析,例如所有产品的销售额、产品别毛利、顾客别销售金额及毛利等,也都应了如指掌。此外,对信用度有问题的顾客与往来客户,每月都要切实分析,掌握其动态。其他如销售金额、销售人员费用、运输距离、毛利金额等,也都要作相关分析。

2. 制定销售目标

具体而言,设定销售目标就是对顾客进行地区、行业、性别、年龄的分层,对这些顾客,分别设定销售量及毛利目标。同时,还要设法扩大销售、提高毛利、节约销售费用,以期获得最大的成果。

3. 区隔单一市场

一般市场区隔化遵循以下原则,对每项原则都要有深刻、清楚的认识,以利销售作战的进行(如图 7 - 5 所示)。

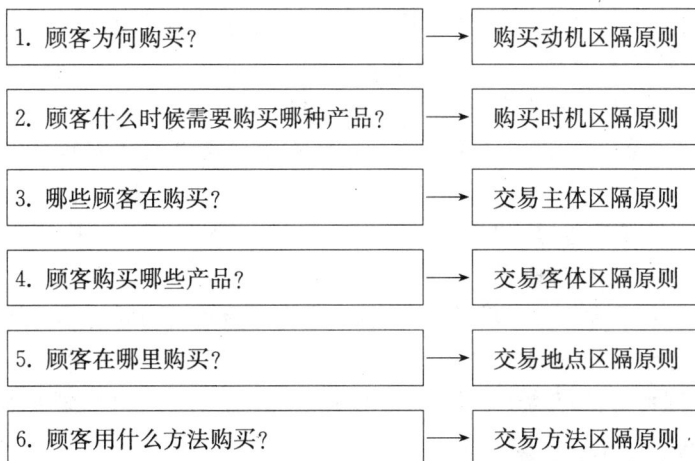

图 7 - 5　市场区隔原则

把单一市场依上述原则分为六个层面,把它当作各个不同的单独市场来处理远比把区域当作单一市场、笼统地一把抓有效。

4. 采用推进或向上拉战略

"推式策略"和"拉式策略"分别对应的是促销策略里的直接和间接促销方法。推式策略是指利用推销人员与中间商促销将产品推入渠道。企业将产品积极地推到批发商手中,批发商又积极地将产品推给零售商,零售商再将产品推给消费者,这样层层销售。拉式策略是指企业针对最终消费者,花费大量的资金从事广告及消费者促销活动,如果这种策略生效,那么消费者就会主动向零售商要求购买该产品,于是拉动整个渠道系统,零售商会向批发商要求购买该产品,而批发商又会向生产者要求购买该产品。

企业在具体促销活动中,究竟以哪种策略为主,这要根据企业的偏爱及具体情况而定。一般来说,推式策略适用于价格高、专业性强、使用方法及性能比较复杂、目标市场集中、销售渠道短、销售面窄的生产资料产品,以及规模小或没有足够资金来进行完善广告计划的企业。而拉式策略则适用于以下情况:专用性差、挑选性强、销售面广、目标市场分散的一般消费品;具有内在优良品质,又独具特色的商品;商品通过宣传,可以引起潜在消费者的购买动机,从而引发人们采取购买行为的;企业拥有大量商品货源,又有能力推行广告宣传计划的。但在大多数情况下,促销人员都综合运用这两种策略,相对加强其中之一的力量。

案例:屈臣氏的专业化促销

依靠精准消费群定位、专业化服务、物美价廉的自有品牌产品、专业和系统化的促销等一系列环环相扣的精细经营举措,屈臣氏牢牢捉住了大量的忠诚顾客,并有效避免了与购物中心、大型综合超市、便利店、专卖店和网店等零售形态的同质化竞争,着实有效地实现了自己的经营特色。

走进屈臣氏,你会发现给人的感觉不是走进了一家超市,而是一家专业的个人护理店,为什么会有这种感觉呢?

这是由于精确锁定目标消费群后,屈臣氏进而提出了"个人护理"的专业化服务和营销概念。店里不仅针对个人护理提供完备的产品线,而且在商品的陈列方面,按"化妆品—护肤品—美容用品—护发用品—时尚用品—药品"的顺序分类摆放,方便顾客挑选。

同时,屈臣氏成立了一支强大的健康顾问队伍,包括全职药剂师和供给商驻店促销代表,免费提供各种皮肤护理等专业咨询。并且在店内设资料展架,陈列个人护理、保健营养分配和疾病预防治疗方法等各类资料手册。这样,消费者很轻易被店内的氛围、营业职员的素质、商品的陈列、资料的发放等一系列专业化购销手段所感动,屈臣氏个人护理专家的品牌形象也因此深得人心。

根据国人"实惠才是硬道理"的消费习惯,屈臣氏实施加1元多一件、"全线八折""买一送一"等促销力度大的优惠策略,吸引顾客眼球。

此外,屈臣氏更注重消费者心理研究。比如,新奇刺激的活动对有小资情调的白领一族更具有吸引力,屈臣氏就推出"60秒疯狂抢购",抽奖获得者可以在卖场对指定的货架商品进行"扫荡",60秒内拿到的商品都属于获奖者,这样的方式让消费者因体验新鲜刺激而津津乐道。

5. 制定对付竞争对手的战略

在产品高速成长时期,因为需求总量持续增长,所以各企业的同行竞争是必然的现象,即使是后来加入者,也一样有生意可做。但在需求总量趋于饱和的缓慢成长时期,各企业是不能共存共荣的,取而代之的是弱肉强食。因此,企业必须要做的就是先去归并比自己弱的竞争者所占得的那一部分市场。

6. 让销售人员知道活动目标

在展开地区攻略作战时,最后的决定权掌握在销售人员手里,他们才是真正的短兵相接的肉搏战中与敌人厮拼的勇士。所以,在对每个销售人员的人格、知识、经验、态度、机动力等进行综合评价之后,就应尽快让他们知道活动的目标。

活动目标有销售金额、必须实现的毛利、平均每天访问家数、新客户开拓家数、账款收回率等。如果活动目标只注重销售金额的话,就会陷入无利可图的深渊;但是如果目标太多,也会使销售人员陷入"坐也不是,立也不是,动也不是"的焦躁不安的状态。过与不及,均非良策,不得不慎重。

7.2.5　区域销售实战

1. 拜访与接近顾客

拜访接近顾客是人员推销能否成功的关键阶段。首先,需要推销人员制定一个详细的拜访计划,然后选择一个巧妙的方法接近顾客。

(1)寻找潜在顾客。在销售区域内圈定客户范围,再充分挖掘出潜在客户,这除了要靠推销人员自身的努力以外,还必须掌握并正确运用基本的途径和方法。推销人员可以通过逐户访问、广告搜寻、客户介绍、请名人介绍、通过参加会议寻找、以打电话方式寻找、邮寄信函、资料查询等途径寻找潜在客户。

(2)拟订拜访计划。为了顺利达到拜访目的,需要拟订一个周密的拜访计划。拜访计划的内容必须具体,主要包括以下几个方面:确定拜访顾客名单;选择拜访路线;安排拜访时间和地点;拟定现场行动纲要;准备销售工具。

(3)接近潜在顾客。接近顾客是销售洽谈的前奏,接近顾客包括两个层次的含义:一是指推销人员和顾客之间在空间距离上的接近;二是指推销人员和顾客之间消除感情上的隔阂,逐步趋于同一目标。销售人员接近顾客的方法多种多样,要注意掌握各种方法并综合运用。接近拜访顾客有多种方法,如商品接近法、介绍接近法、社交接近法、馈赠接近法、赞美接近法、反复接近法、服务接近法、利益接近法、好奇接近法、求教接近法、问题接近法等。

案例:以狗会友

有一位销售人员,连着四次去拜访一位老板都被拒之门外。后来他左思右想,决定从这位老板的爱好方面下手。他打听到这位老板喜欢卷毛狗,而且每天傍晚都到小区里遛狗。于是,销售人员心生一计,他先学习了一些狗的知识,然后借了一条卷毛狗,也在傍晚的时候去小区遛狗,装作一个偶然的机会遇到这位老板。两人就津津有味地谈论起狗来,从狗的品种到如何喂养等,两个人很快成了忘年交,因为狗的原因成了朋友。后来,自然而然就顺理成章地完成了交易,并使老板成为他稳定的客户。

2. 产品介绍与示范

美国奥克拉荷大学企业管理博士郭昆谟总结并提出了一种适用于任何产品的介绍法则"FABE"(费比法则)介绍产品。该方法将介绍产品归结为四个步骤:

第一步,介绍产品的特征(Feature);第二步,分析产品的优点(Advantage);第三步,介绍产品给客户带来的利益(Benefit);第四步,提出证据(Evidence)来说服客户,促成交易。

在介绍的过程中要判定顾客的类型,根据顾客类型,结合自己对产品的了解快速断定针对特定顾客的兴趣集中点,围绕一至两个兴趣集中点来展开销售,做到有的放矢。顾客兴趣集中点主要有商品的使用价值、流行性、安全性、美观性、教育性、保健性、耐久性、经济性等方面。

在发现了面前顾客的兴趣集中点后,可以重点示范给他们看,以证明你的产品可以解决他们的问题,适合他们的需求。在示范过程中,销售人员一定要做到动作熟练、自然,给顾客留下利落、能干的印象;同时,示范时一定要注意对产品不时流露出爱惜的感情,谨慎而细心的触摸会使顾客在无形中感受选到商品的尊贵与价值,切不可野蛮操作,因为你的态度将直接影响顾客的选择。

3. 商务洽谈

推销人员在推销过程中,商务洽谈是其必须掌握的一项技能。商务洽谈中的报价和让步是最关键的。

报价策略主要包括三个要点:一是报价顺序,即先报价后报价的问题,先报价有利于掌握主动权、影响对方的期望,但容易暴露自己的底盘,后报价则对方在明己方在暗,可根据对方报价及时修改方案。二是报价起点,要求报价时尽量报高价,这样为顾客讨价还价留出余地,但报价时要有根据、显示出诚意。三是报价方式,报价时态度要坚定果断,给人以自信、从容的印象;报价时要非常明确,以使对方能准确无误地了解己方的要求、期望;在报价期间和报价以后,一般不应附加任何解释说明,如果主动对报价进行解释和辩护,对方会对报价产生误解和疑心,只有当对方要求解释或不满时才加以说明。

报完价后,双方都会一番讨价还价,彼此都要做出些让步才会达成最后的协议。要正确看待让步:让步是必需的,让步的最高境界是以大换小。让步基本上有三种:一种是实质让步,即确实让出了自己的利益;第二种是象征性的让步,即没有让出实质的利益,只是调整了方案,让对方觉得是让步了,特别是涉及面子问题时可采用这种让步策略;第三种是虚拟让步,与第二种相似的是并没有让出实际的利益,但也让对方感觉到了让步,不同的是不是调整方案,而是通过其他途径,如非常尊重对方、认真倾听对方说话、保证给对方的价格是和某大客户或名人的一样的、给对方许以远期的利益等等。

让步时要尽量先争取不让步,不得不让步时要适度、有顺序、有步骤,让步要让对方动心、满足,同时给对方一个让步时一定要争取对方的一个让步。另外,在讨价还价过程中要有良好的心理素质,要耐得住对方的恭维、威胁或冷嘲热讽等,如果感觉让步做了或过了头,要有能力撤销,收回让步。

4. 试行订约

推销人员在从寻找到顾客到达成交易的整个推销过程中,不可避免地会遇到顾客的各种异议。处理异议后,把握成交机会,积极提出成交的要求。

(1) 处理异议

顾客异议是顾客对推销员所言表示不明白、不同意或反对的意见。处理顾客异议是推销活动的开始,并贯穿于整个推销过程。顾客的异议主要来自于需求(如顾客说"我不需要"或"我已经有了"之类的话)、质量、价格、服务、购买时间(如顾客说"我下次再买吧")、支付能力、推销员(如推销员态度不好、自吹自擂、礼数不到等)等方面。

在处理顾客异议时,首先要认真倾听顾客提出的异议,然后适时回答顾客的异议,处理完后要收集、整理和保存好各种异议,以便于给企业提供信息,同时也给以后碰到类似问题准备好应对措施。

(2) 识别成交机会

成交的信号有多种,包括表情、语言、行为,如表情由紧张变为舒缓、精神由集中变为放松、开始关心细节问题、主动将推销人员介绍给负责人或其他主管等都是成交的信号。成交信号的识别一般没有规律和技巧,只有多刻意锻炼多注意观察会逐渐掌握。同时,还要尽量地通营造环境、迎合顾客心理等方式创造成交机会。

(3) 积极提出成交

有人认为成交是自然而然、水到渠成的,其实不是这样,成交是有时机的,今天能成的事明天可能就成不了,不把握好会转瞬即去、时不再来。推销人员要善于提出成交,不提出成交就好比拿着一把枪瞄天上的鸟瞄了半天却迟迟不开枪,小鸟则永远在天上飞。

提出成交的方法也很多,如可以先局部成交、假定成交给对方描绘购买后的美好蓝图、提供几个方案让对方选择、给对方提供保证和优惠、利用大众购买行为促进对方购买等等。

(4) 成交后注意事项

成交后,还要一如既往地对待顾客,不要让顾客觉得你的态度开始冷淡和敷衍,还要与顾客沟通再沟通,希望得到顾客的意见。当然,一旦交易不成,对拒绝自己的顾客依然要彬彬有礼,感谢他们给自己机会,并向他们致歉说耽搁了他们的宝贵时间,以备下次再访成功。

5. 客户服务

客户服务的内容分为:① 售前服务,主要有通过广告宣传使顾客知晓、提供良好的购货环境、为顾客提供便利、提供服务电话、免费咨询、客户培训六项内容;② 售中服务,主要有帮助客户了解产品、帮助客户挑选产品、满足客户的合理要求、提供代办业务、现场操作五项内容;③ 售后服务,主要有"三包"、送货上门、安装、包装、回访、提供咨询和指导、建立客户档案、处理客户投诉等内容。

在为客户服务过程中,要为客户提供准确的信息,从而进行有效的交流,真正解决客户的问题,同时要注意保护顾客隐私和信息的安全,实现对客户的承诺。

阅读资料:销售员如何化解客户异议?

销售情境1:你的价格太贵了

错误应对:

1. 价格好商量……

2. 对不起,我们是品牌,不还价。

问题诊断:

客户买东西时都会想要便宜点,这是客户的一个正常的消费心理,并不是决定他买不买的主要原因。销售人员在接待客户的时候,会面对客户成百上千的问题,但这些问题归纳分类后其实只有两种问题:真问题和假问题。

我们的很多销售人员并不知道客户的问题中大多数都是假问题。客户问"能不能便宜点"就是一个典型的假问题,这是所有消费者的一个习惯用语,作为一个老练的销售人员根本没有必要就"能不能便宜点"开始讨价还价,而是应该在客户关心价格的时候引导他关注价值。

本案中的第一种回答是一种不战自溃的消极销售行为;第二种回答则是一厢情愿,强迫消费者意愿的武断行为,消费者很难接受。

策略:

当消费者关心价格的时候,销售人员应当因势利导,让客户关注商品的使用价值。把客户关心"贵不贵"改变为"值不值"!

语言模板:

销售人员:先生,买东西不能只考虑便宜问题。您以前有没有用过同类的产品?那种便宜的产品可能用一段时间就开始出现质量问题。比方说这种便宜的产品用不了多长时间可能就会出现鼓包、表面褪色的情况,用不了多久就要换。

但是要是买我们店的这种,你用十年都跟还是新的一样,不止绿色环保、没有甲醛排放,平整度还是跟刚买的时候一样好,而且表皮的颜色也不会改变。

一个柜子可以正常使用十多年,这样算下来不也相当于省钱了嘛。其实产品都是一分钱一分货,我觉得耐用性和环保性才是最重要的,您说呢?

销售人员:您如果觉得这款商品的价格不合适,我给您介绍另一款性价比更好的……

销售情景2:过两天再买

错误应对:

1. 今天不买,过两天就没了。

2. 反正迟早都要买的,不如今天买就算了。

问题诊断:

客户说"我今天不买,过两天再买"一定是有原因的。而本案中的两种回答,都显得有点一厢情愿,难以引起客户的共鸣。

策略:

销售人员只有找到客户不买的真实原因并加以正确引导,才能够让客户回心转意。

语言模板:

销售人员:今天买不买没关系呀,我可以先为您介绍一些产品的基本情况,让您明白它为什么这么好,等您过两天想买的时候,就可以心中有数了嘛。

销售人员:好的,没关系。过两天您想买什么样的呢? 我可以先为您介绍一下的。

销售情景3:我先去转转看再说

错误应对:

1. 转哪家不都一样吗?

2. 不要转了,你要诚心想买,我给你便宜点。

问题诊断:

"转哪家不都一样吗?"

强留客户的理由太简单,无法打动客户。

"不要转了,你要诚心想买,我给你便宜点。"

虽然能起到一定的挽留客户的作用,但是给客户讨价还价留下了伏笔,使接下来的销售陷入被动。

策略:

客户说"我出去转转",这可能是一种心理战术,也可能是客户没有找到中意的,销售人员首先要判断客户是哪种情况,然后针对性地进行引导。

语言模板:

销售人员:先生,是不是对我的服务不满意?(客户一般会回答:不是,是你们的东西太贵了)先生刚才最看中的是哪款商品?您买到一款自己喜欢的商品不容易,我发展一个客户也不容易。您有什么要求,请直接告诉我,我一定会让您满意的。(如果客户回答:不是,是没有我喜欢的款)请您等一下再走好吗?您最喜欢的款是什么样子的?(等客户说完,把他带到相似的商品前……)

销售情景 4:最低多少钱能卖

错误应对:

1. 最多只能让您 20 块钱,不能再让了。

2. 那就 155 块钱吧,这是最低价了。(报价 165 元,第一次还价到 160 元)

问题诊断:

客户说:"你不要讲那么多,你就说最低多少钱能卖吧。"

恰好证明客户想买这款商品,这时候的销售人员应当着重介绍这款商品有哪些适合客户的地方和介绍这款商品的优越性,而不是一味地消极让价。

策略:

客户永远关心的是价格,而销售人员永远要演绎的是商品的价值。要让客户看到价值大于价格,让客户感受到物超所值,客户才不会也不敢一味地追求低价格。

语言模板:

销售人员:先生,价钱不是最主要的。您买我们店的家具至少要用 10 年时间,我完整给您介绍这款商品最多三分钟。您听我用两三分钟讲完再决定买不买也不迟,要是销售人员三言两语就叫您买,那是对您不负责任,您买回家万一后悔了,他们会把钱退给您吗?

销售情景 5:过两天搞活动再买

错误应对:

1. 促销活动不是人人都能有机会的。

2. 无言以对。

问题诊断:

本案的第一种回答,虽然比较真实,但缺少策略,无法让客户回心转意。而第二种情况则比较消极。

策略:

每次促销活动都有个特点:活动期限内的销量会有所增加或明显增加,但活动之前和活动过后的一段时间内,销量会很不景气,原因是活动之前的广告和宣传会使得消费者持币待购,而活动期间积聚的人气和销量也透支了活动过后相当一段时间内的销售。所以,需要强调活动的重要性及稀缺性。

● 分项任务测试:

1. 王经理是一家日化企业的人力资源经理,最近招聘了几个销售员。为王经理拟订一份销售人员的培训计划,王经理应如何分配给他们相应的推销任务?

2. 课堂演练:挑选 5 名同学,就同一件商品进行介绍和示范,教师点评推销的技能和技巧。

7.3 制订广告计划

7.3.1 明确广告任务

广告,是一种为了某种特定的需要,通过一定形式的媒体,并消耗一定的费用,公开而广泛地向公众传递信息的宣传手段。广告的任务概括起来有以下几个方面:

(1)引起注意。即借助精彩的文字、妙趣横生的话语、美的形象、动听的音乐等,引起广告对象的注意。这是广告最基本的功能。

(2)唤起兴趣。广告不仅能引起注意,而且可唤起广告受众对产品的兴趣,这就需要广告的内容和形式与目标对象的经验和心理需求相适应。

(3)激发购买欲望。一个成功的广告在引起目标对象的兴趣之后,还必须促使其产生购买欲望,这就要求企业对目标顾客作进一步了解,以便投其所好,刺激其购买欲望。

(4)促成购买行为。这是广告的最终功能,也是其目的所在。

(5)树立企业形象。好的广告是企业提高产品信誉、争创名牌、树立企业形象的一种手段。

阅读资料:广告中的情感诉求

人是"理性的卫道士",也是"情感的俘虏"。一个广告最能打动人心的不仅是其产品的物理功能,更在于品牌蕴含的情感感染力。关爱、真诚、友谊、快乐、激情、自由……这些情感无不感动震撼着我们的内心。一个品牌如果能够充满丰富的感染力,与消费者进行情感上的交流,就会使品牌从冰冷的物质世界跨入有血有肉的情感世界,也会使品牌楚楚动人、风情万种。

强生以自己的言行推动着人与人的关爱,《强生之歌》广告歌词这样写道:"强生相信,在我们的身边,存在着一些巨人,他们以巨大的爱和细小的事,让心灵获得慰藉,让创伤得到安抚,让人们得到关爱。强生,以医疗卫生和个人护理的经验和智慧,与这些巨人并肩,用爱,推动人与人的关爱。因爱而生,强生。"朴实的语言,没有太多华丽的辞藻,每句话都深深打动人心。

香水品牌娇兰(SHALIMAR)广告演绎着这样的浪漫情怀:诞生于爱情之中的香水才是情人最好的礼物。"SHALIMAR"是梵文,原意为爱的神殿。传说印度大帝沙杰罕非常宠爱他的妃子泰姬,这位至高无上的国王,为了博得爱妃的欢心,下令建造了许多美丽的花园。在这里,他与爱妃泰姬携手漫步,互诉爱意,浪漫的爱情撒向了花园的每个角落。这个充满浪漫情怀的花园后来就被命名为 SHALIMAR,也触发了香水大师 Jacques Guerlain 的灵感,他创造出了香水品牌 SHALIMAR,表达了对浪漫爱情的向往。

喜力之所以能成为世界第一啤酒品牌,其广告的强烈感染力功不可没。喜力的许多广告看似简单,却蕴意无穷,常常演绎着人生哲学、真挚情感,令人难以忘怀。例如,在一则喜力广告的画面中,两瓶喜力啤酒拟人化地脱去商标的外衣,拥抱在一起,广告语:"够交情,就不用表面文章"生动刻画出真心朋友对饮时不必客套、痛快畅饮的心情。

7.3.2　确定广告目标

在广告促销活动尚未开展之前,企业首先要对市场现状进行调查研究,将分析研究的结果作为制定广告决策的基准点和出发点,根据需要与可能理顺各种影响因素,兴利除弊,决定必须达到的广告目标。

广告目标是企业广告促销的目的。不同企业,或同一企业在不同的发展阶段,广告起着不同的作用,因而有着不同的目标。具体来说,就是指广告的接触效果、名声效果、理解效果、态度效果、动机效果和行动效果等。所以,降低了多少未知率,提高了多少知名率、理解率、好感率、购买率,就成为商品广告的各项具体目标。归纳起来,企业的广告目标有以下三类:

(1) 告知。这类广告是向目标顾客提供有关信息,如当一种新产品刚上市时,应说明产品名称、效用、价格、使用方法、企业提供的各项附加服务等等。广告的目标主要是将此信息告诉目标顾客,使之知晓并产生兴趣,促成初始需求。这类广告常用于产品投入期。

(2) 说服。在产品成长期,这类广告尤为重要。说服性广告的目的在于培养消费者的品牌偏好、鼓励消费者改用本企业产品、说服消费者立即购买等。说服性广告突出介绍本企业产品的特色,或通过与其他品牌产品进行比较来建立一种品牌优势。

案例:广告沟通:消费者想买的并不是产品

推销产品时,与其聚焦产品功能,不如关注好处,更容易把产品卖出去。功能是你的产品能做什么,而好处则是顾客能用给你的产品做什么。真正懂营销的公司在推销自己产品时,更应该关注产品的好处,如此,才可以最大程度成功。

乔布斯发明 iPod 时,对于 iPod 营销和介绍方式与以往不同,当人人都在鼓吹自己公司的MP3 可以有 1 G 的存储空间,苹果身先士卒,让你自我感觉更加良好,它告诉你,这款产品可以"将 1 000 首歌装进你的口袋"。

iPod.
1,000 songs in your pocket.

可以这么说,功能是指你的产品或者服务"是什么",而好处则是它背后的"为什么"。为了让大家理解这些理念如何实践,我们最好还是看一些知名公司是如何将好处应用到营销策略中的。下面是我找到的几个例子。

Evernote:记录所有

Remember Everything

Evernote apps and products make modern life manageable, by letting
you easily collect and find everything that matters.

Create a free account

Enter your email　　　Sign Up

Evernote 并不能帮你记得一切。事实上,它根本记不住任何东西——它只是款软件。它提供的功能是让你保存并安排事项。记录所有是你可用 Evernote 做到的——这就是我们说的好处。

Twitter:开展对话,探索兴趣,时刻掌握动态

Twitter 在首页的广告语中列出的好处别出心裁,但是它们关注的仍旧是好处。上面提到的这三点你都可以用 Twitter 做到,这并非产品的功能。当然了,如果为了节省时间,你就想看看推文以及评论,Buffer 也是不错的选择。

Nest Thermostat:节省能源是美事一桩

这条广告语设计精妙,寥寥数语,Nest Thermostat 的广告语就告诉了你最大好处是什么(你会节约能源),以及为什么这款产品独一无二(因为它设计精美,是美物一件。)

领英:成就一个更优秀的你

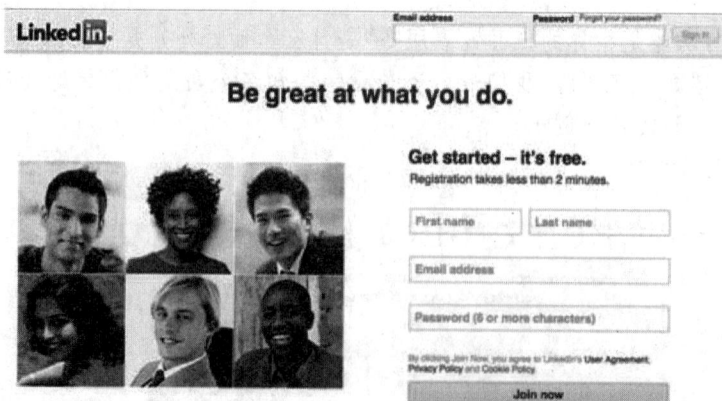

领英在广告语中就把客户引用进去,比其他公司更进了一步。"成就一个更优秀的你"就清楚地告诉用户,如果你使用领英,那么你就会做到这点。它关注的是客户,而不是把产品功能或者公司口号甩到客户脸上。

(3)提示。这类广告的目的不再是提供信息或说服人们去购买,而是随时提示目标顾客别忘了购买他们十分熟悉的某种"老"产品,加深目标顾客对本企业老产品的印象,从而保持现有市场并影响未来的潜在市场。提示性广告主要用于产品成熟阶段。

案例:"加多宝"与"王老吉"的广告语纠纷案

广药集团诉加多宝不正当竞争侵权案于 2013 年 9 月在广州市中级人民法院一审开庭。庭上,双方就"全国销量领先的红罐凉茶改名加多宝"等广告语是否构成不正当竞争进行了长达 5 个多小时的辩论。

广药代理律师表示,加多宝在广告宣传中,极力推广"王老吉改名加多宝""全国销量领先的红罐凉茶改名加多宝"这两句广告词,是虚假宣传,构成不正当竞争。该律师认为,加多宝这么做的目的是将红罐加多宝与原来的红罐王老吉之间画上等号,向消费者传递一个错误的信息:原来的红罐王老吉已经改名加多宝,王老吉这个名字被弃用了,不存在了,"而事实上,王老吉凉茶一直都是存在的,一直没有改名。"广药的诉求是判令加多宝不得使用上述广告语,无条件撤换含上述广告语的宣传物品和广告,赔偿损失并在各知名媒体公开道歉。

加多宝代理律师表示,"全国销量领先的红罐凉茶改名加多宝"广告属实,但不存在误导成分,"'红罐''红罐凉茶'是我方知名商品特有名称,有唯一指向性,就是指向加多宝产品。'全国销量领先'是一个限定词,我方产品一直以来都是市场销售第一,不存在任何误导。"加多宝方面否认制作或授权他人制作广告语"王老吉改名加多宝""我方做了'全国销量领先的红罐凉茶改名加多宝',但并不代表我方做了'王老吉改名加多宝'的广告。"

加多宝代理律师称,加多宝产品市场销售一直都是第一,因此,其使用的"全国销量领先的红罐凉茶改名加多宝"的广告语的行为不是虚假宣传,并没有对广药的商誉造成损害,不构成不正当竞争行为。

7.3.3   编制广告预算

确定广告目标后,企业即可为每一产品编制广告预算。广告预算是广告促销活动经费的来源。广告预算的方法及多与少取决于对广告的认知:广告是费用还是投资?有人认为广告是费用,增加成本、减少利润,有人认为广告是投资,增加销售额提高市场份额。表面上看来,这两种观念没什么差别:费用也好,投资也好,都是一种支出。但观念不同,对广告的态度就不一样:把广告当费用的话就会舍不得花钱,能省则省,一旦企业处于困境时,首先砍掉的就是广告;把广告当投资的话,因为只有多投才会多收益,可能会更愿意花钱做广告。制定广告预算常用的方法主要有以下几种:

1. 量力而行法

量力而行法是指企业确定广告预算的依据是他们所能拿得出的资金数额。也就是说,在其他市场营销活动都优先分配给经费之后,尚有剩余再供广告之用。企业根据其财力情况来决定广告开支多少并没有错,但应看到,广告是企业的一种重要促销手段,企业做广告的根本目的在于促进销售。因此,企业做广告预算时要考虑企业需要花多少广告费才能完成销售指标。所以,严格来说,量力而行法在某种程度上存在着片面性。

案例:英菲尼迪突然"熄火":沉沦三线的豪华车做错了什么?

在连续三年高调赞助中国发展高层论坛后,今年英菲尼迪不再赞助这一高级别政经论坛,其位置被另一豪华汽车品牌梅赛德斯—奔驰取代。

其实,不仅是中国发展高层论坛没有了英菲尼迪的身影,在此之前,《爸爸去哪儿》《极速前进》等娱乐节目的赞助商中也没有了英菲尼迪的名字。过去一年多来,曾经高举"敢·爱"品牌理念,发动一场又一场声势浩大的品牌营销活动的英菲尼迪,已经变得分外"安静"。

与营销活动"安静"相伴的是,英菲尼迪的销量增长也陷入停滞。有人把英菲尼迪增速巨变的原因归结为营销"熄火"。有人认为,作为一个二线豪华车品牌,英菲尼迪过去几年高举高打的营销攻势是在寅吃卯粮、拔苗助长。这种说法的依据是,前两年英菲尼迪非常好看的销量增长背后,是经销商的高库存在支撑。

在外界看来,最大的变化就是英菲尼迪的营销由攻转守,不再追求勇立潮头,向一线豪华车品牌看齐。在东风英菲尼迪内部,则把这种转变称为"由量到质",追求有质量的品牌传播与市场推广。

2. 销售百分比法

销售百分比法是指企业按照销售额(销售实绩或预计销售额)或单位产品售价的一定百分比来计算和决定广告开支。这就是说,企业按照每完成 100 元销售额(或每卖 1 单位产品)需要多少钱广告费来计算和决定广告预算。

其优点是:企业所有类型的费用支出都与总收入的变动有密切关系;可促使企业管理人员根据单位广告成本、产品售价和销售利润之间的关系去考虑企业的经营管理问题。

不当之处:把销售收入当成了广告支出的"因"而不是"果",造成了因果倒置;基于可用资金的多少,而不是基于"机会"的发现与利用,因而会失去有利的市场营销机会;广告预算随每年的销售波动而增减,从而与广告长期方案相抵触;不是根据不同的产品或不同的地区确定不同的广告预算,而是所有的广告都按同一比率分配预算,造成了不合理的平均主义。

3. 竞争对等法

竞争对等法是指企业比照竞争者的广告开支来决定本企业广告开支多少,以保持竞争上的优势。在市场营销管理实践中,不少企业都喜欢根据竞争者的广告预算来确定自己的广告预算,造成与竞争者旗鼓相当、势均力敌的对等局势。

采用竞争对等法的前提条件是:能获悉竞争者广告预算的可靠信息;竞争者的广告预算能代表所在行业的集体智慧;维持竞争均势,能避免各企业之间的广告战。但是,事实上,上述前提条件很难具备。这是因为,企业没有理由相信竞争者所采用的广告预算确定方法比本企业的方法更科学;各企业的广告信誉、资源、机会与目标并不一定相同,可能会相差甚多,因此某一企业的广告预算不一定值得其他企业效仿;即使本企业的广告预算与竞争者势均力敌,也不一定能够稳定全行业的广告支出。

4. 目标任务法

确定广告目标,决定为达到这种目标而必须执行的工作任务,估算执行工作任务所需的各种费用,这些费用的总和就是计划广告预算,这就是目标任务法。企业在编制总的广告预算时,先要求每个经理按照下述步骤准备一份广告预算申请书:尽可能详细地限定其广告目标,该目标最好能以数字表示;列出为实现该目标所必须完成的工作任务;估计完成这些任务所需要的全部成本。这些成本之和就是各自的经费申请额,所有经理的经费申请额即构成企业所必需的总的广告预算。目标任务法的缺点是没有从成本的观点出发来考虑某一广告目标是否值得追求。

案例:优信二手车:突如其来的土豪

2015 年 10 月 7 日晚间,第四季《中国好声音》总决赛在北京鸟巢举行,在这场音乐秀的镁光灯背后,一众广告赞助商逐渐浮出,其中最为高调的、给人印象最深的无疑是优信二手车。

据了解,这家二手车电商平台正式上线才刚刚半年时间。虽然在决赛当晚该公司因"神曲"大受争议,但实际上优信二手车早已在多个互联网平台和综艺节目上投放了广告,比如《爸爸去哪儿》第三季、《奔跑吧兄弟》第二季以及《金星秀》等节目。

《中国好声音》第四季的天价广告,是此前 8 月 28 日的中国好声音竞标会上,优信以 3 000万元价格拍得好声音决赛 60 秒广告位。公开资料显示,此广告成交价几近去年三倍,被誉为中国"史上最贵广告",尤其值得一提的是,这则广告中有 11 位明星代言。

其实,从 7 月份以来,优信二手车开始就一直做广告,之所以花高价拍下《中国好声音》,并且在《跑男》以及《金星秀》等知名综艺节目做广告,是为了让更多的人看到广告。《中国好声音》是目前中国娱乐节目里的最大咖,而且受众和核心用户群很接近,都是 80 后、90 后。

7.3.4　选择广告媒体

广告促销要通过一定的媒体来传播信息。广告媒体的种类很多,主要有报纸、广播、杂志、电视、直接邮寄和户外广告、网络、手机等。每种媒介各有其特点,在时间性、灵活性、视觉效果、传播面、成本等方面相差甚远,各有短长(如图 7 - 6 所示)。

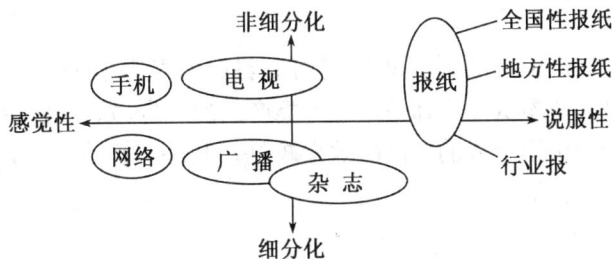

图 7 - 6　各种广告媒体的特点比较

1. 报纸

报纸的优点是:读者稳定、覆盖面广、传播迅速、反应及时,特别是日报,可将广告及时登出,并马上送抵读者;地理选择性好;制作设计简单灵活;收费较低。其缺点是:时效性短,内容繁杂,表现力差,创新形式受到限制,制作和印刷不够精细,多数报纸不能表现彩色画面或色彩很简单。因此,报纸适用于详细介绍产品性能、特点、使用方法以及企业经营范围等内容。

2. 杂志

杂志的优点是:专业性较强,读者稳定、集中,宣传效率高,特别适合刊登各种专业产品的广告;保存和阅读期长,传阅者多,便于扩大和深化宣传效果;印刷精制,图文并茂,吸引力强,广告效果较好。其缺点是:受专业限制,传播范围较窄,一般发行量不如报纸,广告覆盖面小;

定期发行,信息传递速度不如报纸、广播、电视,及时性差。

3. 电视

电视是现代最重要的视听型广告媒体。作为最具影响力的一种广告媒体,电视将声响、动作、图像、色彩、文字等听觉和视觉效果融为一体,充分运用各种艺术手法,能最直观、最形象地传递产品信息,具有丰富的表现力和感染力,是信息传播中重要的现代化工具。电视广告播放及时,覆盖面广,选择性强,收视率高,直观、生动形象、娱乐性强,宣传效果好,且能反复播出,加深收视者印象。其缺点是:播放时间短,信息易消失;制作复杂,费用昂贵;广告对象缺乏选择性,目标不明确。

阅读资料:央视的黄昏

近年来媒体市场加速分化,互联网新闻门户抢占了报纸广播的大部分市场份额,而灵活多变且内容新锐的视频网站则向电视台发起冲击,分流了相当一部分年轻用户,传统的一家几口守在电视前看新闻和电视剧的现象急剧减少。

面对这种情况,国内不少卫视已在节目内容方面重新定位,找到了适合本台发展的个性化细分市场。如湖南卫视面向90后等年轻观众市场主打"快乐"牌,江苏卫视则面向适婚青年观众(及其父母们)主打"情感牌",东方卫视与浙江卫视则在市民观众中发力,取得了良好口碑。而综艺节目一向弱势的安徽卫视,则对自己的实力有清醒认识,喊出"大剧立台"的口号。

对此,央视内部战略是:全部频道综合收视率要扼守三分之一以上的市场份额。不过,由于政策与思维导向影响,央视仍不得不在节目的内容、情感上涵盖绝大部分观众,追求内容覆盖、观众口碑收视的"大杂烩"。目前来看,央视定位"男女老少通吃"的市场反馈并不理想:电视剧缺乏新锐度,综艺节目目标观众模糊,新闻节目也因为新媒体发展等原因出现了信任度滑坡。在央视内容战略遭遇危机的时候,其1/3市场份额的底线已然岌岌可危。

4. 广播

广播是一种大量、广泛使用的听觉媒介,地理和目标顾客选择性强,传递迅速及时,形式多样,通俗易懂,制作简便,成本低。广播适用于各类产品的广告,尤其是以不方便看电视的群体(如学生、高级白领)为目标消费者的产品时效果较好。其缺点是有声无形、印象不深、转瞬即逝、难以保存。

5. 网络

网络媒体作为一种新兴的广告媒体,有其自身的优势:覆盖地域宽广;不受时间、地域限制,想看就看;费用低,内容更换容易,图文并茂,视觉和创意效果较好等。随着上网人数增加和网上购物的发展,发展迅速。

案例:腾讯社交广告为戴尔打造情人节营销"攻心计"

一年一度的"七夕节"又要到了,每到这个时候,各大商家便会使出浑身解数,使自己的品牌在众多营销活动中脱颖而出,但是实际上往往会遭遇几大尴尬:第一,广告投放定位不准,单身人群收到"虐狗"广告遭遇暴击,默默将品牌拉黑;第二,投放策略和广告创意对于情侣送礼场景理解较为浅层,无法真正打动目标人群;第三,从广告信息展示到实际购买的流程漫长或链路割裂,无法助推销售实现"临门一脚"。这些问题都让广告主难以实现广告目标,错失节日营销良机。

面对"情人节"营销的重重挑战,戴尔在推广定位女性用户的"燃 7000 限量机型"时,依托腾讯社交广告的社交大数据和先进的平台技术,深度打通"社交+电商"数据,结合朋友圈场景精心设计广告创意,完美锁定情侣人士和已婚人士,有效促进对"燃 7000"笔记本的销售转化,在锁定女生内心的同时,更锁定男生"钱包",完胜"情人节"营销。

6. 手机

手机媒体是以手机为视听终端、以上网方式或接受信息方式为平台的个性化信息传播载体。手机在作为人际传播通信工具的同时,传播资讯成为它的另一种重要功能。继报纸、广播、电视和网络之后,手机已掀起分割媒体市场蛋糕的"圈地运动"。

7. 其他媒体

包括户外广告,如楼宇广告、广告牌、招贴、广告标语、霓虹灯广告等;交通广告,如车身广告、车内广告、站牌广告,以及车站、码头、机场等;空中广告,如利用气球或其他悬浮物带动的广告。这些广告多利用了灯光色彩、艺术造型等艺术手段,又集中于闹市区、交通要道或公共场所,故一般显得鲜明、醒目、引人注意,又因内容简明、易记,使人印象深刻,展露重复率高,成本低。其缺点是传播范围有限,传播内容也不宜复杂,且难以选择目标受众。

在选择广告媒体时,企业应综合考虑以下因素:企业对广告传播频次、范围和效果的要求;目标顾客接收媒体的习惯;产品特点;广告内容;广告预算;竞争对手的广告策略;国家法令法规。广告媒体不同,广告费用、广告设计、广告策略和广告效果也不同。不同的广告媒体组合运用,其广告效果也不同。因此,广告促销决策必须选定广告媒体,制定广告媒体组合策略。

案例:凡客诚品广告策略

对于凡客诚品而言,从最初成立到快速发展,再到后来的调整期,所有广告都带有鲜明的品牌精神烙印,其中代言人的影响力功不可没。

1. "凡客体":一场自我表达的狂欢

"凡客体"——这场爆发于 2010 年的网络全民狂欢,将互联网品牌广告推向了高潮,也是凡客在品牌宣传上最重要的一役。视频广告人提出了"我是凡客"的提案(视频的脚本台词),这是最初的凡客体的来源。随后,网上涌现出各种恶搞凡客体,"凡客体"就此成名。

2. "挺住体":有温度的自嘲与放下

将明星拉下"神坛",还原成平凡之人,以此来打动无数有着平凡梦想的小人物,是凡客一贯的做法。这次,凡客选择了黄晓明。2011 年春天,"Not at all,挺住意味着一切"广告出现在众人眼前。"没错,我不是演技派,Not at all,我是凡客"这段文案配合着黄晓明的搏击视频,展示出了明星光鲜的一面,也展示出他和普通人一般的无奈,瞬间击中了人们心中的柔软。而这种自嘲、将自己"归零"的精神，正是互联网所需要的态度。凡客抓住了这点，来和普罗大众形成共鸣。

3."生于1984"：过于宏大叙事不易成功

作为第一代全民票选出来的明星，李宇春受着广大争议，也拥有着特定的受众群。李宇春生于1984年，这一年，中国正改革开放、乔布斯的macintosh正式发布、洛杉矶奥运会、人类第一次登月……一系列开创先河的大事件，也标志着一个时代的开启。

"生于1984"的传播拥趸者产生了两个极端：一面是疯狂的"玉米们"，无论是李宇春代言什么，都会一抢而空；一面是具有丰富阅历和文化深度的意见领袖们，只有他们才真正理解、懂得1984背后蕴含的意义。

4."无所畏"：品牌的洁癖与正能量

2012年初，在韩寒遭遇方舟子质疑，陷入一场水深火热大战的时候，凡客颇为出乎意料地选择了续约韩寒，以一则"有春天无所畏"的广告给人留下深刻印象。

从一开始的"有春天无所畏"，到"我爱你无所畏"，再到后来的"正能量无所畏"，凡客充分地传达了情感关怀。

通过几年来持续的品牌行为,凡客在用户心目中形成了一种调性。而凡客也从一个定语变成了一个名词,从"凡人即是客"变成了一个凡客群体。

凡客CEO陈年总结了其品牌广告方面的做法:"有态度,有关怀,而且态度很坚定很鲜明,人情味也足够浓。比如说我们要求它必须是一个平民的环境,平民的形象,强调他凡客的一面,甚至是落寞的一面,传达的观点又是非常鲜明的。"

7.3.5　运用广告策略

1. 利用名人效应

人们对社会名人普遍存在着仰慕的心理,所以可以利用名人效应来进行广告宣传。在广告中利用名人有两种方式:一是直接的方式,就是直接邀请政界要人、商界巨人、体育健将、演员、歌星、名模等社会明星来进行广告宣传;二是间接的方式,就是借助名人的声望,来提高商品的知名度和美誉度。

案例:金嗓子喉宝广告策略

金嗓子喉宝进入咽药市场时,草珊瑚、西瓜霜等已经占领了大部分市场份额,当时大多数新品牌都如流星划过,转瞬即逝,很难打破现有的格局。但让人出乎意料的是,金嗓子喉宝居然能一路高歌猛进,并且迅速干掉了原来的行业老大,究其原因,金嗓子狂轰滥炸式的营销方式功不可没。

江佩珍(金嗓子创始人)邀请罗纳尔多和卡卡两位知名国际巨星做"代言人",强奸式掠夺人们的注意力,广告语简单粗暴,朗朗上口,加上当时商品经济尚不发达,人们的购物认知大多只认广告品牌,毫无意外,金嗓子销量一路飙升。

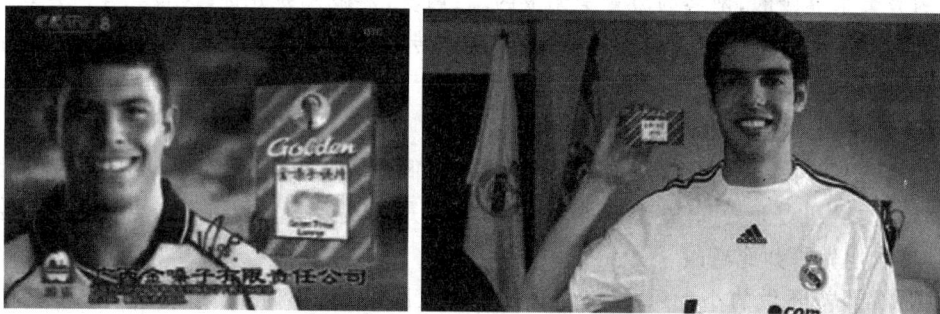

金嗓子的代言人罗纳尔多和卡卡

4年之后,罗纳尔多控告说没有和金嗓子签约代言,只是中间吃饭时被诱导拿着金嗓子喉宝拍了张照而已。危急之下,江佩珍又花了一千多万请来卡卡为金嗓子做代言,才在名誉上扳回一局。这确实让金嗓子火了一把,迅速占领了咽药市场,并成为行业里的龙头老大。如今的金嗓子,面临着咽药市场容量小,市场饱和度高的困境,即便是强悍精明的江佩珍估计也突破不了单品类企业的天花板。

2. 赋予产品一种吸引人的形象

由于大多数产品日益标准化和复杂化,公众很难客观地给它们以公平的评价和对待,所以,厂商们迫切需要为那些毫无特色的产品塑造出独特明显、独具魅力的"品质"。这样,当顾客看到某种产品或者听到产品的名称时,该产品的内涵形象便会出现在顾客的心目中,从而达到诱发人们对该产品产生购买欲望的目的。广告促销要成功,就得在人们不能理智地区别产品的时候,通过广告赋予产品一种吸引人的形象这一简单、热烈而富有感情的方法来帮助消费者非理性地判断和区别商品,购买商品。

阅读资料:最让人动心的十大 IT 广告语

1. **全世界计算机联合起来,英特耐特就一定会实现。**

这条广告不仅能让人会心一笑,还能让人热血澎湃。

2. **瀛海威:中国人离信息高速公路还有多远?向北 1 500 米**

说起瀛海威,很多年轻的网民可能不知情,但是"想当年",瀛海威曾是一面标志性的大旗,一家名声曾经如日中天的互联网先锋企业。张树新为瀛海威打出的这句广告语,其口气之大、胆色之壮,一夜之间便令瀛海威在中关村地区迅速扬名。

3. **人类失去联想,世界将会怎样**

联想的这个广告,不光是在 IT 行业,即使在整个品牌广告领域,也绝对是气势不凡的广告语。配上那一组拥有猩猩、森林的象征着全系列沟通的电视广告也一直让人记忆深刻。

4. **诺基亚:科技以人为本**

"科技以人为本"是诺基亚的品牌核心价值。它是诺基亚在品牌传播中始终如一的理念。在这句广告理念的引导下,诺基亚逐渐成为一个科技领先、有个性、充满人性化的品牌;一个勇于创新,颇具品位、时尚和生活情趣的品牌。今天虽然衰落,但曾经的辉煌终将在史上留下浓重的一笔。

5. **网易:网聚人的力量**

人的力量是有限的,网络的力量是无限的。"网易,网聚人的力量"这句广告词在当年互联网最红火的时候通过电视、广播、报纸、网络等媒体传遍了全中国的大街小巷,许多 IT 精英们也真的都纷纷奔向网易。

6. **中国移动:沟通从心开始**

一个十二三岁的小女孩拿出手机,拨通了离她很远的爷爷的电话,然后画外音徐徐升起"中国移动,沟通从心开始"。这感人的场面,可能也是国人第一次知道原来电信企业也会做广告,而且广告能做得如此感人

7. **IBM:没有不做的小生意,没有解决不了的大问题**

在蓝色巨人经营处于低谷时,提出这一颇具煽动性的口号,希望不仅成为一个名副其实的跨国企业,而且真正成为为高科技电子领域提供一条龙解决方案的企业,进入电子商务时代,IBM 正在将这一角色实现,扮演着电子商务解决方案的提供商角色。

8. **百度一下,你就知道**

从"有问题百度一下"到"百度一下,你就知道",百度 7 年风雨,改变了人们的生活习惯。"百度一下,你就知道",成了数亿万网民们每天都要做的事。

9. **戴尔:美国货,本土价**

"美国货,本土价",戴尔的这句广告语除了向大家传递其品牌是来自美国以外,还体现了DELL 优秀的品质和平易近人的价格。这句广告语平实、简练,却很实用。

10. **华硕品质,坚如磐石**

华硕刚来大陆市场时,是以板卡厂家的面目出现的。华硕主板由于出货量大,品德可靠,迅速就成了"高品质"的代名词。"华硕品质,坚如磐石",这是华硕的一句广告语,也代表了华硕电脑的一种理念,一种把质量放在第一位的信念。可以说,很多用户都是冲着这句广告语开始有了购买冲动的。

3. 以新奇特色取胜

从人们阅读报刊、看电视、听广播的情况来说,除了少数人因为特殊的需要而有意识地去视听广告以外,大多数人处于无意状态。这时,只有使他们首先产生无意注意,然后他们才可能把广告听下去或者看下去,转向有意注意。所以,在当今广告充斥的世界里,必须把广告做得有特色才能引起消费者的无意注意,进而引起有意注意。

引起无意注意主要靠外界的刺激物。就广告和周围外界其他事物来比,要靠广告本身的特殊刺激。就一系列广告中的一个广告和另一个广告相比,要靠广告之间的明显的差异,也就是广告自身的特异性。所以,在广告的创作和安排上,一定要使广告具有鲜明的特色,要考虑广告画面的大小、色彩的浓淡、音响的强弱、动静的变化、新奇的程度等方面是否独具特色。

案例:韩后 9·19 悬念式广告

今天的化妆品广告投放,可谓盛况空前,但是风格几乎大同小异,都是清一色的帅哥美女主打,明星代言,以"卖美"为主,众多品牌传播雷同、广告是清一色的美女主打时,无疑会陷入另一个问题——传播形式的相似性,会让传播陷入一个效果减弱的状况。

韩后 9·19 就进行了这样一种创新尝试,广告一改之前"斥资千万邀请韩国女星全智贤拍摄的清新纯美电视广告",玩了次悬念式广告。此次广告的简单超乎想象,以诉求"搞一搞呗"和"9·19,那天很会搞哦"反复重复,配合夸张的动作、表情画面,有些无厘头的同时,也传递了一个悬念式的形象。

女神篇:一个性感混血美女却是用一把很爷们儿的"东北腔",向哈林吼出一句石破天惊的"搞一搞呗",坐在《中国好声音》转椅上的哈林标志性地挑下眉毛,很酷地回应道:"9·19!"最后旁白带出"9·19,那天会很搞哦"。

猛男篇:晒能震动的胸肌,然后很挑逗地跟哈林说出"搞一搞呗",后面是相同的情节。坐在《中国好声音》转椅上的哈林标志性地挑下眉毛,很酷地回应道:"9·19!"最后旁白带出"9·19,那天会很搞哦"。

这种简单的诉求,和包括哈林在内的所有人的夸张动作传递,即使在整个电视广告中都呈现一种怪异另类的风格,有些显眼,在见惯了大明星"卖美"式的广告中同样另类,跳了出来。正值《中国好声音》热播期间,借势哈林以及节目经典转椅元素,势必增加此广告的眼球指数。哈林自身的幽默诙谐形象也契合了广告主题风格。

4. 利用逆反心理

众所周知,广告是为宣传商品而做的,所以广告重点是商品的优点。可是事实上,没有任何一种商品是十全十美的。所以,当人们对大吹大擂的广告听得太多时,就感到厌烦,产生了逆反心理。抓住这种心理,高明的广告商往往"以逆反逆",敢于公布商品的不足之处。这种广告方式反而给消费者以真实可信、耳目一新的好感。

总的来说,利用消费者的逆反心理做广告主要有以下几种手法:

(1)以长托短。这种手法是既谈优点,又谈缺点,但缺点与优点相比显然是微不足道的。

消费者在看到或听到这种广告后,会为这种广告摆出了产品的不足之处而更相信产品的优点,从而采取购买行动。

案例:锋利的刀片

英国一家刀片公司的广告是:"我公司的刀片十分锋利,经久耐用……缺点是:易生锈,用后需擦干保存,才能久放。"对于刀片的消费者来说,刀片是否锋利,是否经久耐用才是他们关心的焦点。尽管这则广告告诉消费者在保管方面这种刀片要使消费者多费点心,但保管刀片毕竟不是十分复杂费劲的事,所以消费者不会因为要用心保管而放弃刀片对他们来说更为重要的方面:锋利与耐用。在承认保管方面有一定缺点之后,消费者会认为该刀片公司诚实,从而相信广告中刀片的优点——也是他们真正关心之处。

(2) 以短比短。这种手法的诀窍在于:说明自己的产品的短处,也说明自己产品的短处也是其他同类产品的短处。既承认了缺点,又暗示消费者这种缺点是无法避免的。

案例:诚实的回报

著名的"普兰德"洗染店在创办初期有这样一条规定:凡是在"普兰德"洗过的衣服,如果仍有污渍,就在上面打个记号,倘若顾客能够在别的洗染店把该污渍洗掉,"普兰德"将以两倍费用赔偿给顾客。"普兰德"洗染店坦率地告诉顾客,它并非全能,有些污渍可能洗不掉。但是如果"普兰德"无能为力的污渍,其他洗染店也会无能为力的。承认缺点是使消费者有真实可信感;同时暗示消费者,有缺点的"普兰德"仍是他们最好的选择。如果直截了当地声明这一点,顾客十有八九不相信,但是以说明缺点的方法表示出来,则易为顾客所接受。

(3) 以短揭长。这种方法的诀窍是:用"短"挑起顾客的逆反心理,吸引他们注意产品。当他们发现"短"即是"长"时,就会购买,而如果仅宣传"长",则顾客难以相信,宣传达不到效果。

案例:自揭其短

美国俄勒冈州的一家饭馆在门前竖立了一个大大的广告牌,上面写着:"俄勒冈州最差劲的食物!"该饭馆的老板也说:"我是一个差劲的厨师。"但是自此之后,顾客却接踵而至。因为人们的逆反心理使他们产生了一股强烈的好奇心,要看看这号称"最差劲的食物"究竟味道如何? 当他们来到这家饭馆品尝过这里的菜肴之后却发觉,所谓最差劲的食物原来是美味佳肴。人们当然愿意享受美味佳肴,所以他们又成了回头客,于是该饭馆生意红火,很有名气。

5. 赞助公益广告

赞助广告是利用纪念活动、比赛活动,由公司出资捐助,从中取得刊登广告的权利。公司做赞助广告的目的是要提高公司的知名度,从而有利于公司产品的销售。公益广告是免费做广告为社会或公众提供福利。公司做公益广告虽然属于义务性质,但从中增加了公司的美誉度,间接地促进了销售,最后结果仍然是公司获利。

案例:同仁堂的公益行动

同仁堂是北京最古老的药店。该药店利用天时、地利大做广告宣传,使"同仁堂"名扬四海。北京以前每年都要挖城沟。在每年挖城沟的时候,同仁堂都免费提供印有"同仁堂"三个大字的灯笼。有一年,北京出现了瘟疫,同仁堂不仅向平民百姓们施舍药品,还捐助棺材,给北京市民留下了很好的印象。北京作为皇城,也是各地举人应试之地,每当各地举人来京应试之时,同仁堂就赠送药品给他们,把"同仁堂"的名字传向全国各地。另外,每到逢年过节之时,同仁堂就出钱请名角唱戏,使得同仁堂的名声越来越大,同仁堂的生意也越来越红火。

7.3.6　测定广告效果

广告效果是指广告信息通过广告媒体传播后所产生的社会影响和效应。这种影响和效应主要包括两个方面,即传播效应和促销效应。评估这两种广告效果有助于企业更有效地制定广告策略,降低广告费用,提高广告效益。

1. 广告传播效果的评估

主要是评估消费者对广告信息的注意、兴趣、记忆等心理反应的程度。一般有以下几项内容:对广告注意度的测定、对广告记忆率的测定。

2. 销售效果的测定

广告促销效果的大小,以广告传播后商品销售量的增减为衡量标准,因此销售效果是将广告费用与销售额的增加进行比较。其计算公式为:

$$广告效果比率＝（销售额增加率/广告费增加率）×100\%$$

销售额的增加受多种因素的影响,广告只是促销的众多因素之一,因此用此法衡量广告效果不一定准确,只是作为研究广告效果的参考。在确定销售额增加率时,必须考虑扣除商品的质量、价格和数量,服务质量,社会购买力的变化,经济形势的变化等因素的影响。

在实践中,企业尝试着采用实验法和历史资料分析法评估广告的促销效果。实验方法如在不同地区支付不同水平的广告费用,或广告费用相同,但选择不同的广告媒体,然后将销售结果进行比较。历史资料法则是将企业历年的销售额与广告支出额用统计学方法进行处理,得出两者之间的相关关系。

> **案例:Facebook 广告效果正大幅度稳步提升**

数字营销公司"Kenshoo"发布的季度评估报告显示,从整体上看,目前 Facebook 用户对于该网站上的各类广告内容关注度和参与度正稳步增长,无论是广告点击率、总点击量,还是广告直接带来的营收等指标都体现出这一趋势。

Facebook 广告投放活动的明显成功可归结于两大因素。首先,广告主已逐步掌握了如何缩小各自广告目标的范围,并对目标广告内容随时加以调整,从而使这些广告内容对于目标用户更有吸引力。其次,Facebook 的广告投放算法也在改进,也就意味着 Facebook 能够根据广告主的投放内容,而更有针对性地找到目标用户。

● 分项任务测试:

1. 播放 4～5 则电视广告,分析广告制作、传播效果方面的优劣。
2. 为指定的某产品或服务进行广告设计。

7.4　制订营业推广计划

7.4.1　明确营业推广任务

营业推广,又称销售促进(Sales Promotion,简称 SP),一般是指企业(包括制造商、供应商和店铺)为了快速增加销售量,扩大市场占有率和打压竞争对手,利用相关方法和手段刺激消费者、经销商和销售人员积极大量购买、进货或推销。营业推广的主要任务是:

1. 刺激购买行为,在短期内达成交易

当消费者对市场上的产品没有足够的了解并做出积极反应时,通过销售促进的促销措施,如赠送或发优惠券等,能够引起消费者的兴趣,刺激他们的购买行为,在短期内促成交易。

2. 向顾客提供特殊的优惠条件,可有效地抵御和击败竞争者

当竞争者大规模的发起促销活动时,销售促进是在市场竞争中抵御和反击竞争者的有效利器。如减价、试用,此举能增强企业经营的同类产品对顾客的吸引力,从而稳定和扩大自己的消费群,抵御竞争者的介入。

3. 与中间商保持良好的业务关系

制造商常常通过销售促进的一些形式,如折扣、馈赠等鼓励中间商更多地购买,同厂商保持稳定的业务关系,从而有利于双方的中长期合作。

7.4.2　确定营业推广活动目标

确立营业推广目标,必须先了解与之配合的销售渠道目标和企业的基本营销基本目标。其特定目标,必须随着目标市场形态的不同而各具特色。

就消费者而言,销售促进目标包括:鼓励使用者多加使用和大量购买;维持已有顾客;针对某一特定的细分市场;争取未使用者试用;加强整合营销传播和建立品牌资产。

就零售商而言,销售促进目标包括:诱导其多订新品项目;鼓励相关产品项目订货;鼓励在淡季购买;鼓励储存相关产品项目;排除竞争性促销;建立零售商对品牌的忠诚度;获取新的零售商。

就销售员而言,销售促进目标包括:鼓励销售新产品或新式样;鼓励寻找更多的潜在顾客;刺激淡季销售。

7.4.3　选择营业推广工具

营业推广工具也称销售促进手段,它是指企业或卖场为实现促销目标而使用的方法。随着销售促进的发展,工具也越来越多,不同的工具可以达到不同的目标。

1. 针对消费者的营业推广工具

(1)样品:通过消费者免费试用或品尝,建立对产品的信任感。这是企业推出新产品、占领新市场时常用的一种有效方式。

(2)赠品:顾客购买菜一商品时,免费获得另一种产品。

（3）优惠券：持有者凭券在购买商品时可以免付一定数量的钱款。购买频率高或一次购买量较大的商品，采用这种方式效果较好。

（4）特价包装：以低于正常产品的价格提供组合包装或搭配包装产品。

（5）示范：利用有利位置进行橱窗陈列、柜台陈列或流动陈列，同时进行操作使用示范，以此展示产品的性能与特长。

（6）降价：按产品原价实行折扣销售。

（7）竞赛/抽奖：竞赛是一种消费者在技巧和能力的基础上进行的为获奖而竞争的促销。抽奖是随销售产品发放奖券，到一定数量宣布开奖。中奖者可获得奖品、奖金。

（8）返还/折扣：是由销售商做出的返还一部分购买款项的承诺，通常是在消费者提供一些购买证明后。

（9）包装附赠：是指通过在原价格下增大包装的容量或扩大尺寸向消费者提供超量的产品。

阅读资料：赠品促销

赠品促销就是消费者在购物时，以"赠品"赠送的形式向消费者提供优惠，吸引其参与该品牌或该产品的购买。赠品促销是最常用的价值促销方式，它把商品作为礼物赠送给消费者，以一种实物的方式给消费者非价格上的优惠。这种方式虽然没有价格促销这样直接，但它可以以一种看得见而又实实在在的方式冲击消费者、增强品牌观念，并让消费者购买产品。

赠品可以是各种不同的东西，可以是销售的产品样品，也可以是一种标准或特殊产品；可以是一件具有纪念意义的礼物，也可以是一种极具实用价值的生活用品；可以是自己的品牌，也可以是其他品牌。赠品常见的形式有：

1. 即买即赠

这种方式是消费者在零售店购物，购买的同时就可以获得相应的促销赠品，购买与赠送几乎是一体的。例如，购买笔记本电脑获得装电脑的工作包，购买洗衣机可以获得洗衣粉。这种方式给消费者直接的购买刺激，利用比较直观的赠品促使他们购买，同时不用降低零售价，可谓效果极佳的促销方式。这种方式最关键的是赠品对消费者是否具有足够的吸引力、赠品与品牌的内在关联度，另外要尽量避免赠品缺货，以免引起顾客抱怨。

2. 凭证式赠送

凭证式赠送是消费者购买产品后，必须收集一张或多张凭证寄到公司获得赠品或到公司指定地点兑换赠品。凭证式赠送对于树立品牌忠诚度、吸引新客户、保护现有客户免受竞争品牌干扰等具有奇效。凭证式赠送也常常和有奖促销结合起来使用，如集齐一定数量的包装袋就可以参加抽奖等。在策划凭证促销时，一般要考虑消费者除了收集凭证和承担单边低成本邮资外，再不会产生其他费用，否则将会对消费者失去吸引力。

3. 付费赠送

付费赠送是由顾客支付赠品的全部成本。付费赠送的特点如下：付费赠送常常选择饥饿营销产品作为赠品；付费赠送常常选择低成本高利润空间产品作为赠品；付费赠送还可以选择名牌产品、流行时尚、特殊产品作为赠品。

2. 针对中间商的营业推广工具

(1) 免费提供陈列样品:以销商在向顾客推销商品时,如果缺少陈列样品,就会减少许多成效的机会,由生产企业提供陈列样品,经销商就会免除样品破损或废旧引起损失的担心,增加成交机会,也是对经销商的支持。

(2) 购买折扣。中间商在一定时期内销售达到一定的价格折扣。

(3) 赠品。赠品不仅是对消费者的销售促进方式,对中间商来说也是一种重要的推广工具,它既可为中间商带来实际利益,又可增进双方之间的感情。

(4) 事件赞助:是一种整合营销传播活动。公司赞助某个活动并提供资金以此来获得标注品牌名称、图标或广告信息并作为活动的赞助商的权利。

(5) 推广资助:按订货量或销售额的多少发放推广津贴,专门供其进行推广所用;与经销商联合做广告或特殊展示,费用由双方按比例分摊或全部由生产企业承担;为经销商提供推广指导,如提供广告样板、专橱(专柜)设计资料,提供推广所用的材料、展品等。

(6) 销售竞赛:由生产企业在众多本企业经销商中发起销售本企业产品的竞赛,对优胜者给予奖金或奖励,邀请优胜者参加公司庆典活动。

(7) 协助经营:由生产企业对本企业经销商提供人员培训、派员指导、举办经营研讨会、提供经营手册、发放经营简报、邮寄广告宣传品、产品目录、样品手册等形式,供其了解企业动态,学习经营经验,促进经销商提高经营效率。

(8) 业务会议和贸易展览:业务会议是指企业自办或与其他企业联办业务洽谈会或商品展示会,以便吸引消费者或中间商前来观看、购买或洽谈业务。

案例:携程大打营销战,10 亿元投入休闲度假市场

携程的"非常旅游"项目近日曝光,携程将用 10 亿元在各大城市投入度假产品促销,以转化公司机票酒店用户或者线下门店用户到在线旅游。这意味着在线休闲市场的竞争依然激烈,而如何花钱更有效率成为一个重要挑战。

据了解,这 10 亿元预算将投入在多个方面,主要是产品补贴和营销投入。携程将通过极具竞争力的价格来拉拢新用户。"非常旅游"作为一个重点打造的品牌,覆盖十大国内外热门目的地,将提供低于市场 30% 的价格,并且不走低价团路线,而以 5 钻、4 钻产品为主。

投入二三线城市也是携程的一大战略,这一项目基本上是按照城市为单位。据知情人透露,此次携程旅游划定的 9 大战区,除了北上广深,还有成都、武汉、南京、杭州和重庆。计划每个重点城市的营销广告、产品补贴等投入将达上亿。此前,一些同类公司已经在各大城市大规模投放电视、框架广告、巨资冠名电视节目。这意味着市场竞争将激化。

这笔费用还将投入在与旅行社以及门店的合作上。为了执行旅游 O2O 战略,携程此前与各地旅行社签约,安排人员去各地培训引导门店人员在 APP 开店,并给予补贴。5 月份在成都,携程与多家大型旅行社 1 000 多家门店实现合作,让旅游者在手机端便捷完成交易。携程还与拥有 5 000 家门店的旅游百事通实现系统对接与战略合作。

3. 针对推销人员的营业推广工具

(1) 推销竞赛:在推销人员中举行推销竞赛活动,对优胜者给予免费旅行、现金或授予某种荣誉称号,以激发员工士气和提高推销积极性。

(2) 推销津贴:对推销人员按完成销量的多少,发放数量不等的津贴或奖金,与推销竞赛相比,推销津贴的办法有更大的受惠面。设计可测量、可达到的销售目标(如发现新客户、恢复老客或者增加客户利润率),促进更多推销人员改进推销方法,扩大推销数量。

7.4.4　制定营业推广方案

从整体营销观点来看,销售促进方案的制定与设计要适应市场情况的变化,能做出灵敏的反映。销售促进是最受企业内外状况(如企业本身的产品或服务、消费者动向、竞争动向、企业在市场中的能力比较等)变化的营销手段,因而必先掌握企业内外状况的变化,才能制定良好的方案。即使是同样的促销方法,因为企业的不同状况,其效果也会截然不同。促销方案中主要内容有诱因的大小、参与条件、促销媒体分配、促销时间的长短、促销的时机和促销的预算。

1. 诱因的大小

营销者在制订方案时决定使其成本/效益最大的诱因数量。假设销售反应随着诱因大小而增减,则一个 15 元的赠券,将比 5 元的赠券带来更多的消费者试用,但我们不能就此认为前者的反应是后者的 3 倍。事实上,销售反应一般呈 S 型,也即诱因量很小时,反应也很小。一定的最小诱因水准,才足以使这项促销开始引起足够的注意。在超过一定点时,较高的诱因以递减方式增加销售反应。观察销售和成本的相对比较,营销者可以决定最适当的诱因量。

案例:一元啤酒的促销智慧

市场是一匹奔腾的野马,只有顺应它的方向,才能驾驭。在危机的大背景下,企业该采取什么策略呢? 我们来看一个酒店是如何用一元啤酒的促销策略来应对危机的,想必无论对酒企还是广大的商家,都会有所裨益。

青岛 A 酒店是一家大型的中高档肥牛火锅店,在没有危机之前,这家火锅店的经营状况只能用"中规中矩"来形容。然而,进入夏季以来,该酒店却面临着非常严峻的市场形势:第一,危机之下,消费趋于保守出现萎缩。第二,夏季并非火锅的旺季。第三,青岛夏天的扎啤消费对本地中档酒店冲击非常明显。然而,就是在如此严峻的环境下,青岛 A 酒店的生意异常火爆,周末高峰期甚至出现了排号的现象,晚上平均可以翻台 1～2 次。究竟是什么高招和妙招让这家中规中矩的酒店反而在金融危机的大背景下"逆势飞扬"呢? 这家火锅店的生意突然火爆,主要是采取了"一元啤酒促销策略"。

在该酒店橱窗上,拉着一条醒目的条幅:崂山啤酒一元一瓶,不限量……青岛居民都很清楚,崂山啤酒在青岛零售价为 2.0～2.2 元/瓶。在酒店,崂啤一般要卖到 3～4 元/瓶。1 元一瓶啤酒,别说从零售店买,消费者也买不到,就是该酒店进货这个价格也进不来。所以,一元一瓶崂啤,其中的实惠对于青岛消费者来说是显而易见的。

大家肯定有疑问了:这样卖酒,这家酒店不得赔啊? 细算一下单桌菜金与酒水的消费比例与整个酒店菜金与酒水的消费比例,你就会明白这样的促销不但不会赔,而且会赚个钵满盆满。

一元啤酒策略的另一个杀伤力,在于在经济危机下,为顾客节省了消费开支。比如,一家三口去聚餐,消费 10 瓶崂啤,正常价格需要 30～40 元,那么,来这家酒店消费就可以节省20～30 元,起码来回打车的费用节省下来了。其次,如果是比较正式的请客,来这个酒店首先不存在"档次不够"问题,包厢、菜品、环境各方面完全可以给足主人面子。

该酒店一元策略的出台和应用,当然是经过了科学分析与策划的,而其成功的关键在于深刻、准确地吃透了危机下的消费心态。

2. 参与条件

促销决策的另一要素是参与条件。例如,特别优惠是提供给每一个人或仅给予购买量最高或消费量很大的人。抽奖可能限制在某一情况,而不适用公司成员的家属或某一年龄以下的人。例如某一商场,给予一年内购买一万以上的顾客有不同的奖励,两万元以上有更大的奖品。因此仔细选择参与的条件,销售者可选择性地排除不可能成为产品的固定使用者。另一方面,如果条件太严格,则只有大部分的品牌忠实者或喜好优惠的消费者才会参与。

3. 促销活动的媒体分配

制定者必须决定如何把促销方案向目标观众传送。假设促销是一种赠券给购买者比定价少15元,则最少有四种方式可使顾客获得赠券:置于包装内;在卖场内;用邮寄;在广告媒体上。每一种方式包含不同的到达率和成本。例如,置于包装内主要送达经常使用者,而邮寄虽用较高的成本,却可送达非品牌使用者。

4. 促销时间的长短

如果时间太短,一些顾客可能无法重购或太忙而无法使用这个好处。如果时间太长,则消费者可能认为这是长期降价,而使优惠失效,同时会对品牌品质产生怀疑。一般在决定时间长短时,应考虑促销目标、消费者购买习惯、竞争中的策略和其他因素。

5. 促销的时机

促销活动时机的选择,通常要考虑产品所处的生命周期阶段、竞争状况、消费者购买习惯等因素。市场部经理通常要根据销售部建立促销的程序而这个程序由地区营销管理阶层依据整体地区营销策略来研究和评估,此程序是一项规划工具,应仔细安排,以使生产、销售人员和分配的时机能互相协调。同时,在战术性的压力下,需要使用若干非计划内的促销活动,即使短期内接到通知,也必须去做。

案例:昆仑山联合京东发起母亲节促销

2016年5月8日,借助"让关爱从点滴做起"的母亲节公益主题,昆仑山雪山矿泉水在京东商城发起"珍贵的水送珍贵的人"促销活动。消费者可通过京东商城昆仑山雪山矿泉水旗舰店在线购买矿泉水享受母亲节促销优惠,为母亲升级饮水,关爱母亲健康。

母亲节送问候表孝心,不如送健康更贴心。昆仑山雪山矿泉水在京东商城发起"珍贵的水送珍贵的人"促销活动,正是希望号召大众从实际行动做起,从升级饮水开始,真正走心的关爱母亲健康。

6. 营业推广预算方式

第一种方式是由下而上的建立方式。营销者决定全年所要举办的促销活动,并一一估计其成本,再予以汇总。特定的促销成本包括管理成本——印刷、邮寄、促销的优惠;诱因成本——优惠和折扣的成本、兑换率;以及因优惠而卖出的预期数目。在折扣券优惠的办法中,要考虑到的是只有一部分消费者真来兑换赠券。而在包装中的奖金办法,优惠成本必须包括奖金的取得和包装的成本再扣减因包装所引起的价格上涨。

第二种自上而下,即先制定预算总额,然后向下一级分配。如某化妆品可能在总促销预算中广告获得40%的预算,销售促进获得20%的预算。然而这个比例随不同市场的不同品牌差异很大,且受产品生命周期阶段和竞争的促销费用的影响。一个多品牌的公司须协调各品牌预算,以便从促销活动中取得最大的收益。虽然不是所有的促销活动都能事先策划,但是协调可以节省成本,例如一次邮寄多种赠券活动即是如此。

7.4.5　实施营业推广方案

营业推广的工具有很多种,而且每一种都不尽相同,在执行实施时需要有专门的知识,有些销售促进活动需要由专家或专业的机构来实施。具体来说,应先做书面的销售促进企划书,再对相关人员教育培训。例如,由总公司促销部门做成活动企划书,传达到各销售部经理,而后再传达到销售人员,销售人员再传达到卖场店主,而后才传达到卖场营业员。在销售促进企划书中包括:市场状况说明、主题提示、计划内容、明确划分各相关对象的责任、手续及资料。

在方案执行中必须注意两个重要的时间段:前置时间和销售后续时间。前置时间是在宣布销售促进活动方案前的时间,包括:初步的规划、设计、包装改进或资料的邮寄或分送到消费者,配合广告的准备工作和销售点材料、购买点的陈设、实地销售人员的通知、个别经销商地域的分配、购买和印刷赠品或包装材料、预期存货的生产、在分销中心展示的准备,最后还要配送给零售商。销售后续时间是指从销售促进活动开始到 90%～95% 的优惠商品都已在顾客手中的这一段时间,可能有一个月至数个月不等,根据优惠时间长短不同。

阅读资料:节日促销

节日促销就是指在节日期间,利用消费者的节日消费心理,综合运用广告、公演、现场售卖等营销手段,进行的产品、品牌的推介活动,旨在提高产品的销售力,提升品牌形象。

节日消费心理的特点决定了不同平常的节日售卖形式,对于新品牌的推广,更是给消费者亲密接触的绝佳良机。对于快速消费品来说,节假日的销售也有着重要意义。我国目前的节假日为 114 天,几乎占到全年的 1/3,而"五一""十一"黄金周所体现的市场价值更是足以堪道。据上海的一家大卖场统计,"黄金双周"期间的销售几乎占到全年销售的 40%。节日促销须注意的事项如下:

(1) 准确定位。主要表现在主题鲜明,明确是传达品牌形象宣传还是现场售卖,不要陷入甩卖风、折价风的促销误区。

(2) 确定最佳的行动方案。除了事前周密的计划和人员安排,还要有一个好的方案,发挥团队作战优势;其次是有较强的执行能力,再者所有的活动安排和物料准备要紧扣活动主题,总负责人要清楚活动的每个环节,了解各块的进度,及时发现和解决活动现场出现的新问题;要对参与活动的人员进行详尽的培训,把活动的目的和主旨深入传达到每个人心中。

(3) 确定时间安排和规划预算。卖场促销时间宜早不宜迟,特色活动最好比对手早三四天,以免被对手抢先。再好的策划,再好的时机,如果没有完整准确的规划预算,届时产品不充足,促销品不到位,顾客该买的买不到,该拿的拿不到,也必定影响整体活动的效果。

(4) 现场氛围营造。节日活动气氛包括两部分,一是现场氛围,包括气氛海报、POP 海报张贴、装饰物品的布置、恰到好处的播音与音乐,这些将会在很大程度上刺激顾客的购买欲望。另外一种氛围就是员工心情,这就要看组织者是否能够调动员工的积极心态。其中最有效的方法就是制定一个恰当的任务与销售目标,活动结束后按照达成率情况进行奖赏。

(5) 评估总结。每次节日营销整体活动都需进行一番很好的评估总结,才能提升节日营销的品质和效果。比如本次活动销量情况、执行有效性、消费者评价比、同业反应概况等。分析每次活动的优点和不足,总结成功之处,借鉴不足教训。评估总结的目的,就是为今后规避风险、获取更大的成功。

● 分项任务测试:

1. 班级交流:对自己遇到的印象最深刻的节日促销活动进行分析和评价。
2. 为某新产品(如食品、小家电等)制订营业推广计划。

7.5 制订公共关系计划

7.5.1 明确公共关系的任务

公共关系,简称"公关",是20世纪70年代后在西方发展起来的一种促销方式。是指一个社会组织评估社会公众态度,确认与公众利益相符合的个人或组织的政策与程序,拟订并执行各种行动方案,达到与公众建立良好公司形象,处理不利的谣言、传闻和事件等目的。公共关系用来推广产品、人物、地点、设想、活动组织甚至国家。公共关系的行动主体是组织,其作用对象是公众,作用手段主要是运用信息传播来达到目的。具体而言,公共关系的任务和作用主要表现在以下几个方面:

1. 树立企业良好形象

在市场经济条件下,企业形象逐渐成为企业竞争战略的核心内容。公共关系对于树立企业特定形象有着独特的、别的形式不能取代的作用。因为作为广告和人员推广的作用范围,主要是为企业销售产品服务,其形式主要是自我宣传,因此,在树立形象方面所发挥的作用是有限的。而公共关系的作用是为整个企业服务的,不仅仅只是为某个方面的职能服务;其采取的形式是多样化的,有企业的自我宣传,也有公众的口头传播,还有新闻媒介、社会人士进行的客观宣传。

2. 创造和谐的企业外部环境

各种经济多边关系成了每个企业都面临的课题。通过公关活动,发挥发挥沟通和关系协调功能,公共关系可以帮助企业处理好与销售网络中各经销商、股东、顾客、政府、媒体、社区等公众的关系。企业的生存和发展离不开和谐的外部环境,维护、协调和发展彼此间的关系,可使他们理解和支持本企业的工作,以保持企业在发展过程中的平衡和协调。

案例:三星Note7"爆炸门"事件

2016年8月2日晚间,三星大屏旗舰手机Galaxy Note 7正式发布,韩国开启预售3天即创下了超过20万部的预约量,是当时S7的两倍。8月24日,贴吧网友爆料称韩版三星Note 7在充电时发生爆炸,在随后几天,全球又出现60多起Note 7电池爆炸事件。

9月18日,中国有两位消费者声称他们的三星Note7手机爆炸了。9月19日,三星发布声明,声称通过三星电子研究所、品质检测中心部门对产品进行了详细分析,推断产品损坏是因外部加热导致。三星怀疑这是消费者为骗取赔偿金的恶性行为,正在讨论对主张虚假爆炸的两名中国消费者进行刑事起诉等法律应对。

10月11日起，在国家质检总局执法督查司进行约谈和启动缺陷调查情况下，三星宣布召回在中国大陆地区销售的全部SM-N9300 Galaxy Note 7手机，共计190 984台。该款手机在中国大陆地区发生了超过20起过热、爆燃事故。

在整个事件中，三星想方设法推卸责任，在首先召回的10个国家和地区中，将中国排除在外，声称中国的产品是安全的，但在随后爆出的事故中仍然千方百计抵赖，推卸责任，甚至诽谤是消费者想骗取补偿金，最后在中国舆论和政府的压力下才不情愿地开始召回，但已迟到47天。对于三星的表现，目前的事实表明，他正在远离卓越的口碑。三星最终能否从这次重大危机中恢复，时间将证明一切。

3. 化解企业面临的危机

企业生存在千变万化的环境之中，可能会在某些时候面临危机，这些危机的出现影响企业和产品的形象，甚至摧毁了企业。通过公共关系，对有可能影响企业与公众关系的行为及时提醒和制止，对出现的危机产生的原因进行分析，采取办法化解危机，使企业度过困难阶段。例如，对由企业过失行为造成的危机，通过公关活动，对企业的过失行为进行道歉等，可以起到化解危机、解决危机的作用。

案例：京东"翻新机"事件危机公关遭苹果打脸

2015年5月24日，央视新闻《每周质量报告》报道了京东的"翻新机"事件，也许一个消费者的购物遭遇不能代表京东就是"卖假货"的，但京东在此事的危机处理上，却暴露出了各种看似"不专业"问题。

如《每周质量报告》中所说，产品出现问题并非孤例，在京东商城，另一款销售了9万多部的手机，其中3 000多位消费者给予了差评，有639位消费者直接质疑其在京东购得的是翻新机。面临央视的调查，京东的官方回应称，他们销售的苹果手机是得到了苹果公司授权的，而且货物都是苹果公司给的，是正品行货。然而，对于京东的说法，苹果公司官方给出的答复却截然相反。苹果官方表示，京东并没有获得苹果的授权，可能第一手渠道是从厂家拿出来的，但是有可能中间转了几手之后再卖到客户手中，大部分都是中间这个环节出现了问题。

此次事件，充分反映了京东管理者在内部管理方面和危机公关方面的不到位，使得京东在消费者心目中的形象受损严重。

4. 增强企业内部凝聚力

公共关系承担协调领导与员工的关系、各部门之间的关系及员工之间的关系，创造良好的内部环境的职责。通过公关活动，进行有效的双向沟通，使企业从上到下，从领导层到基层员工，都同心同德为企业经营目标的实现而努力，消除可能产生的误解和隔膜，增强企业员工的自豪感和认同感，使企业成为一个统一的整体，这样的企业才会在竞争中充满活力，即使面临暂时的困境，也会由于强大的凝聚力和高涨的士气而重整旗鼓、摆脱困境。

5. 塑造名牌，增加产品销售

消费者之所以追求、向往和崇尚名牌，其原因既在于它的内在价值，也在于产品的外在延伸。通过公共关系宣传，把企业的好产品名牌化，组合传播完整的品牌形象，全方位地提高产品的知名度、美誉度。例如，麦当劳中国第一家分店在深圳开业时，公司就宣布把当天的所有收入全部捐给儿童福利基金。这一公关宣传深受公众好评，麦当劳叔叔开朗热情、乐于助人的形象很快被公众接受,使深圳麦当劳的营业额一直居于世界各分公司的前列。

6. 信息收集

公共关系所需要收集的信息主要有两大类,即产品形象信息与企业形象信息。产品形象信息包括公众对产品价格、质量、性能、用途等方面的反应,对于该产品优点、缺点的评价及如何改进等方面的建议。企业形象信息包括以下方面内容:公众对本企业组织机构的评价,公众对企业管理水平的评价,公众对企业人员素质的评价,公众对企业服务质量的评价。

案例:易车惠:先接地气,再聚人气

2013年,易车网新推出电商栏目"易车惠"。易车惠的运作模式大概是如下步骤:消费者选择某一款优惠车型——填写基本信息(姓名、手机)——到店(试驾)——购车——凭发票返回易车申请奖励。从品牌看,目前既有豪华品牌如宝马入驻,也有自主品牌如吉利、力帆等,其中也不乏热卖品牌或车型,如科鲁兹、新桑塔纳等,初步来看,已经形成了一定的品牌规模。从区域范围看,既有全国的促销,也有地域性的促销,覆盖了很多区域市场。

从形式上看,易车惠并非纯粹通过线上销售汽车,而是通过线上收集线索,引导用户到店成交,这与当前业界普遍存在的形态是一致的,并没有突破用户习惯。另外,从支付便利和习惯角度看,易车惠也绕开了,因为易车深谙其中的用户障碍问题,因此流程设计上,就根本没有要求用户通过线上支付,甚至连订车意向金都不用。

对于厂商,通过车易通产品可以了解实际的线索情况、到店情况、销售情况,而且可以从车易通提供的数据获得一些市场前端的分析和判断,从而帮助其快速对市场情况做出决策。而从经销商层面,就更有帮助意义,车易通可以为经销商提供网站建设、营销推广、CRM系统支持、400电话支持等众多经销商层面难以获得的工具与资源,从而帮助经销商进行区域营销,获取销售线索,达成实实在在的销售。

7.5.2 公众分析

1. 媒介公众

媒介关系指企业或组织与报刊、广播、电视等新闻传播媒介的关系,又称"新闻界关系"。对于公共关系人员来说,媒介是一种特殊的公众,具有双重的性质。一方面,它是公共关系人员赖以实现公共关系目标的重要手段;另一方面,它是公共关系人员必须努力争取的重要公众。

2. 顾客公众

顾客或消费者,是公共关系人员必须着意联络的最重要的公众之一。因为消费者公众可以说是最大的社会群体,它几乎囊括每一个社会成员。毫不夸张地说,消费者掌握着每一个工商业企业的命运。在许多发达国家,顾客或消费者甚至被抬到了"皇帝"的位置上。俗语"顾客就是皇帝",便反映了这样一种现实:顾客或消费者是最应受尊重的公众。

改善消费者关系的办法有很多,比如对直接与消费者打交道的工作人员提出要求,制订服务条约;领导上服务第一线,亲自接待顾客,对破坏消费者关系的每一事件都给予认真处理等。具体来说,有以下处理好企业与消费者关系的途径:

(1) 设立专门处理消费者关系的职务或组织。除了上面谈到的组织决策层应有专人主管消费者事务之外,大企业可以设立用户关系委员会,负责协调各单位的行动,了解各部门的用

户关系。

（2）建立良好的用户关系基础。良好的用户关系取决于产品与服务的质量和价格。如果产品质次价高、服务低劣,公共关系工作做得再出色也无济于事。产品的优劣取决于产品设计是否新颖,尺寸颜色是否合适,价格是否合理以及售后服务是否周到。

（3）制订用户关系计划。用户关系计划取决于公司的用户政策、产品和服务、用户公众的数量和特点,以及公司的资源。计划的目的是在用户心目中树立公司的良好形象。计划内容包括:检查向用户做出的所有宣传和说明是否符合事实;进行公众调查,分析客户的意见,提出改进方案;鼓励、促使职工改进服务态度,礼貌、友善地对待顾客;向用户公众介绍公司的产品、服务及生产动态;撰写产品说明书,介绍其特性和使用方法,最大限度地方便顾客。

3. 社区公众

社区,是指人们共同活动的一定区域,如村落、城镇、区、街道等。社区关系也叫区域关系,即一个组织与它所在的地方政府、社会团体、其他组织以及当地居民之间的睦邻关系,是社会组织生存、发展的"根基"。组织的利益与社区的利益息息相关。组织生存在一个具体的社会环境中,就要讲究睦邻之道,与前后左右善结良缘,为组织本身的生存、发展创造"天时"、"地利"、"人和"的条件。改善与社区关系的途径有以下几种:

（1）做好信息沟通工作,向地方公布企业及社会组织的政策和业务情况。例如,生产何种产品,现有和所需的职工数量、工资多少等等。

（2）支援地方建设,积极参与地方上的各种有意义的活动。

（3）调查、了解地方对组织的看法及各种议论,分析地方对组织了解的程度。

（4）向社区开放组织中的各种服务设施和娱乐设施,与公众建立密切的联系。

（5）与学校合作,提供教学器材,资助建立必要的设施。

（6）资助地方的卫生、福利事业。

（7）邀请社会各界人士参观企业,使他们对企业产生良好的印象。尤其是青少年学生,他们是未来企业职工的来源,应着意培养他们对企业的好感。

4. 政府公众

政府关系是组织或企业应处理好的一种最重要的外部关系。政府是国家权力的执行机关,是对社会进行统一管理的权力机构。作为社会的一分子,组织必须服从政府对整个社会的统一管理。公共关系部门在处理组织与政府的关系方面应做到以下几点:

（1）及时了解国家的经济计划,收集汇编国家各级政府和有关部门下达的种种文件、颁布的各种法令,帮助决策层及时、全面、准确地掌握政府的有关方针、政策,从宏观上自觉接受政府的控制和指导。

（2）公共关系人员应充分了解政府机构的设置、职能结构、工作范围和办事程序,并与主管部门的工作人员保持经常性的联系,以提高办事效率。

（3）企业或组织在具体的生产经营活动中要遵纪守法。比如,企业开展公关活动的各项支出都要做出预算,并按财政规定入账支出;决不能用请吃喝、搞贿赂等不正当手段来吸引顾客或让政府部门工作人员做出有利于本企业而损害国家整体利益的决策。

（4）企业或组织要主动向政府有关部门提供信息、通报情况,如主动向统计部门提供经济活动的各项数据;向审计部门提供企业各项资金的运行情况;向财政、税务部门上报企业盈亏情况。

7.5.3 选择公关工具

1. 新闻报道

新闻对公众的影响力要比广告、人员推销等自我宣传形式大得多,所以它是公共关系最为重要的工具。在公关活动中,利用新闻可从以下方面着手:

(1) 召开新闻发布会和记者招待会,向新闻界通报企业情况,吸引公众对企业产品与企业本身的注意。

(2) 定期邀请新闻记者参观企业,为其采访提供方便。"百闻不如一见",新闻记者如能亲自参观企业,往往可以发掘出许多可供报道的新闻材料。

(3) 企业人员撰写新闻稿件寄给新闻单位,使其采用发表。可以将企业有意义的活动和事件报道给新闻单位,提高稿件的采用率。

(4) 制造新闻,吸引新闻媒介的注意。这种方法难度较高,需要用上高级公关艺术。

(5) 为创造新闻素材需要抓准时机,随机应变,并且往往需要资金方面的支持。例如,健力宝集团为了支持中国的足球事业,决定拿出1 000万元人民币,资助中国少年足球队到南美足球水平较高的国家学习足球,这为新闻界提供了良好的新闻素材,各大媒体纷纷报道,为健力宝树立了良好的企业形象。

以上利用新闻的方法,都要求公关人员掌握新闻的知识和规律,并且要和新闻界保持良好的联系,甚至要与重要媒体的记者和编辑有良好的个人关系,只有这样,企业获得较多、较好的新闻报道的可能性才会增加。

2. 公关广告

这里的广告特指在公关活动中利用广告形式来树立良好的企业形象,或向公众传播必要的信息。公关中的广告归纳起来大致有下述五种类型。

(1) 声明广告

在紧急情况下表明企业对某些事件的立场、态度的广告。通常适用于两种情况:

① 对企业不利的事件,但企业自身并无过错。如出现假冒本企业商标的伪劣产品,引起消费者的投诉或控告;本企业的专利权被非法侵犯;某些竞争对手恶意中伤、造谣诬蔑;新闻媒介的失实报道等,都需要利用声明广告表明本企业立场,以正视听。

② 一些重要的必须使公众迅速知晓的事件和消息,例如,企业更名、迁移、更换商标和包装、清理债权债务等,也需要发布声明广告。

(2) 致歉广告

由于企业自身原因所引起的危机事件时,需向公众表示歉意,以取得公众谅解和好感的广告。例如,因企业产品质量不好,引起消费者投诉;本企业员工对待顾客服务态度不好,引起顾客不满等。这类危机事件通常都是以公众来信、新闻报道等形式在新闻媒介披露,给企业声誉带来很不利的影响。企业如果不理不睬,或是以不真诚的态度甚至用否认或抵赖事实的手法来处理这些危机事件,将会给企业带来灭顶之灾。所以,利用致歉广告承认错误,以真诚和改正取得公众谅解,不但无损企业的形象,反而会使公众对企业产生好感。

(3) 祝贺广告

在与本企业有密切关系的企业或单位举办重大活动时表示祝贺的广告。

(4) 活动广告

为配合企业所开展的各项公关活动而发布的广告。例如,开展消费者意见征询活动;企业各种庆典活动时,围绕着这些活动进行大规模的广告宣传,使公众踊跃参加,提高企业的知名度和影响面,是这种广告的主要目的。

（5）公益广告

企业为获取公众好感,表现社会责任而进行的有关维护社会公共利益的广告宣传。具体形式有两种:一种是利用大众传媒播出由企业出资的公益广告;另一种是由企业出资设立各种公益广告物,或是向社会举办的各种公益活动提供印有本企业名称的各种实物用品。例如,广州利工民实业公司向广州交通基金会提供的印有"广州交通基金会"和"广州利工民实业公司"字样的 T 恤衫。

3. 消费者教育

一些大企业认为,受过教育的消费者是更好、更忠诚的顾客。一些财务计划企业经常赞助有关资金管理、退休计划、投资方面的免费学术会,希望消费者在将来需要的时候选择它们。类似的,计算机硬件和软件公司了解到很多消费者面对新技术时不知所措,并发现学习和购买模式之间的紧密关系,于是它们开始赞助计算机学术会和免费的店内展示。

4. 事件

事件是企业特意安排和准备的,目的在于吸引新闻媒介和公众注意的事情或活动。事件可以通过以下方式进行:通过一些与本企业及产品（服务）有关联的消息,采取某些措施使公众关注该事件,利用公众对该事件的注意和兴趣,提高本企业的知名度和好感。

如何制造事件? 企业可以构思一个题材,并将其发展成为事件来达到引起公众关注、提高企业知名度、树立企业形象的目的。例如,2004 年广西南宁几家乳制品企业邀请新闻界、消费者团体、消费者代表、经销商等参观企业,进行意见征集活动。制造事件与巧抓事件相仿,但其难度更高。

案例:宣传事故,反得订单

1988 年 4 月 27 日,美国的一架波音 737 飞机起飞后不久,就发生了剧烈的爆炸,把前舱顶盖掀开了一个面积 6 平方米的大洞,一名空中小姐被猛烈的气浪抛出窗外,殉职蓝天。经过机长的一番艰苦努力,飞机终于安全降落在附近的机场,所幸旅客和机组人员均平安生还。

本次事故令航空公司和旅客对波音飞机谈虎色变。值此不利时机,波音公司不仅没有讳而不论、避而不谈,反而主动地广为宣传。他们以翔实的数据说明本次事故的原因是飞机太过陈旧、金属疲劳所致;这架飞机已飞行了 20 年之久,起落达 9 万次,大大超过了保险系数;而飞机能在严重事故之后安全降落,足以证明波音飞机的可靠性能;新型波音飞机已解决了金属疲劳的技术难题,所以购买波音飞机的新产品就更加安全。

这样,经过及时而诚实的宣传,波音公司变被动为主动,不仅挽救了公司的公众形象,反而进一步赢得了用户的信任,事故之后订货猛增,仅 5 月份的订货量就达一季度的近一倍。

5. 公益活动

企业投入一定的精力、金钱和时间用在一些有益于社会的公共事业、慈善事业、福利事业方面,以体现企业的社会责任,从而增加公众的好感,提高企业的知名度。投入社会公益服务活动,一方面表现了企业高度的社会责任感;另一方面,公众透过这次活动,对企业增加了了解,产生了好感,从而对树立良好的企业形象、促进企业产品的销售等也产生了极好的效果。所以,它是一种双向的公共关系活动,而并不是只有投入、没有回报,企业应该重视和积极参与这类活动。如瞩目全国的"希望工程"活动,有许多企业参加;惠泽于广大女童的"春蕾计划"活动,企业也纷纷投身其中。

案例:告别千篇一绿,冷门节日也能玩出热营销

相比传统节日,世界地球日从来都称不上什么热门节日。但对于各大品牌而言,这却是一个向外界展示企业社会责任感的关键机会,绝不是花钱买吆喝,而是要借机塑造公众心中的良好企业形象。在第48个世界地球日当天,统一绿茶就走出了不一样的套路,掀起了一场全网绿V风暴,成功突围地球日营销混战,仅一天时间就实现了2.7亿的曝光,吸引了1.3亿话题阅读量。

发起于1970年的世界地球日活动,旨在提高公众的环保意识,通过绿色低碳生活,改善地球的整体环境。统一企业旗下的统一绿茶无疑与这一公益主题存在着天然的契合,在地球日这个节点,顺势在微博上发起绿色行动,一来巧妙地将统一"绿"与地球日环保主题深度捆绑,向外界了展示了企业的社会责任心,二来是提高了产品的辨识度,"亲近大自然"的产品口号随活动走进更多用户心中,品牌在原有认知基础上实现正面印象强化。

统一绿茶在绿色活动中别出心裁地设置了绿V挂件和相机帖纸,用户在有趣的体验中,获得了一种身份认同感,还能满足自身环保态度的表达,简单的获取方式更是激发了用户的参与热情。

6. 资料宣传

企业可以编写和制作各种书面资料和视听资料,向各类公众广泛宣传,以加深其对企业及产品(服务)了解,影响其观念和态度,增加对企业的好感。各种书面资料包括年度业绩报告、小册子、文章、书籍、画册、企业报纸和刊物等。视听资料是用在各种公共场合播放的电影、录像、幻灯、录音、电脑多媒体软件和电脑CD光盘等。视听资料的传播效果比书面资料要好,但成本也比较高。

案例:脑白金的软文促销

脑白金的软文策略不能不说是脑白金营销策划上的一个亮点。软文的优点是投入少,收效大,消费者易于接受,影响消费者于无声无息之间。脑白金入世初期,投放市场的是新闻炒作类软文,如《人类可以长生不老?》《两颗生物原子弹》《98全球最关注的人》等。一篇紧接另一篇,持续轰炸,形成一轮又一轮脑白金冲击波。这种文章的权威性、真实性不容置疑,又没有直接的商品宣传,脑白金的神秘色彩凸现出来,人们不禁要问"脑白金究竟是什么?"消费者的猜测和彼此之间的交流使"脑白金"的概念在大街小巷迅速流传起来,人们对脑白金形成了一种企盼心理,想要一探究竟。

紧接着跟进的是系列功效类软文,如《一天不大便等于抽三根烟》《人体内有只"钟"》《夏天贪睡的张学良》《宇航员如何睡觉》等。主要从睡眠不足和肠道不好两方面阐述其对人体的危害,并指导人们如何克服这种危害,将对脑白金功效的宣传巧妙地溶于软文中。读者读起来轻松,并且不由得你不信。每一篇都在谈科普,并没有做广告之嫌,投入只两个月就获得了意想不到的效果。

7. CI

公关部门参与企业 CI 战略决策,充分利用企业形象识别媒体,体现和传播良好的企业形象。CI 战略把广告宣传、公共关系、人员推广及企业的产品包装、交通工具、建筑物、服装、名片、商业信函、宣传品等一切信息传播形式和传播媒体都纳入总体设计的范围,是为树立良好的企业形象服务的,公关部门要积极参与 CI 战略决策的制定,参与企业视觉形象识别系统的设计;要积极参与 CI 战略的具体实施;在各种公共关系工具的运用中,要服从企业 CI 战略的要求,使企业视觉形象统一化。

7.5.4　公关活动策划与实施

1. 确定公关目标

企业发展公共关系,主要是为争取社会各方面的理解、信任和支持,其着眼点不是企业的眼前利益,而应是企业战略目标的实现和长期发展。它的目标主要有:树立知名度和可信度;激励营销员和经销商;降低促销成本。

2. 选择公关信息和公关媒体

公共关系活动一经确定,公关人员就应按目标的要求拟定适当的题材来进行宣传,并选择适当的公关媒体。

3. 实施营销公关计划

企业公关计划付诸实施时常遇到许多困难,企业公关人员应利用各种形式,经常与新闻媒介人员保持联系,以便通过熟识的媒体人员进行及时有效的宣传报道,实现公关促销计划。

4. 评估公关效果

由于公共关系常与其他促销工具一起使用,因此其使用效果很难衡量。但如果公共关系使用在其他促销工具之前,则衡量效果就比较容易。最常用的衡量方法有展露度、知名度、态度方面的变化、销售额和利润贡献。

案例:德尔地板跨越极致玩转"无醛＋"

DER(德尔)是专业的木地板品牌制造商,多年以来一直致力于为消费者提供绿色环保的家居产品和舒适的家居体验,发展至今已成为环保地板倡导者。

在品牌营销的潮流中,搭载社会热点的形式已经成为德尔地板的"撒手锏"。从 2003 年,其赞助西班牙皇马俱乐部中国之旅,到 2008 年北京奥运会地板供应商,从 2013 年的中国极地科考地板供应商,到 2014 年"中国好声音音乐教室"公益行动……品牌创立 16 年,德尔地板早已创造了"无醛＋"的无限可能,将极致环保的理念融入体育、公益等社会的各个领域,同时也渗透到众多消费者心中。

● 分项任务测试:

有人说:公共关系就是和客户喝喝酒、拉关系。你同意这种观点吗? 从营销者的角度分析公关人员必须具备的素质与技能。

知识检测

一、选择题

1. 企业确立提示性广告目标的目的是通过广告达到(　　)的目的。
   A. 使消费者偏爱和购买企业的产品　　　B. 使消费者了解有关产品的信息
   C. 消除顾客购买产品的后顾之忧　　　　D. 使消费者经常想到本企业的产品

2. 儿童智力玩具一般宜选择(　　)作为广告媒介。
   A. 报纸　　　　　B. 广播　　　　　C. 电视　　　　　D. 杂志

3. (　　)是一种效果最好、费用最高的促销手段。
   A. 广告宣传　　　B. 人员推销　　　C. 营业推广　　　D. 公共关系

4. (　　)是指企业在一定时期,为完成一定任务所采用的能够迅速产生激励作用的各种短期促销措施。
   A. 广告　　　　　B. 人员推销　　　C. 公共关系　　　D. 营业推广

5. 某企业与某模特公司联系,让模特们在某商场进行时装表演,以此扩大企业产品的销量,这种方式是(　　)。
   A. 广告　　　　　B. 人员推销　　　C. 营业推广　　　D. 公共关系

6. 诸如CT、核磁共振仪等大型医疗设备在进行促销时,比较适合采用(　　)促销方式。
   A. 广告　　　　　B. 营业推广　　　C. 人员推销　　　D. 公共关系

7. 人员推销的缺点主要表现在(　　)。
   A. 成本低、顾客量大　　　　　　　　　B. 成本高、顾客量大
   C. 成本低、顾客有限　　　　　　　　　D. 成本高、顾客有限

8. 企业销售人员在访问推销过程中可以亲眼观察到顾客的反应,并揣摩其心理,不断改进推销陈述和推销方法,最终促成交易。这说明人员推销具有(　　)
   A. 公关性　　　　B. 针对性　　　　C. 灵活性　　　　D. 复杂性

二、名词解释

促销组合;竞争对等法;广告;营业推广;公共关系;非人员促销;赞助广告;社区关系

三、简答题

1. 影响促销组合的因素有哪些?
2. 影响广告媒体选择的因素有哪些?
3. 简述公共关系的活动方式。
4. 举例说明人员推销的程序。
5. 简述营业推广的类型与方法。

案例分析与运用

体验带来电商营销新玩法,"全域营销"成就营销新趋向

年终岁尾,又到了各种节日扎堆儿的时间段,从"双十一"到"双十二",从圣诞节到新年春节,一波又一波的营销浪潮席卷全国,电商平台之间的战火一如既往的激烈,围绕节日进行促销并通过各种噱头和话题进行狂轰滥炸式的营销是电商平台屡试不爽的绝招。而在这些本土

购物节越战越烈的时候,更多消费者也将目光开始聚焦"海外",通过"海淘"享受实惠和品质生活。最近两年,"黑色星期五"逐渐从国外走入国人的视野,同时也成为年末网购季愈来愈受关注的购物节点。

说到"黑色星期五"在全球的兴起,不得不提到一个名字,那就是亚马逊。2014 年通过亚马逊海外购商店将"黑色星期五"带入国内,经过两年多的不断培育和推广,让"黑五"在每年11 月成为海淘族最值得期待的网购节日之一。

纵观亚马逊全球的营销策略我们看到,这个在电商战场上力拼了 20 年的品牌,其目标已经超脱了价格的束缚,而将消费者的体验设为重点。亚马逊的线下书店成为热议焦点,而今年又先后推出了"亚马逊快闪店"和 Amazon Go 的智能实体超市。线下体验店的方式给消费者带来了不同于线上的更直观感受,给电商平台的营销带来了新出路。

通过消费者在实时场景中直观感受产品、价格以及服务的优势和吸引力,效果一目了然,相对于其他告知类广告,亲身体验更具有说服力;此外,融入新技术互动游戏的线下体验,更具趣味性,也广泛地吸引了消费者的参与;同时,通过互动又分别对应亚马逊在"黑五"促销期为消费者所涉及的各大利益点,有趣又有料,更容易拉近与消费者的距离,也很好地提升了品牌好感度。据悉,亚马逊海外购线下体验馆活动期间,共吸引了数万消费者驻足体验,而在现场了解和体验亚马逊海购优势后,更有近万人现场成为亚马逊海外购的新用户。

虽然亚马逊海外购线下体验馆只是"黑五"促销期的临时项目,而其成功的经验,以及所引发的对电商行业营销的思考是非常具有借鉴意义的。新的"战场"势必需要新的营销形式,对于亚马逊来说,节日营销不仅仅是价格战,更是一场体验战;不仅仅是线上厮杀,更是一次全域营销的实力比拼。

思考题:

1. 试分析互联网时代企业促销的特点。

2. 对于电商企业而言,如何提升促销的体验度和满意度?

技能训练

1. 每逢节假日,商业街热闹非凡,厂商会采取哪些促销手段?你参与过哪些?运用促销组合的原理进行分析。

2. 试为某儿童学习机进行促销策划,形成报告。

3. 调查"美宝莲"口红的目标消费人群,了解她们最喜爱的促销方式。

4. 如果让你参与策划一次"蒙牛"牛奶的爱心公益活动策划,你会采取什么公关模式?试写出公关活动的主要步骤,描述此次公关活动的预期效果。

任务8　营销计划执行与控制

【任务目标】

知识目标:

1. 理解并掌握营销计划的实施过程;

2. 了解营销组织的发展历程;

3. 掌握营销计划控制的流程与方法。

技能目标:

1. 能根据企业的特点和营销的要求建立合适的营销组织;

2. 能够有效地执行营销计划;

3. 能够对营销的过程进行控制并改进营销计划。

【任务分解】

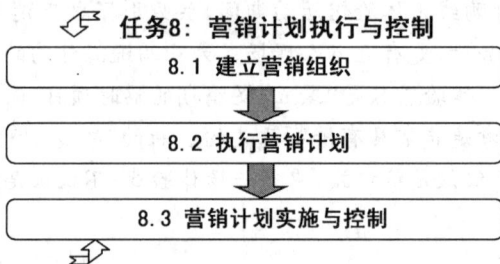

任务8: 营销计划执行与控制

8.1 建立营销组织

8.2 执行营销计划

8.3 营销计划实施与控制

8.1　建立营销组织

8.1.1　认知营销组织职能

企业的市场营销部门是执行市场营销计划、服务市场购买者的职能部门。市场营销部门的组织形式,主要受宏观市场营销环境,企业市场营销管理哲学,以及企业自身所处的发展阶段、经营范围、业务特点等因素的影响。

公司的市场营销组织的职能是随着公司规模的扩大和公司营销观念的改变而逐渐成熟和丰富起来的。在简单的营销部门中,其主要职能就是推销产品,在制造部门与消费者之间充当传递产品的角色。而后,营销组织陆续承担诸如市场调研、产品传播、产品促销之类的职责,最终形成了现代营销组织的种种职能。一般来说,营销组织的职能包括以下几种:开展市场调查,收集信息;建立销售网络,开展促销活动;开拓新的市场,发掘潜在顾客;进行产品推销,提供优质服务;开发新的产品,满足顾客不断发展的需求;建立客户关系,维系老顾客;等等。

8.1.2　明确营销组织形式

企业的市场营销部门是随着市场营销管理哲学的不断发展演变而来的,大致经历了单纯的销售部门、兼有附属职能的销售部门、独立的市场营销部门、现代市场营销部门、现代市场营销公司五个阶段。

1. 单纯的销售部门

20 世纪 30 年代以前,西方企业以生产观念作为指导思想,大部分都采用这种形式。一般来说,所有企业都是从财务、生产、销售这三个基本职能部门开展业务。财务部门负责资金的筹措,生产部门负责产品制造,销售部门通常由一位副总经理负责,管理销售人员,并兼管若干市场营销研究和广告宣传工作。在这个阶段,销售部门的职能仅仅是推销生产部门生产出来的产品。生产什么,销售什么;生产多少,销售多少。产品生产、库存管理等完全由生产部门决定,销售部门对产品的种类、规格、数量等问题,几乎没有任何发言权。

2. 兼有附属职能的销售部门

20 世纪 30 年代大萧条以后,市场竞争日趋激烈,企业大多数以推销观念作为指导思想,需要进行经常性的市场营销研究、广告宣传以及其他促销活动,这些工作逐渐变成为专门的职能,当工作量达到一定程度时,便会设立一名市场营销主任负责这方面的工作。

3. 独立的市场营销部门

随着企业规模和业务范围的进一步扩大,原来作为附属性工作的市场营销研究、新产品开发、广告促销和为顾客服务等市场营销职能的重要性日益增强。于是,市场营销部门成为一个相对独立的职能部门,作为市场营销部门负责人的市场营销副总经理同销售副总经理一样直接受总经理的领导,销售和市场营销成为平行的职能部门。但在具体工作上,这两个部门是需要密切配合的。这种安排常常应用在许多工业企业中,它向企业总经理提供了一个全面各角度分析企业面临的机遇与挑战的机会。

4. 现代市场营销部门

尽管销售副总经理和市场营销副总经理需要配合默契和互相协调,但是他们之间实际形成的关系往往是一种彼此敌对、互相猜疑的关系。销售副总经理趋向于短期行为,侧重于取得眼前的销售量;而市场营销副总经理则多着眼于长期效果,侧重于制定适当的产品计划和市场营销战略,以满足市场的长期需要。销售部门和市场营销部门之间矛盾冲突的解决过程,形成了现代市场营销部门的基础,即由市场营销副总经理全面负责,下辖所有市场营销职能部门和销售部门。

需要注意的是,市场营销人员和销售人员是两种截然不同的群体,尽管市场营销人员很多来自销售人员,但还是不应将他们搞混,并不是所有销售人员都能成为市场营销人员。事实上,在这两种职业之间有着根本的不同。从专业性而言,市场营销经理的任务是确定市场机会、筹划市场营销策略并计划组织新产品进入,使销售活动达到预定目标,而销售人员则是负责实施新产品进入和销售活动。在这一过程中常出现两种问题:如果市场营销人员没有征求销售人员对于市场机会和整个计划的看法和见解,那么在实施过程中可能会导致事与愿违;如果在实施后市场营销人员没有收集销售人员对于此次行动计划实施的反馈信息,那么他很难对整个计划进行有效控制(如表 8 - 1 所示)。

表 8-1　市场营销人员与推销人员对比

市场营销人员	销售人员
依赖于市场营销研究确定	依赖经验,了解不同个性的消费者
确定目标市场并进行市场细分	对所有顾客进行销售
时间用于计划工作上	时间用于面对面的促销上
从长远考虑	从短期考虑
目的在于获得市场占有率并赚取利润	目的在于促进销售

销售人员有如下优点:随和、易与人交往,工作努力;缺点是短期行为多,缺乏整体分析的能力。而市场营销人员则应受过良好教育,大多是数据导向型(依据数据做出结论);缺点是缺乏销售经验,缺乏市场销售直觉和不承担风险。

5. 现代市场营销公司

一个企业仅仅有了上述现代市场营销部门,并不等于是现代市场营销企业。现代市场营销企业取决于企业内部各种管理人员对待市场营销职能的态度,只有当所有的管理人员都认识到企业一切部门的工作都是"为顾客服务","市场营销"不仅是一个部门的名称而且是一个企业的经营哲学时,这个企业才能算是一个"以顾客为中心"的现代市场营销企业。

8.1.3　确定营销组织结构

营销组织及其结构是营销工作的手段,是企业为了实现经营目标、发挥营销职能内有关部门协作配合的有机的科学系统,是企业内部连接其他职能部门使整个企业经营一体化的核心。为了实现企业目标,市场营销经理必须选择合适的市场营销组织。

案例:苏宁组织结构大变革

在结束与国美的数年缠斗之后,苏宁总裁张近东紧随马云的步伐,带领他的苏宁帝国走上新的变革道路。

商业零售在中国并没有受到格外的关注,农耕时代衣食堪忧,自然得重农轻商,工业化初期商品短缺,肯定要重工轻商。商业零售的崛起,是工业化充分发展、产能相对过剩的必然结果。如今中国正在进入内需驱动、消费主导的发展阶段,零售企业即将迎来春天。

为了应对电商的挑战,苏宁将从组织架构、年度计划、经营策略、人员安排等方面进行全面调整,基本的思路是做"店商+电商+零售服务商"。做好线上线下融合的同时,逐步转型为"零售服务商",不断对外开放苏宁的核心竞争力,在苏宁内部被称为"云商模式"。此外,苏宁还大力投入 IT 方面的研发,在南京总部、美国硅谷、北京、深圳等地设立研发中心,计划在全国建设 10～12 个云计算数据中心,未来向合作方开放云服务与系统成套解决方案。

总体而言,苏宁易购的架构调整为:开放平台业务与采销分离,独立运作,由专门的团队负责。开放平台为入驻商家提供支付、金融、数据、营销、托管服务、仓储物流、云计算等配套服务。

1. 职能型组织

职能型营销组织是最常见的营销组织形式,它是将营销职能加以扩展,选择营销各职能的专家组合在一起来组建营销各职能部门,使之成为公司整个组织的主导形式。如图 8-1 所示,这种职能型营销组织有五种专业职能部门,而事实上职能部门的数量可以根据公司经营的需要增减,例如客户管理经理、物流管理经理等等。

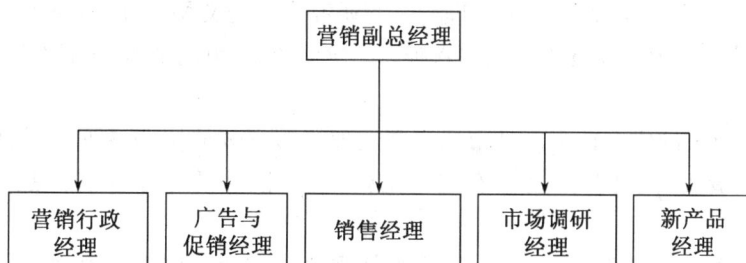

图 8-1　职能型营销组织

职能型营销组织的主要优点在于它从专业化中获得的优越性。这种优越性主要表现在:① 将同类型的营销专家归在一起,易于管理,可以产生规模经济;② 按功能分工,可以避免重复劳动,减少人员和设备的重复配置,提高工作效率;③ 由于专业人员在同一个职能部门的相互影响,可以产生系统效应;④ 通过给员工们提供与同行们"说同一种语言"的机会而使他们感到舒适和满足。

随着公司产品品种的增多和市场的扩大,这种职能型营销组织越来越暴露其效益低下的弱点。其突出弱点为:① 各部门常常会因为追求本部门目标,而看不到全局的最佳利益;② 这种按功能划分的结构通常是比较刻板的,随着公司业务量的增大职能部门之间的协调难度也会日趋增加;③ 由于没有一个部门对一项产品或一个市场负全部责任,因而没有按每项产品或每个市场制订完整的计划,于是有些产品或市场就容易被忽略;(4) 各职能部门都争相要求使自己的部门获得比其他部门更多的预算和更重要的地位,使得营销副总经理经常疲于调解部门纠纷。因此,这一组织形式适用于那些产品种类不多、目标市场相对较集中的中小企业。

2. 产品/品牌型组织

产品型组织是指在企业内部建立产品经理组织制度,以协调职能型组织中的部门冲突。在企业产品差异大、品种多、按职能设置的市场营销组织无法处理的情况下,较适合建立产品经理组织制度。其基本做法是:由一名产品市场营销经理负责,下设几个产品线经理,产品线经理之下再设几个具体产品经理去负责各具体和产品。拥有多种产品或多种不同品牌的公司,可以考虑按产品或品牌建立营销组织,即在营销副总经理下设产品经理;产品经理下按每类产品分别设产品线经理;在产品线经理下,再按每个产品品种分别设产品经理,实行分层管理(如图 8-2 所示)。

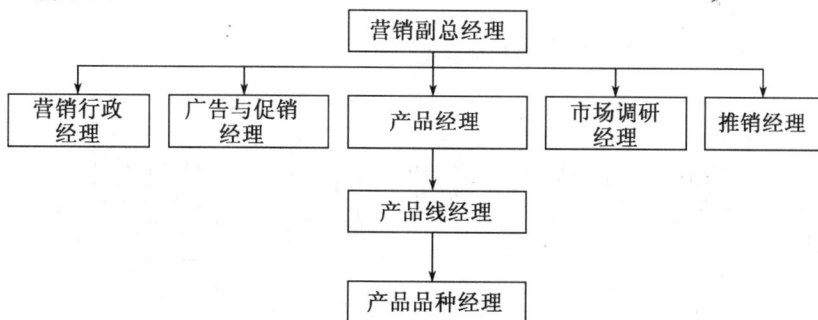

图 8-2　产品/品牌型营销组织

产品市场营销经理的职责是制定产品开发计划并付诸执行,监测其结果和采取改进措施。具体地可分为六个方面:① 发展产品的长期经营和竞争战略;② 编制年度市场营销计划和进行销售预测;③ 与广告代理商和经销代理商一起研究广告的文稿设计、节目方案和宣传活动;④ 激励推销人员和经销商经营该产品的兴趣;⑤ 搜集产品、市场情报,进行统计分析;⑥ 倡导新产品开发。

产品型组织形式的优点在于产品市场营销经理能够有效地协调各种市场营销职能,并对市场变化做出积极反应。同时,由于有专门的产品经理,那些较小品牌产品可能不会受到忽视。

但该组织形式也存在不少缺陷:① 缺乏整体观念。在产品型组织中,各个产品经理相互独立,他们可能会为保持各自产品的利益而发生摩擦。② 部门冲突。产品经理权限范围狭窄,难以保证有效地取得广告、销售、生产及其他部门的配合与支持。③ 多头领导。由于权责划分不清楚,下级可能会得到多方面的指令。例如,产品广告经理在制定广告战略时接受产品市场营销经理的指导,而在预算和媒体选择上则受制于广告协调者。

案例:阿里巴巴,大公司"小"运营

阿里巴巴成为中国电子商务领域的老大之后,开始面临更多的挑战,阿里巴巴董事会主席马云的应对之策就是不断分拆。

他意识到网上支付是个大难题,于是在 2004 年底成立了支付宝并从淘宝中独立出来;2008 年 B2C 来势汹汹,京东商城等竞争对手开始崛起,淘宝又分出专门的淘宝商城(后更名为天猫);2011 年淘宝又进一步分拆出了一淘(购物搜索)和聚划算(团购)。

历次分拆当中,淘宝成了新业务的孵化器。而在最近的这次组织变革之后,新组织架构中已看不到淘宝的身影,因为淘宝已被彻底分拆成了更多的事业部。新组建的航旅、无线、旺旺和客户端、音乐、本地生活等事业部,其实也代表了阿里下一步在电子商务领域的努力方向:阿里集团不仅仅满足于成为 PC 电子商务的王者,还希望成为无线、虚拟物品、O2O、本地化生活等细分电子商务领域的领头羊。

3. 顾客/市场型组织

市场细分化理论要求公司根据顾客特有的购买习惯和产品偏好等细分和区别对待不同的市场,针对不同购买行为和特点的市场,建立市场/顾客管理型营销组织是公司的一种理想选择。这种组织结构的特点是由一个总市场经理管辖若干个子市场经理,各子市场经理负责自己所管辖市场的年度计划和长期计划,他们开展工作所需要的功能性服务由其他功能性组织提供(如图 8-3 所示)。

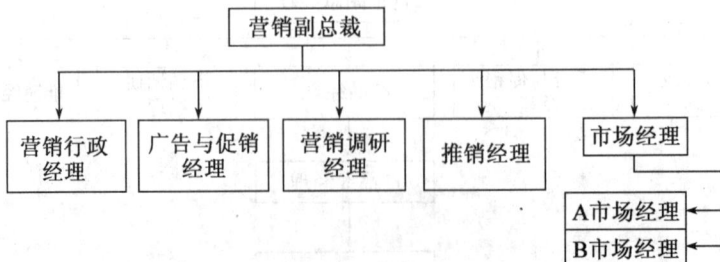

图 8-3 顾客/市场型营销组织

企业在拥有单一的产品线、市场多样化、具有不同的分销渠道时,适宜建立市场型组织。市场经理开展工作所需要的职能性服务由其他职能性组织提供并保证。其职责是负责制定所辖市场的长期计划和年度计划,分析市场动向及企业应该为市场提供什么新产品等。他们的工作成绩常用市场占有率的增加情况来判断,而不是看其市场现有盈利情况。市场型组织的优点在于,企业的市场营销活动是按照满足各类不同顾客的需求来组织和安排的,这有利于企业加强销售和市场开拓。其缺点是,存在权责不清和多头领导的矛盾,这和产品型组织类似。

案例:迪士尼的顾客服务组织

迪士尼研究顾客,了解顾客。迪士尼致力于研究"游客学",了解谁是游客、他们的起初需求是什么。在这一理念指导下,迪士尼站在游客的角度,审视自身每一项经营决策。为了准确把握游客需求动态的工作,公司设立调查统计部、信访部、营销部、工程部、财务部和信息中心等部门分工合作。

调查统计部每年要开展200余项市场调查和咨询项目。财务部根据调查中发现的问题和可供选择的方案,找出结论性意见,以确定新的预算和投资。

营销部重点研究游客们对未来娱乐项目的期望、游玩热点和兴趣转移。

信息中心存贮了大量关于游客需求和偏好的信息,具体有人口统计、当前市场策略评估、乐园引力分析、游客支付偏好、价格敏感分析和宏观经济走势等。其中,最重要的信息是游客离园时进行的"价格/价值"随机调查。正如华特·迪士尼先生所强调的:游园时光决不能虚度,游园必须物有所值,因为游客只愿为高质量的服务而付钱。

信访部每年要收到数以万计的游客来信。信访部的工作是尽快把有关信件送到责任人手中;此外,把游客意见每周汇总,及时报告管理上层,保证顾客投诉得到及时处理。

工程部的责任是设计和开发新的游玩项目,并确保园区的技术服务质量。例如,顾客等待游乐节目的排队长度、设施质量状况、维修记录、设备使用率和新型娱乐项目的安装,其核心问题是游客的安全性和效率。

现场走访是了解游客需求最重要的工作。管理上层经常到各娱乐项目点上,直接同游客和员工交谈,以期获取第一手资料,体验游客的真实需求。同时,一旦发现系统运作有误,及时加以纠正。

4. 地理型组织

在全国范围进行销售的公司,通常按地理区域设立营销组织,安排其销售队伍。在营销副总经理主管下,按层次设全国销售经理、大区销售经理、地区销售经理、分区销售经理、销售人员。假设,一位负责全国销售的销售经理领导4位大区销售经理,每位大区销售经理领导6位地区销售经理,每位地区销售经理领导8位分区销售经理,每位分区销售经理直接领导10位销售人员。从全国销售经理到分区销售经理,再到销售人员,所管辖的人数即"管理幅度"逐级增大,呈自上而下自然的"金字塔"形组织结构,如图8-4所示。为了使整个市场营销活动更为有效,地理型组织通常都是与其他类型的组织结合起来使用。

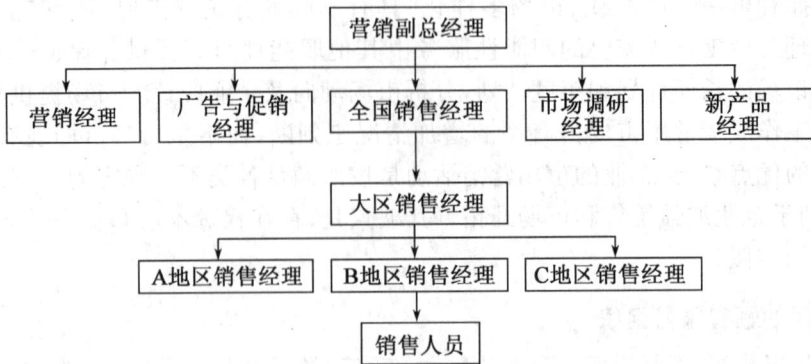

图8-4 地理型营销组织

国际上许多大公司都采用这样一种营销组织,如联合利华、IBM等。地理区域型营销组织的创始者是金宝汤料公司,它为不同地区推出不同配方的汤料。公司把美国划分为22个区域,各区域制订当地的营销方案,并且编制自己的广告等促销预算。

5. 矩阵型组织

很多大规模公司,生产多种不同的产品,面向不同的市场,在决策其营销组织结构时面临两难境地:是采用产品/品牌管理型组织,还是采用市场/顾客管理型组织呢? 如果采用产品管理型组织,那么许多重点市场缺乏专人管理,而需求能力弱的市场又会占用太多的企业资源;如果选择市场管理型组织,则容易导致获利能力强的产品遭受冷落。为了解决这一问题,公司可以设置一种既有市场经理,又有产品经理的二维矩阵组织,即所谓的矩阵型营销组织(如图8-5所示)。

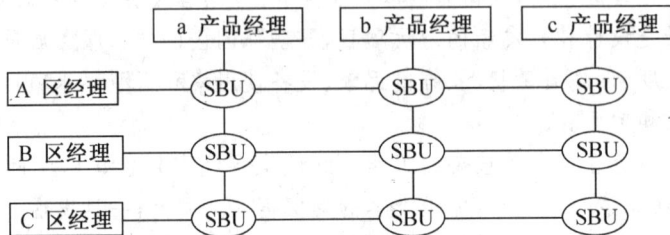

图8-5 矩阵式市场营销组织

矩阵型组织的产生大体可分两种情形:

(1) 企业为完成某个跨部门的一次性任务(如产品开发),就从各部门抽调人员组成由经理领导的工作组来执行该项任务,参加小组的有关人员一般受本部门和小组负责人的共同领导。任务完成后,小组撤销,其成员回到各自的岗位。这种临时性的矩阵型组织又叫小组制。

(2) 企业要求个人对于维持某个产品或商标的利润负责,把产品经理的位置从职能部门中分离出来并固定化,同时,受经济和技术因素的影响,产品经理还要借助于各职能部门执行管理,这就构成了矩阵。

矩阵型组织的优点是:能加强企业内各部门间的协作,能集中各种专业人员的知识技能又不增加编制,组建方便,适应性强,有利于提高工作效率。缺点是:稳定性差和管理成本较高。

案例:国美电器的组织结构

国美现有的连锁店,均采用了正规连锁或加盟连锁的经营形态,它们都由国美总部或分部全资经营,国美电器连锁系统组织结构纵向设立,分为三个层次:

- 总部:负责统一管理,实行经营方针、经营规划、工作计划、人事、培训、采购、配送、广告宣传、促销、财务、保险、法律事务、店铺的选择、设计及装修、商品配置与陈列等工作的规划、服务、调控和发展等各项管理职能。
- 地区分部:依照总部制定的各项经营管理制度和规定,负责对该地区的各门店实行二级业务经营及行政管理,并实施对所属门店的监督、指导、服务、沟通等功能,同时接受并服从总部各职能部门的职能管理。
- 门店:接受并服从总部及地区分部的领导和职能管理,依照总部制定的各项经营管理制度和规定,负责对本门店实施日常经营管理。基本职能是商品销售、进货及存货管理、绩效评估。

国美还准备建立连锁店经营风险基金,用于支援持续按时交纳相关费用的会员因非人为性经营风险造成的企业运转停滞,以资金注入的方式帮助这些成员恢复正常的经营运转。

8.1.4 营销组织与企业组织的配合

为确保企业整体目标的实现,企业内部各职能部门应密切配合。组织结构中所有的职能部门对顾客的满意程度都有或多或少的影响。

在市场营销观念下,所有部门都应以满足消费者的需求这一原则为中心。而市场营销部门则更应在日常活动中向其他职能部门灌输这一原则。市场营销经理有两大任务:一是协调企业内部市场营销活动;二是在顾客利益方面,协调市场营销与企业其他职能部门的关系。

实际上,其他部门在工作中并不是一切以顾客利益为中心。正如市场营销部强调顾客满意这一点一样,其他部门也同样强调他们工作重要性。显然,其间冲突是不可避免的,表8-2总结了市场营销部门与其他部门之间的主要分歧。

表8-2 市场营销部门与其他部门之间的主要分歧

部门	其他部门的侧重点	市场营销部门侧重点
研究开发部	基础研究	应用研究
	内在质量	直观质量
	功能特点	销售特点
工程技术部	设计前置时间长	设计前置时间短
	型号较少	型号较多
	标准部件	任意部件
采购部	产品线窄	产品线宽
	标准零件	非标准零件
	原材料价格	原材料质量
	经济批量采购	大量采购以防断档
	定期性采购	适应顾客需要随时采购

（续表）

部门	其他部门的侧重点	市场营销部门侧重点
制造部门	生产前置时间长	前置时间短
	长期生产少数型号	短期生产多种型号
	型号不变	型号常变
	标准订货量	随意订货量
	产品结构简单	造型美观
	一般质量控制	严格质量控制
财务部	按原则严格控制支出	根据直觉确定支出
	刚性预算	弹性预算
	定价着眼于补偿成本	定价着眼于市场开发
	标准交易方式	特殊交易条件与折扣
	报告较少	报告较多
信用部	要客户全程公开财务状况	对客户价格低限度的使用调查
	长期信用风险	中期信用风险
	严格的信用条件	放松信用条件
	严格的托收程序	放松托收程度

1. 与研发部门的配合

创新成功需要研究开发与市场营销一体化。研究开发部与市场营销部门的合作，一般可采用：① 联合主办研讨会，以便加强双方对工作目标、作风和问题的理解和尊重；② 研究开发部与市场营销部应共同确定市场营销计划与目标；③ 研究开发部门的合作，要一直持续到销售阶段，包括编写技术手册、合办贸易展览、售后调查，甚至参与一些销售工作；④ 产生的矛盾应由高层管理部门解决，在同一个企业中，研究开发部门与市场营销部门应同时向一个副总经理报告。

2. 与技术部门的配合

市场营销人员要具有一定的工程技术基础知识并能有效地与技术人员沟通。工程技术部门与市场营销部门共同设计新产品和新的生产程序，提高产品的技术质量，注重产品内在性能，简化制造工艺，节约成本费用，并尽可能使产品多样化。

3. 与采购部门的配合

采购部门负责以最低的成本买进质量数量都合适的原材料与零配件。他们的购买量大且种类较少，但市场营销部门通常希望在一条生产线上推出几种型号的产品，这就需要采购数量小而品种多的原材料及配件，而不需要数量大而种类少的配件，两者因此会出现矛盾。这就需要严格的执行计划，避免造成库存过多而积压的现象。

4. 与制造部门的配合

制造部门与市场营销部门之间存在几种潜在矛盾。生产人员负责工厂的正常运转，以实现用适当的成本、在适当的时间内生产适当数量的产品的目的。市场营销部门应及时将市场上顾客提出的问题或建议反馈给制造部门。企业的盈利能力很大程度上取决于市场营销部门与制造部门之间的良好协调关系。市场营销人员必须具有较好的了解制造部门的能力。双方可以通过召开联合研讨会相互了解双方的观点,设置联合委员会和联络人员,制订人员交流计划,以及采用分析办法,共同确定企业追求的最佳利益和最有利的行动方案等。

5. 与财务部门的配合

财务部门主要评估不同业务活动的盈利能力,编制按渠道、区域、订货规模等各不相同的利润和销售额报表。市场营销部门应加强财务训练,准确制作销售报表,同时加强对财务部门的市场营销训练。财务部门要运用财务手段,支持对全局有影响的市场营销工作。

6. 与信用部门的配合

信用部门要评估潜在顾客的商品作用等级,拒绝或限制向商品信用不佳的顾客提供信贷,市场营销部门则应及时准确地从信用部门了解信息,根据信息准确地选择信用良好的客户。

● **分项任务测试:**

1. 专题讨论:市场营销副总的职责是什么? 营销部门是否是企业的核心?
2. 试为某家电生产和营销企业设计营销组织结构。
3. 查询网络,了解海尔集团的营销组织结构。

8.2　执行营销计划

8.2.1　明确执行任务

市场营销执行是将市场营销计划转化为行动方案的过程,并保证这种任务的完成,以实现计划的既定目标。分析市场营销环境、制定市场营销战略和市场营销计划是解决企业市场营销活动应该"做什么"和"为什么要这样做"的问题;而市场营销执行则是要解决"由谁去做"、"在什么时候做"和"怎样做"的问题。

市场营销执行是一个艰巨而复杂的过程。美国的一项研究表明,90%被调查的计划人员认为,他们制定的战略和战术之所以没有成功,是因为没有得到有效的执行。管理人员常常难以诊断市场营销工作执行中的问题,市场营销失败的原因可能是由于战略战术本身有问题,也可能是由于正确战术没有得到有效的执行。在营销计划执行的过程中需要克服下列问题:

1. 计划脱离实际

企业的市场营销战略和市场营销计划通常是由上层的专业计划人员制定的,而执行则要依靠市场营销管理人员,由于这两类人员之间有时缺少必要的沟通和协调,导致下列问题的出现:① 企业的专业计划人员只考虑总体战略而忽视执行中的细节,从而使计划过于笼统;② 专业计划人员有时不了解计划执行过程中的具体问题,所以容易使计划脱离实际;③ 专业计划人员和市场营销管理人员之间缺少充分的交流与沟通,致使市场营销管理人员在执行过程中经常遇到困难,因为他们并不完全理解需要他们去执行的战略。

2. 长期目标和短期目标相矛盾

市场营销战略通常着眼于企业的长期目标,涉及今后三至五年的经营活动。但具体执行这些战略的市场营销人员通常是根据他们的短期工作绩效,如销售量、市场占有率或利润率等指标评估和奖励的。因此,市场营销人员常选择短期行为。

3. 缺乏具体明确的执行方案

有些战略计划之所以失败,是因为计划人员没有制定明确而具体执行方案。

实践证明,许多企业面临的困境,就是因为缺乏一个能够使企业内部各有关部门协调一致作战的具体实施方案。

8.2.2 制订行动方案

为了有效地实施市场营销战略,必须制订详细的行动方案。这个方案应该明确市场营销战略实施的关键性决策和任务,并将执行这些决策和任务的责任落实到个人或小组。另外,还应包含具体的时间表,定出行动的确切时间。

8.2.3 设计决策和报酬制度

企业的正式组织在市场营销执行过程中产生决定性的作用,组织将战略实施的任务分配给具体的部门和人员,规定明确的职权界限和信息沟通渠道,协调企业内部的各项决策和行动。为实施市场营销战略,还必须设计相应的决策和报酬制度。这些制度直接关系到战略实施的成败。就企业对管理人员工作的评估和报酬制度而言,如果以短期的经营利润为标准,则管理人员的行为必定趋于短期化,他们就不会有为实现长期战备目标而努力的积极性。

8.2.4 开发人力资源

市场营销战略最终是由企业内部的工作人员来执行的。人力资源的开发涉及人员的考核、选拔、安置、培训和激励等问题。在考核选拔管理人员时,要注意人与工作分配的协调性,做到人尽其才;为了激励员工的积极性,必须建立完善的工资、福利和精神与物质的奖惩制度。此外,企业还必须决定行政管理人员、业务管理人员和一线工人之间的比例。

8.2.5 建设企业文化

企业文化是指一个企业在其所处的一定环境中,逐渐形成的共同价值标准、基本信念和行为准则。企业文化对企业经营思想和领导风格,对职工的工作态度和作风,均起着决定性的作用。企业文化包括企业环境、价值观念、模范人物、仪式、文化网五个要素。企业环境是形成企业文化的外界条件,它包括一个国家、民族的传统文化,也包括政府的经济政策以及资源、运输、竞争等环境因素。价值观念是指企业职工共同的行为准则和基本信念,是企业文化的核心和灵魂。仪式是指为树立和强化共同价值观,有计划进行的各种例行活动,如各种纪念、庆祝活动等。文化网则是传播共同价值观和宣传介绍模范人物形象的各种非正式的渠道。

企业文化的标准和信念是通过企业所有员工体现,通过正式和非正式组织加以树立、强化和传播的。由于企业文化体现了集体责任感和集体荣誉感,它甚至关系到职工人生观和他们所追求的最高目标,它能够起到把全体员工团结在一起的"黏合剂"作用。因此,塑造和强化企业文化是执行企业战略不容忽视的一环。

● **分项任务测试：**

营销经理制订了营销计划之后，需要营销人员执行计划。在计划执行的过程中，营销者需要具备哪些技能？计划的执行者需要做哪些工作？

8.3　营销计划实施与控制

8.3.1　明确控制原则

市场营销控制是对企业总体战略、战略性营销规划及各项具体策略的执行过程的监测与管理，是市场营销经理经常检查市场营销计划的执行情况，看看计划与实绩是否一致，如果不一致或没有完成计划，就要找出原因所在，并采取适当措施和正确行动，以保证市场营销计划的完成。

市场营销控制过程包括四个步骤：管理部门先设定具体的市场营销目标；然后衡量企业在市场中的业绩；估计希望业绩和实际业绩之间存在差异的原因；最后管理部门采取正确的行动，以此弥补目标与业绩之间的差距。有效的营销控制应遵循以下原则：

1. 适时控制原则

企业营销活动中产生的偏差只有及时采取措施加以纠正，才能避免偏差的扩大，或防止偏差对企业不利影响的扩散。

2. 适度控制原则

适度控制是指控制的范围、程度和频度要恰到好处。这种恰到好处的控制要注意以下几个问题：① 防止控制过多或控制不足；② 处理好全面控制与重点控制的关系；③ 使花费一定费用的控制得到足够的控制收益。

3. 客观控制原则

控制工作应该针对企业及其营销的实际状况，采取必要的纠偏措施，或促进企业营销活动沿着原先的轨道继续前进。因此，有效的控制必须是客观的，符合企业实际的。

4. 弹性控制原则

企业在营销过程中经常可能遇到某种突发的、无力抗拒的变化，这些变化使企业营销计划与现实条件严重背离。有效的控制系统应在这样的情况下仍能发挥作用，维持营销活动的开展，也就是说，应该具有灵活性或弹性。

8.3.2　营销控制过程

有效的营销控制的是科学、严格的工作程序或步骤，主要包括六个基本环节，这些基本环节构成了营销控制程序。

第一步，确定市场营销控制的对象；第二步，确定控制标准；第三步，建立工作绩效标准；第四步，确定检查方法；第五步，用实际工作绩效与标准工作比较；第六步，分析与改进绩效。通常情况下，企业在市场营销控制工作中普遍使用的方法大体上有：

(1) 获利性分析:通过剖析企业营销最终结果——获利性(利润、投资报酬率等),找出不足并加以改进。

(2) 20/80 原则分析:通过剖析企业例行问题和例外问题,找出差距的原因并加以改进。

(3) 生产率测量:通过衡量每个销售人员的销售额、每个市场调查人员完全调查项目的数量、销售人员销售访问的费用、销售人员每公里的差旅费用、刊登一次广告引起潜在顾客询问业务的次数、顾客对每种产品所提意见的件数、每元广告费的销售额等指标,发现差距并改进。

(4) 百分比分析:通过分析各种分项费用支出占全部市场营销费用支出的百分比、营销人员工作时间构成的百分比、市场调查问卷回收程度的百分比、各类商品在营业用场的布局中面积构成上的百分比、广告影响度的百分比、各种不同的价格的产品销售量占全部销售量的百分比、各种产品的市场占有率、各种经营资料占总资源的百分比等指标,找出差距并改进。

案例:雕牌的营销控制

雕牌是浙江纳爱斯集团的一个知名品牌,而纳爱斯集团更是"中国 500 强企业"之一,是中国洗涤用品行业的龙头企业。

"妈妈,我能帮你洗衣服了。"这句经典而令人眼圈发红的广告词,赚得了人们的眼泪,也使得雕牌肥皂和洗衣粉为人们所熟知,成为纳爱斯集团的两大支柱品牌之一。这一品牌是如何运作并成功地推向市场的呢?雕牌在广告战略和价位上的优势是其异军突起、后来居上的重要原因,而强大的分销体系是则雕牌得以顺利走向市场的最坚实的后盾和打开市场的重要通道。

通过 20 多个贴牌生产厂商,货物被直接地销售和运送到 2 000 多家客户手中。而这些客户大部分身处当地最大的批发市场。他们利用批发市场的客源和极其低廉的成本,或者买主自提,或者空车配货的方法,把雕牌洗衣粉迅速地销售到更深入的乡镇商店内。而对比国际客户的三级分销方式和送货下乡,雕牌的渠道通路的优势是绝对的。即便是和"奇强"的办事处模式来比较,这种直运的模式显然也是更为经济和有效。

纳爱斯集团在雕牌皂粉的分销中,采取了相当有效的铺市措施,并给予经销商以足够的优惠,如在与经销商签订合同时,都会向经销商许诺年底给予一定的返利,从经销商的角度,保证了他们在年底得到相应的回报,这在很大的程度上提高了经销商的积极性,而大力度的广告宣传也给经销商对产品的大众接收程度高枕无忧。另外,促销也是雕牌给经销商的额外安慰。

纳爱斯也将市场经营工作重心放在超市、卖场上,开创城市辐射农村的新局面。因为有了多年来流通网络建设的基础和经验,又实行了保证金制度,使得雕牌在市场的开拓上有足够的优势,也让雕牌皂粉走进广大的农村市场走得游刃有余。于是雕牌开始转变市场战略,走了一条中国革命取得胜利的道路——农村包围城市,它在全国各地实行分公司建制,直做超市、商场,最终形成城市辐射农村的格局。推行网络扁平化管理,减少中转环节,降低经营成本。同时,继续推行经销商保证金制度。这是对品牌经营和品牌忠诚度的"试金石"。

不提高经营纳爱斯、雕牌两大品牌的门槛,限定条件,锁定网络;不能让经销商获利和消费者受惠,纳爱斯大业势必难成。如此一来,经销商成倍增加,市场大大拓展,为集团更大发展铺平了道路,采取了自建网络与经销商并行的营销策略。正是雕牌这种自上而下对渠道的重视和大力的投入,才能使得雕牌在竞争对手众多的激烈市场上脱颖而出。我们可以看到雕牌这种对渠道的强大的后盾支持终于有了可以预见的效果。

随着与各超市合作的层次不断提升,渠道不断拓宽,销量大幅提升,获得了双赢,从而形成了战略伙伴关系。很多卖场、超市的采购经理通过数据分析,对纳爱斯产品的市场竞争力一致看好,他们纷纷称赞集团终端销售理念和灵活多变的操作方式适应了市场竞争环境。正如江苏一连锁超市采购总监所言:"纳爱斯、雕牌产品被越来越多消费者喜欢,从纳爱斯产品的销售我们看到了民营企业的潜力所在,我们将一如既往地与纳爱斯携手共进,强强联手,实现双赢的营销理念。"

8.3.3　营销控制内容

1. 年度计划控制

年度计划控制的中心是目标管理,即保证企业年度营销计划中规定的各项目标能够顺利实现。年度营销计划控制步骤如下:① 营销管理者应将年度营销计划的指标分解为每季或每月的指标;② 随时跟踪掌握指标的完成情况;③ 及时发现实际的营销状况与营销计划的差距并分析其原因;④ 采取补救措施,调整实施步骤或修正计划。

年度计划控制的方法主要有四种:销售情况分析、市场占有率分析、营销费用率分析、用户反应跟踪。

2. 盈利能力控制

赢利能力控制是对企业营销组合中各类因素的获利能力进行分析,以帮助营销管理者决策需要发展、缩减或淘汰的产品及市场。

赢利能力控制的方法主要包括:市场营销成本分析、盈利能力分析。

3. 营销效率控制

效率控制的目的是监督和检查企业多项营销活动的进度与效果,主要包括人员推销效率、广告效率、营业推广效率、分销效率等。

4. 营销战略控制

战略控制又称市场营销审计,是对企业的营销目标、政策和策略进行控制,以保证企业的可控因素与外界不断变化的营销环境保持和谐统一。

营销审计的步骤包括:① 由公司人员和外部审计人员会面,介绍情况,拟定协议;确定审计目标、范围、资料来源、报告形式及所需时间;② 检查企业各项目标的实现情况,如检查各项目标的实施进度以及各种营销资源的配置是否合理;③ 确定执行计划时是否付出了足够的努力,如营销战略的执行是否受到足够重视、营销人员是否全力以赴、市场营销活动能否得到全力支持等等;④ 检查企业营销组织状况,如内部信息沟通如何、责权分配是否合理;⑤ 对审计结果进行汇总,提出改进意见,写成书面报告,提交主管人员。

营销审计的内容包括:营销环境审计、营销战略审计、营销组织审计、营销绩效审计、营销计划系统审计、营销效率控制系统审计、获利能力控制系统审计、营销信息系统审计、新产品开发系统审计、营销管理职能审计。

● 分项任务测试:

调查并分析某个企业的运作效率与企业组织岗位的职责、权力的匹配程度,探寻企业营销成功或失败的原因。

知识检测

一、选择题

1. 市场营销管理必须依托于一定的（　　　）进行。

　　A. 财务部门　　　　B. 人事部门　　　　C. 主管部门　　　　D. 营销组织

2. 市场营销组织是为了实现（　　　），制订和实施市场营销计划的职能部门。

　　A. 企业计划　　　　B. 营销计划　　　　C. 企业目标　　　　D. 利润目标

3. （　　　）是最常见的市场营销组织形式。

　　A. 职能型组织　　　B. 产品型组织　　　C. 地区型组织　　　D. 管理型组织

4. 市场营销控制包括（　　　）。

　　A. 年度计划控制　　B. 盈利控制　　　　C. 质量控制　　　　D. 效率控制

　　E. 战略控制

5. 满足市场的需要,创造满意的顾客,是企业最为基本的（　　　）。

　　A. 组织形式　　　　B. 宗旨和责任　　　C. 主要职能　　　　D. 营销观念

6. 设置（　　　）能够对企业与外部环境,尤其是与市场、顾客之间关系的协调,发挥积极作用。

　　A. 市场营销机构　　B. 市场营销职能　　C. 市场营销企业　　D. 市场营销控制

7. 通常市场营销计划需要提交（　　　）或有关人员审核。

　　A. 营销机构　　　　B. 营销组织　　　　C. 上级主管　　　　D. 单位领导

8. 战略控制的目的,是确保企业的目标、政策、战略和措施与（　　　）相适应。

　　A. 市场营销环境　　B. 市场营销计划　　C. 推销计划　　　　D. 管理人员任期

9. 市场营销计划的实施过程中,涉及相互联系的几项内容是（　　　）。

　　A. 明确战略目标　　B. 制定行动方案　　C. 协调各种关系

　　D. 形成规章制度　　E. 调整组织结构

10. 市场营销部门还担负着向市场和潜在顾客（　　　）的任务。

　　A. 推荐产品　　　　B. 引导购买　　　　C. 分销产品

　　D. 建立销售渠道　　E. 组织产品运输与仓储

二、名词解释

市场营销组织;营销控制;市场营销计划的实施;市场营销审计;市场营销战略控制

三、简答题

1. 简述市场营销组织的类型及特点。

2. 市场营销控制有哪些类型?

3. 企业市场营销组织要达到有效性,实现工作的高效率,必须具备的基本条件是什么?

4. 试述实施市场营销计划过程中存在的问题与原因。

案例分析与运用

野马车奔驰 40 年

福特汽车公司是世界上最大的汽车企业之一,公司始终坚持"以消费者作为工作的中心"的经营理念,提供比竞争对手更好的产品和服务,并致力于成为全球领先的以消费者为导向的公司。福特汽车公司旗下拥有众多的汽车知名品牌:福特(Ford)、林肯(Lincoln)、水星(Mercury)、美洲豹(Jaguar)、马自达(Mazda)、沃尔沃(Volvo)和陆虎(LandRover)。福特汽车公司推出过很多经典的车型,而在营销上最为成功的以"野马"为最。

"野马"汽车是福特汽车公司于 1964 年推出的新产品,在当时购买野马车的人打破了美国历史的记录,在不到一年的时间里,野马汽车风靡整个美国,取得了轰动一时的成功,在投产后两年内为福特公司创造了 11 亿美元的纯利润。艾科卡曾经说过:"天下没有倒闭的企业,只有经营不善的企业。"野马的巨大成功不仅验证了他的这句话,瞩目的销售业绩也为他赢得了"野马之父"的称号。

对于野马车推出的整个过程,艾科卡在每个环节上都下足功夫。在分阶段营销上,艾可卡更是全情投入,创意不断。福特汽车公司为了使新车"野马"一上市便获得较高的市场认知度,细致周密地设计了一套宣传策划方案,六个步骤的营销活动使得野马车的知名度在短短的时间里迅速提升:

(1) 邀请各大报纸的编辑到迪尔伯恩,并借给每人一辆野马车,组织他们参加从纽约到迪尔伯恩的野马车大赛,同时邀请一百名新闻记者亲临现场采访。从表面看,这是一次赛车活动,实际上是一次告知性的广告宣传。此项活动一经展开,便引起了许多新闻媒体的广泛关注,并纷纷报道野马车大赛近况,从而大大提高了该车的知名度。

(2) 野马车上市的第一天,在全美二千六百家报纸上,用整版刊登了野马车在奔驰的图片,并且在数家电台做广告,广告使用了所谓的"蒙娜·丽莎"手法:一幅朴素的白色"野马"在奔驰的画面,注上一行简单的字:"真想不到",副题是:售价 2 368 美元。由于公关经理的努力,新车照片同时出现在《时代》和《新闻周刊》封面上,关于这两大杂志的惊人宣传效果,艾柯卡后来回忆说:"《时代》和《新闻周刊》本身就使我们多卖出 10 万辆!"此举大大地提高了该产品的知名度和透明度。

(3) 自野马车上市开始,各大电视台每天不断播放野马车广告。广告内容是:一个渴望成为赛车手或喷气式飞机驾驶员的年轻人,正驾驶着一辆华贵、时尚、动感十足的野马车在飞驰。选择电视做宣传,旨在扩大广告宣传的覆盖面,进一步提高产品的知名度。

(4) 在最显眼的停车场,竖起巨幅路牌广告,上书:"野马栏",以引起消费者的注意,扩大野马的曝光率。

(5) 在美国各地最繁忙的 15 个机场和 200 家度假饭店展览野马车,以实物广告形式,激发人们的购买欲。

从产品目标市场的定位到产品自身的设计,从"野马"这个名称的选取,到最后的促销环节的别出心裁上,"野马"车做得丝丝入扣,在铺天盖地、排山倒海的宣传攻势后,仅一周内,野马车便享誉全美,风行一时就不足为奇了。

思考题：

1. 你怎样理解艾科卡所说的"天下没有倒闭的企业,没有经营不善的企业"?
2. 试分析福特公司对"野马"汽车的市场营销执行与控制。

技能训练

1. 组建团队,为学校的某超市筹划圣诞节的促销活动。分析小组成员内的人员分工、目标、过程结果。
2. 深入当地某零售企业,调查分析其营销组织、计划、控制。

任务9 营销创新与应用

【任务目标】

知识目标：

1. 了解营销理论发展的新趋势；
2. 熟悉绿色营销、服务营销、国际营销、网络营销的特点；
3. 掌握直复营销的原理与方法。

技能目标：

1. 能够把握营销的发展趋势，将营销理论运用于国际市场和服务行业；
2. 能够运用网络营销策略；
3. 能够制定企业的直复营销策略。

【任务分解】

任务9：营销创新与应用

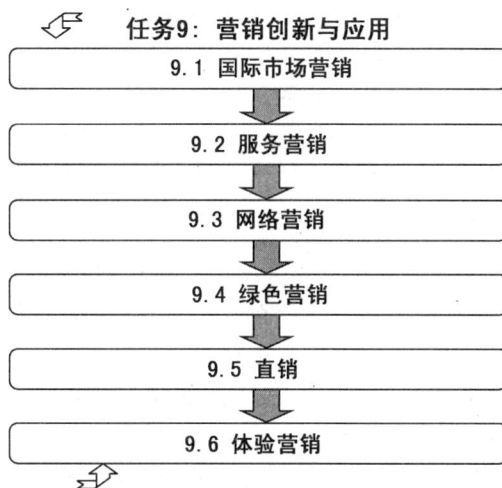

- 9.1 国际市场营销
- 9.2 服务营销
- 9.3 网络营销
- 9.4 绿色营销
- 9.5 直销
- 9.6 体验营销

9.1 国际市场营销

9.1.1 认知国际市场营销

国际市场营销是跨国企业如何从顾客的需求和欲望出发，有计划、有组织、有目的地将产品、技术、资本和劳务迅速转移到消费者或用户手中，达到顾客的最大满足，以实现企业的利润目标的管理过程。

案例：吉列的全球化业务

在全球市场变化莫测的背景下，吉列可以保持领先优势地位，除了在一些基础方面的优势外,还包括核心业务上的知识积累和创新,产品科技含量不断提高和每年保持生产数以百万计的无缺陷产品。吉列公司的体育营销是吉列在世界上较早使用的颇具特色并且让全世界认识吉列的重要载体。

吉列公司运作初期,其产品在性别上有完全的排他性,这决定了吉列在营销中间瞄准的市场具有强烈的特征,就是男性化,这点让吉列著名的投资人沃伦·巴菲特一语中的,他曾经评价:"知道了数十亿男人脸上毛发正在生长出来,每天晚上我都会愉快地上床睡觉。"而体育在某种程度上正是和吉列有着共同的特征,这不是有意地将女性排除在体育的门槛之外,生理上的差异决定了男性在体育这个特殊的领域的强势。吉列走和体育的结缘的道路是自然而然也是大势所趋,吉列在这条路上走得很精彩。

全球化的业务无疑带来了全球的市场,吉列公司曾在美国借助"体育系列"节目成功地打动了美国男人,顺利地打开了美国的市场。用 GOOGLE 搜索吉列体育,可以看到各类的以吉列冠名的体育节目。吉列在美国体育节目上的成功,是否意味着它能打动全世界的男人,这是一个严峻的考验。吉列其实很早就将自己的视线转向了足球,足球是一个绝对的世界性的运动,它不但拥有绝对多数的男性球迷,而且还培养了数量可观的女性观众,我们从贝克汉姆在世界范围内有多少女性球迷中可见一斑。而四年一度的世界杯足球赛,更是盛况空前,这是除了奥运会外规模和影响是其他的比赛所无法比拟的。在这样的比赛中赞助对于吉列公司来说,是一个简捷快速而有效地让自己的目标客户群体了解吉列、迅速提升吉列知名度的大好时机:从 1970 年墨西哥世界杯赛起,吉列公司就一直是世界杯的合作伙伴,并从 1982 年西班牙世界杯赛后成为指定赞助商,是世界杯足球赛迄今为止最长期的合作者之一。

国际市场营销和国内营销相比有以下特点:

(1) 国际营销环境的差异性。由于世界各国的地理位置、资源状况、政治经济制度、法律法规、生产力发展水平以及文化背景等方面存在着较大的差别,所以影响国际市场营销的环境与国内市场营销相比也就有了较大的差异,甚至有时大相径庭。

(2) 国际市场营销系统的复杂性。营销系统是指融入有组织交换活动的各种相互作用、相互影响的参加者、市场、流程或力量的总和。与国内营销系统相比,国际营销系统更加复杂。

(3) 国际市场营销过程的风险性。由于国际市场营销比国内市场营销更复杂、更多变,因此,国际市场营销的风险要比国内市场营销大得多,这些风险主要包括政治风险、交易风险、运输风险、价格风险、汇率风险等。

(4) 国际市场容量大,竞争激烈。在国际营销中,企业面对更多的国外消费者和来自全球的竞争者,由于各国的地理距离和文化差异等因素,企业又难以及时了解和掌握竞争对手的情况,因此企业面对的竞争更为激烈。

9.1.2 国际市场环境分析

1. 国际市场人口环境分析

(1) 人口规模及增长速度。在收入及其他因素不变的情况下,一个国家的人口总数越多,则这个国家的市场规模就越大,国际营销企业就越容易在这些国家发现市场机会,企业进入各国市场经营就越有利。

(2) 人口结构。主要包括:性别结构、年龄结构、家庭结构、民族结构、城乡结构、接受教育的水平等因素。

（3）人口的密度和地理迁移。人口地理分布和人口密度的状况对策划销售渠道至关重要。随着经济的发展,城市人口比例还在提高。另外,人口流动性的高低和流向对人口分布和人口密度也有直接影响,如"民工潮"、"动迁潮"、"移民潮"都会迅速改变人口分布状况。

2. 国际市场经济环境分析

经济环境包括本国、目标市场国和国际的经济形势,经济发展规模、速度、水平,经济制度、体制,参加国际经济组织、国际经济活动的状况,国际经济地位、经济发展阶段、经济结构类型、国家或地区的产业布局和城市(城镇)化程度等。国家或地区经济特征包括国家的自然条件、基础设施、城市化程度、通货膨胀率、外国投资状况等方面。

3. 国际市场自然环境分析

企业到某国开展营销活动,必须了解该国的自然资源条件,因为一个国家、一个地区的资源状况直接影响到该国家、该地区企业的生产和社会的发展。

4. 国际市场政治法律环境分析

国际市场营销的政治环境包括分析政府类型、政党制度、政局稳定性、政治干预、民族主义、国家间关系、产品政治敏感度等方面的具体因素。

国际经济行为以国际惯例、国际公约或条约等来规范和约束。从事国际市场营销必须了解所面临的法律环境。具体包括:法律体系、母国法律、东道国外贸管制手段、国际条约和惯例的影响等方面。

5. 国际市场文化环境分析

文化是指人们对客观物质世界的一种主观认识,或者说是人们对客观的无差别的物质世界赋予的有差别的、主观的、意识形态的内涵。影响国际营销的社会文化环境因素包括:语言、物质文化、价值观念与态度、宗教、风俗习惯等。

案例:星巴克打出文化牌

星巴克(Starbucke Coffee)的起源是 1971 年西雅图的一间小咖啡屋,在短短的 30 多年时间发展成国际最著名的咖啡连锁店品牌。星巴克于 1996 年正式跨入国际市场,在时尚的东京银座开了第一家的海外咖啡店,不到十年的时间,已经使星巴克打入了世界 32 个国家的市场。

固然,星巴克的高品质的咖啡、忠诚的员工关系策略都是星巴克得以在市场上经久不衰的原因,而星巴克最吸引人的地方,就是把这样一种在西方传承数百年的古老消费品,变成一种时尚的代名词,重新演绎着现代人的生活方式和文化内涵。

在柔和的暖暖的灯光下,恣意徜徉在星巴克的是一种悠闲和自在。你可以挑选在看似随意设置的舒服柔软的沙发或木质桌椅前就座,尽情地享受在嘈杂和忙乱的工作和生活的节奏中偷得片刻的闲暇,无论是朋友小聚,或是悠然独酌,加上一杯高品质的咖啡,谁不会为这样的情趣所心动而小小奢侈一把呢?尽管星巴克每杯咖啡的价格是其他咖啡店的两倍。星巴克颇具文化味道的优雅的经营理念,开启了现代都市人们自己都不曾觉察到的需求。于是,星巴克成了安静的早餐店,成了小聚的社交地,成了许多人静静思考的个人办公室,也成了除去家和办公室人们最爱去的第三类场所。在中国,几十平方米的咖啡店里,常常可以看到衣着光鲜的白领们手捧咖啡杯,或聊天、或摊开资料、打开笔记本电脑讨论工作。如果运气好的话,还可以看见一些身着棉布衬衫、留着 IT 寸头的网络精英,其中一位很可能就是名气不小的"数字富豪"呢。

进入星巴克,你会感受到空中回旋的音乐在激荡你的心魄。店内经常播放一些爵士乐、美国乡村音乐以及钢琴独奏等,这些正好迎合了那些时尚、新潮、追求前卫的白领阶层。他们天天面临着强大的生存压力,十分需要精神安慰,这时刻的音乐正好起到了这种作用,确确实实让你在消费一种文化中,催醒你内心某种也许已经消失的怀旧情感。

9.1.3 选择国际市场进入的方式

一般来说,从事国际市场营销的企业可以采取三种基本模式进入国际市场:出口进入模式、合同进入模式和投资进入模式。

1. 出口进入模式

出口进入模式是企业在国内从事生产并将产品输往国际市场的方式。出口进入模式具有以下优点:资本投入少;可以帮助企业实现区位优势和规模经济优势;是获取出口经验的有效途径;具有高度的灵活性。同时,出口进入模式也具有以下缺点和不足:关税与非关税壁垒可能导致出口产品失去与当地产品的竞争优势;高额运输成本;产品到达当地市场的时间过长;难以保持对当地代理商和当地视察需求的监控。

2. 合同进入模式

合同进入模式是指本企业通过与目标市场国家的企业之间订立长期的、非投资性的无形资产转让合作合同而进入目标国家市场。

与出口进入模式的不同在于合同进入模式下企业输出的是技术、技能和工艺等无形资产,而不仅仅是有形的产品,因而可以克服商品贸易壁垒,克服由于运输成本过高而使某些出口产品在国际市场上缺乏竞争力的问题;同时,可以避免经营风险,保持稳定的收入;再有,可以利用国外的有利资源,充分发挥技术的效用。合同进入模式的形式包括许可贸易、特许经营、合同制造、工程承包合同等。

3. 投资进入模式

投资进入模式是指企业在国际目标市场投资建立或扩充一个永久性企业,并对其经营管理拥有一定程度的控制权的市场进入模式。

投资进入模式具有许多的优点:母公司具有更大的控制权;更密切地接近当地市场以及市场渗透的程度更深;知识成本的转移可以增强发掘企业竞争优势的机会;能够节省运输费用、海关关税等,最终导致产品成本的降低,有效提高产品对当地市场偏好的适应性。

同时也有一些缺点:占用资源以及因此而带来更大的风险;投资回报时间较长而导致初期成本过高;投入成本过高而导致公司的战略调整缺乏灵活性。

匹克国际化:从销售先导到本地化经营

自入世以来,国际化已成为越来越多的企业特别是大中型企业的长远战略。在全球经济一体化的今天,各国的经济已纳入全球经济发展的体系之中。企业从经营理念、经营方式、产品研发、市场营销、资源配置、法制观念、文化建设以及产业与产品结构调整等方面,都需以全球化的视野进行系统思考;有关的管理制度与方法,需广泛吸取世界优秀企业的成功经验并逐步实现同国际接轨。

匹克的国际化也经历了这一过程。首先,在香港上市后,加强与 NBA、FIBA、WTA 等国际顶级赛事机构深度合作,实现品牌国际化和资本国际化,为市场国际化奠定基础;其次,建立美国分公司,处理美国销售事宜;再次,通过前期市场调查和试营业,最终成立匹克全美旗舰店。从匹克目前的国际化进程来看,尚停留在国际市场的开拓方面,离真正的国际化经营还有较大距离。

对于志在打造国际品牌的匹克而言,需要分步骤、分阶段地推进国际化战略。第一步,以销售为先导,通过市场调研等手段深入了解当地消费者的需求,采用合资合作等方式,成立旗舰店开拓美国市场;同时,基于当地市场和消费者的需求,进行产品的研发和设计。在这一阶段,深入了解所在地的市场和客户,熟悉所在地的商业环境和运行规则,为真正的国际化经营奠定基础。第二步,加强本地化经营,吸引所在地的高级人才,建立包括研产销在内的国际化的管理体系,从而真正实现"匹克品牌成为国际化的品牌、匹克企业成为国际化企业"的目标。

9.1.4　设计国际市场营销组合

1. 制定产品策略

国际营销企业在进行产品设计时,通常要考虑:目标市场国的法律、自然、科技等方面的差异;目标市场国经济、文化方面的差异;目标市场国市场竞争状况;产品使用者的特点和产品生命周期等因素。常见的产品设计策略有:国际市场产品标准化设计策略和国际市场产品差异化设计策略。

国际市场产品标准化设计策略是指企业无论在国内市场还是在其他国家或地区都提供同样的产品。采取标准化设计策略能够大幅度地降低成本,取得规模经济效益;有利于树立全球统一的产品形象;有利于延长产品的生命周期;有利于满足流动性较强的顾客需求。标准化策略的缺点是不能满足不同国家不同消费者的不同需求。

国际产品的差异化设计策略是一种产品本土化设计策略,是指企业按照目标市场国的需求特点对产品进行更改的策略。如果企业能突出自己产品与竞争产品之间的差别,并让顾客了解到这一差别的存在,那么企业就可以限制竞争对手,在激烈的竞争中处于有利地位。

阅读资料:国际化产品策略的衡量标准

国际市场与国内市场的显著区别之一,是对产品的价值取向不同。消费者调查显示,国内消费者对价格的重视程度远高于对品质和技术的重视,在三、四级市场,这个特征表现得更加明显。这实际上是中国企业热衷于打价格战的"民意"基础。但是,发达国家的消费者更在意产品的技术和质量表现,真正受消费者欢迎的产品,是那些品牌、技术、品质全面领先的产品,而不是价格便宜的产品。相反,一个热衷于打价格战的企业,很有可能面临反倾销的制裁。实际上,判断一个企业国际化水平,有一个非常简单的方法,那就是看这个企业的产品在德国、美国、日本三个国家卖得怎么样。

我们一般认为,全球进入门槛最高的国家是德国、美国、日本(有意思的是,这三个国家曾经长期占据全球经济前三名的位置)。德国人以严谨、苛刻著称,对别国的产品格外挑剔。其家电、汽车产品在全球影响力巨大。中国汽车人最大的梦想,就是有朝一日把"中国造"卖到德国去。日本是一个心态复杂的民族,面对老牌西方国家内心很自卑,面对新兴国家它又表现出极度自信的一面。韩国的三星和LG在全球市场表现都不错,唯独在日本市场乏善可陈。日本对中国的心态与对韩国相似,民族情绪很大,对中国产品具有排斥心理,中国产品进入的难度非常大。美国作为全球第一号大国,心态相对开放得多,但是其眼光也高得多,它总是以最高标准要求其他国家。因此,美国也是世界上门槛最高的国家之一。

因此,如果一个企业的产品能在这三个国家有一个不错的市场表现,这个企业的国际化一定做得不错。

2. 制定定价策略

和国内市场营销一样,国际企业在制定价格策略时要考虑企业的定价目标、成本、供求、竞争状况、公共政策等方面的具体因素。和国内市场营销不同的是,产品生产成本、分销成本、运输成本的构成均比较复杂,成本额度也比较高,除此之外还必须考虑国际贸易涉及的融资成本、关税、通货膨胀等方面的支出和损失。

阅读资料:国际化——不唯盈亏论成败

国际化成为中国企业界一道扎眼的风景,越来越多的企业走出国门参与全球竞争。但是,中国企业国际化的道路并不好走。以海尔为例,10年前海尔即已走出国门,时至今日也未能建立期待的国际市场地位和企业形象,其主体市场依然停留在国内。总体来看,多数走出去的企业,不仅未能实现社会期待的赢利,也未能实现企业自己期待的赢利。但是,不能在短时间内赢利,是不是就意味着失败呢?答案是否定的。

长期以来,中国企业始终有一个很大的认识误区,那就是:成本越低越好。实际上,低成本观念带来的可能是产品品质不够高,企业难以吸纳优秀人才,不愿意在品牌建设上投入。因此,企业应该追求合理的成本。在这方面,中国企业应该向国际企业学习。

如果一个企业以短期赢利为考量国际化标准成功的标准,这个企业就会自然而然地缩减生产成本和销售成本,降低员工薪酬,减少品牌形象建设投入。结果是什么呢?产品品质下降,渠道销售力不足,员工军心涣散,品牌形象难以确立。这些问题反过来作用于企业,就是企业的竞争力进一步下降,从而陷于恶性循环境地。

实际上,一个企业的健康发展是技术、产品、品牌、人才、企业机制等诸多管理要素和市场要素协调作用的结果,是系统优势的体现。不能建立系统优势的企业,也许能红火一时,绝难红火于长久。

3. 制定分销渠道策略

企业把自己的产品或服务通过某种途径或方式转移到国际市场消费者手中的过程及因素构成国际分销系统。在国际分销系统中,一般具有三个基本因素:制造商、中间商和最终消费者。国际分销渠道策略主要涉及如何选择国外的中间商、选择什么类型的中间商等具体问题。

阅读资料:日本国的分销渠道特点

日本的销售渠道被称为是世界上最长、最复杂的销售渠道。其基本模式是:"生产者+总批发商+行业批发商+专业批发商+区域性批发商+地方批发商+零售商+最终使用者"。日本的分销系统一直被看作是阻止外国商品进入日本市场的最有效的非关税壁垒。任何想要进入日本市场的企业都必须仔细研究其市场分销渠道。日本的分销体系有以下几个显著特点:

(1) 中间商的密度很高。日本国内市场的中间商密度远远高于其他西方发达国家。由于日本消费者习惯于到附近的小商店去购买东西,量少且购买频率高,因此,日本小商店密度高,且存货量小,其结果就是需要同样密度的批发商来支持高密度但存货不多的小商店。

（2）生产商对分销渠道进行控制。生产商控制分销渠道的措施主要有：为中间商解决存活资金；提供折扣；退货；促销支持等。

（3）独特的经营哲学。日本较长的分销渠道产生了生产者与中间商之间紧密的经济联系和相互依赖性，从而形成了日本独特的经营哲学，即强调忠诚、和谐和友谊。这种价值体系维系着销售商和供应商之间长期的关系，只要双方觉得有利可图，这种关系就难以改变。

（4）大规模零售商店对小零售商进行保护。为了保护小零售商不受大商场竞争的侵害，日本制定了《大规模零售商店法》。该法限制了国内公司与外国公司在日本的发展。除了《大规模零售商店法》以外，还有许多许可证条例也对零售商店的开设进行限制，日本和美国的商人都把日本的分销体系看作是非关税壁垒。

4. 制定促销策略

（1）人员推销策略。在国际市场，人员推销常见的类型包括：委派推销人员向国外客户推销；国外常设的销售办事处；利用国际市场的代理商和经销商进行推销。

（2）广告策略。在国际市场广告促销活动中，使用最多的广告媒介仍是报纸、杂志、广播与电视三大媒介，而计算机网络则是目前比较理想的媒介。国际市场广告包括标准化策略和差异化策略两种，企业应在考察国际市场的基础上加以选择。

（3）公共关系策略。企业开展国际公共关系的常见方式有：宣传型公共关系策略、交际型公共关系策略、服务型公共关系策略、社会型公共关系策略、矫正型公共关系策略等。

（4）营业推广策略。主要包括：国际博览会、演示促销、直接对消费者的推广、对中间商的推广等等。

● 分项任务测试：

上网查询麦当劳、耐克、戴尔等国际品牌，了解并分析其在中国的营销策略；查询海尔、联想等国内企业，了解并分析其在国外的营销策略。

9.2 服务营销

9.2.1 认知服务

服务与商品的一般差异，对于区分服务营销与商品营销非常有益。服务与商品存在以下七个方面的差异：

1. 产品的本质不同

芝加哥大学哈里斯学院副教授克里斯托弗·贝里把商品描述为"一件物品，一种器械，一样东西"，把服务描述为"一个行动，一次表演，一项努力"，他很好地抓住了它们之间的差异。把服务看作表演是对服务管理的一个戏剧化的比喻，即把服务传递想象为近似于一个剧本的上演，而服务人员就是演员，顾客就是观众。也就是说，商品是有形的，是一个具体的物质实体或一个实实在在看得见、摸得着的东西；而服务工作本身基本上是无形的。

2. 顾客参与生产过程

实施一项服务工作就是对实物设施、脑力和体力劳动这三者的某种组合的产出结果进行装配和传递。通常,顾客在创造这个服务产品的过程中会积极参与,如美容院。

3. 人作为产品的一部分

在高度接触的服务业中,顾客不仅同服务人员发生接触,还可能同其他顾客发生联系。如此,顾客就成为产品的一个组成部分。

案例:海底捞打造"服务"神话

海底捞成立于1994年,是一家以经营川味火锅为主、融汇各地火锅特色为一体的大型跨省直营餐饮品牌火锅店,在北京、上海、沈阳、天津、西安、南京、广州、深圳、简阳等城市有直营连锁餐厅。海底捞始终秉承"服务至上、顾客至上"的理念,以创新为核心,改变传统的标准化、单一化的服务,提倡个性化的特色服务,致力于为顾客提供愉悦的用餐体验。

海底捞虽然是一家火锅店,它的核心业务却不是餐饮,而是服务。在将员工的主观能动性发挥到极致的情况下,"海底捞特色"日益丰富。

在海底捞,顾客能真正找到"上帝的感觉"。海底捞的服务已经征服了绝大多数的火锅爱好者,顾客会乐此不疲地将在海底捞的就餐经历和心情发布在网上,越来越多的人被吸引到海底捞,一种类似于"病毒传播"的效应就此显现。

海底捞把等位这一原来枯燥乏味的过程变成了一种愉悦:手持号码等待就餐的顾客一边观望屏幕上打出的座位信息,一边接过免费的水果、饮料、零食;如果是一大帮朋友在等待,服务员还会主动送上扑克牌、跳棋之类的桌面游戏供大家打发时间;或者趁等位的时间到餐厅上网区浏览网页;还可以来个免费的美甲、擦皮鞋。

待客人坐定点餐的时候,围裙、热毛巾已奉送到眼前了。服务员还会细心地为长发的女士递上皮筋和发夹,以免头发垂落到食物里;戴眼镜的客人则会得到擦镜布,以免热气模糊镜片;服务员看到你把手机放在台面上,会不声不响地拿来小塑料袋装好,以防油污……

服务员会主动更换你面前的热毛巾;如果你带了小孩子,服务员还会帮你喂孩子吃饭,陪他们在儿童天地做游戏;为了消除口味,海底捞在卫生间中准备了牙膏、牙刷,甚至护肤品;过生日的客人,还会意外得到一些小礼物……如果你点的菜太多,服务员会善意地提醒你已经够吃;随行的人数较少,他们还会建议你点半份。

餐后,服务员马上送上口香糖,一路上所有服务员都会向你微笑道别。一个流传甚广的故事是,一位顾客结完账,临走时随口问了一句:"怎么没有冰激凌?"5分钟后,服务员拿着"可爱多"气喘吁吁地跑回来:"让你们久等了,这是刚从超市买来的。""只打了一个喷嚏,服务员就吩咐厨房做了碗姜汤送来,把我们给感动坏了。"很多顾客都曾有过类似的经历。孕妇会得到海底捞的服务员特意赠送的泡菜,分量还不小;如果某位顾客特别喜欢店内的免费食物,服务员也会单独打包一份让其带走……这就是海底捞的粉丝们所享受的"花便宜的钱买到星级服务"的全过程。毫无疑问,这样贴身又贴心的"超级服务",经常会让人流连忘返,一次又一次不自觉地走向这家餐厅。

4. 质量难以控制

生产出来的商品在到达顾客那里之前,可以根据质量标准对它们进行检查。但是服务在生产出来的同时就被消费了,最后的组装就是在产品的实时生产过程中发生的。这样,错误和缺点就很难掩盖,而服务人员和其他顾客的在场又引入了更大的可变性,这些因素使得服务性组织很难控制质量和提供始终如一的产品。

5. 顾客评价更困难

大多数实体商品的识别性品质(search quality)相对较高,如颜色、式样、形状、价格、合适度、感觉、硬度和气味,都是有助于顾客在购买产品前做出决定的因素。相反,其他一些商品和服务可能更强调经验性品质(experience quality),只能在购买后或消费过程中才能识别质量,如口味、处理的容易程度、个人护理。最后,还有可信度品质(credence quality),即那些顾客发现即使在消费之后也很难评价的特性,如外科手术、技术修理,它们是很难观察得到的。

6. 服务没有存货

因为服务是一次行动或一次表演,而不是顾客可以保存的一件有形的物品,所以它是"易腐的"和不能被储存的。当然,必要的场地、设备和劳动能够被事先准备好以创造服务,但这些仅仅代表生产能力,而不是产品本身。

7. 时间因素的重要性

许多服务是实时传递的,顾客必须在场接受来自企业的服务。顾客愿意等待的时间也是有限度的,更进一步说,服务必须迅速传递,这样,顾客就不必花费过多的时间接受服务。

9.2.2 认知服务营销

服务营销是企业在充分认识满足消费者需求的前提下,为充分满足消费者需要在营销过程中所采取的一系列活动。同传统的营销方式相比较,服务营销是一种营销理念,而传统的营销方式只是一种销售手段,企业营销的是具体的产品。在传统的营销方式下,消费者购买了产品意味着一桩买卖的完成,虽然它也有产品的售后服务,但那只是一种解决产品售后维修的职能。而从服务营销观念理解,消费者购买了产品仅仅意味着销售工作的开始而不是结束,企业关心的不仅是产品的成功售出,更注重的是消费者在享受企业通过产品所提供的服务的全过程的感受。服务营销不仅仅是某个行业发展的一种新趋势,更是社会进步的一种必然产物。服务营销具有以下基本特点:

(1) 供求分散性。不仅覆盖了第三产业的各个部门和行业,企业提供的服务也广泛分散,而且需方更是涉及各种各类企业、社会团体和千家万户不同类型的消费者。

(2) 营销方式单一性。有形产品的营销方式有经销、代理和直销多种营销方式。服务营销则由于生产与消费的统一性,决定其只能采取直销方式,中间商的介入是不可能的,储存待售也不可能。

(3) 营销对象复杂多变。购买服务的消费者的购买动机和目的各异,某一服务产品的购买者可能牵涉社会各界各业各种不同类型的家庭和不同身份的个人,即使购买同一服务产品,有的用于生活消费,有的却用于生产消费,如信息咨询、邮电通讯等。

(4) 服务消费者需求弹性大。根据马斯洛需求层次原理,人们的基本物质需求是一种原发性需求,这类需求人们易产生共性,而人们对精神文化消费的需求属继发性需求,需求者会因各自所处的社会环境和各自具备的条件不同而形成较大的需求弹性。需求的弹性是服务业经营者最棘手的问题。

(5) 服务人员的技术、技能、技艺要求高。服务者的技术、技能、技艺直接关系着服务质量。消费者对各种服务产品的质量要求也就是对服务人员的技术、技能、技艺的要求。服务者的服务质量不可能有唯一的、统一的衡量标准,而只能有相对的标准和凭购买者的感觉体会。

阅读资料:服务营销的原则

"服务营销"是一种通过关注顾客,进而提供服务,最终实现有利的交换的营销手段。作为服务营销的重要环节,"顾客关注"工作质量的高低,将决定后续环节的成功与否,影响服务营销整体方案的效果。以下就"顾客关注"介绍九项原则:

(1)获得一个新顾客比留住一个已有的顾客花费更大。企业在拓展市场、扩大市场份额的时候;往往会把更多精力放在发展新顾客上,但发展新的顾客和保留已有的顾客相比花费将更大。此外,根据国外调查资料显示,新顾客的期望值普遍高于老顾客。这使发展新顾客的成功率大受影响。

(2)除非你能很快弥补损失,否则失去的顾客将永远失去。每个企业对于各自的顾客群都有这样那样的划分,各客户因而享受不同的客户政策。但企业必须清楚地认识到一点,即每个顾客都是我们的衣食父母,不管他们为公司所做的贡献是大或小,我们都应该避免出现客户歧视政策,所以不要轻言放弃客户,退出市场。

(3)不满意的顾客比满意的顾客拥有更多的"朋友"。竞争对手会利用顾客不满情绪,逐步蚕食其忠诚度,同时在你的顾客群中扩大不良影响。这就是为什么不满意的顾客比满意的顾客拥有更多的"朋友"。

(4)畅通沟通渠道,欢迎投诉。有投诉才有对工作改进的动力,及时处理投诉能提高顾客的满意度,避免顾客忠诚度的下降。畅通沟通渠道,便于企业收集各方反馈信息,有利于市场营销工作的开展。

(5)顾客不总是对的,但怎样告诉他们是错的会产生不同的结果。顾客不总是对的。"顾客永远是对的"是留给顾客的,而不是企业的。企业必须及时发现并清楚了解顾客与自身所处立场有差异的原因,告知并引导他们。当然,这要求一定营销艺术和技巧,不同的方法会产生不同的结果。

(6)顾客有充分的选择权力。不论什么行业和什么产品,即使是专卖,我们也不能忽略顾客的选择权。市场是需求的体现,顾客是需求的源泉。

(7)你必须倾听顾客的意见以了解他们的需求。为客户服务不能是盲目的,要有针对性。企业必须倾听顾客意见,了解他们的需求,并在此基础上为顾客服务,这样才能做到事半功倍,提高客户忠诚度。

(8)如果你不愿意相信,你怎么能希望你的顾客愿意相信?企业在向顾客推荐新产品或是要求顾客配合进行一项合作时,必须站在顾客的角度,设身处地考虑。如果自己觉得不合理,就绝对不要轻易尝试。你的强迫永远和顾客的抵触在一起。

(9)如果你不去照顾你的顾客,那么别人就会去照顾。市场竞争是激烈的,竞争对手对彼此的顾客都时刻关注。企业必须对自己的顾客定期沟通了解,解决顾客提出的问题。忽视你的顾客,等于拱手将顾客送给竞争对手。

9.2.3 设计服务营销组合策略

服务营销组合包括七个要素,即服务产品(Product)、服务定价(Price)、服务渠道或网点(Place)、服务沟通或促销(Promotion)、服务人员与顾客(People)、服务的有形展示(Physical

Evidence)、服务过程(Process)。

为了有效地利用服务营销实现企业竞争的目的,企业应针对自己固有的特点注重服务市场的细分、服务差异化、有形化、标准化以及服务品牌、公关等问题的研究,以制定和实施科学的服务营销战略,保证企业竞争目标的实现。

1. 服务市场细分策略

任何一种服务市场都有为数众多、分布广泛的服务需求者,由于影响人们需求的因素是多种多样的,服务需求具有明显的个性化和多样化特征。因此,每个企业在实施其服务营销战略时都需要在市场细分的基础上选定自己服务的目标市场。

2. 服务的差异化策略

服务差异化是服务企业面对较强的竞争对手而在服务内容、服务渠道和服务形象等方面采取有别于竞争对手而又突出自己特征,以战胜竞争对手,在服务市场立住脚跟的一种做法。

案例:千千氏,全球快造型的开创者

千千氏是一家集饰品、彩妆、护肤品等时尚潮流研究,自主品牌产品研发、生产、销售功能为一体的连锁零售企业。千千氏的使命是"做女人的闺蜜",品牌理念是"三分钟展新女人"。千千氏通过体验式营销的模式,"一次消费,长期免费化妆盘发"的服务,销售给顾客产品、美丽、快乐。千千氏的成功得益于其独特的服务营销模式。

1. 免费交易模式

免费交易模式是企业将利润来源分散在交易过程中的各个环节,通过消费者在某个环节免费获利而达成销售的一种交易模式。千千氏体验式营销模式"一次消费,长期免费化妆盘发"是免费模式在中国的伟大实践。"一次消费,长期免费化妆盘发"不仅仅能够吸引大批消费者前来体验化妆盘发服务,而且在后续的免费服务过程中吸引消费者购买高档产品。

2. 小店经营模式

千千氏相对其他品牌"大店模式"的发展战略有更明显的优势:大店所需启动资金太多,无形中遏制了有投身快造型行业意向的小本创业者,店大人多难管理,高投入,高风险,而千千氏的小店模式能在1~4线城市扎根,启动费用低,人少好管理,低投入,低风险,稳定回报等诸多优势给经销商实实在在的利益,成为小本创业者首选的创业项目。

3. 店长输出模式

开不开店是靠老板,赚不赚钱靠店长。尤其在这样一个由渠道驱动而非消费者驱动的行业内,终端的服务与客情决定着消费者的消费意愿。千千氏全国首推店长输出机制,常年与大中院校合作开班,毕业入公司进行终端实践培训,公司商学院全程监管,并通过合格筛选机制为经销商提供优质合格的实战型店长,让千千氏的经销商轻松投资轻松经营,让加盟商在这个终端决胜时代,成为最大赢家。

3. 服务的有形化策略

服务有形化是指企业借助服务过程中的各种有形要素,把看不见摸不着的服务产品尽可能地实体化、有形化,让消费者感知到服务产品的存在、提高享用服务产品的利益过程。服务有形化包括三个方面的内容:

(1) 服务产品有形化。即通过服务设施等硬件技术,如自动对讲、自动洗车、自动售货、自动取款等技术来实现服务自动化和规范化,保证服务行业的前后一致和服务质量的始终如一;

通过能显示服务的某种证据,如各种票券、牌卡等代表消费者可能得到的服务利益,区分服务质量,变无形服务为有形服务,增强消费者对服务的感知能力。

(2)服务环境的有形化。服务环境是企业提供服务和消费者享受服务的具体场所和气氛,它虽不构成服务产品的核心内容,但能给企业带来"先入为主"的效应,是服务产品存在的不可缺少的条件。

(3)服务提供者的"有形化"。服务提供者是指直接与消费者接触的企业员工,其所具备的服务素质和性格、言行以及与消费者接触的方式、方法、态度等如何,会直接影响到服务营销的实现,为了保证服务营销的有效性,企业应对员工进行服务标准化的培训,让他们了解企业所提供的服务内容和要求,掌握进行服务的必备技术和技巧,以保证他们所提供的服务与企业的服务目标相一致。

4. 服务的标准化策略

由于服务产品不仅仅是靠服务人员,还往往要借助一定的技术设施和技术条件,因此这为企业服务质量管理和服务的标准化生产提供了条件,企业应尽可能地把这部分技术性的常规工作标准化,以有效地促进企业服务质量的提高,具体做法可以从下面五个方面考虑:

(1)从方便消费者出发,改进设计质量,使服务程序合理化。

(2)制定要求消费者遵守的内容合理、语言文明的规章制度,以诱导、规范消费者接受服务的行为,使之与企业服务生产的规范相吻合。

(3)改善服务设施,美化服务环境,使消费者在等待期间过得充实舒服,如设置座椅、放置书报杂志、张贴有关材料等,为消费者等待和接受服务提供良好条件。

(4)使用价格杠杆,明码实价地标明不同档次、不同质量的服务水平,满足不同层次的消费者的需求。同时,在不同时期、不同状态下,通过价格的上下浮动调节消费者的需求,以保持供需平衡,稳定服务质量。

(5)规范服务提供者的言行举止,营造宾至如归的服务环境和气氛,使服务生产和消费能够在轻松、愉快的环境中完成。

案例:快时尚餐厅"外婆家"与"绿茶"的成功之道

相对于 Zara、H&M,外婆家也可以视为快时尚餐厅,通过有设计感的餐厅、低价位的菜品,及背后快速供应链的原料采购、生产,来最终让顾客能够吃到低价位的菜。

而餐厅的设计感,除了装修的风格,也包括了动线设计的学问。在所有新近开业的"外婆家"都将出菜口设在了餐厅居中的地方。如此一来,服务员拿到菜品后抵达各个区域时间大致相同,便避免了人工的空白等待,提高了劳动效率。而在各个店面里,装饰用的摆件和绿植从地面上抬高到了墙上,既节省了地面空间又形成了"外婆家"自己的装修风格。

由于菜肴可口且价格平到不可思议,餐厅不得不考虑如何安置更多的座位,以让店门外排队的顾客不用等太久。不同于其他环境好的餐厅总是给顾客很宽的就餐空间,吴国平(外婆家创始人)将几个方形的小桌拼成一条长桌,让互不认识的顾客们"拼桌而坐"。这不仅是节约空间的做法,也能促进快速消费的社会里人与人之间的关系。

同样,绿茶餐厅也在节约空间上下足了功夫。除了不放特别大的桌子和拼桌,餐厅也去思考如何在比较窄的空间里最大限度地提供舒适。"绿茶"总体灯光较暗,餐位处灯光压低的做法,则能在熙熙攘攘的餐厅中为顾客营造出一分"私密感"。从开第一家"绿茶"至今,路妍(绿茶餐厅创始人)都用给家里人蒸米饭的标准作为"绿茶"所有门店的供饭标准,她要求大米要先泡上40分钟,再放橄榄油和大粒的新鲜玉米一同蒸制。即使"绿茶"的一碗米饭要两块钱,市上也鲜有其他餐厅同等价位的米饭能够做到这般用心,而这冰山一角的用心也能诠释"绿茶"的门口为何永远都排着长队。

5. 服务品牌策略

服务品牌由品牌名称和展示品牌的标识语、颜色、图案、符号、制服、设备等可见性要素构成。企业应注意服务品牌的研究,通过创名牌来树立自己独特的形象,以建立和巩固企业特殊的市场地位,在竞争中保持领先的优势。

案例:中国快递之"王"是怎样炼成的?

顺丰航空是目前国内自有全货机最大的货运航空公司,用37架自有货机和其他航司的全货机及腹舱带货,每天运输的航空件达1400吨。顺丰快递的核心产品是"快",体现在以下几个方面。

第一,速度快。北京到上海,第二天早上到,也就是通常的次日达,价格是23元。这个价格几乎是同行的一倍。为什么顺丰敢把价格太高,因为用户认它,这就是口碑。为什么认他?一个字,快!

第二,布局快。比如2009年,经济危机非常严重,很多小快递公司都死了,王卫的顺丰也经历了历史上少有的亏损,但是王卫却做了一件令人瞠目结舌的事:申请成立航空公司,花钱,买飞机。等其他快递公司从经济危机中恢复过来再想追赶顺丰时,有自有货机的顺丰早就遥遥领先了,其他公司只能望尘莫及。

第三,员工财富涨得快。王卫在提高快递员积极性上下足了功夫。他发明了两个方法:一是承包。就是快递员像当年的包产到户一样,每个快递员在城市里有自己的片区,别人不会来抢你的,但是如果你的片区业务量增长缓慢,一定时间内没有起色,就换人。

二是计件工资。快递业有句行话叫"收一派二",就是一个快递员收一个快件的同时,应该派两个快件,真正挣钱的应该是派件部分。在顺丰,你送得越多,挣得越多,而且上不封顶。

6. 服务公关策略

服务公关是指企业为改善与社会公众的联系状况,增进公众对企业的认识、理解和支持,树立良好的企业形象而进行的一系列服务营销活动,其目的是要促进服务产品的销售,提高服务企业的市场竞争力。

案例:迪士尼乐园——给游客以欢乐

作为世界最大的传媒和娱乐巨头之一,迪士尼是一个魅力无穷的商业品牌。迪士尼品牌价值超过600亿美元,它的形象涉及影视、旅游、网络、服装、玩具等众多领域。迪士尼乐园含魔术王国、迪士尼影城和伊波科中心等若干主题公园。通过主题公园的形式,迪士尼致力于提供高品质、高标准和高质量的娱乐服务。迪士尼乐园的生命力在于能否使游客欢乐。由此,"给游客以欢乐"成为迪士尼乐园始终如一的经营理念和服务承诺。

迪士尼乐园的魅力在于它为顾客所创造的独特体验。在迪士尼乐园里,人们会产生一种回归大自然的满足感。如仿亚马逊河的冒险乐园令人置身于原始的大自然中,使人感到清新、忘我。那些18世纪或19世纪的欧美街景,如美国西部的板房、路边的小铺和仿煤气点燃的街灯,都会给人们罩上一种往日的色彩,使人们脱离现实,追寻回忆昔日的岁月和社会的更迭。

迪士尼乐园还拥有许多独具特色的娱乐性建筑。如天鹅宾馆棚顶的一对29吨重的天鹅雕塑,海豚旅馆栩栩如生的海豚塑像,为迪士尼的景观增添了不少特色。这两家旅馆由著名的后现代派建筑师麦考尔·格然吾斯设计,充满了创造性的富丽堂皇和诙谐生动的视觉感受,扩展了主题公园的梦幻感觉。

迪士尼乐园不仅是大人们娱乐休息的地方,更重要的也是儿童们游乐的世界。景区里不仅有各种用金鱼、火箭、大象等形状制作的游艺车,还有米老鼠童话世界的小房屋、小官殿、小风车,这一切使孩子们产生了平时在学校里和大城市生活中难以激发的美好神奇的幻想。乐园环形火车站台的工作人员整齐的着装,一丝不苟的认真作风都给这些幼小的心灵留下无须言传的深刻印象,而这一切都将会在他们的脑海中留下美好的回忆。此外,迪士尼还时时刻刻为儿童设想周全。以喝水池为例,都是一大一小两个。垃圾筒的高度也让孩子们伸手可及。更有动听的音乐随时陪伴,还有专供小朋友们照相的卡通人物,连公园里的食品都是孩子们喜欢吃的,孩子们到了这里就如同爱丽丝漫游仙境一般。此外,乐园里还专为小朋友们准备了安全的刺激性较小的游玩项目,指定必须有大人陪同参加,像旋转木马、小飞象、小人国等。

在各种游乐节目中,迪士尼都十分注意培养顾客的参与性,总是创造机会让人们发挥自己的主观能动性,让孩子们从小培养做人的能力。迪士尼认为,乐园主要是孩子们的,当然要让孩子们在这里成长。乐园里设有沿着"道路"行驶的小型汽车,这种车比国内玩具车要大得多,两个大人可以轻松入座,一个家长可以带一个孩子,由孩子驾驶汽车绕过各种复杂的转弯,进行比较漫长的"实习"。这种游戏往往是所有游艺中排队最长的,可见其颇受家长与孩子们的喜爱。

迪士尼提供周到的服务和良好的卫生环境。在乐园大门口有旅客接待站,对带孩子的旅客可以免费提供童车和婴儿车;门口还有狗舍,狗不得入园,但可以寄养;进入大门后还有轮椅供残疾人使用。在园内许多景区也都有许多的童车、婴儿车及轮椅供人使用。

迪士尼善于营造欢乐的氛围。迪士尼乐园不只是游乐场,更是现实的"乌托邦"。通过一系列游戏设施和表演,游客在早已预设的轨迹和效果中,与各种人物一同历险。最后在迪士尼世界固有而唯一的规律下,游客所感受到的是一段既惊险,又安全,却又充满快乐的旅程,这种旅程的欢乐氛围是由员工与游客一起创造的。其中,员工起着主导作用。主导作用具体表现在对游客的服务行为表示上。这种行为包括微笑、眼神交流、令人愉悦的行为、特定角色的表演以及与顾客接触的每一细节。

所有的服务运作都离不开迪士尼完善的服务系统,小至一架电话、一台计算机,大到电力系统、交通运输系统、园艺保养、中心售货商场、人力调配、技术维修系统等,这些部门的正常运行,均是迪士尼乐园高效运行的重要保障。

● 分项任务测试:

实地考察当地的中西快餐店并进行比较,分析其服务的差异。

9.3　网络营销

9.3.1　认知网络营销

网络营销(On-line Marketing 或 E-Marketing)就是以国际互联网络为基础,利用数字化的信息和网络媒体的交互性来辅助营销目标实现的一种新型的市场营销方式。笼统地说,网络营销就是以互联网为主要手段开展的营销活动。作为一种新型的商业营销模式,网络营销具有很强的实践性特征。

网络营销的任务归纳为八个方面:网站推广、网络品牌、信息发布、在线调研、顾客关系、顾客服务、销售渠道、销售促进。网络营销的职能不仅表明了网络营销的作用和网络营销工作的主要内容,同时也说明了网络营销应该实现的效果。

(1)网络品牌。网络品牌建设是以企业网站建设为基础,通过一系列的推广措施,达到顾客和公众对企业的认知和认可。在一定程度上说,网络品牌的价值甚至高于通过网络获得的直接收益。

(2)网址推广。网站所有功能的发挥都要一定的访问量为基础,所以网址推广是网络营销的核心工作。

(3)信息发布。网站是一种信息载体,通过网站发布信息是网络营销的主要方法之一,同时也是网络营销的基本职能。

(4)销售促进。大部分网络营销方法都与直接或间接促进销售有关,网络营销在很多情况下对于促进网下销售十分有价值。

(5)销售渠道。网上销售是企业销售渠道在网上的延伸,网上销售渠道建设也不限于网站本身,还包括建立在综合电子商务平台上的网上商店,以及与其他电子商务网站不同形式的合作等。

(6)顾客服务。互联网提供了更加方便的在线顾客服务手段,从形式最简单的FAQ(常见问题解答)到邮件列表,以及BBS、聊天室等各种即时信息服务,顾客服务质量对于网络营销效果具有重要影响。

(7)顾客关系。良好的顾客关系是网络营销取得成效的必要条件,通过网站的交互性、顾客参与等方式在开展顾客服务的同时,也增进了顾客关系。

(8)网上调研。通过在线调查表或者电子邮件等方式,可以完成网上市场调研,相对传统市场调研,网上调研具有高效率、低成本的特点。

阅读资料:微信营销与微博营销

随着移动互联网的不断发展,微博、微信这些常见的社交媒体已然成为企业营销推广的载体之一。相比较传统的市场营销和网络营销的手段,微博营销和微信营销无论是从操作性、传播度和转化率上来说,都更加灵活和有效果,企业对于这种支出成本低,短期效果明显的社会化营销手段也是十分青睐的。

微博与微信在社会化营销中,已经逐渐形成了自有不同的价值。从用户属性到参与玩法,信息流广告在微信端,本质上和微博的区别就在这里。而这背后最根本的原因,在于微博是开放式的,在微博只要你关注一个人(可能是明星或者是品牌),你就会看到他所发的状态之类,并有热门微博这个端口可以看一些大家都感兴趣的内容,这就是现在的一些热点话题从微博火起来的原因,品牌在这其中的玩法才是符合社交媒体属性的玩法。

而微信是封闭式的,只有经过好友同意你才能看到他的朋友圈,所以说是相对封闭私人的,它们是两种完全不同的媒体形态。微信里对信息的转发只能发生在自己小范围的朋友圈内,而不能像微博一样转发给大范围的公众账号,这极大降低了信息的扩散宽度。但相较微博,微信又很好地避免了开放信息中可能多余信息而引起的用户体验不佳的问题。在用户的角度上,二者其实是互补的,但从品牌营销的角度看,微博绝对不是微信能取代的。

9.3.2　网络营销策略运用

1. 搜索引擎注册与排名

调查表明,搜索引擎仍然是人们发现新网站的基本方法。因此,在主要的搜索引擎上注册并获得最理想的排名,是网站设计过程中就要考虑的问题之一,网站正式发布后尽快提交到主要的搜索引擎,是网络营销的基本任务。现在的搜索引擎优化(SEOTMTW)就是其最有效的方法之一。

2. 交换链接

交换链接或称互惠链接,是具有一定互补优势的网站之间的简单合作形式,即分别在自己的网站上放置对方网站的 LOGO 或网站名称并设置对方网站的超级链接,使得用户可以从合作网站中发现自己的网站,达到互相推广的目的。

3. 网络广告

几乎所有的网络营销活动都与品牌形象有关,在所有与品牌推广有关的网络营销手段中,网络广告的作用最为直接。网络广告克服了标准条幅广告条承载信息量有限、交互性差等弱点,获得了相对高的点击率。

4. 信息发布

通过互联网,不仅可以浏览到大量商业信息,同时还可以将有价值的信息及时发布在自己的网站上,以充分发挥网站的功能。

5. 许可 E-mail 营销

基于用户许可的 Email 营销比传统的推广方式或未经许可的 E-mail 营销具有明显的优势,比如可以减少广告对用户的滋扰、增加潜在客户定位的准确度、增强与客户的关系、提高品牌忠诚度等。

6. 邮件列表

邮件列表是通过为用户提供有价值的信息,在邮件内容中加入适量促销信息,从而实现营销的目的。邮件列表的表现形式很多,常见的有新闻邮件、各种电子刊物、新产品通知、优惠促销信息、重要事件提醒服务等。

7. 个性化营销

个性化营销的主要内容包括用户定制自己感兴趣的信息内容、选择自己喜欢的网页设计形式、根据自己的需要设置信息的接收方式和接受时间等等。个性化服务在改善顾客关系、培养顾客忠诚以及增加网上销售方面具有明显的效果。

8. 会员制营销

会员制营销已经被证实为电子商务网站的有效营销手段,许多网上零售型网站都实施了会员制计划,几乎已经覆盖了所有行业。

案例:泡学网的会员制营销

泡学是一门关于如何追求女性的学问(也许是伪科学),在国外发展了 30 多年,在中国近几年才得以兴起。国内研究泡学的团队有很多,而其中规模最大、体系最为成熟的泡学网已经拥有了 40 万的男性注册用户,并形成了一套属于自己的商业模式。泡学声称自己要解决的问题便是一系列的男女相处技巧的问题。这门在国外发展了 30 多年的学说,因为国内的一些人士的介绍,正好又遇上国内越来越严重的"择偶危机",得以迅速在国内传播开来。

泡学网的用户大都为 20~40 岁的男性。他们职业、收入、民族等信息都不相同,但是有这样一些特点是相同的:① 普遍存在两性相处上的困扰,渴望寻求别人的指导。② 极度渴望通过泡学改变命运,改进自己和异性相处的能力。③ 有相当的付费意愿和能力。

有别于世纪佳缘的配对模式,也不同于"陌陌"等社交工具的定位。泡学网致力解决的不是如何快速地和异性接触的问题,而是致力于通过提供各项服务来便利男性用户学习泡学,满足他们希望通过泡学改进自己对女性的吸引力,并提升与女性相处时的效果的愿望。因此,它是一个集学习、经验分享和培训于一身的网站。

泡学网的业务分为线上和线下两大类,另外还有一些衍生服务。泡学网线上业务包括信息服务和社交服务。信息服务主要指泡学理论知识的分享。社交服务主要包括两大类:一类是恋爱求助,用户在这里可以求助和咨询网友,给自己的恋爱问题出谋划策;另一类是恋爱经验分享。而泡学网线下业务非常多,总的来讲就是通过线下的培训服务来实现线上客户的流量变现。衍生服务主要是一些常见的论坛业务,如团购、酒店特惠等。

可以说,泡学网的模式就是线上业务是线下业务的来源和根本,而线下业务是实际的利润来源,并不断反哺线上业务。

9. 网上商店

网上商店除了通过网络直接销售产品这一基本功能之外,还是一种有效的网络营销手段。网上商店为企业扩展网上销售渠道提供了便利的条件,对不具备电子商务功能的企业网站也是一种有效的补充,对提升企业形象并直接增加销售具有良好效果。

10. 病毒营销

病毒营销是通过用户的口碑宣传网络,信息像病毒一样传播和扩散,利用快速复制的方式传向数以千计、数以百万计的受众。病毒性营销的经典范例是 Hotmail.com。现在几乎所有的免费电子邮件提供商都采取类似的推广方法。

11. 网络视频营销

网络视频营销是企业利用各种网络视频发布信息,把最需要传达给最终目标客户的信息通过各种网络媒体发布出去,最终达到宣传的目的。

12. 论坛营销

论坛营销是企业利用论坛这种网络交流的平台,通过文字、图片、视频等方式发布企业的产品和服务的信息,从而让目标客户更加深刻了解企业的产品和服务。

9.3.3 网络促销策略运用

1. 折价

因为目前网民在网上购物的热情远低于商场超市等传统购物场所,因此网上商品的价格一般都要比传统方式销售时要低,以吸引人们购买。幅度比较大的折扣可以促使消费者进行网上购物的尝试并做出购买决定。

2. 赠品

在新产品推出试用、产品更新、对抗竞争品牌、开辟新市场情况下,利用赠品促销可以达到比较好的促销效果。赠品促销鼓励人们经常访问网站以获得更多的优惠信息,能根据消费者索取赠品的热情程度而总结分析营销效果和产品本身的反应情况。

3. 抽奖

网上抽奖活动主要附加于调查、产品销售、扩大用户群、庆典、推广某项活动等。消费者或访问者通过填写问卷、注册、购买产品或参加网上活动等方式获得抽奖机会。

4. 积分

网上积分活动很容易通过编程和数据库等来实现,并且结果可信度很高,操作起来相对较为简便。积分促销一般设置价值较高的奖品,消费者通过多次购买或多次参加某项活动来增加积分以获得奖品。

案例:杜蕾斯微博营销

事实上,营销无处不在。但要把营销工作做好,让推销成为多余,却并不是一件容易的事。尤其是对于一些具有私密性、敏感性的产品,比如卫生巾、性用品等,不能不顾忌公序良俗,在遵从社会道德的前提下巧妙营销,不仅不能冒犯受众,还要迎合他们的心理,提高他们的品牌忠诚度。

而避孕产品品牌杜蕾斯,就是一个成功的代表,它的广告一直做得都很经典,在朦胧中有着调皮的幽默感。2010年被利洁时收购后,杜蕾斯顺应传播环境的变化,在中国市场加大了微博营销的传播和推广力度。

做商业品牌的微博营销内容有几个重点:第一,不碰政治;第二,不涉及宗教;第三,不牵涉、不攻击竞争品牌,甚至任何人、事、物。只要是相关的热点,不牵涉敏感话题,杜蕾斯会通过官方和大家分享包括公益、慈善方面的内容。温州动车事件发生的时候,利洁时家化旗下5个品牌的网络页面率先变成单色页面,挂上黑丝带标志,并且停止微博一天,这是品牌应该有的态度。

杜蕾斯几乎是所有官方微博中最喜欢和粉丝沟通的。当品牌调性出来之后,粉丝的回复就会很有意思。前几天有个帖子,是一个网友把益达口香糖的广告词改了:"兄弟,油加满……你的杜蕾斯也满了。"当时杜蕾斯回复了一句:"杜蕾斯无糖避孕套,关爱牙齿,更关心你。"

在社交网络上,杜蕾斯微博团队的操作宗旨就是与热点结合、有趣胆大、快速反应、坚持原创。2011年6月,北京的一场大雨,让杜蕾斯官方微博着实火了一把。正值北京傍晚临近下班时,大雨猛然间落下,微博上网友开始讨论如何回家。此时,一个叫"地空捣蛋"的账号发出一条微博:北京今日暴雨,幸亏包里还有两只杜蕾斯。他在配图中,详细介绍了自己怎样把杜蕾斯作为鞋套。此微博一发出,就被网友疯狂转发,在1小时之内便被转发了1万多条。

24:00,这条微博转发量已经超过 5.8 万条,牢牢占据了 6 月 23 日新浪微博转发排行第一名。3 天内,最高转发超过了 9 万条。如果以传统媒体的传播达到来比较,这次没花费一分钱预算的事件传播可以与 CCTV 黄金时间点的 3 次 30 秒广告效果媲美。一周后,《中国日报》英文版将此案例评为 2010 年最有代表性的社交网络营销案例之一。

● 分项任务测试:

浏览淘宝网,建立个人商品销售网站,运用适当的方法进行网络营销与促销。

阅读资料:奢侈品牌在中国的线上策略,这十个品牌表现最为出色

第一位:Burberry(巴宝莉)　在百度搜索引擎的成衣和配饰方面,Burberry 是付费搜索曝光度最高的奢侈品品牌,同时也是移动端的配饰品牌中付费搜索曝光度最高的。

第二位:Cartier(卡地亚)　Cartier 是多渠道和礼宾服务表现最好的品牌,为消费者提供了线上订购、线下取货以及线上预订商品等多种服务。

第三位:Coach(蔻驰)　在付费搜索和普通搜索两方面,Coach 的表现都非常出色。在不限定品牌的手袋搜索中,Coach 的付费广告覆盖率达到了 50%。此外,Coach 在跨境消费者中也非常受欢迎,对前往海外的中国游客的吸引力要高于其他品牌。

第四位:Bulgari(宝格丽)　Bulgari 的商品覆盖了多个电商销售渠道,是少数在时尚购物平台 Farfetch 上销售的手表和珠宝品牌。此外,他们与明星吴亦凡一起进行的直播宣传,也在微信上获得了大量的曝光率。

第五位:Gucci(古驰)　在各大线上论坛的提及率排名中,Gucci 仅次于 Louis Vuitton(路易威登),同时也是新浪微博上讨论热度最高的品牌之一,与歌手李宇春之间的合作为他们增加了更多的曝光度。

第六位:周大福　在不限品牌的百度搜索中,周大福的出现频率很高,这显示了他们在移动端和电脑端上长期以来的稳定热度。

第七位:周生生　微信与电商平台京东的进一步整合,对周生生在这两个平台上的表现起到了进一步推动作用。此外,他们通过打造多功能的旗舰店,成功地减少了灰色市场在天猫上对品牌造成的影响。

第七位:Piaget(伯爵手表)　Piaget 在社交平台上拥有很高的曝光率,与演员胡歌合作的 Polo S 手表广告在新浪微博上的热度尤其火爆。

第九位:Louis Vuitton(路易威登)　Louis Vuitton 在所有平台的热度都很高,同时是线上论坛中最常被提到的品牌。此外,与支付宝的合作也帮助他们吸引了大量中国游客。

第十位:Valentino(华伦天奴)　Valentino 通过对竞争对手的奢侈品商品进行报价,来增加自身的曝光度。此外,品牌通过与线上电商平台北美省钱快报(DealMoon)合作进行的线上推广也增加了在线上的曝光度。

9.4 绿色营销

9.4.1 认知绿色营销

绿色营销是指企业在生产经营过程中,将企业自身利益、消费者利益和环境保护利益三者统一起来,以此为中心,对产品和服务进行构思、设计、销售和制造。

绿色营销企业以环境保护为经营指导思想,以绿色文化为价值观念,以消费者的绿色消费为中心和出发点的营销观念、营销方式和营销策略。它要求企业在经营中贯彻自身利益、消费者利益和环境利益相结合的原则。绿色营销具有以下特点:

(1) 综合性。绿色营销综合了市场营销、生态营销、社会营销和大市场营销观念的内容,它要求企业在满足顾客需要和保护生态环境的前提下取得利润,把三方利益协调起来,实现可持续发展。

(2) 统一性。绿色营销强调社会效益与企业经济效益统一在一起,只有国家、企业和消费者三者同时牢牢树立绿色意识并付诸实施,绿色营销才能蓬勃发展。

(3) 无差别性。绿色产品的标准尽管世界各国不尽相同,但都是要求产品质量、产品生产及使用消费及处置等方面符合环境保护要求、对生态环境和人体健康无损害。

(4) 双向性。绿色营销不仅要求企业树立绿色观念、生产绿色产品、开发绿色产业,同时也要求广大消费者购买绿色产品,对有害产品进行自觉抵制。

9.4.2 树立绿色营销观念

绿色营销观念是在绿色营销环境条件下企业生产经营的指导思想。企业营销决策的制定必须首先建立在有利于节约能源、资源和保护自然环境的基点上,促使企业市场营销的立足点发生新的转移。与传统的社会营销观念相比,绿色营销观念注重的社会利益更明确定位于节能与环保,立足于可持续发展,放眼于社会经济的长远利益与全球利益。

9.4.3 设计绿色营销组合策略

1. 绿色产品策略

企业实施绿色营销必须以绿色产品为载体,为社会和消费者提供满足绿色需求的绿色产品。绿色产品是对社会、对环境改善有利的产品,或称无公害产品。这种绿色产品与传统同类产品相比,至少具有下列特征:① 产品的核心功能既要能满足消费者的传统需要,更要满足对社会、自然环境和人类身心健康有利的绿色需求,符合有关环保和安全卫生的标准。② 产品的实体部分应减少资源的消耗,尽可能利用再生资源。产品实体中不应添加有害环境和人体健康的原料、辅料。在产品制造过程中应消除或减少"三废"对环境的污染。③ 产品的包装应减少对资源的消耗,包装的废弃物和产品报废后的残物应尽可能成为新的资源。④ 产品生产和销售的着眼点,不在于引导消费者大量消费而大量生产,而是指导消费者正确消费而适量生产,建立全新的生产美学观念。

2. 绿色定价策略

一般来说,绿色产品在市场的投入期,生产成本会高于同类传统产品,因为绿色产品成本中应计入产品环保的成本。但是,产品价格的上升是暂时的,随着科学技术的发展和各种环保措施的完善,绿色产品的制造成本会逐步下降,趋向稳定。企业制定绿色产品价格,一方面当然应考虑上述因素,另一方面应注意到,随着人们环保意识的增强,消费者经济收入的增加,消费者对商品可接受的价格观念会逐步与消费观念相协调。

3. 绿色渠道策略

企业实施绿色营销必须建立稳定的绿色营销渠道,策略上可从以下几方面努力:① 启发和引导中间商的绿色意识,建立与中间商恰当的利益关系,不断发现和选择热心的营销伙伴,逐步建立稳定的营销网络。② 注重营销渠道有关环节的工作。为了真正实施绿色营销,从绿色交通工具的选择,绿色仓库的建立,到绿色装卸、运输、贮存、管理办法的制定与实施,认真做好绿色营销渠道的一系列基础工作。③ 尽可能建立短渠道、宽渠道,减少渠道资源消耗,降低渠道费用。

4. 绿色促销策略

绿色促销是通过绿色促销媒体,传递绿色信息,指导绿色消费,启发引导消费者的绿色需求,最终促成购买行为。绿色促销的主要手段有以下几方面:① 绿色广告。通过广告对产品的绿色功能定位,引导消费者理解并接受广告诉求。② 绿色推广。通过绿色营销人员的绿色推销和营业推广,从销售现场到推销实地,直接向消费者宣传、推广产品绿色信息,讲解、示范产品的绿色功能,回答消费者绿色咨询,宣讲绿色营销的各种环境现状和发展趋势,激励消费者的消费欲望。③ 绿色公关。通过企业的公关人员参与一系列公关活动,增强公众的绿色意识,树立企业的绿色形象。

案例:伊利的世博会绿色促销

伊利的世博营销,注重强化消费者的亲身体验,在赢取消费者好感的基础上诉求伊利的"世博标准"牛奶。为此,伊利创新世博体验营销模式,让消费者在回归爱和自然、享受关怀与绿色的同时,记住伊利的"世博标准"牛奶。自上海世博园开园以来,伊利以"公益"和"绿色"为主题策划实施了多项营销活动,同时通过中央电视台等强势媒体,传播相关活动信息,吸引更多的消费者参与伊利组织的公益、"绿色"活动。

上海世博会生命阳光馆,是世博会历史上第一个针对残疾人兴建的馆。为了践行自己的企业社会责任,伊利参与了生命阳光馆建设,为关爱残疾人尽了自己应尽的力量。伊利参与育乐湾建设——育乐湾能够让孩子亲身体验绿色天然牛奶的加工过程,在给孩子们传授知识的同时,带给他们欢乐。而世博母婴服务中心是伊利为上海世博会贡献的又一个公益项目。

在公益之外,伊利的"绿色"体验营销同样是出手不凡。上海世博园入口处矗立的"中国馆",是用伊利的绿色包装盒搭建的;育乐湾内由废旧的伊利牛奶盒压制成的"环保座椅",时刻向游客们传递着伊利的绿色发展理念。与此同时,伊利的"绿色"体验营销还借助社会化媒体,通过新浪微博开设了"绿社会"公益主题微博,让无数粉丝进入发现上海世博会之"绿"的美妙旅程,引导一个"绿社会"从线下走向网络:一张张图片,一段段文字,记录了伊利和上海世博会的"绿色"闪光点。伊利通过"绿色"体验营销,直观地再现了自己近年来一直在践行的"绿色产业链"发展战略,同时也影响了更多的参与者和受众关注人类社会的可持续发展议题。

5. 绿色服务策略

随着经济的不断发展,服务已经由原来的营销辅助功能转为创造营销价值的主要营销功能,绿色营销更应该建立绿色服务通道。绿色营销者需要真正从专业化的角度解决消费者在绿色消费中出现的问题,通过绿色服务减少资源浪费,节约物质消耗,减少环保成本,实施资源综合利用,实现绿色产品在绿色服务中价值最大化。

● 分项任务测试:

上网查阅"绿色饭店"关键词,了解我国饭店业绿色营销实施的现状。

9.5 直 销

直销起源于美国,直销最早的萌芽始于 20 世纪 40 年代,由犹太人卡撒贝创立。随着信息化社会的迅速发展和人们图方便快捷购物心理而兴起,现在直销几乎遍及全球所有市场经济成熟和发达的国家。虽然直销可说是人类最早的商业配销方式,但是直销并没有被人好好地了解,对直销的定义至今一直没有定论。

9.5.1 直销的定义

狭义直销(Direct Selling)是指产品生产商、制造商、进口商通过直销商(兼消费者)以面对面的方式将产品销售给消费者,含单层直销和多层直销。单层直销(Uni-Level Marketing)是直销商(兼消费者)将公司产品或服务销售给消费者,根据其销售业绩向公司领取奖金的销售模式。多层直销(Muti-level Marketing)是根据公司的奖励制度,直销商(兼消费者)除了将公司的产品或服务销售给消费者之外,还可以吸收、辅导、培训消费者成为它的下级直销商,它则称为上线直销商,上级直销商可以根据下级直销商的人数、代数、业绩晋升阶级,并获得不同比例的奖金。

2005 年,我国《直销管理条例》的出台,此条例所称的直销是指直销企业招募直销员,由直销员在固定营业场所之外直接向最终消费者(以下简称消费者)推销产品的经销方式。

从我国禁止非法传销后,逐渐有人开始使用"直销"一词来代替"传销"一词。"直销模式"实质上就是通过简化、消灭中间商,来降低产品的流通成本并满足顾客利益最大化需求。在非直销模式中,有两支销售队伍,即制造商到经销商,再由经销商到顾客。

9.5.2 直销的优势

直销业相比传统零售业的优势:

(1) 服务个性化。由于直销产品比较特殊化、个性很强,需直销人员讲解、演示、试用,所以要求直销人员根据产品和消费者的要求提供个性化服务。

(2) 就业简易化。直销人员的就业门槛较低,它需要付出的是少量的金钱和时间,而且不需要进行工商登记,省去了很多成本。具有推销能力都有机会成为一名直销员,这在一定程度上可缓解我国日益严重的就业压力。

（3）销售主动性。由于直销更多需用直销人员的主动推荐、演示、讲解,销售能力越强,销售额就越大。

（4）服务便利性。由直销人员提供的送货上门服务,提供了另一种给消费者便利的高品质产品的销售渠道。

案例:安利在中国的渠道转型

创立于1959年的美国安利公司是世界知名的日用消费品生产商及销售商,业务遍及五大洲80多个国家和地区。由于安利公司的两位创始人狄维士和温安洛都是推销员出身,所以近50年来直销一直被安利公司看作是最有效的营销方式。然而,当安利兴冲冲地将这种营销模式导入中国的时候,他们却遇到了前所未有的尴尬。

1995年,安利正式落户中国,他们在广州投资一亿美元建成了安利在海外唯一的现代化日用消费品生产基地,欲在中国掀起一场安利的直销风暴。可是,很快国内形形色色打着直销旗号的传销诈骗活动搅乱了安利的市场前景。1998年4月21日,国务院《关于禁止传销经营活动的通知》出台,对传销（包括直销）活动加以全面禁止。对于安利来说,1998年无疑是它在中国的一个分水岭,随着这年4月在中国的业务被禁,安利开始在中国寻求新的生存方式。

1998年7月,经批准,安利（中国）日用品有限公司正式采用新的营销方式,由直销改为"店铺＋雇佣推销员"的经营模式。自此,安利40多年来在全球80多个国家和地区均通过直销员销售产品的传统被彻底打破。转型后的安利把原来分布在全国20多个分公司改造成为第一批店铺,以后又陆续对这些店铺进行扩充。所有产品明码标价,消费者可以直接到专卖店中自行选购,杜绝推销员自行定价带来的问题。新的经营模式给消费者带来了新的选择,同时也让安利做出了新的尝试,突破原有的直销模式,多种销售方式并举,对于融入中国国情的安利来说也是一种挑战。

"店铺＋雇佣推销员"的新型渠道成功地推进了安利在中国的转型进程,而与此同时,安利对员工的管理整顿也在加紧进行。从2002年1月至今,安利（中国）已清除了近万名身份为公务员、军人或学生等不符合从业规定的销售人员。安利（中国）还加强了对营销队伍的管理,通过培训和严格的奖惩制度来规范其推销行为。

安利的渠道转型为其带来了巨大的市场收益。正如安达高公司执行副总裁Bill Payne所说:"我们重视中国市场,我们尊重中国国情,我们遵守中国的规则,因此我们改变自己的经营模式来适应中国,做这一切的结果是:我们赢得了中国市场。"

公司要进行直销,首先,必须透彻研究顾客需求而不是竞争对手,通过细分市场和提供异质化产品来切入市场。其次,要增加直销的触角,与顾客保持互动,如网上直销、电子商务、DIY订单接纳、电话直销等。再次,要有科学管理直销团队的方法,确保销售团队高效运转。

阅读资料:直销大事记

• 20世纪80年代末,日本一家卖磁性保健床垫的Japan Life公司在我国开展传销业务。该公司未经任何官方的经营许可。

• 1990年11月14日,中国大陆第一家正式以直销申请注册的公司——中美合资广州雅芳有限公司成立,直销正式被纳入了工商管理的正式范畴。

• 1994年8月11日,国家行政工商管理总局发出《关于制止多层次传销活动违法行为的通告》(233号文)。9月2日再次发出《关于查处多层次传销活动中违法行为的通知》(240号文)。非法传销的发展速度得到了遏制。

• 1995年3月28日,国内贸易部发文,宣布正式成立"多层次传销管理条例"立法工作机构,着手起草多层次传销管理办法。

• 1995年9月22日国务院办公厅发出《关于停止发展多层次传销企业的通知》,对国内再次过热的传销进行规范限制;随后不久,国家工商行政管理局制定了《关于审查清理多层次传销企业的实施办法》。

• 1996年4月我国政府经过审查,首次批准了41家传销企业可以开展多层次传销业务;4月28日,国家工商局向41家多层次传销企业颁布了《准许多层次传销经营意见书》。

• 1997年1月10日,国家工商行政管理局颁布了《传销管理办法》,提出单层次传销和多层次传销的定义。

• 由于对多层次传销和单层次传销的区分没有严格的标准,大大小小的非法传销公司如雨后春笋般地涌现出来。以至于从1997年底到1998年初,非法传销大肆猖獗,国家对直销企业几乎失控。1998年4月21日,国务院颁布了《关于禁止传销活动的通知》,对整个传销行业全面禁止整顿。

• 1998年6月18日,国家三部委(对外贸易经济合作部、国家工商行政管理局、国家国内贸易部)发出《关于外商投资传销企业转变销售方式有关问题的通知》,明文规定:外商投资传销企业必须转为"店铺十雇用人员推销"的运作模式,并批准了安利、雅芳、玫琳凯等10家外商投资直销企业转型经营。

• 2001年,我国加入WTO。中国政府承诺:以商业方式存在提供的无固定地点批发或者零售服务(包括传销)在入世3年后逐步取消限制。

• 2005年9月1日,涉及《直销法》的两部核心条例《直销管理条例》和《禁止传销条例》正式出台。《禁止传销条例》将于11月1日生效,《直销管理条例》于12月1日生效。

• 2006年7月24日,雅芳公司正式获得国家商务部和工商总局批准,从而成为国内首家被允许进行直销试点的企业。

已获得直销经营许可并完成服务网点核查备案的部分企业如下:

雅芳(中国)有限公司(2006-07-24);如新(中国)日用保健品有限公司(2006-12-31);宁波三生日用品有限公司(2007-02-06);宝健(中国)日用品有限公司(2007-03-15);新时代健康产业(集团)有限公司(2007-03-15);富迪健康科技有限公司(2007-04-11);金士力佳友(天津)有限公司(2007-04-20);南京中脉科技发展有限公司(2007-04-23);安利(中国)日用品有限公司(2007-05-28);欧瑞莲化妆品(中国)有限公司(2007-06-27);广东康力医药有限公司(2007-06-29);康宝莱(中国)保健品有限公司(2007-07-02);完美(中国)日用品有限公司(2007-08-17);南方李锦记有限公司(2007-08-24);玫琳凯(中国)化妆品有限公司(2007-09-03);北京罗麦药业有限公司(2007-10-26);广东太阳神集团有限公司(2007-11-05);上海美乐家保洁用品有限公司(2007-11-21);天津尚赫保健用品有限公司(2007-12-25);嘉康利(中国)日用品有限公司(2008-03-12);哈药集团股份有限公司(2007-08-13);江苏安惠生物科技有限公司(2008-02-19);江苏隆力奇生物科技股份有限公司(2008-08-07);克缇(中国)日用品有限公司(2009-02-06);天津天狮生物工程有限公司内资企业(2011-01-20);金日制药(中国)有限公司(2012-02-16);吉林省美罗国际生物

科技集团股份有限公司(2012－12－19);天津市康婷生物工程有限公司(2013－03－14);宝丽(中国)美容有限公司(2013－10－08);福维克家用电器制造(上海)有限公司(2014－04－16);浙江康恩贝集团医疗保健品有限公司(2014－11－05);东阿阿胶股份有限公司(2015－02－26);山东福瑞达医药集团公司(2015－05－14);苏州绿叶日用品有限公司(2016－03－16);北京同仁堂健康药业股份有限公司(2016－05－31);珠海保税区永健保健食品有限公司(2017－03－14);自然阳光(上海)日用品有限公司(2017－05－08)。

(备注:括号内为核查备案日期)

阅读资料:警惕网络传销新模式

传销这一违法手段,借势互联网升级换代为"网络传销",手段更为隐蔽。北京朝阳工商分局结合近期的举报案件分析,以"微商"、"虚拟货币"、"金融互助"、"爱心慈善"、"旅游互助"等为幌子实施的网络传销违法犯罪活动已经成为网络传销的"新形式"。

某网站称自己是一个创新的购物商城,采用多级分销的形式,并在网站首页宣传"当消费者在网站商城消费满128元的产品,就自动升级为管家,可以参与公司80%的利润分配,管家可以拿公司8代的奖金"等标语。也就是说,假如一件商品有100元的利润,公司80%利润为80元。当消费者推荐一个人成为管家时(第一代),就可以拿80元中的40%利润,也就是32元;当消费者的第一代推荐一个管家时(第二代),消费者可以拿80元里的10%利润,即8元。一直到第八代均可以抽取利润。该网站声称:"每个人推荐6个朋友每人消费128元不难吧,如果平均每个订单利润能取得5元佣金,你就可以轻松拿到800万元了!"

按照国家法律规定,分销模式不得超过3级,但是该网站的分销居然达到了七八级,将"拉人头"作为体系内人员盈利的主要模式,严重违反了国家《禁止传销条例》的规定。而这种传销模式披上了互联网的外衣后,辐射更广,危害性更大。

网络传销的常见表现形式主要有以下几种:一是以创业投资为由头,以"在家创业""网络创业""网络资本运作""网络投资""原始股投资""基金发售"为诱饵,欺骗、引诱年轻人上当;二是打着"慈善救助""爱心互助"等幌子,以"做慈善事业,筑和谐家园""爱心支助贫困学子"、"消费养老"等形式,欺骗群众上当受骗;三是打着"微信营销"的旗号,以微信、微商为平台,采取夸大宣传、造假炫富等方式,诱骗"朋友圈"的亲朋好友,以商品零售为幌子,实际是以发展下级代理商的形式从事网络传销;四是打着"旅游直销""免费旅游"的旗号,以"免费旅游""边旅游边赚钱"等噱头,通过加手机微信好友的形式发展下线,拉群众入会交费,从事网络传销。

无论何种形式,其实质仍是以购买份额作为入门费,以发展下线人员作为拉人头组成层级,以下线人员"业绩"作为获利依据的行为。识别传销,需要看三个主要特征:一是入门费,是否需要认购商品或交纳费用取得加入资格或发展他人加入的资格;二是拉人头,是否需要发展他人成为自己的下线,并对发展的人员以其直接或间接滚动发展的人员数量为依据给付报酬;三是团队计酬,是否以直接或间接发展人员的销售业绩为依据计算报酬。如果符合以上特征,就有可能涉嫌传销。

9.6 体验营销

体验营销是指企业通过采用让目标顾客观摩、聆听、尝试、试用等方式,使其亲身体验企业提供的产品或服务,让顾客实际感知产品或服务的品质或性能,从而促使顾客认知、喜好并购买的一种营销方式。体验营销的体验形式包括:

(1) 知觉体验。即感官体验,将视觉、听觉、触觉、味觉与嗅觉等知觉器官应用在体验营销上。感官体验可区分为公司与产品(识别)、引发消费者购买动机和增加产品的附加价值等。

(2) 思维体验。以创意的方式引起消费者的惊奇、兴趣、对问题进行集中或分散的思考,为消费者创造认知和解决问题的体验。

(3) 行为体验。通过增加消费者的身体体验,指出他们做事的替代方法、替代的生活形态与互动,丰富消费者的生活,从而使消费者被激发或自发地改变生活形态。

(4) 情感体验。体现消费者内在的感情与情绪,使消费者在消费中感受到各种情感,如亲情、友情和爱情等。

(5) 相关体验。通过实践自我改进的个人渴望,使别人对自己产生好感。它使消费者和一个较广泛的社会系统产生关联,从而建立对某种品牌的偏好。

体验营销的主要实施模式有:

(1) 节日模式。通过节假日营销氛围的营造,让消费者体验节日的气氛,从而带动产品的销售。

(2) 感情模式。通过寻找消费活动中导致消费者情感变化的因素,掌握消费态度形成规律以及有效的营销心理方法,以激发消费者积极的情感,促进营销活动顺利进行。

案例:"苹果"触发的宗教体验

很多苹果的顾客充满了一种精神——苹果精神。2011年英国的一个研究发现,苹果体验会触发的那部分大脑实际上和在激情的宗教体验下会活跃的部分是相同的。神经科学家使用核磁共振成像(MRI)技术发现,对于苹果粉丝来说,看到苹果产品的图像实际上和一位宗教人士看到神的图像点亮的是同一部分大脑。

如果你看到过在苹果零售店开业时顾客们表现出的那种狂热情景的图像和视频,那么你现在就知道为什么这些会发生了。

加利福尼亚州奥克兰的居民加里·艾伦就是苹果的忠实粉丝之一。2011年5月,为了纪念苹果零售店开业10周年,艾伦决定旅行数千英里到弗吉尼亚的泰森斯角探访全球第一家苹果店。他甚至没有坐飞机,而是租了一辆丰田雅力士行驶了五天。艾伦在5月14日星期六开始他的旅程,直奔I-80州际高速公路沿途到丹佛,然后穿过堪萨斯州、密苏里州、宾夕法尼亚州,进入弗吉尼亚州。现在要提一句,艾伦甚至不知道苹果公司将会如何庆祝这个10周年。他只知道要到达这一切开始的地方朝圣。

在长途行车的最后一晚只睡了4个小时后,艾伦在第6天的早上9点40分到达目的地。苹果公司并没有安排庆祝活动。没有记者出现,也没有庆祝的彩旗飘扬。但因为艾伦一路用博客记录他的旅程,苹果店员了解情况后,带领他参观了一圈店面,还特地为他准备了一个蛋糕。艾伦被苹果精神充盈着。对于艾伦来说,访问一家苹果零售店就是一次宗教体验。宗教给人们的生活赋予意义,而对于数以百万计的苹果顾客和数以千计的苹果员工来说,苹果品牌给予他们存在的意义,并提供改善他们生活的深切的情感体验。

所有苹果零售店的员工都鼓励随身携带一张卡片,那是一个钱夹大小上面概述了苹果零售店的愿景的卡片。卡片正面的主题词是"丰富生活"。据罗恩·约翰逊的说法,零售商应该问自己:"我们要如何重塑零售来丰富顾客的生活?"当你丰富了员工的生活,他们就会更加融入你的企业,也就更少可能离职,并提供更好的客户服务。当你丰富了顾客或客户的生活,他们就会用采购给你作回报,而更重要的,他们会成为你最热心的粉丝并积极地向其他人推广你的业务。当你进入了"丰富生活"的生意中,神奇的事情就会发生。让我们一起来创造奇迹。

(3) 文化模式。利用一种传统文化或一种现代文化,使企业的商品或服务与消费者的消费心理形成一种社会文化气氛,从而有效地影响消费者的消费观念,进而促使消费者自觉地接近与文化相关的商品或服务,促进消费行为的发生,甚至形成一种消费习惯和传统。

案例:文化营销新尝试,优酷打造品牌专属《圆桌派》

2017 年 3 月 8 日,优酷《圆桌派》联合天猫"3.8 女王节"进行文化营销的新探索,定制番外篇特别节目——《圆桌女生派》。节目中,窦文涛邀请文化名人梁文道、知名导演徐静蕾、知性名模孟广美、文学少女蒋方舟一起,探讨女性、女权、男女平等等话题。

两期特别节目上线后迅速受到网友热捧,播放量火速突破 2 152 万,远超全网文化类节目平均流量水准,创优酷文化类网综第一。同时,当日围绕节目本身的女性话题及天猫女王节 slogan"活出你的漂亮"的讨论量也直线上升,创下了微博话题曝光 2 874.2 万、微信大号超过 178 万阅读量的好成绩。

与天猫"3.8 女王节"活动 slogan"活出你的漂亮"相映成趣,《圆桌女生派》特别邀请女性嘉宾蒋方舟、徐静蕾等表达她们的人生经历和生活态度,与主持人窦文涛、嘉宾梁文道一起,结合节日亮点讨论女性话题。聊天式的节目风格将女性话题内容与品牌活动理念"活出你的漂亮"自然融合,在引发更多网友共鸣和二次话题发酵的同时,加深网友对品牌的记忆度与回想度,价值观念的文化输出与品牌"内容级广告"的输出并行,为用户方、内容方、品牌方三者都带去了美好的体验与感受。

以《圆桌派》为代表的文化类高端精品节目涵盖了以"高学历、高职位、高收入"为特征的人群,优酷据此同时瞄准天猫作为最懂女性的购物平台,为消费者提供消费数据及消费洞察的属性,成功对接天猫"3.8 女王节"的目标受众,通过其散发节目与话题的影响力和二次效应,帮助品牌占据其在女性群体的话语权。

(4) 美化模式。由于每个消费者的生活环境与背景不同,对于美的要求也不同,这种不同的要求也反映在消费行为中。人们在消费行为中求美的动机主要有两种表现:一是商品能为消费者创造出美和美感;二是商品本身存在客观的美的价值。这类商品能给消费者带来美的

享受和愉悦,使消费者体验到了美感,满足了对美的需要。

(5) 服务模式。对企业来说,优越的服务模式,可以征服广大消费者的心,取得他们的信任,同样也可以使产品的销售量大增。

(6) 环境模式。消费者在感觉良好的听、看、嗅过程中,容易产生喜欢的特殊感觉。因此,良好的购物环境,不但迎合了现代人文化消费的需求,也提高了商品或服务的外在质量和主观质量,还使商品或服务的形象更加完美。

(7) 个性模式。为了满足消费者个性化需求,企业开辟出一条富有创意的双向沟通的销售渠道。在掌握消费者忠诚度之余,满足了消费大众参与的成就感,同时也增进了产品的销售。

(8) 多元化经营模式。现代销售场所不仅装饰豪华,环境舒适典雅,设有现代化设备,而且集购物、娱乐、休闲为一体,使消费者在购物过程中也可娱乐休息。同时,也使消费者自然而然地进行了心理调节,从而还能创造更多的销售机会。

案例:欢乐之都:青少年职业体验营销

熊熊燃烧的大火在无情地吞噬着楼群,呜呜呜叫的警笛声伴着急迫而雄壮的音乐,三四个孩子握紧灭火管,在一位消防员的指挥下有条不紊地灭火,几个小护士忙上忙下,为受伤的消防员检查和治疗……这是哪里起火了吗?

原来,这是由中国品牌策划研究中心、广告导报杂志社主办,欢乐之都青少年职业体验馆与大华智道品牌策划机构协办的"童年的品牌记忆——品牌植入新营销模式分享会"的开场表演。生动的场景演示和可爱的孩子迅速将与会者的眼球抓住,将人们的注意力集中到会议主题青少年职业体验营销上来。

品牌记忆相对于品牌接触、注意,在营销策划过程中无疑位于更高的层次。如果能够将品牌记忆渗透入消费者的成长过程中,毫无疑问,对于品牌来说更有吸引力。欢乐之都将目标消费者确定为3～18岁的青少年,比照实物以2/3的比例建造了医院、交通队、消防队、法院、报社等设施,是一个不折不扣的微型城市。在这座城市里,孩子们可以根据自己的兴趣选择活动项目,参与近百项职业体验。

事实上,青少年职业体验将儿童营销、体验营销和植入营销的效力充分发挥了出来。在体验式营销的基础之上,青少年职业体验整合了教育营销、亲子互动营销、品牌植入式传播和精准营销等手法,是一种集展位、活动场地、广告媒体效果于一体的全方位、立体式营销传播形式。

目前,民生银行、依波表业已在欢乐之都建立了体验馆,让众多"小消费者"在娱乐的过程中受到产品和品牌文化的熏陶。依波表业总经理陶明谦表示:"我们和欢乐之都合作的品牌植入项目,很好地传达了依波表的品牌文化和产品内涵,植入效果显著,依波表业会继续和欢乐之都进行品牌植入合作。"

● 分项任务测试:

1. 查找1～2个关于体验营销的案例,在班级交流并分析体验营销与传统营销的差别。
2. 了解电话销售专员(TSR)的销售技巧。

知识检测

一、选择题

1. 国际营销企业通过母公司与子公司、子公司与于公司之间转移产品时确定某种内部转移价格,以实现全球利益最大化的策略称为(   )。

    A. 统一定价策略   B. 多元定价策略   C. 转移定价策略   D. 控制定价策略

2. 国际营销企业在国际市场上给予中间商一定时期内独家销售特定商品的权力的策略属于(   )。

    A. 长渠道策略   B. 短渠道策略   C. 宽渠道策略   D. 窄渠道策略

3. (   )是指在不同的目标市场对同一产品采用同一种广告设计、制作与发布。

    A. 广告标准化   B. 广告差异化   C. 广告细分化   D. 以上都不是

4. 国际市场营销的国际社会文化环境,除社会结构外,还有(   )。

    A. 语言文字   B. 宗教信仰   C. 价值观念   D. 教育水平

    E. 民风民俗

5. 服务营销的一般特点包括(   )

    A. 供求分散性   B. 营销方式多样化

    C. 服务消费者需求弹性小   D. 服务人员的技艺要求高

6. 下列属于服务营销组合要素的有(   )

    A. Product   B. Place   C. People

    D. Physical Evidence   E. Process

7. 互联网上的促销是一对一的、理性的、消费者主导的、非强迫性的、循序渐进式的,而且是一种低成本与(   )的促销,避免推销员强势推销的干扰,并通过信息提供与交互式交谈,与消费者建立长期良好的关系。

    A. 个性化   B. 人性化   C. 强硬派   D. 委婉式

8. 绿色促销是通过绿色促销(   ),传递绿色信息,指导绿色消费,启发引导消费者的绿色需求,最终促成购买行为。

    A. 媒介   B. 人员   C. 商店   D. 手段

9. (   )实质上就是通过简化、消灭中间商,来降低产品的流通成本并满足顾客利益最大化需求。

    A. 传销   B. 直销   C. 网络营销   D. 直复营销

10. 交叉销售在(   )领域的作用最为明显,因为消费者在购买这些产品或服务时必须提交真实的个人资料,这些数据一方面可以用来进一步分析顾客的需求。

    A. 保险   B. 银行   C. 零售   D. 生产制造

二、名词解释

国际差异化营销;产品适应策略;服务 7P 组合;绿色营销;直复营销;微信营销;文化营销;体验营销;数据库营销

三、简答题

1. 国际广告促销要注意哪些特别的问题?

2. 简述服务营销与产品营销的异同点。

3. 网络营销的方法有哪些?

4. 直销与传销有何区别?

案例分析与运用

百年老店更需"创新"

在日趋激烈的市场经济时代,企业的优胜劣汰亦遵循着均衡法则,随时有新生企业横空出世,随时有老牌企业黯然出局。

很不幸,这一次悲剧落在拥有131年历史的柯达头上。2013年1月,柯达公司宣布,该公司收到纽交所警告,如未来6个月内股价无法上涨,则有可能摘牌退市。柯达的没落,不仅是其技术创新的滞后,更是其对消费体验忽视的必然。直到2003年,柯达才宣布全面进军数码产业,并于其后陆续出售医疗影像业务以及相关专利权。但是,当时佳能、富士等日本品牌已占据"数码影像"的龙头地位,就连韩国三星甚至中国华旗等企业亦已初具规模。此时,庞然大物的柯达已经丧失占领"数码影像"的先机。

曾经的行业巨头,因对技术创新和消费体验的忽视,甚至出于对市场需求的傲慢,而被市场最终遗弃,柯达并非是先例。2009年4月,美国第三大汽车商克莱斯勒宣布进入破产保护;2010年6月,拥有101年历史的通用汽车宣布进入破产重组轨道。与这些制造业巨头陨落的原因类似,曾作为互联网贵族的雅虎,亦因近10年在技术和媒体之间频繁摇摆不定,其市值与高峰时相比已跌去近80%。

当然,在强调技术创新、专注消费体验的时代,老牌贵族转型成功亦屡见不鲜。这其中,IBM"大象能跳舞"的案例最为典型,这家有80年历史的IT老牌贵族,曾被盖茨预言"必将破产",但是在具有前瞻眼光和超强决心的传奇CEO郭士纳的带领下,IBM早于1995年即已启动全面转型,并最终完成了从计算机软硬件提供商向IT服务商的完美转型。除此之外,今天美国最大市值公司的苹果,在2000年出现巨亏10亿美元之后,在乔布斯的带领下,开始迅速向电子消费娱乐产品转型,进行全新的战略转型和重新定位,完成堪称经典的苹果转型四部曲,并于2007年将公司名字去掉"电脑"两字。

在这个变化日新月异的时代,唯有"创新"是不变的真理。这种创新,不但基于技术和管理层面,更基于商业模式,乃至消费体验层面。而对于老牌企业而言,要么在固执和傲慢中死去,要么在持续创新中重新焕发生机。虽然世间没有绝对的基业长青,企业的生死存亡充满了诸多的不确定因素,同样创新和变化虽不能完全确保企业永立潮头,但却是企业持续生存和发展的必要前提。

当然,对于历史并不悠久的中国企业巨头而言,短期内依赖市场和成本的优势,尚能拥有相对舒适的生存空间。但是,在竞争更加充分的未来,在要素资源成本持续上升的趋势下,任何故步自封不思创新的企业均难以赢得未来,而傲慢和忽视消费体验更将令其难以持久。

思考题:

1. 你如何理解营销创新?

2. 为什么营销创新的根本是"强调技术创新和消费者体验"?

3. 谈谈你对"柯达破产"和"苹果流行"的看法。

技能训练

1. 调查分析麦当劳、必胜客等洋品牌与"大娘水饺""永和大王"等本土品牌的服务特色与服务差异。

2. 以自己某次网购为例,以顾客的身份拨打公司的呼叫中心,调查了解并分析该公司的客户服务方面的特色与不足。

参考文献

1. (美)菲律普·科特勒.营销管理[M],上海人民出版社,2003.

2. (美)迈克尔·波特.竞争优势[M],华夏出版社,2001.

3. (美)菲利普·科特勒著,梅汝和、梅清豪、张桁译.营销管理——分析、计划、执行和控制[M],上海人民出版社,2000.

4. (英)迈克·海德.市场营销实务[M],经济管理出版社,2005.

5. (美)菲利普·R·卡特奥拉.国际市场营销[M],机械工业出版社,2000.

6. 晁钢令.市场营销学[M],上海财经出版社,2003.

7. 李文国,王秀娥.市场营销[M],上海交通大学出版社,2005.

8. 梅清豪.市场营销学原理[M],电子工业出版社,2002.

9. 吴宪和.市场营销学[M],上海财经大学出版社,2002.

10. 方光罗.市场营销学[M],东北财经大学出版社,2003.

11. 郭朝阳.中国著名企业营销案例评析[M],广东经济出版社,2002.

12. 邱斌.中外市场营销经典案例[M],南京大学出版社,2001.

13. 郝渊晓,张鸿,王兴邦.市场营销管理[M],陕西人民出版社,2004.

14. 陈信康.市场营销学案例集[M],上海财经大学出版社,2003.

15. 杨明刚.市场营销100个案与点析[M],华东理工大学出版社,2004.

16. 汤定娜,万后芬.中国企业营销案例[M],高等教育出版社,2001.

17. 吴晓燕.可口可乐、麦当劳的"恐龙处境"[N],中国经营报,2003-3-3.

18. 李瑞雪.消费者的"精神起义"[J],销售与市场,总301期.

19. 陈国泉.农夫果园,差异化摇动果汁市场[J],销售与市场,总276期.

20. 李光斗.三星——新新人类的数字化脸谱[J],销售与市场,总298期.

21. 王同.再深一步,把啤酒送到顾客家[J],销售与市场,总270期.

22. 陈思廷.探索中国式渠道管理—专访壳牌统一石化副总姚旗[N],销售与市场,总270期.

23. 张晓峰.一次折扣促销的三个版本[J],销售与市场,总270期.

24. 范庆桦.体验蓝猫[J],中外管理,2004(2).

25. 吴健安等.市场营销学学习指南与练习[M],高等教育出版社,2004.

26. http://www.yingxiao360.com

27. http://marketing.icxo.com

28. http://www.18-china.com/scyx/scyx.htm

29. http://www.emkt.com.cn

30. http://www.market168.8u8.com/market.htm

31. http://www.sino-market.com

32. http://www.oursmarket.com/bbs/prg/index.asp

33. http://www.emarketing.net.cn

34. http://www.1wen.com.cn/wendang/xiaofeizhe-anlifenxi

35. http://www.coco-cola.com.cn

36. http://blog.china.alibaba.com/blog/horn999/article/b0-i1333564.html

37. http://News.wenzhouglasses.com

38. http://www.ecm.com.cn/index.asp

39. http://www.emkt.com.cn/

40. http://marketing.icxo.com

41. http://cec.asiansources.com

42. http://www.cmmo.com.cn

43. http://www.cb.com.cn